从古典中寻新义·从旧籍里找时潮

【李敖主编国学精要⑧】

陈献章集 王阳明集 王廷相集

李敖 ◎ 主编

天津出版传媒集团

天津古籍出版社

图书在版编目（CIP）数据

陈献章集·王阳明集·王廷相集/李敖主编. -- 天津：天津古籍出版社，2016.11
（李敖主编国学精要）
ISBN 978-7-5528-0470-6

Ⅰ.①陈… Ⅱ.①李… Ⅲ.①理学－中国－明代－文集 Ⅳ.①B248.99-53

中国版本图书馆CIP数据核字（2016）第275945号

责任编辑：吴瞳瞳　韩　鹏　装帧设计：尚世视觉

本书简体中文版权由远流出版事业股份有限公司，经北京麦士达版权代理有限公司，授予天津古籍出版社出版发行，非经书面同意，不得以任何形式任意重制转载。本书限于中国内地发行。

著作权合同登记号 图字：02-2016-84

李敖主编国学精要 8

陈献章集·王阳明集·王廷相集

出版人/张玮

天津古籍出版社

（天津市西康路35号　邮编300051）

http://www.tjabc.net

三河市九洲财鑫印刷有限公司

全国新华书店发行

开本 700mm×1000mm　1/16　印张 35.75

2016 年 11 月第 1 版　2016 年 11 月第 1 次印刷

ISBN 978-7-5528-0470-6

定价：69.00元

序

谈中国名著,得先谈中国书;谈中国书,得先谈中国的文字历史。

中国历史从地下挖出的"北京人"起算,已远在五十万年以前;从地下挖出的"山顶洞人"起算,已远在两万五千年以前;从地下挖出的彩陶文化起算,已远在四千五百年以前;从地下挖出的黑陶文化起算,已远在三千五百年以前。这时候,已经跟地下挖出的商朝文化接龙,史实开始明确;从周朝共和元年(前841年)起,中国人有了每一年都查得出来的记录;从周平王四十九年(前722年)起,中国人有了每一月都查得出来的记录。中国人有排排坐的文字历史,已长达两千八百多年。

从何处说起

在自有纪年起长达两千一百多年之后,一位殉道者文天祥,被带到抓殉道者的元朝博罗丞相面前,他告诉博罗:"自古有兴有废,帝王将相,挨杀的多了，请你早点杀我算了。"博罗说："你说有兴有废，请问从盘古开天辟地到今天，有几帝几王？我弄不清楚，你给我说说看。"文天祥说："一部'十七史'，从何处说起？"

三百多年过去了，"十七史"变成了"二十一史"。一位不同黑暗统治者合作的大思想家黄宗羲，回忆说："我十九、二十岁的时候看'二十一史'，每天清早看一本，看了两年。可是我很笨，常常一篇还没看完，已经搞不清那些人名了。"一部"二十一史"，从何处说起？

三百多年又过去了，"二十一史"变成了"二十五史"。书更多了，人更忙了，历史更长了。一部"二十五史"，从何处说起？

何况，中国历史又不只"二十五史"。"二十五史"只是史部书中的正史。正史以外，还有其他十四类历史书。最有名的《资治通鉴》，就是一个例子。司马光写《资治通鉴》，在参考正史以外，还参考了三百二十二种其他的历史书，写成两百九十四卷，前后花了十九年。大功告成以后，他回忆，只有他一个朋友王胜之看了一遍，别的人看了一页，就犯困了。

一部中国史，从何处说起？

古书有多少呢？

何况，中国书又不只历史书，历史书只是经、史、子、集四部分类中的一部分，清朝的史学家主张"六经皆史"，这下子经书又变成了历史书。其实凡书皆史才对，中国人面对的，已不是历史书的问题，而是古书的问题。

古书有多少呢？

古书多得吓人。

古书不只什么《古文观止》《唐诗三百首》，它们只不过占两种；古书不只什么"四书""五经"，它们只不过占九种；古书不只什么"二十五史"，它们只不过占二十五种。古书远超过这些，超过十倍、一百倍、一千倍，也超过两千倍、三千倍，古书有——十万种！

吓人吧？

这还是客气的。本来有二十五万三千种呢！幸亏历代战乱，把五分之三的古书给弄丢了，只剩下十万种了，不然的话，更给中国人好看！

又何况，还不止于古书呢！还有古物和古迹，有书本以外的大量残碑断简、大量手泽宗卷、大量玉器石鼓、大量故垒孤坟和陆续不断的大量文物出土……要面对起来，更难上加难了。

又何况，一个人想一辈子献身这种"皓首穷经"的工作，也不见得有好成绩。多少学究花一辈子时间在古书里打滚，写出来的，不过是"断烂朝报"；了解的，不过是"瞎子摸象"。古书太难了解了。

你不配做中国人

于是，中国人的办法便是：口口声声说复兴中华文化，但事实上，他们却对古书敬而远之，思念起来，未免惭愧。

说你不配做中国人，你一定从心里不服气；但研究一下配做中国人的条件，你一定从心里惭愧。

做中国人，总不能不看中国书吧？你看了多少中国书呢？"四书"、

《古文观止》、《唐诗三百首》，一数之下，不过几种而已，这就叫惭愧。

面对十万种的古书，面对这一庞大遗产，中国的子孙们到底该怎么办？不看吗？说不过去。看吗？从何看起？又多么难看？这的确是一个令人痛苦的问题。

为了解决这个令人痛苦的问题，有心人便出来，想法子做种种选本，来喂中国人。可叹的是，这些选本都失败了。失败的原因，最主要的，是大家太注重以"文章"为检定标准了，太注重"文章"挂帅，并且这种"文章"，又太局限在僵化的模式里头了。

好坏标准

以中国"文章"的大家而论，中国人评判"文章"，缺乏一种像样的标准。行家论"唐宋八大家"，说韩愈文章"如崇山大海"、柳宗元文章"如幽岩怪壑"、欧阳修文章"如秋山平远"、苏轼文章"如长江大河"、王安石文章"如断岸千尺"、曾巩文章"如波泽春涨"……说得玄之又玄，除了使我们知道水到处流、山一大堆以外，实在摸不清文章好在哪里？好的标准是什么？

又如林纾说他的文章是"史（记）汉（书）之遗"，章炳麟却大骂林纾吹牛，说林纾的文章，乃从唐人传奇剽窃衍演而来。章炳麟又说"当世之文，惟王闿运为能尽雅，马通伯为能尽俗"。其实一切摊开，有何史汉传奇雅俗之分？文章只有好坏问题，并无史汉传奇雅俗问题。文章的好坏标准，根本不在这里。

作为新时代的中国人，我们评判文章，实在该用一种新的标准，我们必须放弃什么山水标准、什么雅俗标准、什么气骨标准、什么文白标准。我们看文章，要问的只是两个问题：一、要表达什么？二、表达得好不好？有了这种新的标准，一切错打的笔墨官司，都可以去它的；一切不敢说它不好的所谓名家之作，都可以叫它狗屁。

从对对子到古文

古往今来，中国的文章特多，可是好文章不多的原因，就在没能将这二合一的问题摆平。中国人一谈写文章排名，韩愈就是老大，他是"唐宋八大家"的头牌，又是"文起八代（魏晋六朝）之衰"的大将，承前启后，代表性特强。可是你去读读他的全集，你会发现读不下去。你用上面两个问题一套。一、他要表达什么？答案是：他思路不清，头脑很混，他主张"非圣人之志，不敢存"，但什么是圣人之志？他自己也不知道。二、他表达得好不好？答案是：他好用古文奇字，作气势奔放状，文言文在他手下，变成了抽象名词排列组合，用一大堆废话，来说三句话就可说清楚的小意思，表达得实在不好。

虽然这样，韩愈却还算是进步分子呢！中国文章自魏晋以后，就有话不好好说，一定要配成了对儿才说话，一作起文来，就是"四六体"。"四六体"是四句、六句对偶而成的骈体文，是纯粹的中国字一字一形一音一义的大排队。中国人这时候，一写文章就要对对子，写满篇文章就是写满篇春联，满篇堆砌，矫揉造作，非常讨厌。到了唐朝，韩愈出来，主张秦汉古文，"师其意而不师其词"，"唯陈言之务去"，虽然韩愈文章也一样令人讨厌，但比起以前的八代的来，总是一种进步。

从古文到解放

这种进步，转变到北宋的"古文"。"古文"一方面说复古，一方面也创新，虽然南宋以后，有"语体"出现，把白话和文言合流，但以"文章"正宗论，还是"古文"的天下。于是，从韩愈到曾国藩，中国的能文之士都是古文家，"古文"就是我们一般指的文言文。

文言文的大缺点是它不能作为好的表达的工具，它跟白话分裂，写出来，是活人说死话，说得再好也是"古文辞类撰"。到了19、20世纪，有人开始突破，最成功的是梁启超，梁启超说他文章"解放，务为平易畅达，时杂以俚语、韵语及外国语法；纵笔所至不检束……老辈则痛恨，诋为野狐"。

梁启超虽被老辈"痛恨，诋为野狐"，但他在中国文章史上，和司马迁、韩愈等一样，是十足划时代的人物。梁启超风靡文坛一二十年，最后由白话文接替了文言文的位置，中国古书的时代，就告一段落了。

我们现在谈古书，就是以这一段落做标准的。这一段落以前的书，就是古书。读它们，无从读起；不读它们，又愧为中国人。我们遭遇了"两难式"。

分类的荒唐

对古书做选本,失败在"文章"挂帅以外。另外的失败,是分类笼统。

中国古书的分类,最流行的,是四部(经、史、子、集)分类。四部分类从东晋以后通吃,变成了典型的图书分类规范。但是稍一留心,就知道这种分类是相当荒唐的。以四部中第一部"经部"为例,"经部"的一部分,近于百科全书式的总集,应分入总类、文学类、历史类,其他部分(像《论语》《孟子》),应分入"集部"(个人集子);以第二部"史部"为例,体裁上分正史、编年、别史、杂史、载记等,全无道理与必要,其他如诏令应入法律类,时令应分入天文类,目录应分入总类;以第三部"子部"为例,老、庄、申、韩等家,其实与《论语》《孟子》无别,都应分入"集部",其他如谱录中草木、虫鱼应分入植物类、动物类,类书应分入总类,小说应分入文学类;以第四部"集部"为例,"经部""子部"分过来的书,多可分入哲学类、法律类、文学类……总之,四部分类,大体上说,"经""子""集"多是一类,"史"是另一类,四部分类实在只是两部分类。分类、分类,分了半天类,最后只分了两类。所谓分类,分了等于没分,这叫什么分类!(并且若按前面所提"六经皆史"之说,甚至连两类都没有呢!)

虽然这样,四部分类却还算是进步的分类呢!其他像《永乐大典》以韵来分类、《文渊阁书目》以"千字文"来分类、朱彝尊《竹垞行笈书目》以"心事数茎白发,生涯一片青山。空林有雪相待,古道无人独还"六绝一首来分类,其荒唐程度,比四部分类就尤有过之了。

所谓书目指导

从分类的笼统中，我们可以看到，它的毛病发生在古书内容上面，即古书内容的笼统。因为中国思想独尊儒家，思想失之一元化，所以常常古书一翻开，就犯了千篇一律的通病。乍看起来，经常一部书中，什么都包括；但细看之下，所包括的又极有限，在儒家框框里的同类作品太多太多，而异类的有个性有创见的作品太少太少。在这种情形下，要去做分类，尤其有现代眼光的分类，就非常困难了。

正因为古书众多而又分类困难，所以有心人就开始想法子，使中国人能够知所选择。这些有心人的做法是列举书目，例如：

一、龙启瑞《经籍举要》，列举书籍二百八十九种；

二、张之洞《书目答问》，列举书籍二千二百六十六种；

三、胡适《一个最低限度的国学书目》，列举书籍一百八十五种；

四、梁启超《国学入门书要目》，列举书籍一百六十种；

五、李笠《国学用书撰要》，列举书籍三百七十八种；

六、陈钟凡《治国学书目》，列举书籍四百八十八种；

七、支伟成《国学用书类述》，列举书籍三千二百种；

八、章炳麟《中学国文书目》，列举书籍五十一种；

九、徐敬修《国学常识书目》，列举书籍二百六十二种；

一〇、傅屯艮《中学适用之文学研究法》，列举书籍七十九种；

一一、沈信卿《国文自修书辑要》，列举书籍五十种；

一二、汤济沧《中小学国学书目》，列举书籍一百零六种；

一三、吴虞《中国文学选读书目》，列举书籍一百四十二种。

但是，看了这些列举的书目，我仍旧不得不感到：它们没有太多的用处，它们的毛病在于不该有的有了，该有的却又没有。它们无法把古书予以现代分类，无法从现代分类里透视古书的推陈出新的意义。同时，它们只提出书目，没有书本，虽然告诉人可以按图索骥，但是骥在哪儿，也要大费周章啊！

新的版本观念

由于时代的转变、由于"知识的爆炸"、由于传播知识的方法，等等，都有了不同，所以今天的有心人，从事这一努力的时候，就要采取现代的观点，来处理古书。以版本（板本）为例，现代印刷术的进步，尤其是影印技术的进步，使刊布图书的方法根本改变，同时也改变了"珍本""秘本""孤本"等古董观念，使古书不复成为某一阶层人的独得之秘。当然，对古书，并非不可讲究版本，但为一二校勘之便或几个异文讹漏，就把一部书的功能和流传性绞杀，则显然是旧式藏书楼主的行为；同样的，为了讲究版本之说，整天光刊些无甚价值的僻书，或一刊再刊些"版本竞赛"的常见经史之类，也不能不说是旧式版本学家的流毒，对鉴古知今的文化出版事业，为功究属狭窄。

当年黄荛圃的学生，曾有过"书无庸讲本子"的议论；俞樾的学生（章炳麟）也提过"读书何必讲究版本"的疑问。这些见解，都是从"取其大者"的角度，来从古书选材的，他们并不斤斤于"舆薪之不见"的癖好，当然也反对先以偏为务、再以偏盖全的专家孔见。

现代处理古书的标准,不该以古董式的版本为尚,也不该以鉴赏、校勘的用度为足,而该以配合新知的研究,定其去取。例如商务印书馆的宋本《资治通鉴》,当然没有胡三省的音注,在鉴赏和校勘上,虽然有它的价值,可是在普及和实用上,就远不如它的重排本《资治通鉴》;商务印书馆的"四部丛刊"本无疏单注"五经",在普及和实用上,也远不及艺文印书馆的阮刻《十三经注疏》;同样的,仁寿本《二十五史》中的南宋印北宋监本《史记》,在普及和实用上,也远不如黄善夫本或殿本或泷川会注本。这些例子,都说明了版本的考究,并不就是弘扬了古书[①]。

出土带来了新收获

除了现有的古书以外,从汲冢到敦煌,历代也偶有古书的出土,值得我们特别重视。近十年来,古书的出土,更达到"汉唐以来所未有也"的地步。新出土的古书,带给我们前所未有的新发现,使我们在处理古书上,有了古人所没有的收获。例如,1972年4月,在山东临沂银雀山的一号、二号汉墓里,发现了一批竹简,由于竹简中有汉武帝元光元年(前134年)的历谱,可以断定这批竹简是两千一百年前就已流传的文献;又由于竹简中用字不避汉朝皇帝的讳,又可以断定竹简的古书,都早于汉朝。再

---

① 这套"中国名著精华全集"又注意版本又注意内容的特色,我举一个例。我收进了顾炎武的《日知录》,但我用的《日知录》版本,却是1932年张继搜集得到的何义门批校精抄本,其中有"胡服"等文字,这是一般《日知录》所没有的。所以这套"中国名著精华全集"所用的版本,是注意版本又注意内容的。这类特色,是很不容易的。为了达到这些好效果,有的版本,我甚至商请所有者特别同意我使用,桂冠图书公司的"中国古典文学名著"中的几种书,就是赖阿胜特别同意的。我要谢谢他。

往上推，秦二世在位三年，秦始皇在位三十七年，上距战国，不过四十多年，四十多年又值秦始皇统一思想，没人有闲工夫造假书，所以竹简中的古书，都是战国以前的原装货，应无疑义。

例如这批竹简中，有古书《尉缭子》。《尉缭子》一直被许多大牌学者如钱穆等人怀疑是后代假造的书，是伪书，并且说得头头是道。但是这批竹简一出土，证明了真金不怕众口铄，大牌学者也者，不过大言欺人而已。

如今《尉缭子》出土了，我们当然要恢复它在古书中的应有地位。

帛书也出现了

又如，1973年11月到1974年初，在湖南长沙马王堆第二、三号汉墓，出土了大批珍贵文物，最难得的是，其中有十二万字以上的帛书（因为那时纸还没发明，只能写在帛上，故叫帛书）。帛书中有一部分是失传了的古代医书。有一部包括了五十二种病名和治疗它们的二百八十个医方（每个都没有方名）。每个病的医方，从一个到二十七个不等，专家们把这部书定名为《五十二病方》。

《五十二病方》是中国最古的医学文献，它显示出来的病名，在内科方面，有肌肉痉挛、精神异常、往来寒热、小便不利、小便异常、阴囊肿大、肠道寄生虫和中蛊毒；在外科方面，有外伤、化脓、体表溃疡、动物咬螫、肛门、皮肤、肿瘤；在妇科方面，有产时子痫；在儿科方面，有小儿惊风；在五官科方面，有眼疾。用现代的观点来看这些医学材料——看这些早于《内经》等现有医书的材料，它们值得研究的意义，自然非比寻常。

又如同时出土的《相马经》，这是中国动物学、畜牧学的重要文献。

春秋战国时代，由于已从车战演变到骑兵，马的身价，也就越来越高。传说中的相马专家是伯乐，事实上，这种专家是很多的，《吕氏春秋·观表篇》就提到十个相马家，《史记·日者列传》也提到"以相马立名天下"的人氏，这些都可证明古人对相马的重视。这部《相马经》竟用来给死人陪葬，说明它在当时，必然是流行的一部名著。读了这部书，我们不得不惊讶：古人对马，原来是这样不马虎！

搜寻亡佚

另一个现代的观点是使被埋没的古书广为流传。中国历代的战乱不断，图书上的损失，早已无法细计，不论无意的被焚于兵祸，还是有意的聚毁于七塔，对文化而言，自属有害无益。今天我们得现代印刷术之便，实在应该把这些被埋没了的古书，尽量予以亮相，以免及身而绝。过去有心人处理这个问题的方法，就是出版丛书。

丛书在中国历史上，最早的是宋代俞鼎孙、俞经的《儒学警悟》，这部书成于宋宁宗嘉泰元年（1201年），距离今天，足足七百八十多年了。

七百八十多年来，从事文化出版的人，辑印丛书的种类很多，但是专辑近著搜寻亡佚的，除了光绪年间潘祖荫的"功顺堂丛书"、赵之谦的"仰视千七百二十九鹤斋丛书"外，实不多见。尤其赵之谦的丛书中，收有七弦河上钓叟的《英吉利广东入城始末》一卷，更可看出辑刊者的历史眼光。

宋朝以来，因为受印刷技术的限制，不能影印，至多只能影刻，直到清末，还是如此。陈三立的《黄山谷集》、端方的《东坡七集》，都是最有名的影刻本。但因影刻太贵，且产生窜易首尾节略翻刻的缺点，给了人们不良的印象。现在印刷术进步了，并且超过了商务印书馆"四部丛刊""古逸丛书""四库全书珍本初集"的影印水准，所以现在为被埋没了的古书，做亮相的工作、做搜寻亡佚的工作，自然也就责无旁贷了。

现代分类

由于过去的通病是儒家挂帅下的四部分类，古书所遭遇的摧残是相当严重的，这种挂帅和分类不打破，中国的古书情况必将永远陷在不均衡的畸形里，陷在比例不对的悬殊里。所以，用现代的观点处理古书，必须首先把儒家挂帅四部分类的错误予以矫正，把所有古书重新估定，该拉平的拉平、该扶起的扶起、该缩小的缩小、该放大的放大、该恢复的补足、该重视的给它地位[①]。这样重新估定之下，整个中国文化遗产，才能均衡地、成比例地重新呈现在我们眼前。我们再用现代方法去"新瓶装旧酒"，古书才不止是古书，才有现代的意义[②]。在现代意义的光照下，许

[①] 这套"中国名著精华全集"，尽量表扬被压扁的异类思想，特别注重中国古书中的多样性、独创性与个性。因此，作者群中，入狱的、杀头的比例也颇大，这是一个必要的义举——点燃旧日的火种，加添今后的光明，这本就是我多年的一个心愿。至于纯属个人的一些感情泛滥的集部书，我有意缩小它们的比例。

[②] 把难以分类的古书，纳入现代分类，是这套"中国名著精华全集"的一大特色。为了使中国人对中国书有鸟瞰式的了解，所以在总类方面，特别加强（我为加强中国人对图书分类的认识，特别以《四库全书》作为分类的总代表，当然在体积上，"长虫吞不了象"，是不能收入的）；又因为中国人读书，缺乏方法上的讲究，所以在方法学方面，特别着力。

多古书，古人所贵者，如今看来已是"断烂朝报"；又许多古书，古人所贱者，如今看来却余味无穷。如今我们处理古书，并不是止于把它们进一步分类（如刘国钧"中国图书分类法"或杜定友"杜氏图书分类法"），或就古人之所重者重印一阵就算完事，而该大力发掘并认定真正值得现代学术"獭祭"的典籍。否则的话，只是引今泥古而已，离玩物丧志，也就不很远了，"学术"云乎哉！

解决难读的问题

除了现代分类外，如何解决读懂古书的问题①，也是现代的观点中不能忽视的事。中国古今语文上的变化，差距很大，《尚书》中的文告，在当时是口语，现在是很难的文言了；《论语》中的对话，在当时是口语，现在是很斯文的典故了。所以古书的文字语言，对现代的中国人来说，有时比外国文还恐怖。这一现象，早在半个世纪前就被提出来讨论了。梁启超在1925年写《要籍解题及其读法自序》，就指出：

> 诸君对于中国旧书，不可因"无用"或"难读"这两个观念便废止不读。有用无用的标准本来很难确定，何以见得横文书都

---

① 俞樾是中国有史以来最能读古书的人，他在《古书疑义举例》里，却描写了古书是多么难读。他说："夫自周秦两汉，至于今远矣，执今人寻行数墨之文法，而以读周秦两汉之书，譬如犹执山野之夫，而与言甘泉建章之巨丽也！夫自大小篆而隶书、而真书，自竹简而缣素、而纸，其为变也屡矣。执今日传刻之书，而以为是古人之真本，譬如闻人言笋可食，归而煎其箦也！嗟夫，此古书疑义所以日滋也欤？"

有用,线装书都无用?依我看,著述有带时代性的,有不带时代性的。不带时代性的书,无论何时都有用。旧书里头属于此类者确不少。至于难读易读的问题呢,不错,未经整理之书,确是难读,读起来没有兴味或不得要领,像是枉费我们的时光。但是,从别方面看,读这类书,要自己用刻苦工夫,披荆斩棘,寻出一条路来,因此可以磨练自己的读书能力,比专吃现成饭的得益较多。所以我希望好学的青年们最好找一两部自己认为难读的书,偏要拼命一读,而且应用最新的方法去读它,读通之后,所得益处,在本书以内的不算,在本书以外的还多着哩。

现在,半个世纪过去了,中国人读古书的能力更不如前,时间也不如前了。所以,有心人处理古书给现代的中国人,必须兼顾到现代人的读书能力,精挑细选之后,必要的解题、注释、翻译,也该尽量齐备①。

"中国名著精华全集"

基于上面所说的一些有关古书的重点、基于上面所说的一些心得和认识,王荣文和我经过多次的交换意见和反复讨论,决定在《中国历史演义全集》成功后第四年,推出一部"中国名著精华全集"②。

---

① 这套"中国名著精华全集"尽量以实用的解题、注释、翻译为原则,酌量收入。现代人每以注释为读古书的要件,其实注释不一定全对读者有益。像《论语》《孟子》,读了朱熹的注释,反会堕入宋儒理学的魔障,这说明了注释不当,反倒有害。

② 所谓名著,除了一般的意义外,也包括特定的意义:凡是推定可成为(转下页)

"中国名著精华全集"的构想,部分接近美国哈佛大学校长伊利鹗（Charles W. Eliot）的"哈佛丛书"（The Harvard Classics）。"哈佛丛书"长五英尺,又名"五呎丛书"（Five Foot Shelf of Books）,是用五英尺长度的精装书,把西方古典名著的精华收入。由于中国古书太多,在性质上也与西方互异,这部"中国名著精华全集",在编选方面,自然独有它的特色。我们决定按照现代图书分类,精选出两百种古书①,每种"加

（接上页）名著的,也酌量选入。这是因为古书中,有的的确被埋没了,被不合理地埋没了。清朝李慈铭说得好:"网罗散逸,蒐拾丛残,几于无隐之不搜,无微之不续,而其事遂与天壤间学术之所系,前哲之心力,其一二存者得以不坠。"为了使"一二存者得以不坠",所以用的名著标准,比较有弹性。还有,在名著的去取上,我有大刀阔斧的气魄,去取之间,不受传统的名著的认定方式。例如我选深的书,所以浅的《三字经》等名著不选;我选原本的书,所以选本的《唐诗三百首》《古文观止》等名著不选;我选精审的书（如《呻吟语》）,所以粗劣的《菜根谭》等名著不选。有的书,在去取上,也有割爱的,例如徐光启的《农政全书》,我终于嫌它缺乏独立见解,还是不选了。总之,这些去取之间的苦心与调济,只有全面的、非常的专家才能识货、才能惊叹。一般对中国古书似知非知的人,难免会有点议论,我是不重视的。至于古书真伪问题,我虽然选入胡应麟《少室山房全集》、姚际恒《庸言录》中辨伪的文献来提醒大家注意,但对一些可疑的书,能够取其内容而不取其时代,把它们看成"反正是古代中国人写的",倒也圆通自在。因此我选《晏子春秋》《列子》等,都有反对因噎废食的意思。

① 古书入选标准,以1912年为下限（偶有例外,也是记事在1912年前的,像吴永的《庚子西狩丛谈》是）,以一人一书为原则（所以只能说是割爱,不能说是遗漏。此外,也有两人"共家"的书出现,如程颢、程颐的《二程全书》;也有以辑佚刊印者挂名的一堆书出现,如叶德辉的"双梅景暗丛书"。所以,这套"中国名著精华全集",作者不止二百人,书也不止二百种）。作者不明确的,从俗标注（当然过分荒谬的,如黄帝作《内经》等,也只好以佚名处理）。作者有时不明确,也是古书的一大特色。古人没有著作权观念,不但没有,还喜欢把自己的作品,射在别人头上,这种作者,叫"箭垛式作者"。"箭垛式作者"有时以一个人代表一个学派（像管仲之于《管子》）,有时以一个人代表集体创作（像施耐庵之于《水浒传》）,都不可拘泥就是;作者明确的,书名有时采用作者死后的总集名目;但是生前有总集性质的书名,虽然包罗不全,我也尽量把以后的出版品来个总归户,归到这个书名下（像康有为"万木草堂丛书"等是）。

工"以后,也以五英尺的长度①,精装起来②,配上图片③,贡献给现代的读者。我们用这部"中国名著精华全集",把中国古书做一次彻底的、划时代的处理,用现代的观点、现代的印刷术、现代的出版企划,把它们带到现代的中国人面前。

我们希望,这部"中国名著精华全集"的问世,可以使现代的中国人,能够多少知道作为中国人应有的条件是什么,多少知道祖宗们的遗产是什么,多少知道这些遗产可以入宝山而不空手,多少知道这些遗产对我们并非高不可攀。

我们相信,这部"中国名著精华全集"的问世,可以把现代人看古书的问题,得到满意的一次解决。有了这部大书,你可以上下古今,把千年精华,尽收眼底;你可以纵横左右,把多样遗产,罗列手边;你可以从古典中寻新义,从旧籍里找时潮,从深入浅出的文字里,了解古代的中国和

---

① 因为要在五英尺长的书里收入两百种古书的精华,所以有的能全书收入,有的只能收入部分;古书这么多,有的自难免有遗珠之憾。但是不论怎么收,都以"精华"为准。一个人的作品或一部书的内容,如果涉及的项目多元的时候,尽量就多元中最有特色的部分,作为分类依据,但是虽然分类从严,但是选入却从宽,因为古书的性质本来就很含混,若从严选入,必将造成不必要的损失。

② 古书的处理,由于现代印刷术的进步,在规格上,又不得不注意配合时代要求,线装薄面也好、绸函丝订也罢,早已都是落伍的玩意儿,都不应该再予以考虑。在国际标准的图书馆中,甚至平装书都在不受庋藏之列,我们怎么能再抱残守缺,开时代倒车?所以无须采用旧式装订的方式,自无疑义。

③ 在《中国历史演义全集》中,我配上图片,并且把每张图片加上活泼的说明,很受欢迎。这套"中国名著精华全集"也同样处理。图片有的来之不易,非细心而识货的中国人,就很难看出来。以配图中徐渭(文长)《青天歌卷》的首尾为例,《青天歌卷》在1966年江苏吴县东角直地方曹澄墓中出土。纸本,纵31.6厘米,长2036厘米,共七十四行。卷首有"许宝善印""罄罂子"收藏章。卷后盖有"天池山人""青藤道士"章。这种十多年前才从坟里挖出来的文献,都被我用到了,这种"绝活",总该令人绝倒吧?

现代的中国。

　　作为一个"旧学邃密""新知深沉"的中国人，我想逢今之世、处此之岛，没有人比我更适合做这一件大事了，也没有人比王荣文更适合推动这一出版计划了。我们高兴在我们的努力下，终于完成了这部大书，相信细心而识货的中国人，会和我们一样高兴。

一九八三年四月十八日，李敖在台湾

*　　　*　　　*

　　这套"中国名著精华全集"的内容，林明德（辅仁大学中文系教授）、詹宏志、李传理（远流的两位干将）提供我不少的好意见，我要特别谢谢他们。（一九八三年六月十八日，李敖补记）

目录

陈献章集

导读 / 002
论前辈言铢视轩冕尘视金玉 / 003
书 / 005
  复张东白内翰 / 005
  遗言湛民泽 / 006
  与林郡博书 / 007
  与林时矩书 / 009
  与林缉熙书 / 009
  与林缉熙书 / 010
  与陈进士时周 / 011
  与袁进士书 / 012
  复林府尊 / 012
  与黄太守 / 013
  与张太守克修 / 013
  与丘苏州 / 013
  与钟地曹 / 014
  与林春官 / 015
  与吴惠州绎思 / 016
  与汪提举 / 016
  与顾别驾止建白沙嘉会楼 / 017
  与余通守 / 018
  复胡推府 / 019
  与左知县 / 019
  与顺德吴明府 / 020
  与赵明府 / 021

答阳江柯明府 / 021
与任明府 / 022
与曹知县 / 022
与梁知县 / 023
与邝知县兄弟 / 023
与林郡博 / 023
复梁二教伯鸿 / 026
与湛民泽 / 027
回祝主簿 / 028
与宝安诸友 / 028
与邓胜之 / 029
复李世卿 / 030
与贺谐 / 030
答陈宗汤 / 030
与周文都 / 031
与梁贞 / 031
与罗冕 / 032
与郑文吉 / 032
与黎潜萧伦 / 033
与赵日新 / 033
与太虚 / 033
与郑举人 / 034
与邓球 / 034
与赵寿卿 / 035
与周用中兄弟 / 035
与李孔修 / 035
与范规 / 036
与赵汝爱 / 036
与董子仁 / 036

与张声远 / 037
与谭有莲 / 038
与陈德祯 / 038
复陈冕 / 038
与旧生陈魁 / 039
与容一之 / 039
与马贞 / 040
与陈秉常 / 040
与崔楫 / 041
与伍光宇 / 041
与陈德雍 / 042
与李德孚 / 043
与潘徐二生 / 044
与伍伯饶 / 044
与林蒙庵 / 044
与时矩 / 045
与谢伯钦 / 046
与潘舜弦 / 047
与庠中诸友 / 047
与僧文定 / 048
慰马默齐丧子 / 048
慰钟五 / 048
与林时表 / 049

王阳明集

导读 / 052

语录

卷一 传习录上 / 053
卷二 传习录中 / 089
答顾东桥书 / 090

启问道通书 / 104

答陆原静书 / 108

答欧阳崇一 / 117

答罗整庵少宰书 / 120

答聂文蔚 / 124

训蒙大意示教读刘伯颂等 / 131

教约 / 132

卷三 传习录下 / 134
附录 朱子晚年定论 / 169
答黄直卿书 / 170

答吕子约 / 171

答何叔京 / 171

答潘叔昌 / 172

答潘叔度 / 172

与吕子约 / 172

与周叔谨 / 173

答陆象山 / 173

答符复仲 / 173

答吕子约 / 174

与吴茂实 / 174

答张敬夫 / 174

答吕伯恭 / 175

答周纯仁 / 175
答窦文卿 / 176
答吕子约 / 176
答林择之 / 176
答梁文叔 / 177
答潘叔恭 / 177
答林充之 / 178
答何叔景 / 178
答林择之 / 179
答杨子直 / 179
与田侍郎子真 / 180
答陈才卿 / 180
与刘子澄 / 180
与林择之 / 181
答吕子约 / 181
答吴德夫 / 182
答或人 / 182
答刘子澄 / 183

文录

卷一 文 / 185
大学问 / 185
教条示龙场诸生 / 190
五经亿说十三条 / 192
山东乡试录 / 199

卷二 说 / 227
梁仲用默斋说 / 227
悔斋说 / 228
约斋说 / 228
示弟立志说 / 229

见斋说 / 231
矫亭说 / 232
谨斋说 / 232
夜气说 / 233
白说字贞夫说 / 234
刘氏三子字说 / 235
修道说 / 235
自得斋说 / 236
博约说 / 237
惜阴说 / 238
南冈说 / 238

卷三　序 / 241
罗履素诗集序 / 241
两浙观风诗序 / 242
别三子序 / 243
气候图序 / 245
送毛宪副致仕归桐江书院序 / 246
重刊文章轨范序 / 247
赠林以吉归省序 / 248
送宗伯乔白岩序 / 249
赠王尧卿序 / 250
别张常甫序 / 250
别方叔贤序 / 251
别王纯甫序 / 251
送章达德归东雁序 / 252
别湛甘泉序 / 253
别黄宗贤归天台序 / 254
寿汤云谷序 / 255
文山别集序 / 256

赠周莹归省序 / 257
赠林典卿归省序 / 258
赠陆清伯归省序 / 259
赠周以善归省序 / 259
赠郭善甫归省序 / 260
赠郑德夫归省序 / 261
紫阳书院集序 / 262
金坛县志序 / 263
别梁日孚序 / 264
大学古本序 / 265
礼记纂言序 / 266
象山文集序 / 267
送南元善入觐序 / 268
送闻人邦允序 / 270
送别省吾林都宪序 / 270
高平县志序 / 271
送李柳州序 / 273
送吕丕文先生少尹京丞序 / 274

卷四　记 / 276

兴国守胡孟登生像记 / 276
新建预备仓记 / 278
平山书院记 / 279
何陋轩记 / 280
君子亭记 / 281
远俗亭记 / 282
宾阳堂记 / 283
玩易窝记 / 283
东林书院记 / 284
应天府重修儒学记 / 285

重修六合县儒学记 / 286
观德亭记 / 288
重修文山祠记 / 288
亲民堂记 / 290
万松书院记 / 291
重修浙江贡院记 / 293
浚河记 / 294
提牢厅壁题名记 / 295
重修提牢厅司狱司记 / 296
稽山书院尊经阁记 / 297
重修山阴县学记 / 299
从吾道人记 / 301

王廷相集

导读 / 306

慎言

序 / 307
道体篇 / 308
乾运篇 / 313
作圣篇 / 317
问成性篇 / 322
见闻篇 / 326
潜心篇 / 331
御民篇 / 337
小宗篇 / 343
保傅篇 / 347

重修六合县儒学记 / 286
　　观德亭记 / 288
　　重修文山祠记 / 288
　　亲民堂记 / 290
　　万松书院记 / 291
　　重修浙江贡院记 / 293
　　浚河记 / 294
　　提牢厅壁题名记 / 295
　　重修提牢厅司狱司记 / 296
　　稽山书院尊经阁记 / 297
　　重修山阴县学记 / 299
　　从吾道人记 / 301

王廷相集

　　导读 / 306

慎言

　　序 / 307
　　道体篇 / 308
　　乾运篇 / 313
　　作圣篇 / 317
　　问成性篇 / 322
　　见闻篇 / 326
　　潜心篇 / 331
　　御民篇 / 337
　　小宗篇 / 343
　　保傅篇 / 347

赠周莹归省序 / 257
赠林典卿归省序 / 258
赠陆清伯归省序 / 259
赠周以善归省序 / 259
赠郭善甫归省序 / 260
赠郑德夫归省序 / 261
紫阳书院集序 / 262
金坛县志序 / 263
别梁日孚序 / 264
大学古本序 / 265
礼记纂言序 / 266
象山文集序 / 267
送南元善入觐序 / 268
送闻人邦允序 / 270
送别省吾林都宪序 / 270
高平县志序 / 271
送李柳州序 / 273
送吕丕文先生少尹京丞序 / 274

卷四　记 / 276

兴国守胡孟登生像记 / 276
新建预备仓记 / 278
平山书院记 / 279
何陋轩记 / 280
君子亭记 / 281
远俗亭记 / 282
宾阳堂记 / 283
玩易窝记 / 283
东林书院记 / 284
应天府重修儒学记 / 285

见斋说 / 231
矫亭说 / 232
谨斋说 / 232
夜气说 / 233
白说字贞夫说 / 234
刘氏三子字说 / 235
修道说 / 235
自得斋说 / 236
博约说 / 237
惜阴说 / 238
南冈说 / 238

卷三　序 / 241

罗履素诗集序 / 241
两浙观风诗序 / 242
别三子序 / 243
气候图序 / 245
送毛宪副致仕归桐江书院序 / 246
重刊文章轨范序 / 247
赠林以吉归省序 / 248
送宗伯乔白岩序 / 249
赠王尧卿序 / 250
别张常甫序 / 250
别方叔贤序 / 251
别王纯甫序 / 251
送章达德归东雁序 / 252
别湛甘泉序 / 253
别黄宗贤归天台序 / 254
寿汤云谷序 / 255
文山别集序 / 256

答周纯仁 / 175
答窦文卿 / 176
答吕子约 / 176
答林择之 / 176
答梁文叔 / 177
答潘叔恭 / 177
答林充之 / 178
答何叔景 / 178
答林择之 / 179
答杨子直 / 179
与田侍郎子真 / 180
答陈才卿 / 180
与刘子澄 / 180
与林择之 / 181
答吕子约 / 181
答吴德夫 / 182
答或人 / 182
答刘子澄 / 183

文录

卷一 文 / 185

大学问 / 185
教条示龙场诸生 / 190
五经亿说十三条 / 192
山东乡试录 / 199

卷二 说 / 227

梁仲用默斋说 / 227
悔斋说 / 228
约斋说 / 228
示弟立志说 / 229

五行篇 / 357
　　君子篇 / 363
　　文王篇 / 369
　　鲁两生篇 / 374

雅述
　　序 / 380
　　上篇 / 381
　　下篇 / 405

家藏集
　　刻齐民要术序 / 435
　　华阳稿序 / 437
　　近海集序 / 438
　　石龙集序 / 439
　　与薛君采 / 441
　　与范师舜 / 443
　　答许廷纶 / 444
　　答何粹夫 / 445
　　与王孔昭 / 448
　　答吴宿威太守 / 450
　　与徐都阃溥 / 451
　　答何粹夫论五行书 / 452
　　与彭宪长论学书 / 454
　　答薛君采论性书 / 457
　　与郭价夫论寒暑第二书 / 461
　　策问 / 464
　　太极辩 / 466
　　五行辩 / 468
　　汉儒河图洛书辩 / 471

横渠理气辩 / 473

阳月阴月辩 / 475

石龙书院学辩 / 477

先天图辩 / 479

性辩 / 481

五行配四时辩 / 483

数辩 / 485

玄浑考 / 487

风水 / 490

答孟望之论慎言 / 492

答顾华玉杂论 / 496

答天问 / 499

内台集

答何柏斋造化论 / 520

送刘伯山之广灵令序 / 533

送半洲蔡先生巡抚山东序 / 535

栗应宏道甫字说 / 537

杜研冈集序 / 539

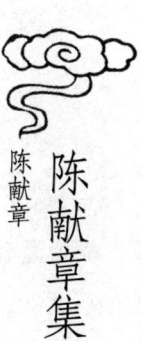

陈献章集

陈献章

导　读

　　陈献章（1428—1500），字公甫，号石齐，人称白沙先生，广东新会人。他年轻时候，搞的是程朱派理学。后来困学知变，"书穷天下古今典籍，旁及释老稗官小说"，又"筑阳春台，静坐其中，数年无户外迹"。在三十九岁后进京，明朝的太学祭酒邢让，很赏识他，"扬言于朝，以为真儒复出。由是名震京师"。

　　陈献章的入学法门是"以静为主"，"端坐澄心，于静中养出端倪"。《明史》说他——

　　　　尝自言曰："吾年二十七，始从吴聘君学，于古圣贤之书无所不讲，然未知入处。比归白沙，专求用力之方，亦卒未有得。于是舍繁求约，静坐久之，然后见吾心之体隐然呈露，日用应酬随吾所欲，如马之卸勒也。"其学洒然独得，论者谓有鸢飞鱼跃之乐，而兰溪姜麟至以为"活孟子"云。

　　这位"活孟子"，是程朱派理学中"心学"的大将，他在程朱派的理学主流下，独挽狂澜，上承陆九渊，下启王守仁，使程朱理学的清一色，在明朝打出两个太阳。他的长处在教人独立思想，短处在禅味过重，未免失之太玄了一点。

论前辈言铢视轩冕尘视金玉①
（原有三篇，选第一、第三篇）

道至大，天地亦至大，天地与道若可相侔②。然以天地而视道，则道为天地之本；以道视天地，则天地者太仓之一粟、沧海之一勺耳，曾足与道侔哉！天地之大不得与道侔，故至大者道而已。而君子得之。一身之微其所得者富贵、贫贱、死生、祸福，曾足以为君子所得乎？君子之所得者有如此，则天地之始，吾之始也，而吾之道无所增；天地之终，吾之终也，而吾之道无所损。天地之大且不我逃，而我不增损，则举天地间物既归于我，而不足增损于我矣。天下之物尽在我而不足以增损我，故卒然遇之而不惊，无故失之而不介，舜禹之有天下而不与，烈风雷雨而弗迷，尚何铢轩冕尘金玉之足言哉！然非知之真，存之实者，与语此反惑，惑则徒为狂妄耳。

或曰："道可状乎？"曰："不可。此理之妙不容言，道至于可言，则已涉乎粗迹矣。""何以知之？"曰："以吾知之。吾或有得焉，必得而存之，口不可得而言之，比试言之，则已非吾所存矣。故凡有得而可言，皆不足以得言。"曰："道不可以言状，亦可以物乎？"曰："不可。物囿于形,道通于物③,有目者不得见也。""何以言之?"曰:"天得之为天,地得之为地,人得之为人。状之以天则遗地,状之以地则遗人,物不足状也。"曰:"道终不可状欤?"曰:"有其方,则可。举一隅而括其三隅,状道之方也;据一隅而反其三隅,按状之术也。然状道之方非难,按状之术实难。人有不知弹,告之曰弹之形如弓,而以竹为弦,使其知弓则可按也。不知此道之大,告之曰道大也,天小也,轩冕金玉又小,则能按而不惑者鲜矣!愚故曰:"道不可状,为难其人也。"(《白沙子全集》卷一康熙重刻本)

【注释】

① 前辈,指周敦颐。铢视轩冕尘视金玉,见《通书富贵》第三十三章。

② 侔,相等。

③ 物囿于形,道通于物,是说凡物都有形体的局限,而道却贯通天地万物,无所捉摸。

书

复张东白内翰①

夫学有由积累而至者，有不由积累而至者；有可以言传者，有不可以言传者。夫道至无而动，至近而神，故藏而后发，形而斯存。大抵由积累而至者，可以言传也，不由积累而至者，不可以言传也。知者能知至无于至近，则无动而非神。藏而后发，明其几②矣。形而斯存，道在我矣。是故善求道者求之易，不善求道者求之难。义理之融液，未易言也；操存之洒落，未易言也；夫动，已形者也，形斯实矣。其未形者虚而已，虚其本也，致虚之所以立本也。戒慎恐惧所以闲之，而非以为害也。然而世之学者，不得其说而以用心，失之者多矣！斯理也，宋儒言之备矣，吾尝恶其太严也。使著于见闻者不睹其真，而徒与我哓哓③也。是故道也者，自我得之自我言之可也，不然，辞愈多而道愈窒，徒以乱人也，君子奚取焉。仆于义理之原，窥见仿佛及操存处大略如此，不知是否？（同上书卷二）

【注释】

① 张东白（1437—1506），张元祯号，又字廷祥，南昌人，天顺四年（1460年）进士。内翰，翰林的别名。

② 几，《周易·系辞》："几者，动之微，吉之先见者也。"韩康伯注："几者，去无入有，理而未形，不可以形寻，不可以形睹者也。"

③ 哓哓，形容多言。

遗言湛民泽① 节录

……承示教近作，颇见意思。然不欲多作，恐其滞也。人与天地同体，四时以行，百物以生，若滞在一处，安能为造化之主耶？古之善学者，常令此心在无物处，便运用得转耳。学者以自然为宗，不可不着意理会，俟面尽之。（《白沙子》卷二，《四部丛刊续编本》）

又

此学以自然为宗者也。承谕近日来颇有凑泊处②，譬之适千里者，起脚不差，将来必有至处。自然之乐，乃真乐也，宇宙间复有何事？故曰"虽之夷狄不可弃也"③。……今世学者各标榜门墙④，不求自得，诵说虽多，影响⑤而已。暮景侵寻⑥，不意复见同志之人，托区区于无穷者，已不落莫⑦矣。幸甚幸甚！

【注释】

① 湛若水（1466—1560），字元明，初名露，字民泽，别号甘泉，官至南京

兵部尚书，是陈献章的门人，著有《甘泉全集》《白沙时教解》《格物通》等。

② 凑泊处，相合的地方。

③ 语本《论语·子路》："居处恭，执事敬，与人忠，虽之夷狄，不可弃也。"意思是说，不论到什么地方，也是不可抛弃的。

④ 标榜门墙，是说自立门户，自成学派。

⑤ 影响，是说如影子和回响一样，空虚无实。

⑥ 侵寻，渐进的意思，暮景侵寻，犹言老之将至。

⑦ 落莫，犹言寂寞冷落。

与林郡博①书

承谕进学所见，甚是超脱，甚是完全。病卧在床，忽得此柬，读之慰喜无量，自不觉呻吟之去体②也。终日乾乾③，只是收拾此理而已。此理干涉至大，无内外，无终始，无一处不到，无一息不运。会此④则天地我立，万化我出，而宇宙在我矣。得此把柄入手，更有何事？往古来今，四方上下，都一齐穿纽，一齐收拾，随时随处无不是这个充塞，色色信他本来，何用尔脚劳手攘？舞雩三三两两⑤，正在勿忘勿助⑥之间，曾点些儿活计，被孟子一口打并出来，便都是鸢飞鱼跃⑦。若无孟子工夫⑧，骤而语之以曾点儿趣，一似说梦。会得，虽尧舜事业，只如一点浮云过目，安事推乎，此理包罗上下，贯彻终始，滚作一片，都无分别，无尽藏故也。自兹已往，更有分殊处，合要理会，毫分缕析，义理尽无穷，工夫尽无穷。书中所云，乃其统体该括耳。病中还答不周，言多未莹⑨，乞以意会。……（《白沙子》卷三，《四部丛刊续

编本》)

【注 释】

① 林光（1439—1519），字缉熙，号南川，广东东莞人，陈献章的学生，曾任山东兖州府儒学教授，著有《南川冰蘖全集》。旧以"府"比古时之"郡"，以儒学"教授"比古时之"博士"，所以这里称他为"郡博"。

② 呻吟，病痛时呼喊的声音。呻吟之去体是说病痊愈了。

③ 乾乾，自强不息的样子，语本《周易·乾卦》九三《爻辞》。

④ 会此，领会得这个道理。

⑤ 《论语·先进》，曾点言志说："冠者五六人，童子六七人，浴乎沂，风乎舞雩，咏而归。"孔子赞叹他说："吾与点也！"舞雩，祭天祷雨的地方。三三两两，指"冠者五六人，童子六七人"。曾点表示出自然从容的心境和态度。

⑥ 《孟子·公孙丑上》："勿忘勿助长也。"朱熹注："但当勿忘其所有事，而不可做为以助其长。"

⑦ 《诗·大雅·旱麓》："鸢飞戾天，鱼跃于渊。"《礼记·中庸》引此说："言其上下察也。"朱熹《章句》："子思引此诗，以明化育流行，上下昭著。……故程子曰：'此一节子思吃紧为人处，活泼泼地。'"这里说的就是此意。

⑧ 孟子工夫，指《孟子·公孙丑篇》中所谓"我善养吾浩然之气"说。

⑨ 莹，显明，透彻。

与林时矩①书

宇宙内更有何事？天自信天，地自信地，吾自信吾，自动自静，自阖自辟，自舒自卷。甲不问乙供，乙不待甲赐。牛自为牛，马自为马。感于此，应于彼；发乎迩，见乎远。故得之者，天地与顺，日月与明，鬼神与福，万民与诚，百世与名，而无一物奸于其间。乌乎大哉！前辈云"铢视轩冕，尘视金玉"，此盖略言之以讽始学者耳。人争一个觉，才觉便我大而物小，物尽而我无尽。夫无尽者，微尘六合，瞬息千古②，生不知爱，死不知恶，尚奚暇铢轩冕而尘金玉耶？

【注释】

① 林时矩，广东东莞人，陈献章的学生。

② 这两句意思是说：把六合看作微尘一样细小，把千古看作瞬息一样短促。

与林缉熙书

秉笔欲作一书寄克恭①，论为学次第，罢之，不耐寻思，竟不能就。缉熙其代余言。大意只令他静坐寻见端绪，却说上良知良能一节②，使之自信，以去驳杂支离之病，如近日之论可也。千万勿吝！（林光《南川冰蘖全集》卷末外集）

【注释】

① 克恭，贺钦（1449—1522）字，辽东义州人，陈献章的弟子，明宪宗成化

二年（1466年）进士，曾任给事中。

② 良知良能一节，指《孟子·尽心上》："人之所不学而能者，其良能也；所不虑而知者，其良知也。孩提之童无不知爱其亲也；及其长也，无不知敬其兄也，亲亲，仁也；敬长，义也，无他，达之天下也。"

与林缉熙书

前日告秉之等，只宜静坐。子翼①云："书籍多了，担子重了，恐放不下。"只放不下便信不及也。此心元初本无一物，何处交涉得一个放不下来？假令自古来有圣贤，未有书籍，便无如今放不下。如此，亦书籍累心耶，心累书籍也？夫人所以学者，欲闻道也。苟欲闻道也，求之书籍而道存焉，则求之书籍可也；求之书籍而弗得，反而求之吾心而道存焉，则求之吾心可也。恶累于外哉！此事定要觑破，若觑不破，虽日从事于学，亦为人耳②。夫子语为政曰："足食，足兵，民信之矣。"子贡曰："必不得已而去，三者何先？"曰："去兵。""必不得已而去，二者何先？"曰："去食。"③必不得已而去，非恶而去之，三者不可得兼，则亦权其轻重次第，取舍之而已。夫养善端于静坐，而求义理于书册，则书册有时而可废，善端不可不涵养也，其理一耳。斯理也，识时者信之，不识时者弗信也。为己者用之，非为己者弗用也。诗、文章、末习、著述等路头，一齐塞断，一齐扫去，毋令半点芥蒂于我胸中，夫然后善端可养，静可能也。终始一意，不厌不倦，优游厌饫，勿助勿忘，气象将日进，造诣将日深。所谓"至近而神""百姓日用而不知"④者，始自此进出体面来也。到此境界，愈闻则愈大，愈定则愈明，愈逸则愈得，愈易则愈长。存存默默,不离顷刻,亦不着一物,亦不舍一物,无有内外,无有大小,无有隐显,无有精粗,一以贯之矣。此之谓自得。清明日书。缉熙更为申说,令了了。(林光《南川冰蘗全集》卷末外集)

【注释】

①秉之,林挺字,子翼,林敬字:两人都是广东东莞人,陈献章的弟子。

②《论语·宪问》"古之学者为己,今之学者为人",朱注:"为己,欲得之于己也;为人,欲见知于人也。"

③见《论语·颜渊》。

④见《周易·系辞》。

与陈进士时周

时周水菽之养,自垂髫迄今三十年。韩退之称孟东野无田而衣食事亲,左右无违,混混与世相浊独,其心追古人而从之,时周盖有之矣。时周别去,益思时周平生履历之难,大略与老朽同而又过之,求之古人如徐节孝者,真百炼金孝子也。顷岁,有《答林府主寿老母生日诗》云:"有母年龄暮,逢辰喜惧深。多仪焉敢郤,揣分故难任。锦段拈香拜,仙醅洗盏斟。独惭非节孝,未了百年心。"因事惟贤,寄不足于词诗中发之尽矣。抑闻之子不私于亲,非子也;士不明于义,非士也。贤者审择内外取舍之宜,以事其亲爱,日之诚而无不及之,悔在我而已。

与袁进士书

足下去青山，登黄甲，一旦取贵官如反掌。人皆华足下，而不知足下之不乐乎内。足下之心形于书尺，足下之辞甚直，诵之揆之，凡足下之事，无是非可否得失，足下一一具言之。足下过于时人远矣。时人或铮铮自许，其不欺反出足下下。虽然，足下慷慨自任，不能吞炭为哑以取容于时，则将大声长鸣于仗马间乎？此非仆所敢闻也。缉熙坐青湖山三年矣。德孚旦夕过我其问足下也，告之。

复林府尊

顺德令来辱书，承以送东山先生序文属之仆。东山先生爱百姓如己子，百姓戴之如父母。遍观当世，未见有如此者。仆所目击，序奚宜辞？顾仆平生拙学，于出处语默有不容不致其慎者，不敢不告也。仆于送行之文，间尝一二为之，而不以施于当道者，一则嫌于上交，一则恐其难继。守此戒来三十余年矣。苟不自量，勇于承命，后有求者，将何辞以拒之？仆闻，爱其人必欲其美，仆之辱爱于执事，不可谓不厚，独于此偶未之察耳。伏惟执事终始此爱，不强其所不能，幸甚，幸甚。有李某者，嘉鱼人，近自其乡来白沙。其人东山先生知之，其为文有气采，仆让之。慷慨特达，乐闻人之善而乐道之。仆谓执事倘可以此文托之乎？然否，惟命。

与黄太守

圣天子即日命下，拜端守黄公参政。病夫某闻之喜连日。病夫与公旧，故能知公刚方有力，能集事，使得高位以行其志，以有闻于后病夫之心，公之心也，能勿庆乎？谨具羊酒菲仪，帕一方、绢一疋，以表下忱，伏希鉴纳。

与张太守克修

兹者修建祠宇、墓亭各已有绪，实赖仁者广济之力。知感，知感。窃闻治郡以严，令下而人争趋之，无敢后者。向去买木人不知所裁，木被雨漂流者，民之负约者，一切宜置之，而以闻于左右。夫利乃众人所趋，义则君子所独，万一以我故干累于民，非细事也。告乞已之，千万之恳。自兹以往，更不发人买木，亦乞明示该县将来，切嘱。切嘱制中不他及。

与丘苏州

辱书，知起处，甚慰。仆以疾病蜷伏海隅，比于缙绅往还中，非平昔素知，不敢辄上问。多罪，多罪。承喻，周翠渠守广德有声，因记。曩岁周侯《赠贺克恭诗》云："黄门仙客归辽左，少室山人忆岭南。我亦尘埃难久住，木兰溪上浣青衫。"周侯后以进士留京，以书来番禺。仆次韵戏之，未及寄去。周侯寻守广德，仆以不能默默，而窃喜周侯之有为，又喜先生能与人善，益思周侯所以处于克恭与仆之间。其始终去就，可不可之权，先生盖未知之也。为绝句一篇并前次韵录去，以发千里一笑。

又

自阁下领郡去京师，与仆不相见者五年矣。阁下宦业益进，仆沾疾来，凡百事不如昨，今羸然一衰氓矣。常常思慕阁下，然但意其在黄耳，不知其去而为苏也。比者获手教，承先府君弃世已久，阁下复守此大郡岂无悲忻？终阙吊贺，不罪，不罪。阁下秉好德之常性；有成物之美意，辞气所发，蔼然盛大。如阁下之心，达之天下有余也，奚论一郡？仆于是不能不一贺。非贺阁下也，贺苏之人得贤守，使鳏寡孤独者得其所也。虽然，阁下不以行道自任，而以养亲为辞，仆于此盖又不能无疑也。郡准古封建爵为诸侯，出入备五马之容，刑赏行一郡之政，邦之安危，民之休戚，无不系也。孟子曰："有官守者，不得其职则去。"言不可濡滞也。仆闻之。君子之事亲也，尽其在我者，不必其在人者，苟吾之所为不畔乎道，不怼乎义，则其为孝也大矣，禄之失得弗计也。阁下以为何如？朱侯诗跋，向何处批判，幸飞示。仆在京时，居仁尝通一札，但未识面耳。梁石、克恭皆仆平生所深望，便中声意为感。

与钟地曹

所卜新兆，形势甚具，穴甚的，窃料其中当有好土。昨日所见，止是肤浅处，更宜深掘见之，但不及水泉，尽深无害，盖土色美恶不同，气亦随之而异，乘其美者则吉，乘其恶者则否。此可理推，不可拘泥。葬法浅深之文，如范越凤云："凡穴宜及一丈外，则不为草木之根所及。"其说亦此有拘。若掘止八九尺间见有好土，不止则伤龙；若深掘而无好土，则无如之何。今限以葬陇宜浅之说，恐其下实有好土，而或为浮面粗恶所隔，则举全地而弃之矣，可不慎欤？程子以土色光润为地之美，葬家以验土色为辨吉凶捷法，此不易之论，可以默会矣。况此山来势极是雄猛，必得融液之土方为全美，亦不可草草也。

与林春官

辱书久未谢。今者寄到手札并手扇二握，仰仞来忱，可胜愧感。阁下以六品之秩居部官，非禄仕明矣。要能脱外荣，树立功名，天下共责望，况于仆者哉！仆非不愿为此，顾无阁下之才与阁下之位，矧今发日就种，老逐病来。病与懒遭于世间，凡百事脱落尽，故于左右期之耳。承诸公起居，甚慰。周先生为广德得人心，稍稍前此，丘苏州书来，亦谓如此。可贺，可贺。往者，京师与广德步月闲谈，异日或出或处，必相料理。今日阅此纸罢，因寄"木兰溪上浣青衫"之句，不觉呵呵，遂成拙诗："梁石终为广德州，木兰溪上水空流。诗中往昔三人共，海上如今两鸟囚。给事易为清静退，山人真脱网罗愁。如何皂盖不归去，应为苍生未肯休。"以为使广德及克恭辈见之，当发一笑，故并录奉左右。倘达之诸公，亦足当一简也。

与吴惠州绎思

思仆腐儒也，生岭左四十又七年矣，乃无以自见于天下。顷因一二辈流妄加推让，于有所不为之中置贱姓名焉，执事从而齿录之，乃不自务重，具酒与币，勤一介于千里，赐之手札而问焉。仆何足以当此？惭惭悚悚。然仆之所以不辞于执事，非昧于自度，辱执事使也，徒欲以广执事之心，使天下称执事者，以执事为有礼，且曰，执事于不贤而誉且礼之，况其所谓贤者乎亦？昔人"请自隗始"之义也。郡，大封也；太守，大官也。当风化未还之日，狱讼日繁，幸而主者不敢怠于其职，疲神竭知，夜以继日，孳孳犹恐弗及。如此者，今之所谓贤守也。执事光明磊落，优游而敦大，规模气象，迥异常流，使勤于听讼矣，而又不遗其本焉。此仆所以乘风而知慕览币而弗辞，其心盖又有激于此也。若夫君子进为君，退为亲，进退可否之机，执事研之熟矣。仆何敢仰疑于万一哉，使回，并此布悃。不罪。

与汪提举 弘治戊午月九日作

白沙陈某启：千里一缄，由辞以得意。足下垂爱之至，非尺牍能尽，章何德以报之？承示近作，足见盛年英迈之情。大抵论诗当论性情，论性情先论风韵，无风韵则无诗矣。今之言诗者异于是，篇章成即谓之诗，风韵不知，甚可笑也。性情好，风韵自好；性情不真，亦难强说，幸相与勉之。知广大高明不离乎日用，求之在我毋泥见闻，优游厌饫，久之然后可及也。人自海南来者，称足下事功之伟，阮从事至，益闻所未闻，足慰翘企。虽然，局于见闻者未必知也，如《修古》等作诚美矣，人徒知慕修古之名，抑孰知修古之实之著于今日者何如也。观往可以知来，一真一切真，得其门而入者，无虑弗届也。《慕竹记》文，章心许之，病未能耳。足下欲显其亲于无穷，岂专待是耶？白洋真境想像不来，别纸塞命，良慕高尚耳。不多及。

又

足下事功之奇，襟韵之胜，安得一寄目于冷香以尽作者之妙？今之画图，能令武夫俗吏见者莫不鼓舞称快，况吾人哉！虽然，非病夫意也，病夫何足以当之？足下以是心求进于古之人，庶乎无远之不至矣。嘉贶不一，照领。录来诸作，每读一篇，辄欲奉和，而病未能。《慕竹记》文、大书表墓均之，未可牵勉。小诗四首录于卷中。徒于阮从事过江门一次，依准还海上耳，高明必能亮之。李世卿期我于朱陵，沈督府书来问行，张东所已办一杖双屦随我，顾今病势尚未可动，余无足道者。

与顾别驾止建白沙嘉会楼

执事未有不以公务而止弊邑者，今日之事，欲为名教树无穷风声于后代，而姑托始于仆以为之名。伏惟按治广东侍御熊公，揭名嘉会，选能集事一人，使相地白沙，问于我府主林先生以得。执事遂尽闻于我藩宪诸老先生，倡斯和之。兴一役而众论攸同，举一义而多士知劝，百余年间，岭海之内，未闻有如今日之盛者也。顾仆何人，俾以虚誉，滥竽斯会，区区不胜感激愧悚之至。执事以才识卓异见重于时，诸公诚信而委之。仆愚以今地方多虞，民苦力役，斯亭之建，虽以贤别驾主之，然寸土尺木不无劳费在民。愿执事再加处分，以复按治之命。苟可已之，不但纾民之力，而负且乘之讥，亦且不及老朽以贤玷诸贤，尤可执事相爱之至也。幸甚，幸甚。

又

山楼小构，清白俸余之助得之公，不以愧谢。士诎于不知己，而信于知己，此仆所以每受赐而每不辞于公也。虽然厚德不可以不报。尚友古人，永矢一心，进以礼，退以义，不受变于时俗，近之则可亲，远而望之益光，此仆所愿望于公如是。若徒以身为沟壑，无所规益，舍己循人，与时势上下，非仆之志也。镌者偶有所适，碧玉楼诗刻，俟后寄。所示从吾先生送张巡检诗，何不类平生之言也。分惠诸儿辈及诸士友历日，分付一一，感公盛德，并此为谢。

与余通守

某启：今日里长付到黄历五本，前此寄来《乡试小录》一本，具有封识，已一一验领。叠辱台贶，岂胜荣幸。某本田野之人，滥竽士列，凡于公卿之门，惟知尊敬尽礼而已，不敢随众奔走，以负其初。其有赐于某者，既于家中拜受，更不进谢，惟照亮。不具。

复胡推府

辱书。英特不群之气溢于言外，而其中耿耿欲与世抗，尤于诗焉见之。前数日，托倪指挥送去手书，弗及，想未达也。承以得卑官为喜，古之善处困者如是。虽然，未若忘之愈也，忘之都无事矣。诗本温厚和平，深沉婉密，然后可望大雅之庭。执事之作，其果近之乎？如其未近，则当易故求新，增其所未高，浚其所未深，然不独作诗为然也。卧病余旬，不能举动，感兹远别，又重违左右，强勉数纸，不能佳也。不审何日离省，区区驰恋之私，想能亮之。书墨并此谢。

与左知县

章启：顷者欲留一饭，为他客所并，别去匆匆，一语不能究，至今惜之。黎生来，辱书兼多贶，砚石之奇，尤为难得。昔伊川先生以一诗酬王佺惠药传之至今。明府善为邑使，百姓歌之。老朽虽不习于辞，尚能为明府执笔作《循吏传》，传之天下后世，以为美也。明府宁不许我耶？瞻奉未涯，谨奉启，不宣。

又

昨来枉顾，老夫胸中又著一左明府矣。由邓生之言，知明府遗爱仁化已多。今者，伶封得此贤牧，幸甚，幸甚。老病林下，每闻四方郡县得人，辄为生灵喜，况目击其人乎！公程还日，过白沙少留片饷，细话平生志业，以慰老怀，是所愿也。

与顺德吴明府

顷者从事至，辱书觊为感。适姜仁夫在坐，不即裁答。仁夫说足下缕缕。去岁首夏，李世卿过白沙，至腊初始别。闲与论一时人物，世卿亦以后进之才称足下。章于足下所存，不待书而悉也。念昔苍梧之会潦略，几于失君矣。顾今乃蒙不鄙，瞻望清光于咫尺，得非幸欤？章衰疾不出，足下拘于官守，未有相见之期，惟当洗耳林下，以冀邻壤颂声之来，足下将不以循吏之事让古人也。

又

出处语默，咸率乎自然，不受变于俗，斯可矣。以张梧州先生与献臣近日所为，章皆未得其详，不敢悬决是非，俟面尽。

又

梁生至，辱手书，具审被诬事今已释然，甚慰。明府惠爱在民，民以是报，何耶？凡天损之来，吾无以取之，可以言命矣。唐中丞称潘时用之贤，悼邹汝愚之死，小抑大扶，朝低夕昂。张梧州之于督府，皆可谓知己之遇夫复何憾？承一一示。明府岂徒羡彼者耶？陶邦伯才能集事，威能御暴，便可当一面之寄，其它未敢轻议。大抵用人不求备，议者谓中丞公人物一大炉冶，百炼之则真金出焉。顺德小邑，治之不难，而有难者，其诚乎！诚则不言而民信，无为而化成。观于明道先生治县，则可知用智之不足贵矣。承下问，不敢不尽，明府以为何如？

与赵明府

　　平后山碑文，仆已谢于陶公，非敢有爱于言也。夫文以纪功，必书首事。主后山之役者谁乎？今秦公已去，存者两府，皆非知仆者也。孟子讥未同而言，此岂止于未同而已耶？一二十年来，仆与人为记序等文，多不过十数碑而已，为陶公者半之，谓仆于公有所择于言乎？必不然矣。司马公作相，欲除谏官而难其人，问于伊川先生，不对。公曰："出于子口，入于光耳，何害？"伊川终不为言之。语默要自有当也。若不问可否，惟以相与之密而责之言，伊川为不忠矣。仆废退之余，恐妆敛之不谨以取罪累，实非有他也。惟执事亮之。

答阳江柯明府

　　顷者有胡秀才来谒白沙，能道执事志行之美。章多病少出，于执事无一日之雅，闻秀才言，为之动容起敬，已置执事于东南十郡内贤守宰之列。所谓生而民爱戴之，死而且俎豆之，以此期待阳江，而注仰之久矣。蒙辱手教，承已表识张太傅墓，又于墓前构祠祀之，与崖山同。幸甚，幸甚。以今观之，执事所作，皆风化首事，寻常只是簿书俗吏取办于目前耳，何尝望见阳江脚板耶？祠记某当作。昔闻秀才言执事表墓建祠，某已心许执事矣，顾今拙病未能脱体，少延岁月，为之未晚也。病倦，不能具大状。使回，聊此复。余不一一。

与任明府

昨蒙枉顾，感感。一谈之顷，愧久病未得脱体，精神不能自达，愧负何限！虽然，造次间已觉明府英迈之气出于人上者，可畏，可喜。异时当为贤宰牧，有闻于天下后世，新宁之民，一何幸欤！今日又蒙多贶之及，感怍，感怍。以新作之邑，遇新除之令，凡百政令皆自我出，未有坏于前者，事机之会如此，亦可贺也。老拙以为天下之事，成之惟在威信。威信一立，无事不可为。苟无威信，则无其本，难乎其立政矣。明府裁之。病倦，执笔匆匆，不究所欲言，谨此布谢而已。惟照亮，幸幸。

与曹知县

执事去新会二十年矣，何由复见执事？日侍贞节堂，延接四方宾友，与言昔者土木之兴，众工一日具举，执事悉心于名教，常在人目，虽不见犹见也。堂成而执事解官，堂今存而老母下世。俯仰今昔，情如之何！恭惟执事才足以立事，勇足以行志，而竟不为世用。或云见曹长官于京师，或云退而家居，慷慨如平时。欲致一书慰执事，无可托者。男子盖棺事方定，士所遇有时焉耳。鲍叔有闻于后代，以其能真知管仲也。虽不仕齐有功，九合诸侯一，匡天下，鲍叔贤之。乌乎，世复有斯人乎！执事以某之言为然，则凡世所汲汲而后见者，皆不足以望执事，亦非所以厚执事也。李世卿还嘉鱼，辄此奉候，粗布二端表远忱。制中不多及。

与梁知县

三郎回，能道漳平初政，甚慰怀仰。居下而能获乎上，事功将日大，声闻将日著，可贺。今之从政者，岂必尽如古之人？但仿佛其一二，世必以良吏目之矣。又能始终表里无间，将来必大有可观，幸卒勉之，老拙之望也。比者，小庐山茔封粗毕，远烦致奠，哀感可涯。奇娘子母计各安好，漳平风土想与此间无甚异，惟善调摄，勿令生疾。惠绢感感，耳边常得好消息，不用寄物也。

与邝知县兄弟

丁明府彦诚，今之良宰官也。遗爱在邑，邑人思其德，欲为庙以报之。此义举也，吾辈当为之倡，今附去疏文一首。幸留意富者多助，贫者一钱勿弃，大要见此举报往劝来，出于民心之公，庶几光明正大可以传远。今卜地在白沙里社前，与嘉会楼相望，亦其平生所乐游之地。留题真迹尚在壁间。吾知其必享也。

与林郡博 先生门人

近连得缉熙两书。乌乎，尚忍言哉！平湖别家逾十年，官满来归，不见仲氏见母夫人，岂非幸耶？再如京师谒选，未及一载，归哭几筵。前有就禄之请而人见疑，后有终养之图而母不待。且母与褒之恩孰重？章谓，哭子之爱尚可割，哭母之恨无时休。不肖孤不丐先帝之仁，宁免终天之憾耶？缉熙孝禀自天，岂无念母之诚？因斗升之禄以求便养无难处者，特于语默进退斟酌早晚之宜，偶欠一决，遂贻今日之悔，而世之议缉熙者多矣。当是时，虽使一恒人，非沉酣利欲得已不已者处之，亦必不能不为之动心而变色，况贤者乎？自兹以往，缉熙其皎洁磊落，不为混混之迹，所以慰兹灵于地下而解群惑于当年，如毛义焉，可也。若不理会此处则大错，虽二十四年州铁打不就矣。素辱厚爱，计必不见讶，是以尽言之。定山近日之出，谁实启之？其意云何？希垂示。江西来日者未过白沙，银瓶岭合葬，只看年月利否余不用问人。忧病中，未由奔慰。谨奉疏，不尽欲言。

又

子逢家人至，得书，具审太夫人以正月六日祔于竹斋府君银瓶岭之墓，褒亦祔焉，为慰。是月三日，章亦奉迁先考墓于小庐山，与先妣同处，日者云，是岁官交承之日，百无所忌，遂用之。居丧不能免俗，多此类也。君子所以报其亲，盖自有其大者，顾吾之所立何如耳。来喻知孔而不知毛，老朽所望于贤，非欤！此翁明年满七十，世宁有七十老人发往著书与故旧作炒也？有言无补于人之不足，托于灵龟以正朵顾而不知止耶？李世卿自嘉鱼来，与湛民泽往游罗浮，今殆一月矣，未知所得何如。老朽亦欲深潜远去，为终老计。此间民日变为盗，地方多虞，白洲李先生为卜地于省城，破数百金。古人之事，不意今复见之。顾今暮景所以落莫，耳目之用不息，事随日生，委余龄于寻常喧嚣之境，恐卒不能成其美，未易裁也。岁首，白沙嘉会楼成，白洲李先生遣人走定山求记。比得南京李学录书，中间报庄验封以去，秋八月履任，寻得疾卧家，至冬间发此书时，已闻定山将出谢病,未审然否?想欲知,故及。

又

碧玉楼上联句云:"大海从鱼跃,长空任鸟飞。"吾以待时之人可也,圣人不为也。吾以待门人子弟不已薄乎?有不得不然者,免怨而已。缉熙抱耿耿于兹几年,今发于此,适有客及门求见,不暇详答,然大略具矣。如何,如何。

又

违阔日多,忽枉来问,不啻如珠贝之入手也。亡兄不幸早世,十月在殡,后此尚二十日始克就窆。积痛成疾,章不足念,如老母何!承少宽之喻,伏纸摧咽。顷者与子逢书,中间一二近况与悼秉之等诗,想次第经目矣,余非面莫究。主考闽藩令誉蔼然,可贺,可贺。传闻乡试录好文字,想皆出总裁之手,恨未及见耳。别纸见示奏草,此事在今日不言,而去揆诸易,果不当欤!夫以无所著之心行于天下,亦焉往而不得哉?老孺人之旁,计未能猝离,而平湖之旆,亦难久留,不审何以处之?区区注仰之私,与月俱积,录近作一二见意。早晚能一过白沙否耶?景云如桂阳未返,张宪金日夕至学,景易惟课访是急,诸侄营葬事,往候无人,惟加照。

又

承谕,进学所见,甚是超脱,甚是完全。病卧在床,忽得此束,读之慰喜无量,自不觉呻吟之去体也。终日乾乾,只是收拾此而已。此理干涉至大,无内外,无终始,无一处不到,无一息不运。会此则天地我立,万化我出，而宇宙在我矣。得此把柄入手，更有何事？往古来今四方上下，都一齐穿纽，一齐收拾，随时随处，无不是这个充塞。色色信他本来，何用尔脚劳手攘？舞雩三三两两，正在勿忘勿助之间。曾点些儿活计，被孟子一口打并出来便都是鸢飞鱼跃。若无孟子工夫，骤而语之，以曾点见趣，一似说梦。会得，虽尧舜事业，只如一点浮云过目，安事推乎？此理包罗上下，贯彻终始，衮作一片，都无分别，无尽藏故也。自兹已往，更有分殊处，合要理会。毫分缕析，义理尽无穷，工夫尽无穷。书中所云，乃其统体该括耳。病中还答不周，言多未莹，乞以意会。前此所谕，命之理以下数段亦甚切实有味，愧不时复。草席、香各领赐，感感。

复梁二教伯鸿

尹秀才至，辱书，兼拜汝帖之贶，感感。足下病不能任官，贫不能供母，迂不能入俗，直不能干人，足下持此孑孑，何以度世哉？承欲挟卜以游，足下设言之以自遣耶？将仰给于是，如昔君平之为耶？顷者，何廷矩在胥江开卜肆，竟无一人售者，足下闻之否耶？此非愚虑所及，足下善有谋之，无令古人笑今人也。颜渊、季路皆可师法。闻足下有少田业，勤耕而节用，可以不死，虽甘旨之奉不足，亦士之常分，揆于道义，无不安也。舍此而他图，心日劳而困日甚，足下其如命何哉？人还，匆匆聊此复，不能悉。

与湛民泽 先生门人

来喻与拙裁意不相涉，无怪乎前此之多言也。久居于危，不在仕止之间，盖尝两遭不测之变，几陷虎口矣。不得已为谒铨之行，所以避之，非出处本意也。吾子其亦闻之否乎？平生故人，朱少保、李阁老、潘待诏往往寄声，以不能去离此邦为惧。假令见几而作，当不俟终日遑恤，其他特患不得其时耳。康节诗云："幸逢尧舜为真主，且放巢由作外臣。"然则百年之遇，宜未有今日，所恨子孙世家于越，老朽亦欲为后人立少基绪，使可传也。目今要建几祠宇，修几坟墓，政恐小祥在转瞬间，若更因循，措办不来，更一转瞬，大祥至矣。吾事不了，奈何，奈何！忧病相持，岁云暮矣，安知其终不汨没于尘土耶？区区可疑者，吾子其深亮之。

又

飞云之高几千仞，未若立本于空中，与此山平。置足其巅。若覆平地，四顾脱然，尤为奇绝。此其人内忘其心，外忘其形，其气浩然，物莫能干，神游八极，未足言也。承罗浮之游甚乐，第恐心有所往，情随境迁，则此乐亦未免俗乐耳。黄龙、朱明不可居，吾之此心已在祝融之上矣。吾非厌近而求远，顾民泽何以处我耶？世卿录去近稿二幅可以代面语。不具。

又

碧玉楼卧病逾半月，忽得手札，读之喜甚，遂忘其病也。学无难易，在人自觉耳。才觉退便是进也，才觉病便是药也。眼前朋友可以论学者几人？其失在于不自觉耳。近因衰病，精力大不如前，恐一旦就木，平生学所至如是，譬之行万里之途，前程未有脱驾之地，真自枉了也。思于吾民泽告之，非平时漫浪得已不已之言也。倘天假之年，其肯虚掷耶？附去药钱一百，烦手丸寄渡子回，景云在病也。

回祝主簿

未拜一顾之勤，此贶叠至，皇恐皇恐。阁下以至公待民，使一邑受赐，则惠之所及广矣，岂独某哉？夫公必有养而后能，某于今日之赐，不敢不受，亦不敢不让，所以广阁下之廉以养公也。僭率不罪。

与宝安诸友

章衰矣，齿发日变于旧。亡兄属纩之初，老母哭之欲绝，积忧之余，面足俱肿。由某获罪于天，不死，延祸同气，以上累于高堂，痛彻骨髓，如何可言！诸君不遗老朽，慰之连尺，抚状不胜悲哽倾感之至。子逢别纸具得平湖履任之详，可叹，可叹。彭泽不折腰于督邮，平湖不屈膝于当道，乐则行之，忧则违之，古今一揆也。数日前阅甲辰旧诗，改赠平湖。章云："偶从道路得行藏，南北东西又此乡。沧海一身堪自远，平湖数口为他忙。江山旧宅香株老，篱落西风豆角长。小与先生分出处，扶留窗下细抄方。"又改次章颔联云："到手闲官如处士，从头诗卷又江湖。"去秋与张进士唱和绝句云："不求老马在长途，谁道乾坤一马无？伯乐未来幽蓟北，凭君传语到平湖。"诸诗谩尔，岂遂为之兆乎？诸君其亟橡榄山之室，南川之归无日矣。景易今秋不免随俗应试，非得已也。家贫不能日给，无可仰干于人，一也。祖母年高气衰，悼往忧来，怀抱作恶，希得一解可以慰解，二也。是儿赋分已定，责之以越常之事，必不能堪，三也。功服不得科试，程子据礼言之当如此，亦古人常事耳，在今日可以望于贤者而不律众人也。若曰祖父丧在浅土，虽服已除，亦不应试，此又过今之人远甚，子逢自量力为之。孟子曰："持其志，无暴其气。"为之而力弗逮，反暴其气矣。秉之在狱安否？祸变之成，非一朝夕。今日之事，不知秉之平生费多少曲蘖酝酿来也。为我谢平湖。秉之虽穷，使甘心觚翰，如藏用辈低徊于里塾，宁有此？惜哉！

与邓胜之

胜之足下，自顷岁寒舍一话，别去未尝忘，但懒作书耳。春初闻太夫人委蜕，又阙一疏，多罪，多罪。仆之心事惟足下知其无他，则知仆之交于人者如是；使世之知仆者异于足下，几何不斥其简而怒且讥耶？足下勤勤于仆之意，每见德孚与语，未尝不增戚戚于胸次，顾足下之所欲为者，其机未始不在我，如足下亦何所不至？慎勉之，毋以畏难止也。承枉阴阳家诹日等问，仆不究其得失，然大概以为术家之书，其说主于祸福，故不宜尽拘。尽拘则害理，圣人无是也。吾徒作事宜何所法守，听命于术家之说，而我无所可否焉？仆窃惟今人不取也。《小五星》等书，自地理家秘而不传，然其说亦动静两端而止耳。足下将求之不一耶？反求之吾心以观其会耶？抑徒宝爱其术而思藏其故纸耶？足下欲之，必有其指，不爱一言，以慰悬仰，幸甚，幸甚。

复李世卿 先生门人

圭峰山灵，相候已久，何濡滞尔耶！世情不可尽徇，尽徇则失已。与诸乡老龙兴寺舍相对竟日，孰与置一榻于圭峰为足快也。邑中山水，白龙、玉台最胜，诸前辈有赋咏，可尽收拾，志中慎勿留意拙作，为世卿累也。切嘱，切嘱。昨晚陈伯谦过白沙，出示与僧文定诗，颇有援救意，不审闻于邑主否？封去某近作记文一首，据拙见，词格不古，终伤安排，不知世卿以为何如？朋友间评论文字在于求益，奚事虚让为？读毕还一字示可否，乃老拙所望于世卿者也。

与贺谐

贺生秀才：得生书，把读未半，亟呼童子使召犬子来读之，何生之言似乃翁也？幸甚！昔在长安，日过乃翁，生时方毁齿，能知两翁意，见辄呼曰："我老先生来矣。"坐则置生膝前，抚生项，与乃翁语，至今岐嶷可想。生犹略记老先生面目乎？味生之言，其志远且大，恨生不生南海，又恨夙疾支离，老脚不能及远，冀一见生容止，接生言论，有疑相与对面折衷之，何可得哉！里生陈绍裘行，托以告，区区礼闱之会，可必否耶？

答陈宗汤 先生门人

得宗汤六月十日书。书中作字太奇，老眼不识，服周读之以告我耳。

丘侍御取道还闽，过白沙，留语竟日，获闻考察事详。微侍御，宗汤索我于黄云矣。周宪长半辞之顷，讪已信，人洞见肺腑。二公为天下惜人才，公去取同此心也。侍御尤拳拳于桓温问孟嘉之一语。噫，何爱人之无已也！宗汤念之，一时交游，东颠西覆，民泽可期远到。西望衡山，神爽飞去，然自去秋感疾，迄今未堪举踵，余亦无足观者。所须悬志，谩往一册，世卿为此书，盖亦自以为未足云。

与周文都 先生门人

来喻具悉，畜来始末，前此未知也。昨日简中言，偶与之合耳，然不害为义也。非子，来死于道路久矣。度来之心，不肯舍子而之我。来若自计日，不违主之命，是亦报子也，吾斯纳来矣。来虽小，所以处于来大者存焉。吾此心是也。此心涤之则明，物涴之则暗。此吾所以不敢苟于子也。传曰："以友辅仁。"

与梁贞 先生门人

肺病外感则风，内感则烦，调摄之方，莫先虚静。秋举逼人，能置之否耶？戒邝琪之覆辙，念老朽之狂言，惟在正。

与罗冕先生门人

得五月十九日手书，具审。比来侍奉吉庆，徒以老朽旦夕往来于心，忧之深，言之切，有如吾服周者乎？老病不胜丧，赖诸友之助，亡比得安小庐山之兆，迄今茔封粗毕。遣人去买藤县木，归建茔前小屋，为祭享之所，立祭田，使人守之，孝子欲报于亲之心如此而已耶。痛哉，无可议者矣。溽暑不可处，近迁上碧玉西偏，病稍轻于昔，幸未即死，吾子无为老朽戚戚也。官窑牛商云于馆中，便略此见。区区不能悉。

与郑文吉

章之内兄罗经，水母湾人，金成之义主翁也。内兄存日窘甚，弃其居第还车陂。死无子，遗二妾，女一居孀，一在其室，其困日甚，今欲取来白沙。恃爱干渎，倘遇人船之便，先令金成走车陂，取至广，搭附来白沙。极感，极感。顷者市药之费，遣人致之，不及裁谢。

又

金成役者，借劳一日，盖有弗获已者，实恃知爱，琐渎为愧。外氏零替之余，一坏土赖以仅存，虽在螟蛉，吾敢藐焉？公且随力剪拂之，不但金成之德之也。茶果盛惠，前此药资，感感，不别裁谢。山茗二裹表忱。

与郑举人

昔钱宣靖公推官同州,有富民亡其女奴。女奴父母讼于州,州命录事参军鞫之。录事实贷于富民,不获,乃劾富民父母共杀女奴,罪应死。公疑其狱,留数日不决。录事诟曰:"若受富民钱,欲出其死罪耶?"公笑谢,密使人访求女奴,得之,则免富民父子于死。知州以公雪冤死者数人,欲为论奏其功于朝。公固辞曰:"若水但求狱事正,人不冤耳,论功非本心也。且朝廷若以此为若水功,当置录事于何地耶?"录事诣公,叩头请谢。公曰:"狱情难知,偶有过误,何谢也?"仆每读书,见此等事,未尝不叹息古人用意之厚,而平生区区所存,亦未多愧。顷因田土细故,与足下有言,足下邆赐之手札,辞亦费矣。假令质成于官司,尺寸壤得,未足为喜,而此事一白,则直在已而曲在人,斯自惭耳。仆非不愿为古人之高,持事有专主,义不容于自遂,惟足下亮之而已。

与邓球 先生门人

韶广相去未远,一问不通今几年,怅想无已。即日苍头至,辱手书并惠米布诸物,具审。雅履佳胜,志业日新为慰。某奉母之外无他况,惟益衰耳。首夏,湖广嘉鱼贡士李承箕世卿者过白沙,甚聪明,有文章,留白沙数月,不忍别去,议论间颇觉有益,恨足下不与同也。眼中朋友求可与言者不可得,世味之移人者不少,大者文章功业然亦为道之障,为其溺也。足下苟有见于此,幸甚,幸甚。章亦欲告于足下者,非尺牍能尽。

与黎潜萧伦 先生门人

先妣不幸卒于今年二月十六日，即日茔封甫毕。穴在小庐山图新书舍旁。某以衰疾执丧，气息奄奄，如宾客知旧往来，记一忘十间，独于潜也伦也，思之不置。二生之思我，从可知矣。爱之深，言之切，老朽何以答二生之拳拳？发愤进步，一日千里。

与赵日新

久不见生，一日得生手书，如语予馆中，不知其在罗城也。去白沙几年，味生之言，欲再见白沙而不可得。甚矣，生不忘白沙也。忧病之余，泯泯默默，可为他人言者，念生忠信之人，可与共学。然问之者未切，告之者无序，生虽有求于我，其何补于日用乎！宾阳陈掌教，可人也，可一通之，余不具。

与太虚

太虚师真无累于外物，无累于形骸矣。儒与释不同，其无累同也。太虚尚能觅我于衡山否耶？别纸录去旧稿，试为我诵之。章非能言者，太虚岂俟多言哉？

与赵寿卿

蔡三兄弟欲求寿卿长荫田耕住，以旧于我佃，故求通一言，惟裁之，不可则止，亦无固必也。谢伯倚近至白沙，以前所托通好于李氏者委之，唯唯，可见人心所同也。知之。

与周用中兄弟

天地自然之利，人得而取之，何分彼我？使诸子侄如老朽，何所不让？使老朽如诸子侄，亦何所不争？向义不如就利，尚德不如用智，朝三暮四，口与心违，强之以其所不能则怨，诸君岂不谓然乎？今只以郑明府所书券为实，更不问其是非，但据用中、用到价银若干，老朽愿偿之，如此既不获罪于郑，又不负用中，诸子侄亦可以释然矣。解纷之策，莫过于此。诸君其亮之。

与李孔修 先生门人

子长乳疮，当一场重病，今脱然矣，闻之慰喜。赖朋友之助，先妣得安小庐山之兆，即日茔封甫毕。三月而葬，礼也，亦时也。始以吾为殡宫，论者纷纷，今帖然矣。寝食梦寐举安，事不揆诸道，徒人言是徇，奚可哉？未有会晤之期，惟加爱。

与范规 先生门人

近有人自南京来,承定山先生偶得右手足风痹之疾,近虽小愈,尚未脱然,欲求养生之术,非能用莫能尽之,以此相托。定山,平生故人,老而婴疾,可念,可念。能用定山之交,亦不可谓浅。浅者,何爱一行?如能用寄迹山水间,去来自由,自此至彼,数千里坦途计日可到,然亦不敢必,盖行止非人所能。顷来衡山之约,如许,又可固必耶?专此驰问,倘蒙金诺,先乞飞示,早晚须一至精舍商量。切望,切望。

与赵汝夑

即辰闻舜英护母夫人丧归矣,远道无虞,幸甚,幸甚。但未审几筵安在何处?近来邑里中,夜劫之盗横,甚可畏,宜得一稳便处,无水火盗贼之虞,方可停柩,此送死第一义。君子见几而作,时义当然,幸自裁之,勿夺于浮议。忧病中未由奔慰,想能亮之。

与董子仁

前九月得周文选书,知子仁久乞省家居,多贺多贺。又云在高亦养病归,或不可起,不审此语何谓?前此获手教及克恭书,感叹屡日。凡百且置之勿论,只平生问学一事,极索理会,不可悠悠。人一身与天地参立,岂可不知自贵重,日与逐逐者伍耶?某奉别后更无他,惟一味守此,益信古人所谓自得者非虚语。今幸老母粗康，地方无事，日夕与二三友讨论所未至。亦殊不厌。惟有志者少，薄俗振作尤难，日迈月征，良可忧耳。闻罗先先生杜门广昌，张内翰会讲西山，克恭辟书齐于后圃静坐，皆不以病废学。子仁何日复京，尚希一札，以慰倦倦。某自春间一病自汗，到今尚未脱体。临纸牵勉，言不能尽，惟亮察。

与张声远 先生门人

久不得字，去年托贺官人往一纸，尚未卜沉浮，一别音耗，便尔难得，可叹可叹。秋试捷否不足忧喜，漫欲知之耳。时用孑然客帝京，忍寒饿二十年，为母家不去，诚亦可悯。万一了此心事，不东入吴即南走罗浮，与儿辈下上四百峰头，采蕨亦可供也。漫思及之。此日病正愈，临纸不复一一。

又

得正月十一日手书，悲愤填纸，几不可读。平居相与论议慷慨，未始不以外生死为达，填沟壑为贤，一旦临大故，不可堪忍之时，尊卑疾病盈室，家无钱财，作何措置！况于东吴反葬，水陆数千，计亦不下二十金，所费将谁仰耶？势利风驰，朋友道缺，昔人所能者，例不可望于俗辈，如某一二粗知，抑皆所谓旋涡里佛不能救落水罗汉，奈何奈何！情切事违，心迩人远，抚纸与怀，徒增悲怍，惟亮察不具？

与谭有莲

比日家僮自贵里来，承口谕，欲为小孙田议婚以平卿之孙女。平卿善士，与古愚先兄游处，亦通家也。幸甚幸甚。第恐传言或误，好事多魔，于是叩诸蓍，得大过之豫，盖吉占也，未审果如尊意否？夫量才求配闻之先贤；计产许婚，甚于流辈。痴孙疑未中东床之选，世业恐重贻西邻之忧，是以未能释然于鬼神之谋也。专此驰白，庶几为是一来，倘不以疏外见疑，拱俟，拱俟。

与陈德祯

闻近被系郡狱，悬切悬切。计今当道多明察，想不加害于无罪之人。否泰，数也，勿过为陨越。人不幸所遭有甚于此者，亦无可奈何，且安心顺命，善将摄为祷。

复陈冕

苍头至，得书。承贵恙渐平复，喜慰之至。更慎小愈，以赴秋闱之选。幸甚，幸甚。得失虽云有命，然更委之命亦恐未尽。今一科所取士若干，多备数一时耳，安可据以自比耶？如莆中举子多真举子，与侥幸寻常者相去奚啻十倍。如是而失，解诵伊川之言以自解，可以无愧矣。余不悉。

与旧生陈魁

生仰给岁月于铅椠，瓶无赢粟以畜其妻子，年几六十，益以疾病，困以盗劫，士一穷至若是哉！昨望见生龙钟如东田老人，稍就之，疲顿与石翁异者几希。然与之论旧事，写平生，于我三沐三熏之历历犹是也。使囊中有九还大丹，能返老为童，与生共之，庶几其成也可待。生既绝望于我矣我更望于何人？惟日孜孜，毙而后已。生与我皆然。复何道哉复何道哉？佃者还。聊此复。制中不具。

与容一之 先生门人

几日不得至祠下，眠食何如？一之平时筋力倍予，今云瘠甚，则老者可知矣。古人处老有道，处病有道，处死有道。夫子曰："朝闻道，夕死可矣。"其处之之道乎！旦夕欲见一之与论之，不审力疾乘竹兜子能一至碧玉楼否耶？专此驰问，惟自量。

又

今日贵恙轻否？老梁课好，决定不死，可无忧也。昨晚手书与陶公，劝勿建书舍，未见报札。为此一事，数日往来于心，殊无好况。章因多病，厌苦人事，决策往平冈。朋友间多不省事，多言平冈土瘠，难望成田，老母闻之，遂阻此行，奈何奈何。此非不忠爱于我，抑未知所以忠爱也。平冈土虽瘠，然便谓其终不成田则又疏矣，天下岂有弃物而人欲争者乎？不信，人之言眼前事，所见往往如此可笑也。何日可动到齐一话？甚悬悬也。比闻足疾伤于劳，而发由老朽，故今思之，但有惭负而已，奈何奈何。先妣墓即日茔封粗毕，遣人去采藤悬木，为祭享之室，使之守之。立祭田，求墓志事，皆不可缺，又不知人子思慕其亲而欲报之其大者安在耶？困于财，限于分，盖亦无可议矣。近苦忧病相持，无以自遣，寻思只有虚寂一路，又恐名教由我坏，佛老安能为我谋也？付之一叹而已。何日对面罄其所欲言？

与马贞

前日，舟中与一之谈及神理为天理万物主本，长在不灭。人不知此，虚生浪死，与草木一耳。神理之物，非但不可恋着，亦其势终不能相及，于我何有？伯干病至此，当大为休置，纵未至洒脱地，亦渐省得些挠乱，幸而天年未，尽便从此觉悟，神理日著，非小益也。老倦不能再省视，令真福往侯，以此能一开目否？

与陈秉常 先生门人

辱书，见勉勿断酒肉，扶养衰躯，真情苦语，足仞拳拳。顷者赖诸友之助，先妣得安小庐山之兆，即日茔封甫毕，遣人去采藤县木，为祭享之室。立祭田，求墓志事，皆不可缺，又不知人之思慕其亲而欲报之大者安在耶？限于分，困于财，盖亦无可议者矣。到京见定山先生、潘时用、姜主事问我，以是告，余不敢嘱。别纸所议礼想是，但老朽检阅未得，且置之。病畏多言，念吾子远别，聊复此耳。途次见东山刘都宪先生，告崖山慈元庙成，甚完好。因以先母讣告，某在病不具疏。

与崔楫 先生门人

承示诸作，见意思。始者，期民泽九月入罗浮，四百仙峰依旧见之，但不在脚底耳。来喻不忘在学，幸甚。但恐进退未决，不立辈水阵，终难胜敌。希说勉之，岁月不待人也。李子长落水罗汉，吾辈皆旋涡佛耶？何故无一人救之？狶苓草果神效，当求识者致之感挂意。某复希说秀才。

又

某疏，不意先府君奄忽倾逝，衰病多遗，不时奉慰，罪罪。比日寒甚，想孝履如宜。弃礼从俗，坏名教事，贤者不为。愿更推广此心，于一切事不令放倒。名节，道之藩篱。藩篱不守，其中未有能独存者也。老拙所见多矣，愿希说勉之。

与伍光宇

昨晚景云归，具悉老兄动定，某通夕为之不能寐，觉得老兄此病，非止疾痛之为心害。心寓于形而为主，主失其主，反乱于气，亦疾病之所由起也。今人惟知形体之为害，而不知归罪其心，多矣。心之害大而急者，莫如忿争。夫有所不平然后争，争至于忿，斯不平之至而气为之逆，逆则病生矣。虽所致疾之由寒暑饥饱、劳佚失节居多，而此之弗谨，实吾自为之，不可不知也。据景云所说，老兄于此一项罪过全未肯认，全未磨洗。纵疾痛不积于此，气象所关尤非细，故林缉熙所谓恰恰之说，殆亦忠告之言也。盍深省之，否则未有入道之期也。不罪，不罪。

又

贱躯失养，百病交集。近过胡按察，请教以心驭气之术，试效立见验，但日用应接事烦，不免妨夺，工夫不精。今欲自五月一日为始，以家事权属之老母，非大宾客，令诸儿管得。及光宇未复白沙，借寻乐齐静居百日，有验即奉还也。光宇决策往青湖，则此屋亦须有分付，某将来却是东道，非僦屋人矣。呵呵。

又

今晚叔贞兄弟过白沙，适有客远方来，而贱疾又作，遂辞去。晡时，螟侄归自南山，具审比日遗恙增剧，皇恐皇恐。天果无意于善类耶？未可知也。陈后山之诗，一时人皆不好，独山谷与坡翁知之，卒能行于世，后山亦到今不死。夫苟有可恃，虽死可也，况未必死乎？不具。

与陈德雍

其启：清江之去白沙几山几水，一夕恍然与德雍先生葛巾青藜相值于宝林，拍手笑语，坐佛灯前，促膝嬉戏若平生，不知其在梦也。及觉，始怅然若有所失，即复闭目入华胥，寻向来所见，一恍惚既不可得，则又叹清江之去我远，德雍今存亡不可知，况欲与之握手耶？某别后况味如昨，但年来益为虚名所苦，应接既多，殊妨行乐耳。平生只有四百三十二峰念念欲往，亦且不果。男女一大俗缘，何日可尽？虽云道无凝滞，其如野性难拗，寻欲振奋一出，又未能也。德雍老矣，颇复能记忆宝林昔日之言否乎？临纸不胜怅惘。

与李德孚

某闻，古之廉士资送其子，有鬻一犬而足者。今犬之殖几何，贫者虽有百犬不以资送鬻也。不鬻则耻之矣，耻非其所耻，何所不至？甚矣，俗之能移人也。别纸称清门罗某，何敢不从？脱尚未免芥蒂人言，则莫若崇俭以导之，令尽去俗样。异时资送之来白沙，必勿留一尘以累吾自然，幸甚幸甚。凡此一聘之费，大率不过十金，但如来教则太近俗而恶无文，故以钗与币易之，而侑以羊酒，不审以为何如？

又

别纸乞恕专擅。闻老兄近复假馆禅林静坐，此回消息必定胜常。耳根凡百所感，便判了一个进退，老兄今日此心，比诸平时更稳帖无疑否？贱疾幸少脱体，但寻常家中亦被聒噪，情绪无欢。大抵吾人所学，正欲事事点检。今处一家之中，尊卑老少咸在，才点检着便有不由己者，抑之以义则拂和好之情。于此处之，必欲事理至当而又无所忤逆，亦甚难矣！如此积渐日久，恐别生乖戾，非细事也。将求其病根所在而去之，只是无以供给其日用，诸儿女婚嫁在眼，不能不相责望，在己既无可增益，又一切裁之以义，俾不得妄求。此常情有所不堪，亦乖戾所宜有也。

与潘徐二生

去冬得二生手书，半月置床头，日一展，展时一发叹。后生所急者何？后生所畏者何？转瞬来便都望三十四十，不自激昂，不自鞭策，将来伎俩又似拙者模样耳，奈何奈何。萧先生书报潘生近聘岳家甥女，可喜可喜。然自是转多事矣。拙者正在不了中，自晓事者观之，未必不以为忧也。呵呵。

与伍伯饶

有牛眠于此，意中了了而不能使人信，得伯乐一顾，增价十倍。甚幸，甚幸。山人眼，家人梦，卜人卜，三事不期而合，复奚疑？谨此驰贺，馀不具。

与林蒙庵

某启：不闻问久矣，忽得手书，读之恍若蒙庵之登我堂也。昔者，尝一造蒙庵于京师则拜蒙庵，今思蒙庵而不见，见蒙庵之书则拜其书，如对蒙庵焉。呜呼，可胜慰哉！贤者之爱人也期于德，不贤者之爱人也期于姑息。读蒙庵之书，知蒙庵之爱我亦如我之爱蒙庵也。虽然有甚爱者有甚忧也。蒙庵之爱我甚，其于人也则忧。仆之自爱，则忧其于人也则否。忧其忧，无忧人之忧，其亦有以异乎？蒙庵官于朝也，则行乎朝；仆之居山林也，则行乎山林。蒙庵欲以其道施诸人，仆犹未免于自治，其不能无忧一也，在己在人则殊耳。梁石、时可之忧在己者，而亦为人忧。克恭则舍其在人者以自忧。是三人者，仆皆有慕焉。而其忧不同，又何怪乎出处之殊也？蒙庵所称胡提学亦如蒙庵之忧者也。彼其意以为古之道不征于今则人不信，不信民弗从，是固忧时者之所图也。其为人也，雍容平恕，乐善而忘势；其于仆也，有一日之雅焉。仆之得誉于提学，苟非其为人之急，亦朋友相好之私耳，非提学之心本然也，蒙庵置之勿言可好也。古之为士者，急乎实之不至；今之为士者，急乎名之不着。周子曰："实胜善也，名胜耻也。"仆窃愿与诸公共勉焉。若夫往来音问之有无，各随所感，应之宜疏疏，宜数数，不过乎情，不弛乎敬，惟当乎时义焉耳。此之谓易也。必曰："我无利乎彼，我勿言不可也。"持此以广蒙庵之意，何如？

与时矩 先生门人

宇宙内更有何事，天自信天，地自信地，吾自信吾；自动自静，自阖自辟，自舒自卷；甲不问乙供，不待甲赐；牛自为牛，马自为马；感于此，应于彼，发乎迩，见乎远。故得之者，天地与顺，日月与明，鬼神与福，万民与诚，百世与名，而无一物奸于其间。乌乎，大哉！前辈云："铢视轩冕，尘视金玉。"此盖略言之以讽始学者耳。人争一个觉，才觉便我大而物小，物尽而我无尽。夫无尽者，微尘六合，瞬息千古，生不知爱，死不知恶，尚奚暇铢轩冕而尘金玉耶？

又

某慰言：四月二十五日，得黎三报，悲惋连日。太夫人一旦厌世，时举不幸遭此痛极，奈何，奈何！今日之恸，昔日之思，何者为怨，何者为憾？纵浪大化，此往彼来，吾将校计其短长非耶？沟填壑委，在我者一切任之，而独留情于水菽非耶？贤者力行已志，惟恐一事不底于道，其能合于亲者几何？吾重为时举悲之，老病支离，不供走吊，惟强粥自大。不宣。

又

禅家语，初看亦甚可喜，然实是笼统，与吾儒似同而异，毫厘间便分霄壤。此古人所以贵择之精也。如此辞所见大体处，了了如此，闻者安能不为之动？但起脚一差，立到前面，无归宿，无准的，便日用间种种各别，不可不勘破也。拙和一首奉去，可一阅。更将中庸首尾紧要处沉潜，要见着落，却还一字也。献章书与时矩。

与谢伯钦

闻子酣于斗矣，老衰无能为援，请竭端末利害为子筹之。知贪得之为害，绝祸于未形，上策也。不役一钱，不损一人，以直道争之官府，失得付之于数，必不已而与之均焉，中策也。损财以争而家日耗，杀人以争而冤日积，侥幸锱铢难得之利，自遗钧石不测之忧，此下策也。若能归咎于已，舍之勿争，以分产悉推诸第，清修若节以立于世，如子才，不出十年，天下皆服其义而仰其德，令闻洋洋，播于四方，辉光赫赫，流于无极，视平生不得意处如秋风之振木叶，零乱脱落，无复芥蒂之迹，因败成功，此又策之奇者也。诸策惟上策省力而易行，然已无及矣。其馀可否，更请择之。

又

葫芦甚美，山厨得此，免乞怜之渎，感感。闻近欲迁居木洲求静，可喜，可喜。然未若北角就田而家尤便也。韩子云："恨入山之不深，入林之不密。"去烦入静，当亦有渐乎！未间闲来一话。

与潘舜弦

《仪礼》一书，讹缺板多，一经先生与黄大理手校，便为完帙。野人平生际遇未有如此奇者，敢不拜赐？空山深夜，兀尔一榻抚，卷即如对面，耿耿达旦。

与庠中诸友

春初，承诸君枉顾，属有哀事，既不获披接，又不果以时还谢。多罪，多罪。近按察胡先生过白沙，青灯叙旧之馀，辄及此方人士，倦倦以为已之学望诸君，甚盛意也。某亲领诲言，不胜感感。寻欲与诸君共言之，贱疾固未及。诸君方急于秋试，区区迂阔之谈恐难骤听，然又不敢浅窥诸君而谓吾言之无益而不言也。谨此奉渎，万一诸君之留意焉。

与僧文定

　　僧文定尝参学四方，坐关于观音山三年，盖广僧中之知者。也偶以事系县狱，虑是非之不见察也，恳予为白之。予以邑主杨侯公明，必不妄加害于无罪之人。予严干谒人之戒，久不可破。文定从西方之教，苟有得焉，则能以四大形骸为外物，荣之、辱之、生之、杀之，物固有之，安能使吾戚戚哉？示以是诗：一戒持来三十年，何曾长揖长官前。山僧若有西来意，不把形骸乞世怜。

慰马默齐丧子

　　吾子得数之奇孰与孟郊？孟郊产三子，哭之连日，今吾子之哭凡几？抑又有不尽同者焉。郊为诗尽泄天地鬼神之秘，而不为造物所予，不知其后何如。吾子厚积阴德，于必有凤雏麟种降为家宝。此未足深惜也。

慰钟五

　　令只竟为泉下客矣，足下当甚悲痛。令兄今生几何矣，眼中如此逝者不少，又何足怪？但人未死前一日，谁肯信着此事？终日劳劳而不自足，及至死时便无可主张，亦可悲也已。拙疾未由奔慰，漫往此纸，惟足下亮之。

与林时表

时表而代而父侍奉大夫人几筵，何得舍朝夕奠而来应试？老朽闻之，竟日不乐，欲致一书，计已无及于事，遂不果。比发去兖州讣否？褒弟去冬死北京，果然惜哉！适得尊甫翁济宁四月望日发来手书，进退不能无遗憾矣，奈何奈何！老母茔封甫毕，未由遣人致慰，幸亮区区。缉熙行时云，到部须求便养，而自去冬谒选，至今年春四越月矣，授以山东兖州府教授，然后奏请便亲，冢宰不许。前此何不引例告选司？当言而默，欲焉待哉？举措如此，谓之不濡滞，人孰信之？宜其不见许也。中间拣选，冢宰见怪，假令不病，将不计其不便于养而就选耶？自古进退不决于内，则其形于外，依违可否之间，而欲人之不我疑，不可得也。乌乎，惜哉！

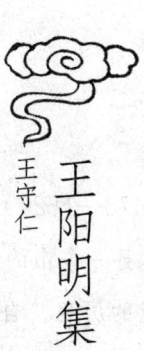

王阳明集

王守仁

导 读

王守仁（1472—1529）字伯安，号阳明，浙江余姚人，大家称他阳明先生（阳明是本县一个山的名字）。

王守仁一生的历程，自称"初溺于任侠之习，再溺于骑射之习，三溺于辞章之习，四溺于神仙之习，五溺于佛氏之习。正德丙寅始归正于圣贤之学"。正德丙寅是1506年，他已经三十五岁了。

那时候，他因上书直谏，被廷杖，并谪遣到贵州的龙场驿（在贵阳西北七十里，属修文县），在困境中得到彻悟。这三年的磨练，使他建立了自己学说的基础。

自宋到明，中国的学统全在程朱学派手中，王守仁却上追陆九渊，认为陆学才是儒家的真传，遂形成"陆王哲学"。王守仁的学说叫"心学"，也叫"阳明学"。重点是"心外无理"，"心即理"。王守仁认为朱熹他们心、理二分是错的。他宣称"吾心即物理，初无假于外也。"他也反对朱熹先格物穷理的步骤，认为先知而后行，就会终身不行，也就终身不知。所以他提倡"知行合一"认为"知行不可分作两事"，凡是不行的，"不足谓之知"。这在思想境界上，的确是一大突破。

语 录

卷一 传习录上

先生于《大学》"格物"诸说,悉以旧本为正,盖先儒所谓误本者也,爱始闻而骇,既而疑,已而殚精竭思,参互错综以质于先生,然后知先生之说若水之寒,若火之热,断断乎百世以俟圣人而不惑者也。先生明睿天授,然和乐坦易,不事边幅。人见其少时豪迈不羁,又尝泛滥于词章,出入二氏之学,骤闻是说,皆目以为立异好奇,漫不省究。不知先生居夷三载,处困养静,精一之功固已超入圣域,粹然大中至正之归矣。爱朝夕炙门下,但见先生之道,即之若易而仰之愈高,见之若粗而探之愈精,就之若近而造之愈益无穷,十余年来。竟未能窥其藩篱。世之君子。或与先生仅交一面。或犹未闻其謦咳;或先怀忽易愤激之心,而遽欲于立谈之间,传闻之说,臆断悬度,如之何其可得也?从游之士,闻先生之教,往往得一而遗二,见其牝牡骊黄而弃其所谓千里者。故爱备录平日之所闻,私以示夫同志,相与考而正之,庶无负先生之教云。门人徐爱书。

爱问:"'在亲民',朱子谓当作'新民',后章'作新民'之文似亦有据;先生以为宜从旧本作'亲民',亦有所据否?"先生曰:"'作新民'之'新'是自新之民；与'在新民'之'新'不同,此岂足为据？'作'字却与'亲'字相对,然非'亲'字义。下面'治国平天下'处,皆于'新'字无发明,如云'君子贤其贤而亲其亲,小人乐其乐而利其利,如保赤子；民之所好好之,民之所恶恶之,此之谓民之父母'之类,皆是'亲'字意。'亲民'犹孟子'亲亲仁民'之谓,亲之即仁之也。百姓不亲,舜使契为司徒,敬敷五教,所以亲之也。尧典'克明峻德',便是'明明德'；以'亲九族'至'平章协和',便是亲民。便是'明明德于天下'。又如孔子言'修己以安百姓','修己'便是'明明德','安百姓'便是'亲民'。说'亲民'便是兼教养意,说'新民'。便觉偏了。"

爱问："'知止而后有定',朱子以为'事事物物皆有定理',似与先生之说相戾。"先生曰："于事事物物上求至善,却是义外也。至善是心之本体,只是'明明德'到'至精至一'处便是。然亦未尝离却事物,本注所谓'尽夫天理之极,而无一毫人欲之私'者得之。"

爱问："至善只求诸心,恐于天下事理有不能尽。"先生曰："心即理也。天下又有心外之事,心外之理乎？"爱曰："如事父之孝,事君之忠,交友之信,治民之仁,其间有许多理在,恐亦不可不察。"先生叹曰："此说之蔽久矣,岂一语所能悟！今姑就所问者言之：且如事父不成,去父上求个孝的理；事君不成,去君上求个忠的理；交友治民不成,去友上、民上求个信与仁的理：都只在此心,心即理也。此心无私欲之蔽,即是天理,不须外面添一分。以此纯乎天理之心,发之事父便是孝,发之事君便是忠,发之交友治民便是信与仁。只在此心去人欲、存天理上用功便是。"爱曰："闻先生如此说,爱已觉有省悟处。但旧说缠于胸中,尚有未脱然者。如事父一事。其间温凊定省之类有许多节目,不知亦须讲求否？"先生曰："如何不讲求？只是有个头脑、只是就此心去人欲、存天理上讲求。就如讲求冬温，也只是要尽此心之孝。恐怕有一毫人欲间杂；讲求夏清，也只是要尽此心之孝，恐怕有一毫人欲间杂；只是讲求得此心。此心若无人欲，纯是天理，是个诚于孝亲的心，冬时自然思量父母的寒，便自要去求个温的道理；夏时自然思量父母的热，便自要去求个清的道理。这都是那诚孝的心发出来的条件。却是须有这诚孝的心，然后有这条件发出来。譬之树木，这诚孝的心便是根，许多条件便是枝叶，须先有根然后有枝叶，不是先寻了枝叶然后去种根。《礼记》言：'孝子之有深爱者，必有和气；有和气者，必有愉色；有愉色者，必有婉容。'须是有个深爱做根；便自然如此。"

郑朝朔问："至善亦须有从事物上求者？"先生曰："至善只是此心纯乎天理之极便是，更于事物上怎生求？且试说几件看。"朝朔曰："且如事亲，如何而为温清之节，如何而为奉养之宜，须求个是当，方是至善，所以有学问思辨之功。"先生曰："若只是温清之节，奉养之宜，可一日二日讲之而尽，用得甚学问思辨？惟于温清时，也只要此心纯乎天理之极；奉养时，也只要此心纯乎天理之极。此则非有学问思辨之功，将不免于毫厘千里之缪，所以虽在圣人犹加'精一'之训。若只是那些仪节求得是当，便谓至善，即如今扮戏子，扮得许多温清奉养的仪节是当，亦可谓之至善矣。"爱于是日又有省。

爱因未会先生"知行合一"之训，与宗贤、惟贤往复辩论，未能决，以问于先生。先生曰："试举看。"爱曰："如今人尽有知得父当孝、兄当弟者，却不能孝、不能弟，便是知与行分明是两件。"先生曰："此已被私欲隔断，不是知行的本体了。未有知而不行者。知而不行，只是未知。圣贤教人知行，行正是要复那本体，不是着你只恁的便罢。故《大学》指个真知行与人看,说'如好好色,如恶恶臭'。见好色属知。好好色属行。只见那好色时已自好了,不是见了后又立个心去好。闻恶臭属知,恶恶臭属行。只闻那恶臭时已自恶了。不是闻了后别立个心去恶。如鼻塞人虽见恶臭在前,鼻中不会闻得,便亦不甚恶,亦只是不曾知臭。就如称某人知孝、某人知弟,必是其人已曾行孝行弟,方可称他知孝知弟,不成只是晓得说些孝弟的话,便可称为知孝弟。又如知痛,必已自痛了方知痛;知寒,必已自寒了;知饥,必已自饥了;知行如何分得开?此便是知行的本体,不曾有私意隔断的。圣人教人,必要是如此,方可谓之知。不然,只是不曾知。此却是何等紧切着实的工夫!如今苦苦定要说知行做两个,是甚么意?某要说做一个是甚么意?若不知立言宗旨,只管说一个两个,亦有甚用?"爱曰:"古人说知行做两个,亦是要人见个分晓,一行做知的功夫,一行做行的功夫,即功夫始有下落。"先生曰:"此却失了古人宗旨也。某尝说知是行的主意,行是知的功夫;知是行之始,行是知之成。若会得时,只说一个知已自有行在,只说一个行已自有知在。古人所以既说一个知。又说一个行者,只为世间有一种人,懵懵懂懂的任意去做,全不解思惟省察,也只是个冥行妄作,所以必说个知,方才行得是;又有一种人,茫茫荡荡悬空去思索,全不肯着实躬行,也只是个揣摸影响,所以必说一个行。方才知得真。此是古人不得已补偏救弊的说话,若见得这个意时,即一言而足,今人却就将知行分作两件去做,以为必先知了然后能行,我如今且去讲习讨论做知的工夫,待知得真了方去做行的工夫,故遂终身不行,亦遂终身不知。此不是小病痛,其来已非一日矣。某今说个知行合一,正是对病的药。又不是某凿空杜撰,知行本体原是如此。今若知得宗旨时,即说两个亦不妨,亦只是一个;若不会宗旨,便说一个,亦济得甚事?只是闲说话。"

爱问："昨闻先生'止至善'之教，已觉功夫有用力处。但与朱子'格物'之训，思之终不能合。"先生曰："格物是止至善之功，既知至善，即知格物矣。"爱曰："昨以先生之教推之格物之说，似亦见得大略。但朱子之训，其于《书》之'精一'，《论语》之'博约'，《孟子》之'尽心知性'，皆有所证据，以是未能释然。"先生曰："子夏笃信圣人，曾子反求诸己。笃信固亦是，然不如反求之切。今既不得于心，安可狃于旧闻，不求是当？就如朱子，亦尊信程子，至其不得于心处，亦何尝苟从？'精一''博约''尽心'。本自与吾说吻合，但未之思耳。朱子格物之训，未免牵合附会，非其本旨。精是一之功，博是约之功。曰仁既明知行合一之说，此可一言而喻。尽心、知性、知天，是生知安行事；存心、养性、事天，是学知利行事；夭寿不贰，修身以俟，是困知勉行事。朱子错训'格物'，只为倒看了此意，以'尽心知性'为'物格知至'，要初学便去做生知安行事，如何做得？"爱问："'尽心知性'何以为'生知安行'？"先生曰："性是心之体，天是性之原，尽心即是尽性。'惟天下至诚为能尽其性，知天地之化育。'存心者，心有未尽也。知天，如知州、知县之知，是自己分上事，己与天为一；事天，如子之事父，臣之事君，须是恭敬奉承，然后能无失，尚与天为二，此便是圣贤之别。至于'夭寿不贰其心'，乃是教学者一心为善，不可以穷通夭寿之故，便把为善的心变动了，只去修身以俟命；见得穷通寿夭有个命在，我亦不必以此动心。事天虽与天为二，已自见得个天在面前；俟命便是未曾见面，在此等候相似：此便是初学立心之始，有个困勉的意在。今却倒做了，所以使学者无下手处。爱曰：昨闻先生之教。亦影影见得功夫须是如此。今闻此说，益无可疑。爱昨晓思格物的物字即是事字，皆从心上说。"先生曰："然。身之主宰便是心；心之所发便是意；意之本体便是知；意之所在便是物。如意在于事亲，即事亲便是一物；意在于事君，即事君便是一物；意在于仁民爱物，即仁民爱物便是一物；意在于视听言动即视听言动便是一物。所以某说无心外之理，无心外之物。《中庸》言'不诚无物'，《大学》'明明德'之功，只是个诚意。诚意之功。只是个格物。"

先生又曰："格物，如《孟子》'大人格君心'之'格'，是去其心之不正，以全其本体之正。但意念所在，即要去其不正以全其正，即无时无处不是存天理，即是穷理。天理即是'明德'，穷理即是'明明德'。"

又曰："知是心之本体，心自然会知：见父自然知孝，见兄自然知弟，见孺子入井自然知恻隐，此便是良知不假外求。若良知之发，更无私意障碍，即所谓'充其恻影之心，而仁不可胜用矣'。然在常人不能无私意障碍，所以须用致知格物之功胜私复理。即心之良知更无障碍，得以充塞流行，便是致其知。知致则意诚。"

爱问："先生以博文为约礼功夫，深思之未能得，略请开示。"先生曰："礼字即是理字。理之发见，可见者谓之文；文之隐微，不可见者谓之理：只是一物。约礼只是要此心纯是一个天理，要此心纯是天理，须就理之发见处用功。如发见于事亲时，就在事亲上学存此天理；发见于事君时，就在事君上学存此天理；发见于处富贵贫贱时，就在处富贵贫贱上学存此天理；发见于处患难夷狄时，就在处患难夷狄上学存此天理；至於作止语默，无处不然，随他发见处，即就那上面学个存天理。这便是博学之于文，便是约礼的功夫。'博文'即是'惟精'，'约礼'即是'惟一'。"

爱问："'道心常为一身之主，而人心每听命。'以先生精一之训推之,此语似有弊。"先生曰:"然。心一也,未杂于人谓之道心,杂以人伪谓之人心。人心之得其正者即道心;道心之失其正者即人心;初非有二心也。程子谓人心即人欲,道心即天理,语若分析而意实得之。今曰道心为主而人心听命,是二心也。天理人欲不并立,安有天理为主,人欲又从而听命者?"

爱问文中子、韩退之。先生曰:"退之文人之雄耳。文中子贤儒也。后人徒以文词之故推尊退之,其实退之去文中子远甚。"爱问:"何以有拟经之失?"先生曰:"拟经恐未可尽非。且说后世儒者著述之意,与拟经如何?"爱曰:"世儒著述,近名之意不无,然期以明道;拟经纯若为名。"先生曰:"著述以明道,亦何所效法?"曰:"孔子删述'六经',以明道也。"先生曰:"然则拟经独非效法孔子乎?"爱曰:"著述即于道有所发明。拟经似徒拟其迹,恐於道无补。"先生曰:"子以明道者使其反朴还淳而见诸行事之实乎?抑将美其言辞而徒以譊譊于世也?天下之大乱,由虚文胜而实行衰也。使道明於天下,则'六经'不必述。删述'六经',孔子不得已也。自伏羲画卦,至于文王、周公,其间言《易》如《连山》《归藏》之属,纷纷籍籍,不知其几,《易》道大乱。孔子以天下好文之风日盛,知其说之将无纪极,于是取文王、周公之说而赞之,以为惟此为得其宗。于是纷纷之说尽废,而天下之言《易》者始一。《书》《诗》《礼》《乐》《春秋》皆然。《书》自《典》《谟》以后,《诗》自《二南》以降,如《九丘》《八索》,一切淫哇逸荡之词,盖不知其几千百篇;《礼》《乐》之名物度数,至是亦不可胜穷。孔子皆删削而述正之,然后其说始废。如《书》《诗》《礼》《乐》中。孔子何尝加一语?今之《礼记》诸说,皆后儒附会而成,已非孔子之旧。至于《春秋》,虽称孔子作之,其实皆鲁史旧文。所谓'笔者,笔其旧';

所谓'削'者，削其繁：是有减无增。孔子述'六经'，惧繁文之乱天下，惟简之而不得，使天下务去其文以求其实，非以文教之也。《春秋》以后，繁文益盛，天下益乱。始皇焚书得罪，是出于私意；又不合焚'六经'。若当时志在明道，其诸反经叛理之说，悉取而焚之，亦正暗合删述之意。自秦、汉以降，文又日盛，若欲尽去之，断不能去：只宜取法孔子，录其近是者而表章之，则其诸怪悖之说，亦宜渐渐自废。不知文中子当时拟经之意如何？某切深有取于其事，以为圣人复起，不能易也。天下所以不治，只因文盛实衰，人出己见，新奇相高，以眩俗取誉。徒以乱天下之聪明，涂天下之耳目，使天下靡然争务修饰文词，以求知于世，而不复知有敦本尚实、反朴还淳之行：是皆著述者有以启之。"爱曰："著述亦有不可缺者，如《春秋》一经，若无《左传》，恐亦难晓。"先生曰："《春秋》必待《传》而后明，是歇后谜语矣，圣人何苦为此艰深隐晦之词？《左传》多是鲁史旧文，若《春秋》须此而后明，孔子何必削之？"爱曰："伊川亦云'传是案，经是断'；如书弑某君、伐某国，若不明其事，恐亦难断。"先生曰："伊川此言，恐亦是相沿世儒之说，未得圣人作经之意。如书'弑君'，即弑君便是罪。何必更问其弑君之详？征伐当自天子出，书'伐国'，即伐国便是罪，何必更问其伐国之详？圣人述'六经'，只是要正人心，只是要存天理、去人欲，于存天理、去人欲之事，则尝言之；或因人请问，各随分量而说，亦不肯多道，恐人专求之言语，故曰'予欲无言'。若是一切纵人欲、灭天理的事，又安肯详以示人？是长乱导奸也。故孟子云：'仲尼之门无道桓、文之事者，是以后世无传焉。'此便是孔门家法。世儒只讲得一个伯者的学问，所以要知得许多阴谋诡计，纯是一片功利的心，与圣人作经的意思正相反，如何思量得通？"因叹曰："此非达天德者未易与言此也。"

又曰："孔子云'吾犹及史之阙文也'；孟子云'尽信《书》不如无书，吾于《武成》取二三策而已'。孔子删《书》，于唐、虞、夏四五百年间不过数篇，岂更无一事？而所述止此，圣人之意可知矣。圣人只是要删去繁文，后儒却只要添上。"爱曰："圣人作经只是要去人欲、存天理。如五伯以下事，圣人不欲详以示人，则诚然矣。至如尧、舜以前事，如何略不少见？"先生曰："羲、黄之世，其事阔疏，传之者鲜矣。此亦可以想见其时，全是淳庞朴素，略无文采的气象。此便是太古之治，非后世可及。"爱曰："如《三坟》之类，亦有传者，孔子何以删之？"先生曰："纵有传者，亦于世变渐非所宜。风气益开，文采日胜，至于周末，虽欲变以夏、商之俗，已不可挽，况唐、虞乎！又况羲、黄之世乎！然其治不同，其道则一。孔子于尧、舜则祖述之，于文、武则宪章之。文、武之法，即是尧、舜之道。但因时致治，其设施政令已自不同。即夏、商事业，施之于周，已有不合，故周公思兼三王，其有不合，仰而思之，夜以继日。况太古之治，岂复能行？斯固圣人之所可略也。"又曰："专事无为，不能如三王之因时致治，而必欲行以太古之俗，即是佛、老的学术。因时致治，不能如三王之一本于道，而以功利之心行之，即是伯者以下事业。后世儒者许多讲来讲去，只是讲得个伯术。"

又曰："唐、虞以上之治，后世不可复也，略之可也；三代以下之治，后世不可法也，削之可也；惟三代之治可行。然而世之论三代者不明其本，而徒事其末，则亦不可复矣！"

爱曰："先儒论'六经'，以《春秋》为史。史专记事，恐与'五经'事体终或稍异。"先生曰："以事言谓之史，以道言谓之经。事即道，道即事。《春秋》亦经，'五经'亦史。《易》是包牺氏之史，《书》是尧、舜以下史《礼》《乐》是三代史；其事同，其道同，安有所谓异？"

又曰："五经亦只是史，史以明善恶，示训戒。善可为训者，时存其迹以示法；恶可为戒者，存其戒而削其事，以杜奸。"爱曰："存其迹以示法，亦是存天理之本然；削其事以杜奸，亦是遏人欲于将萌否？"先生曰："圣人作经，固无非是此意，然又不必泥着文句。"爱又问："恶可为戒者，存其戒而削其事，以杜奸，何独于诗而不删郑、卫？先儒谓'恶者可以惩创人之逸志'，然否？"先生曰："诗非孔门之旧本矣。孔子云：'放郑声，郑声淫。'又曰：'恶郑声之乱雅乐也。郑、卫之音，亡国之音也。'此是孔门家法。孔子所定三百篇，皆所谓雅乐，皆可奏之郊庙，奏之乡党，皆所以资畅和平，涵泳德性，移风易俗，安得有此？是长淫导奸矣。此必秦火之后，世儒附会，以足三百篇之数。盖淫泆之词，世俗多所喜传，如今闾巷皆然。'恶者可以惩创人之逸志'，是求其说而不得，从而为之辞。"

爱因旧说汩没，始闻先生之教，实是骇愕不定，无入头处。其后闻之既久，渐知反身实践。然后始信先生之学为孔门嫡传，舍是皆傍蹊小径、断港绝河矣！如说格物是诚意的工夫。明善是诚身的工夫。穷理是尽性的工夫。道问学是尊德性的工夫，博文是约礼的工夫，惟精是惟一的工夫：诸如此类，始皆落落难合，其后思之既久，不觉手舞足蹈。

右门人徐爱录。

陆澄问："主一之功，如读书则一心在读书上，接客则一心在接客上，可以为主一乎？"先生曰："好色则一心在好色上，好货则一心在好货上，可以为主一乎？是所谓逐物，非主一也。主一是专主一个天理。"

问立志。先生曰："只念念要存天理，即是立志。能不忘乎此，久又曰："孔子云'吾犹及史之阙文也'；孟子云'尽信《书》不如无书，吾于《武成》取二三策而已'。孔子删《书》，于唐、虞、夏四五百年间不过数篇，岂更无一事？而所述止此，圣人之意可知矣。圣人只是要删去繁文，后儒却只要添上。"爱曰："圣人作经只是要去人欲、存天理。如五伯以下事，圣人不欲详以示人，则诚然矣。至如尧、舜以前事，如何略不少见？"先生曰："羲、黄之世，其事阔疏，传之者鲜矣。此亦可以想见其时，全是淳庞朴素，略无文采的气象。此便是太古之治，非后世可及。"爱曰："如《三坟》之类，亦有传者，孔子何以删之？"先生曰："纵有传者，亦于世变渐非所宜。风气益开，文采日胜，至于周末，虽欲变以夏、商之俗，已不可挽，况唐、虞乎！又况羲、黄之世乎！然其治不同，其道则一。孔子于尧、舜则祖述之，于文、武则宪章之。文、武之法，即是尧、舜之道。但因时致治，其设施政令已自不同。即夏、商事业，施之于周，已有不合，故周公思兼三王，其有不合，仰而思之，夜以继日。况太古之治，岂复能行？斯固圣人之所可略也。"又曰："专事无为，不能如三王之因时致治，而必欲行以太古之俗，即是佛、老的学术。因时致治，不能如三王之一本于道，而以功利之心行之，即是伯者以下事业。后世儒者许多讲来讲去，只是讲得个伯术。"

又曰："唐、虞以上之治，后世不可复也，略之可也；三代以下之治，后世不可法也，削之可也；惟三代之治可行。然而世之论三代者不明其本，而徒事其末，则亦不可复矣！"

爱曰："先儒论'六经'，以《春秋》为史。史专记事，恐与'五经'事体终或稍异。"先生曰："以事言谓之史，以道言谓之经。事即道，道即事。《春秋》亦经，'五经'亦史。《易》是包牺氏之史，《书》是尧、舜以下史《礼》《乐》是三代史：其事同，其道同，安有所谓异？"

又曰："五经亦只是史，史以明善恶，示训戒。善可为训者，时存其迹以示法；恶可为戒者，存其戒而削其事，以杜奸。"爱曰："存其迹以示法，亦是存天理之本然；削其事以杜奸，亦是遏人欲于将萌否？"先生曰："圣人作经，固无非是此意，然又不必泥着文句。"爱又问："恶可为戒者，存其戒而削其事，以杜奸，何独于诗而不删郑、卫？先儒谓'恶者可以惩创人之逸志'，然否？"先生曰："诗非孔门之旧本矣。孔子云：'放郑声，郑声淫。'又曰：'恶郑声之乱雅乐也。郑、卫之音，亡国之音也。'此是孔门家法。孔子所定三百篇，皆所谓雅乐，皆可奏之郊庙，奏之乡党，皆所以资畅和平，涵泳德性，移风易俗，安得有此？是长淫导奸矣。此必秦火之后，世儒附会，以足三百篇之数。盖淫泆之词，世俗多所喜传，如今闾巷皆然。'恶者可以惩创人之逸志'，是求其说而不得，从而为之辞。"

爱因旧说汩没，始闻先生之教，实是骇愕不定，无入头处。其后闻之既久，渐知反身实践。然后始信先生之学为孔门嫡传，舍是皆傍蹊小径、断港绝河矣！如说格物是诚意的工夫。明善是诚身的工夫。穷理是尽性的工夫。道问学是尊德性的工夫，博文是约礼的工夫，惟精是惟一的工夫：诸如此类，始皆落落难合，其后思之既久，不觉手舞足蹈。

右门人徐爱录。

陆澄问："主一之功，如读书则一心在读书上，接客则一心在接客上，可以为主一乎？"先生曰："好色则一心在好色上，好货则一心在好货上，可以为主一乎？是所谓逐物，非主一也。主一是专主一个天理。"

问立志。先生曰："只念念要存天理，即是立志。能不忘乎此，久

"漆雕开曰：'吾斯之未能信。'夫子说之。子路使子羔为费宰，子曰：'贼夫人之子。'曾点言志，夫子许之。圣人之意可见矣。"

问："宁静存心时，可为未发之中否？"先生曰："今人存心，只定得气。当其宁静时，亦只是气宁静，不可以为未发之中。"曰："未便是中，莫亦是求中功夫？"曰："只要去人欲、存天理，方是功夫。静时念念去人欲、存天理，动时念念去人欲、存天理，不管宁静不宁静。若靠那宁静，不惟渐有喜静厌动之弊，中间许多病痛只是潜伏在，终不能绝去，遇事依旧滋长。以循理为主，何尝不宁静；以宁静为主，未必能循理。"

问："孔门言志：由、求任政事，公西赤任礼乐，多少实用。及曾晰说来，却似耍的事，圣人却许他，是意何如？"曰："三子是有意必，有意必便偏着一边，能此未必能彼；曾点这意思却无意必，便是'素其位而行，不愿乎其外'、'素夷狄行乎夷狄，素患难行乎患难，无入而不自得'矣。三子所谓'汝器也'，曾点便有不器意。然三子之才，各卓然成章，非若世之空言无实者，故夫子亦皆许之。"

问："知识不长进如何？"先生曰："为学须有本原，须从本原上用力，渐渐盈科而进。仙家说婴儿，亦善譬。婴儿在母腹时，只是纯气，有何知识？出胎后方始能啼，既而后能笑，又既而后能认识其父母兄弟，又既而后能立能行、能持能负，卒乃天下之事无不可能：皆是精气日足，则筋力日强，聪明日开，不是出胎日便讲求推寻得来。故须有个本原。圣人到位天地，育万物，也只从喜怒哀乐未发之中上养来。后儒不明格物之说，见圣人无不知无不能，便欲于初下手时讲求得尽，岂有此理？"又曰："立志用功，如种树然。方其根芽，犹未有干；及其有干，尚未有枝；枝而后叶，叶而后花实。初种根时，只管栽培灌溉，勿作枝想，勿作叶想，勿作花想，勿作实想。悬想何益！但不忘栽培之功，怕没有枝叶花实？"

问："看书不能明如何？"先生曰："此只是在文义上穿求，故不明如此。又不如为旧时学问，他到看得多解得去。只是他为学虽极解得明晓，亦终身无得。须于心体上用功，凡明不得，行不去，须反在自心上体当即可通。盖四书五经不过说这心体，这心体即所谓道。心体明即是道明，更无二：此是为学头脑处。"

"虚灵不昧，众理具而万事出。心外无理，心外无事。"

或问："晦庵先生曰：'人之所以为学者，心与理而已。'此语如何？"曰："心即性，性即理，下一'与'字，恐未免为二。此在学者善观之。"

或曰："人皆有是心。心即理，何以有为善，有为不善？"先生曰："恶人之心，失其本体。"

问："'析之有以极其精而不乱，然后合之有以尽其大而无余'，此言如何？"先生曰："恐亦未尽。此理岂容分析，又何须凑合得？圣人说精一自是尽。"

"省察是有事时存养，存养是无事时省察。"

澄尝问象山在人情事变上做工夫之说。先生曰："除了人情事变，则无事矣。喜怒哀乐非人情乎？自视听言动，以至富贵贫贱、患难死生，皆事变也。事变亦只在人情里。其要只在致中和；致中和只在谨独。"

澄问："仁、义、礼、智之名，因已发而有？"曰："然。"他日，澄曰："恻隐、羞恶、辞让、是非，是性之表德邪？"曰："仁、义、礼、智，也是表德。性一而已：自其形体也谓之天，主宰也谓之帝，流行也谓之命，赋于人也谓之性，主于身也谓之心；心之发也，遇父便谓之孝，遇君便谓之忠，自此以往，名至于无穷，只一性而已。犹人一而已；

对父谓之子，对子谓之父，自此以往，至于无穷只一人而已。人只要在性上用功，看得一性字分明，即万理灿然。"

日，论为学工夫。先生曰："教人为学，不可执一偏：初学时心猿意马，拴缚不定，其所思虑多是人欲一边，故且教之静坐、息思虑。久之，俟其心意稍定，只悬空静守如槁木死灰，亦无用，须教他省察克治。省察克治之功，则无时而可间，如去盗贼，须有个扫除廓清之意。无事时将好色好货好名等私逐一追究，搜寻出来，定要拔去病根，永不复起，方始为快。常如猫之捕鼠，一眼看着，一耳听着，才有一念萌动，即与克去，斩钉截铁，不可姑容与他方便，不可窝藏，不可放他出路，方是真实用功，方能扫除廓清。到得无私可克，自有端拱时在。虽曰何思何虑，非初学时事。初学必须思省察克治，即是思诚，只思一个天理。到得天理纯全，便是何思何虑矣。"

澄问："有人夜怕鬼者，奈何？"先生曰："只是平日不能集义，而心有所慊，故怕。若素行合于神明，何怕之有？"子莘曰："正直之鬼，不须怕；恐邪鬼不管人善恶，故未免怕。"先生曰："岂有邪鬼能迷正人乎？只此一怕，即是心邪，故有迷之者，非鬼迷也，心自迷耳。如人好色，即是色鬼迷，好货即是货鬼迷；怒所不当怒，是怒鬼迷；惧所不当惧，是惧鬼迷也。"

"定者心之本体，天理也，动静所遇之时也。"

澄问《学》《庸》同异。先生曰："子思括《大学》一书之义，为《中庸》首章。"

问："孔子正名，先儒说'上告天子，下告方伯，废辄立郢'。此意如何？"先生曰："恐难如此。岂有一人致敬尽礼。待我而为政。我就先去废他？岂人情天理？孔子既肯与辄为政，必已是他能倾心委国而听。圣人盛德至诚，必已感化卫辄，使知无父之不可以为人，必将痛哭奔走，往迎其父。父子之爱。本于天姓，辄能悔痛真切如此，蒯聩岂不感动底豫。蒯聩既还，辄乃致国请戮。聩已见化于子，又有夫子至诚调和其间，当亦决不肯受，仍以命辄。群臣百姓又必欲得辄为君，辄乃自暴其罪恶，请于天子，告于方伯诸侯，而必欲致国于父。聩与群臣百姓亦皆表辄悔悟仁孝之美，请于天子，告于方伯诸侯，必欲得辄而为之君。于是集命于辄，使之复君卫国。辄不得已，乃如后世上皇故事，率群臣百姓尊聩为太公，备物致养，而始退复其位焉。则君君、臣臣、父父、子子，名正言顺，一举而可为政于天下矣！孔子正名，或是如此。"

澄在鸿胪寺仓居，忽家信至，言儿病危。澄心甚忧闷不能堪。先生曰："此时正宜用功。若此时放过，闲时讲学何用？人正要在此等时磨炼。父之爱子，自是至情。然天理亦自有个中和处，过即是私意。人于此处多认做天理当忧，则一向忧苦，不知已是有所忧患，不得其正。大抵七情所感，多只是过，少不及者。才过便非心之本体，必须调停适中始得。就如父母之丧，人子岂不欲一哭便死，方快于心。然却曰毁不灭性'，非圣人强制之也，天理本体自有分限，不可过也。人但要识得心体，自然增减分毫不得。"

"不可谓未发之中，常人俱有。盖体用一源，有是体即有是用，有未发之中。即有发而皆中节之和。今人未能有发而皆中节之和，须知是他未发之中亦未能全得。"

"《易》之辞，是'初九，潜龙勿用'六字；《易》之象，是初画；《易》之变，是值其画；《易》之占，是用其辞。"

"夜气，是就常人说。学者能用功，则日间有事无事，皆是此气翕聚发生处。圣人则不消说夜气。"

则自然心中凝聚，犹道家所谓结圣胎也。此天理之念常存，驯至于美大圣神，亦只从此一念存养扩充去耳。"

"日间工夫，觉纷扰则静坐，觉懒看书则且看书，是亦因病而药。"

"处朋友，务相下则得益，相上则损。"

孟源有自是好名之病，先生屡责之。一日警责方已，一友自陈日来工夫请正。源从傍曰："此方是寻着源旧时家当。"先生曰："尔病又发。"源色变，议拟欲有所辨。先生曰："尔病又发。"因喻之曰："此是汝一生大病根。譬如方丈地内，种此一大树，雨露之滋，土脉之力，只滋养得这个大根；四傍纵要种些嘉谷，上面被此树叶遮覆，下面被此树根盘结，如何生长得成？须用伐去此树，纤根勿留，方可种植嘉种。不然，任汝耕耘培壅，只是滋养得此根。"

问："后世著述之多，恐亦有乱正学？"先生曰："人心天理浑然，圣贤笔之书，如写真传神，不过示人以形状大略，使之因此而讨求其真耳；其精神意气言笑动止，固有所不能传也。后世著述，是又将圣人所画，摹仿誊写，而妄自分析加增，以逞其技，其失真愈远矣。"

问："圣人应变不穷，莫亦是预先讲求否？"先生曰："如何讲求得许多？圣人之心如明镜，只是一个明，则随感而应，无物不照；未有已往之形尚在，未照之形先具者。若后世所讲，却是如此，是以与圣人之学大背。周公制礼作乐以文天下，皆圣人所能为，尧、舜何不尽为之而待于周公？孔子删述'六经'以诏万世，亦圣人所能为，周公何不先为之而有待于孔子？是知圣人遇此时，方有此事。只怕镜不明，不怕物来不能照。讲求事变，亦是照时事，然学者却须先有个明的工夫。学者惟患此心之未能明，不患事变之不能尽。"曰："然则所谓'冲漠无朕而万象森然已具者'，其言何如？"曰："是说本自好，只不善看，亦便有病痛。"

"义理无定在，无穷尽。吾与子言，不可以少有所得而遂谓止此也；再言之，十年、二十年、五十年。未有止也。"他日又曰："圣如尧、舜，然尧、舜之上，善无尽；恶如桀、纣，然桀、纣之下，恶无尽。使桀、纣未死，恶宁止此乎？使善有尽时，文王何以'望道而未之见'？"

问："静时亦觉意思好，才遇事便不同，如何？"先生曰："是徒知养静而不用克己工夫也。如此临事，便要倾倒。人须在事上磨，方立得住；方能静亦定、动亦定。"

问上达工夫。先生曰："后儒教人才涉精微，便谓上达未当学，且说下学。是分下学、上达为二也。夫目可得见，耳可得闻，口可得言，心可得思者，皆下学也；目不可得见，耳不可得闻，口不可得言，心不可得思者，上达也。如木之栽培灌溉，是下学也；至于日夜之所息，条达畅茂，乃是上达，人安能预其力哉？故凡可用功可告语者皆下学，上达只在下学里。凡圣人所说，虽极精微，俱是下学。学者只从下学里用功，自然上达去，不必别寻个上达的工夫。"

"持志如心痛。一心在痛上，岂有工夫说闲话、管闲事。"

千古圣人。只有这些子。又曰。人生一世。惟有这件事。

问："'惟精惟一'是如何用功？"先生曰："惟一是惟精主意，惟精是惟一功夫，非惟精之外复有惟一也。精字从米，姑以米譬之：要得此米纯然洁白，便是惟一意；然非加舂簸筛拣惟精之功，则不能纯然洁白也。舂簸筛拣是惟精之功，然亦不过要此米到纯然洁白而已。博学、审问、慎思、明辨、笃行者，皆所以为惟精而求惟一也。他如博文者，即约礼之功；格物致知者，即诚意之功；道问学即尊德性之功；明善即诚身之功：无二说也。"

"知者行之始，行者知之成：圣学只一个功夫，知行不可分作两事。"

澄问'操存舍亡'章曰："'出入无时，莫知其乡。'此虽就常人心说，学者亦须是知得心之本体亦元是如此，则操存功夫，始没病痛。不可便谓出为亡，入为存。若论本体，元是无出无入的。若论出入，则其思虑运用是出。然主宰常昭昭在此，何出之有？既无所出，何入之有，程子所谓腔子，亦只是天理而已。虽终日应酬而不出天理，即是在腔子里。若出天理，斯谓之放，斯谓之亡。"又曰："出入亦只是动静，动静无端，岂有乡邪？"

王嘉秀问："佛以出离生死诱人入道，仙以长生久视诱人入道，其心亦不是要人做不好，究其极至，亦是见得圣人上一截，然非入道正路。如今仕者有由科，有由贡，有由传奉，一般做到大官，毕竟非入仕正路，君子不由也。仙、佛到极处，与儒者略同，但有了上一截，遗了下一截，终不似圣人之全；然其上一截同者，不可诬也。后世儒者，又只得圣人下一截，分裂失真，流而为记诵词章，功利。训诂，亦卒不免为异端。是四家者终身劳苦，于身心无分毫益。视彼仙、佛之徒，清心寡欲，超然于世累之外者，反若有所不及矣。今学者不必先排仙、佛，且当笃志为圣人之学。圣人之学明，则仙、佛自泯。不然，则此之所学，恐彼或有不屑，而反欲其俯就，不亦难乎？鄙见如此，先生以为何如？"先生曰："所论大略亦是。但谓上一截，下一截，亦是人见偏了如此。若论圣人大中至正之道，彻上彻下，只是一贯，更有甚上一截，下一截？'一阴一阳之谓道'，但仁者见之便谓之仁，知者见之便谓之智，百姓又日用而不知，故君子之道鲜矣。仁智岂可不谓之道？但见得偏了，便有弊病。"

"蓍固是《易》，龟亦是《易》。"

问："孔子谓武王未尽善，恐亦有不满意？"先生曰："在武王自合如此。"曰："使文王未没，毕竟如何？"曰："文王在时，天下三分已有其二。若到武王伐商之时，文王若在，或者不致兴兵，必然这一分亦来归了，文王只善处纣，使不得纵恶而已。"

惟乾问。孟子言"执中无权犹执一"。先生曰："中只是天理，只是易，随时变易，如何执得？须是因时制宜，难预先定一个规矩在。如后世儒者要将道理一一说得无罅漏，立定个格式，此正是执一。"

唐诩问："立志是常存个善念，要为善去恶否？"曰："善念存时，即是天理。此念即善，更思何善？此念非恶，更去何恶？此念如树之根芽，立志者长立此善念而已。'从心所欲，不逾矩'，只是志到熟处。"

"精神道德言动，大率收敛为主，发散是不得已。天地人物皆然。"

问："文中子是如何人？"先生曰："文中子庶几具体而微，惜其早死！"问："如何却有《续经》之非？"曰："《续经》亦未可尽非。"请问。良久，曰："更觉良工心独苦。"

"许鲁斋谓儒者以治生为先之说，亦误人。"

问仙家元气、元神、元精。先生曰："只是一件：流行为气，凝聚为精，妙用为神。"

"喜怒哀乐，本体自是中和的。才自家着些意思，便过不及，便是私。"

问"哭则不歌"。先生曰："圣人心体自然如此。"

"克己须要扫除廓清，一毫不存方是。有一毫在，则众恶相引而来。"

问《律吕新书》，先生曰："学者当务为急。算得此数熟，亦恐未有用，必须心中先具礼乐之本方可。且如其书说冬用管以候气，然至冬至那一刻时，管灰之飞，或有先后，须臾之间，焉知那管正值冬至之刻？须自心中先晓得冬至之刻始得。此便有不通处。学者须先从礼乐本原上用功。"

曰仁云："心犹镜也。圣人心如明镜，常人心如昏镜。近世格物之说，如以镜照物，照上用功，不知镜尚昏在，何能照！先生之格物，如磨镜而使之明，磨上用功，明了后亦未尝废照。"

问道之精粗。先生曰："道无精粗，人之所见有精粗。如这一间房，人初进来，只见一个大规模如此；处久便柱壁之类，一一看得明白；再久，如柱上有些文藻，细细都看出来：然只是一间房。"

先生曰："诸公近见时少疑问，何也？人不用功，莫不自以为已知，为学只循而行之是矣。殊不知私欲日生，如地上尘，一日不扫，便又有一层。着实用功，便见道无终穷，愈探愈深，必使精白无一毫不彻方可。"

问："知至然后可以言诚意。今天理人欲，知之未尽，如何用得克己工夫？"先生曰："人若真实切己用功不已，则于此心天理之精微日见一日，私欲之细微亦日见一日。若不用克己工夫，终日只是说话而已，天理终不自见，私欲亦终不自见。如人走路一般。走得一段，方认得一段；走到歧路处，有疑便问，问了又走，方渐能到得欲到之处。今人于已知之天理不肯存，已知之人欲不肯去，且只管愁不能尽知。只管闲讲，何益之有？且待克得自己无私可克，方愁不能尽知，亦未迟在。"

问："道一而已。古人论道往往不同，求之亦有要乎？"先生曰："道无方体，不可执着。却拘滞于文义上求道，远矣。如今人只说天，其实何尝见天？谓日月风雷即天，不可；谓人物草木不是天，亦不可。道即是天，若识得时，何莫而非道？人但各以其一隅之见认定。以为道止如此，所以不同。若解向里寻求，见得自己心体，即无时无处不是此道。亘古亘今，无终无始，更有甚同异？心即道，道即天，知心则知道、知天。"又曰："诸君要实见此道，须从自己心上体认，不假外求始得。"

问："名物度数，亦须先讲求否？"先生曰："人只要成就自家心体，则用在其中。如养得心体，果有未发之中，自然有发而中节之和，自然无施不可。苟无是心，虽预先讲得世上许多名物度数，与己原不相干，只是装缀，临时自行不去。亦不是将名物度数全然不理，只要知所先后，则近道。"又曰："人要随才成就。才是其所能为，如夔之乐，稷之种，是他资性合下便如此。成就之者，亦只是要他心体纯乎天理。其运用处，皆从天理上发来，然后谓之才。到得纯乎天理处，亦能不器，使夔、稷易艺而为，当亦能之。"又曰："如'素富贵行乎富贵，素患难行乎患难'，皆是不器：此惟养得心体正者能之。"

"与其为数顷无源之塘水，不若为数尺有源之井水，生意不穷。"时先生在塘边坐，傍有井，故以之喻学云。问："世道日降，太古时气象如何复见得？"先生曰："一日便是一元。人平旦时起坐，未与物接，此心清明景象，便如在伏羲时游一般。"

问："心要逐物，如何则可？"先生曰："人君端拱清穆，六卿分职，天下乃治。心统五官，亦要如此。今眼要视时，心便逐在色上；耳要听时，心便逐在声上，如人君要选官时，便自去坐在吏部；要调军时，便自去坐在兵部：如此岂惟失却君体，六卿亦皆不得其职。"

"善念发而知之，而充之；恶念发而知之，而遏之。知与充与遏者，志也，天聪明也。圣人只有此，学者当存此。"

澄曰："好色、好利、好名等心，固是私欲。如闲思杂虑，如何亦谓之私欲？"先生曰："毕竟从好色、好利、好名等根上起，自寻其根便见。如汝心中，决知是无有做劫盗的思虑，何也？以汝元无是心也。汝若于货色名利等心，一切皆如不做劫盗之心一般，都消灭了，光光只是心之本体，看有甚闲思虑？此便是寂然不动，便是未发之中，便是廓然大公！自然感而遂通，自然发而中节，自然物事顺应。"

问志至气次。先生曰："'志之所至，气亦至焉'之谓，非极至次贰之谓。持其志则养气在其中，无暴其气则亦持其志矣。孟子救告子之偏，故如此夹持说。"

问："先儒曰：'圣人之道，必降而自卑；贤人之言，则引而自高。'如何？"先生曰："不然。如此，却乃伪也。圣人如天，无往而非天，三光之上天也。九地之下亦天也，天何尝有降而自卑？此所谓大而化之也。贤人如山岳，守其高而已。然百仞者不能引而为千仞，千仞者不能引而为万仞：是贤人未尝引而自高也，引而自高则伪矣。"

问："伊川谓不当于喜怒哀乐未发之前求中，延平却教学者看未发之前气象，何如。"先生曰："皆是也。伊川恐人于未发前讨个中，把中做一物看，如吾向所谓认气定时做中，故令只于涵养省察上用功。延平恐人未便有下手处，故令人时时刻刻求未发前气象，使人正目而视惟此，倾耳而听惟此：即是戒慎不睹，恐惧不闻的工夫。皆古人不得已诱人之言也。"

澄问："喜怒哀乐之中和，其全体常人固不能有。如一件小事当喜怒者，平时无有喜怒之心，至其临时，亦能中节，亦可谓之中和乎？"先生曰："在一时之事，固亦可谓之中和，然未可谓之大本达道。人性皆善，中和是人人原有的，岂可谓无？但常人之心既有所昏蔽，则其本体虽亦时时发见。终是暂明暂灭，非其全体大用矣。无所不中，然后谓之大本；无所不和，然后谓之达道；惟天下之至诚，然后能立天下之大本。"曰："《澄》于中字之义尚未明。"曰："此须自心体认出来，非言语所能喻。中只是天理。"曰："何者为天理？"曰："去得人欲，便识天理。"曰："天理何以谓之中？"曰："无所偏倚。"曰："无所偏倚是何等气象？"曰："如明镜然，全体莹彻，略无纤尘染着。"曰："偏倚是有所染着。如着在好色、好利、好名等项上，方见得偏倚；若未发时，美色名利皆未相着，何以便知其有所偏倚？"曰："虽未相着，然平日好色、好利、好名之心，原未尝无；既未尝无，即谓之有；既谓之有，则亦不可谓无偏倚。譬之病疟之人，虽有时不发，而病根原不曾除，则亦不得谓之无病之人矣。须是平日好色、好利、好名等项一应私心扫除荡涤，无复纤毫留滞，而此心全体廓然，纯是天理，方可谓之喜怒哀乐未发之中，方是天下之大本。"

问："'颜子没而圣学亡'，此语不能无疑。"先生曰："见圣道之全者惟颜子。观喟然一叹，可见其谓'夫子循循然善诱人，博我以文，约我以礼'，是见破后如此说。博文约礼，如何是善诱人？学者须思之。道之全体，圣人亦难以语人，须是学者自修自悟。颜子虽欲从之，末由也已，即文王望道未见意。望道未见，乃是真见。颜子没，而圣学之正派遂不尽传矣。"

问："身之主为心，心之灵明是知，知之发动是意，意之所着为物，是如此否？"先生曰："亦是。"

"只存得此心常见在，便是学。过去未来事，思之何益？徒放心耳！"

"言语无序，亦足以见心之不存。"

尚谦问孟子之"不动心"与告子异。先生曰："告子是硬把捉着此心，要他不动；孟子却是集义到自然不动。"又曰："心之本体原自不动。心之本体即是性，性即是理，性元不动，理元不动。集义是复其心之本体。"

"万象森然时，亦冲漠无朕；冲漠无朕，即万象森然。冲漠无朕者一之父，万象森然者精之母。一中有精；精中有一。"

"心外无物。如吾心发一念孝亲，即孝亲便是物。"

先生曰："今为吾所谓格物之学者，尚多流于口耳。况为口耳之学者，能反于此乎？天理人欲，其精微必时时用力省察克治，方日渐有见。如今一说话之间，虽只讲天理，不知心中倏忽之间已有多少私欲。盖有窃发而不知者，虽用力察之，尚不易见，况徒口讲而可得尽知乎？今只管讲天理来顿放着不循；讲人欲来顿放着不去；岂格物致知之学？后世之学，其极至，只做得个义袭而取的工夫。"

问格物。先生曰："格者，正也。正其不正，以归于正也。"

问："知止者，知至善只在吾心，元不在外也，而后志定？"曰："然。"

问："格物于动处用功否？"先生曰："格物无间动静，静亦物也。孟子谓'必有事焉'，是动静皆有事。"

"工夫难处，全在格物致知上。此即诚意之事。意既诚，大段心亦自正，身亦自修。但正心修身工夫，亦各有用力处，修身是已发边，正心是未发边。心正则中，身修则和。"

"自'格物致知'至'平天下'，只是一个'明明德'。虽亲民，亦明德事也。明德是此心之德，即是仁。仁者以天地万物为一体，使有一物失所，便是吾仁有未尽处。"

"只说'明明德'而不说'亲民'，便似老佛。"

"至善者性也，性元无一毫之恶，故曰至善。止之，是复其本然而已。"

问："知至善即吾性，吾性具吾心，吾心乃至善所止之地，则不为向时之纷然外求，而志定矣。定则不扰扰而静，静而不妄动则安，安则一心一意只在此处，千思万想，务求必得此至善，是能虑而得矣。如此说是否？"先生曰："大略亦是。"

问："程子云'仁者以天地万物为一体'，何墨氏'兼爱'反不得谓之仁？"先生曰："此亦甚难言，须是诸君自体认出来始得。仁是造化生生不息之理，虽弥漫周遍，无处不是，然其流行发生，亦只有个渐，所以生生不息。如冬至一阳生，必自一阳生，而后渐渐至于六阳，若无一阳之生，岂有六阳？阴亦然。惟其渐，所以便有个发端处；惟其有个发端处，所以生；惟其生，所以不息。譬之木，其始抽芽，便是木之生意发端处；抽芽然后发干，发干然后生枝生叶，然后是生生不息。若无芽，何以有干有枝叶？能抽芽，必是下面有个根在。有根方生，无根便死。无根何从抽芽？父子兄弟之爱，便是人心生意发端处，如木之抽芽，自此而仁民，而爱物，便是发干生枝生叶。墨氏兼爱无差等，将自家父子兄弟与途人一般看，便自没了发端处；不抽芽便知得他无根，便不是生生不息，安得谓之仁？孝弟为仁之本，却是仁理从里面发生出来。"

问："延平云'当理而无私心'。当理与无私心如何分别？"先生曰："心即理也，无私心即是当理，未当理便是私心。若析心与理言之，恐亦未善。"又问："释氏于世间一切情欲之私都不染着，似无私心。但外弃人伦，却是未当理。"曰："亦只是一统事，都只是成就他一个私己的心。"

右门人陆澄录。

侃问："持志如心痛，一心在痛上，安有工夫说闲语，管闲事？"先生曰："初学工夫，如此用亦好；但要使知出入无时，莫知其乡。心之神明，原是如此工夫，方有着落。若只死死守着，恐于工夫上又发病。"

侃问："专涵养而不务讲求，将认欲作理，则如之何？"先生曰："人须是知学，讲求亦只是涵养。不讲求只是涵养之志不切。"曰："何谓知学？"曰："且道为何而学？学个甚？"曰："尝闻先生教，学是学存天理。心之本体即是天理,体认天理只要自心地无私意。"曰:"如此则只须克去私意便是,又愁甚理欲不明?"曰:"正恐这些私意认不真。"曰:"总是志未切。志切,目视耳听皆在此,安有认不真的道理?是非之心人皆有之,不假外求。讲求亦只是体当自心所见,不成去心外别有个见。"

先生问在坐之友:"比来工夫何似?"一友举虚明意思。先生曰:"此是说光景。"一友叙今昔异同。先生曰:"此是说效验。二友惘然,请是。先生曰:"吾辈今日用功,只是要为善之心真切。此心真切,见善即迁,有过即改,方是真切工夫。如此则人欲日消,天理日明。若只管求光景,说效验却是助长外驰病痛,不是工夫。"

朋友观书,多有摘议晦庵者。先生曰:"是有心求异即不是。吾说与晦庵时有不同者,为入门下手处有毫厘千里之分,不得不辩。然吾之心与晦庵之心。未尝异也。若其余文义解得明当处,如何动得一字。?"

希渊问:"圣人可学而至。然伯夷、伊尹于孔子才力终不同,其同谓之圣者安在?"先生曰:"圣人之所以为圣,只是其心纯乎天理,而无人欲之杂。犹精金之所以为精,但以其成色足而无铜铅之杂也。人到纯乎天理方是圣,金到足色方是精。然圣人之才力,亦有大小不同,犹金之分两有轻重。尧、舜犹万镒,文王、孔子有九千镒,禹、汤、武王犹七八千镒,伯夷、伊尹犹四五千镒:才力不同而纯乎天理则同,皆可谓之圣人;犹分两虽不同,而足色则同,皆可谓之精金。以五千镒者而入于万镒之中,其足色同也;以夷、尹而厕之尧、孔之间,其纯乎天理同也。盖所以为精金者,在足色而不在分两;所以为圣者,在纯乎天理而不在才力也。故虽凡人而肯为学,使此心纯乎天理,则亦可为圣人;犹一两之金比之万镒,分两虽悬绝,而其到足色处可以无愧。故曰'人皆可以为尧、舜'者以此。学者学圣人，不过是去人欲而存天理耳，犹炼金而求其足色。金之成色所争不多，则煅炼之工省而功易成，成色愈下则煅炼愈难；人之气质清浊粹驳，有中人以上，中人以下，其于道有生知安行，学知利行，其下者必须人一己百，人十己千，及其成功则一。后世不知作圣之本是纯乎天理，却专去知识才能上求圣人。以为圣人无所不知；无所不能，我须是将圣人许多知识才能逐一理会始得。故不务去天理上着工夫，徒弊精竭力，从册子上钻研，名物上考索，形迹上比拟，知识愈广而人欲愈滋，才力愈多，而天理愈蔽。正如见人有万镒精金，不务煅炼成色，求无愧于彼之精纯，而乃妄希分两，务同彼之万镒，锡铅铜铁杂然而投，分两愈增而成色愈下，既其梢末，无复有金矣。"时曰仁在傍，曰："先生此喻足以破世儒支离之惑，大有功于后学。"先生又曰："吾辈用功只求日减，不求日增。减得一分人欲，便是复得一分天理；何等轻快脱洒！何等简易！"

士德问曰："格物之说如先生所教，明白简易，人人见得。文公聪明绝世，于此反有未审何也？"先生曰："文公精神气魄大，是他早年合下便要继往开来，故一向只就考索著述上用功。若先切己自修，自然不暇及此。到得德盛后，果忧道之不明。如孔子退修六籍，删繁就简开示来学，亦大段不费甚考索。文公早岁便著许多书，晚年方悔是倒做了。"士德曰："晚年之悔，如谓'向来定本之悟'，又谓'虽读得书何益于吾事'，又谓'此与守书籍，泥言语，全无交涉'，是他到此方悔从前用功之错，方去切己自修矣。"曰："然此是文公不可及处。他力量大，一悔便转，可惜不久即去世，平日许多错处皆不及改正。"

侃去花间草，因曰："天地间何善难培，恶难去？"先生曰："未培未去耳"少间，曰："此等看善恶，皆从躯壳起念，便会错。"侃未达。曰："天地生意，花草一般，何曾有善恶之分？子欲观花，则以花为善，以草为恶；如欲用草时，复以草为善矣。此等善恶，皆由汝心好恶所生，故知是错。"曰："然则无善无恶乎？"曰："无善无恶者理之静，有善有恶者气之动。不动于气，即无善无恶，是谓至善。"曰："佛氏亦无善无恶，何以异？"曰："佛氏着在无善无恶上，便一切都不管，不可以治天下。圣人无善无恶，只是无有作好，无有作恶，不动于气。然遵王之道，会其有极，便自一循天理，便有个裁成辅相。"曰："草既非恶，即草不宜去矣。"曰："如此却是佛、老意见。草若是碍，何妨汝去？"曰："如此又是作好作恶？"曰："不作好恶，非是全无好恶，却是无知觉的人。谓之不作者，只是好恶一循于理。不去。又着一分意思。如此。即是不曾好恶一般。"曰："去草如何是一循于理，不着意思？"曰："草有妨碍，理亦宜去，去之而已。偶未即去，亦不累心。若着了一分意思，即心体便有贻累，便有许多动气处。"曰："然则善恶全不在物？"曰："只在汝心循理便是善，动气便是恶。"曰："毕竟物无善恶。"曰："在心如此，在物亦然。世儒惟不知此，舍心逐物，将格物之学错看了，终日驰求于外，只做得个义袭而取，终身行不着，习不察。"曰："'如好好色，如恶恶臭'，则如何？"曰："此正是一循于理；是天理合如此，本无私意作好作恶。"曰："'如好好色，如恶恶臭'安得非意？"曰："却是诚意，不是私意。诚意只是循天理。虽是循天理，亦着不得一分意，故有所忿懥好乐则不得其正，须是廓然大公，方是心之本体。知此即知未发之中。"伯生曰："先生云'草有妨碍，理亦宜去'，缘何又是躯壳起念？"曰："此须汝心自体当。汝要去草，是甚么心？周茂叔窗前草不除，是甚么心？"

先生谓学者曰："为学须得个头脑工夫，方有着落。纵未能无间，如舟之有舵，一提便醒。不然，虽从事于学，只做个义袭而取，只是行不着，习不察，非大本达道也。"又曰："见得时，横说竖说皆是。若于此处通，彼处不通，只是未见得。"

或问为学以亲故，不免业举之累。先生曰："以亲之故而业举，为累于学，则治田以养其亲者亦有累于学乎？先生曰'惟患夺志'，但恐为学之志不真切耳。"

崇一问："寻常意思多忙，有事固忙，无事亦忙，何也？"先生曰："天地气机，元无一息之停；然有个主宰，故不先不后，不急不缓，虽千变万化，而主宰常定：人得此而生。若主宰定时，与天运一般不息，虽酬酢万变，常是从容自在，所谓'天君泰然，百体从令。'若无主宰，便只是这气奔放，如何不忙？"

先生曰："为学大病在好名。"侃曰："从前岁自谓此病已轻，比来精察，乃知全未，岂必务外为人，只闻誉而喜，闻毁而闷，即是此病发来？"曰："最是。名与实对，务实之心重一分，则务名之心轻一分；全是务实之心，即全无务名之心；若务实之心如饥之求食，渴之求饮，安得更有工夫好名？"又曰："'疾没世而名不称'称字去声读，亦'声闻过情，君子耻之'之意。实不称名，生犹可补，没则无及矣。四十五十而无闻，是不闻道，非无声闻也。孔子云'是闻也，非达也'，安肯以此望人？"

侃多悔，先生曰："悔悟是去病之药，以改之为贵。若留滞于中，则又因药发病。"

德章曰："闻先生以精金喻圣，以分两喻圣人之分量，以煅炼喻学者之工夫，最为深切。惟谓尧、舜为万镒，孔子为九千镒，疑未安。"先生曰："此又是躯壳上起念，故替圣人争分两。若不从躯壳上起念，即尧、舜万镒不为多，孔子九千镒不为少；尧、舜万镒只是孔子的，孔子九千镒只是尧、舜的，原无彼我。所以谓之圣，只论精一，不论多寡。只要此心纯乎天理处同，便同谓之圣。若是力量气魄，如何尽同得！后儒只在分两上较量，所以流入功利。若除去了比较分两的心，各人尽着自己力量精神，只在此心纯天理上用功，即人人自有，个个圆成，便能大以成大，小以成小，不假外慕，无不具足。此便是实实落落明善诚身的事。后儒不明圣学，不知就自己心地良知良能上体认扩充，却去求知其所不知，求能其所不能，一味只是希高慕大；不知自己是桀、纣心地，动辄要做尧、舜事业，如何做得！终年碌碌，至于老死，竟不知成就了个甚么，可哀也已！"

侃问："先儒以心之静为体，心之动为用，如何？"先生曰："心不可以动静为体用。动静时也，即体而言用在体，即用而言体在用，是谓体用一源。若说静可以见其体，动可以见其用，却不妨。"

问："上智下愚如何不可移？"先生曰："不是不可移，只是不肯移。"

问："子夏门人问交"章，先生曰："子夏是言小子之交，子张是言成人之交。若善用之，亦俱是。"

子仁问："'学而时习之，不亦说乎'，先儒以学为效先觉之所为，如何？"先生曰："学是学去人欲，存天理；从事于去人欲，存天理，则自正。诸先觉考诸古训，自下许多问辨思索存省克治工夫；然不过欲去此心之人欲，存吾心之天理耳。若曰效先觉之所为，则只说得学中一件事，亦似专求诸外了。'时习'者，坐如尸，非专习坐也，坐时习此心也；立如斋，非专习立也，立时习此心也。说是'理义之说我心'之'说'，人心本自说理义，如目本说色，耳本说声，惟为人欲所蔽所累，始有不说。今人欲日去，则理义日洽浃，安得不说？"

国英问："曾子三省虽切,恐是未闻一贯时工夫。"先生曰:"一贯是夫子见曾子未得用功之要,故告之。学者果能忠恕上用功。岂不是一贯?一如树之根本,贯如树之枝叶,未种根何枝叶之可得?体用一源,体未立,用安从生?谓曾子于其用处盖已随事精察而力行之,但未知其体之一,此恐未尽。"

黄诚甫问"汝与回也孰愈"章,先生曰:"子贡多学而识,在闻见上用功;颜子在心地上用功:故圣人问以启之。而子贡所对又只在知见上,故圣人叹惜之,非许之也。"

"颜子不迁怒,不贰过,亦是有未发之中,始能。"

"种树者必培其根,种德者必养其心。欲树之长,必于始生时删其繁枝;欲德之盛,必于始学时去夫外好。如外好诗文,则精神日渐漏泄在诗文上去;凡百外好皆然。"又曰:"我此论学是无中生有的工夫,诸公须要信得及只是立志。学者一念为善之志,如树之种,但勿助勿忘,只管培植将去,自然日夜滋长,生气日完,枝叶日茂。树初生时,便抽繁枝,亦须刊落,然后根干能大。初学时亦然。故立志贵专一。"

因论先生之门,某人在涵养上用功,某人在识见上用功,先生曰:"专涵养者日见其不足,专识见者日见其有余。日不足者日有余矣,日有余者日不足矣。"

梁日孚问:"居敬穷理是两事,先生以为一事,何如?"先生曰:"天地间只有此一事,安有两事?若论万殊,礼仪三百,威仪三千,又何止两?公且道居敬是如何?穷理是如何?"曰:"居敬是存养工夫,穷理是穷事物之理。"曰:"存养个甚?"曰:"是存养此心之天理。"曰:"如此亦只是穷理矣。"曰:"且道如何穷事物之理?"曰:"如事亲便要穷孝之理,事君便要穷忠之理。"曰:"忠与孝之理在君亲身上,在自己心上？若在自己心上，亦只是穷此心之理矣。且道如何是敬？"曰："只是主一。""如何是主一？"曰："如读书便一心在读书上，接事便一心在接事上。"曰："如此则饮酒便一心在饮酒上，好色便一心在好色上，却是逐物，成甚居敬功夫？"日孚请问。曰："一者天理，主一是一心在天理上。若只知主一，不知一即是理，有事时便是逐物，无事时便是着空。惟其有事无事，一心皆在天理上用功所以居敬亦即是穷理。就穷理专一处说，便谓之居敬；就居敬精密处说，便谓之穷理；却不是居敬了别有个心穷理，穷理时别有个心居敬：名虽不同，功夫只是一事。就如《易》言'敬以直内，义以方外'。敬即是无事时义，义即是有事时敬，两句合说一件。如孔子言'修己以敬'，即不须言义，孟子言'集义'即不须言敬，会得时横说竖说工夫总是一般。若泥文逐句，不识本领，即支离决裂，工夫都无下落。"问："穷理何以即是尽性？"曰："心之体性也，性即理也。穷仁之理，直要仁极仁，穷义之理，直要义极义：仁义只是吾性，故穷理即是尽性。如孟子说充其恻隐之心，至仁不可胜用，这便是穷理工夫。"日孚曰："先儒谓一草一木亦皆有理，不可不察，如何？"先生曰："夫我则不暇。公且先去理会自己性情，须能尽人之性，然后能尽物之性。"日孚悚然有悟。

惟乾问："知如何是心之本体？"先生曰："知是理之灵处。就其主宰处说，便谓之心，就其禀赋处说，便谓之性。孩提之童无不知爱其亲，无不知敬其兄，只是这个灵能不为私欲遮隔，充拓得尽，便完；完是他本体，便与天地合德。自圣人以下不能无蔽，故须格物以致其知。"

守衡问："《大学》工夫只是诚意；诚意工夫只是格物。修齐治平，只诚意尽矣。又有'正心之功，有所忿懥好乐，则不得其正'，何也？"先生曰："此要自思得之，知此则知未发之中矣。"守衡再三请。曰：

"为学工夫有浅深。初时若不着实用意去好善恶恶，如何能为善去恶？这着实用意便是诚意。然不知心之本体原无一物，一向着意去好善恶恶，便又多了这分意思，便不是廓然大公。《书》所谓无有作好作恶，方是本体。所以说'有所忿懥好乐，则不得其正'。正心只是诚意工夫里面体当自家心体，常要鉴空衡平，这便是未发之中。"

正之问："戒惧是己所不知时工夫，慎独是己所独知时工夫，此说如何？"先生曰："只是一个工夫，无事时固是独知，有事时亦是独知。人若不知于此独知之地用力，只在人所共知处用功，便是作伪，便是见君子而后厌然。此独知处便是诚的萌芽，此处不论善念恶念，更无虚假，一是百是，一错百错，正是王霸义利诚伪善恶界头。于此一立立定，便是端本澄源，便是立诚。古人许多诚身的工夫，精神命脉全体只在此处。真是莫见莫显，无时无处，无终无始，只是此个工夫。今若又分戒惧为己所不知，即工夫便支离，亦有间断。既戒惧即是知，己若不知。是谁戒惧？如此见解，便要流入断灭禅定。"曰："不论善念恶念，更无虚假，则独知之地更无无念时邪？"曰："戒惧亦是念。戒惧之念无时可息。若戒惧之心稍有不存，不是昏愦，便已流入恶念。自朝至暮。自少至老，若要无念，即是己不知，此除是昏睡，除是槁木死灰。"

志道问："荀子云'养心莫善于诚'，先儒非之，何也？"先生曰："此亦未可便以为非。诚字有以工夫说者：诚是心之本体，求复其本体，便是思诚的工夫。明道说'以诚敬存之'，亦是此意。《大学》'欲正其心，先诚其意。'荀子之言固多病，然不可一例吹毛求疵。大凡看人言语，若先有个意见，便有过当处。'为富不仁'之言。孟子有取于阳虎，此便见圣贤大公之心。"

萧惠问："己私难克，奈何？"先生曰："将汝己私来，替汝克。"

又曰："人须有为己之心，方能克己；能克己，方能成己。"萧惠曰："惠亦颇有为己之心，不知缘何不能克己？"先生曰："且说汝有为己之心是如何？"惠良久曰："惠亦一心要做好人，便自谓颇有为己之心。今思之，看来亦只是为得个躯壳的己，不曾为个真己。"先生曰："真己何曾离着躯壳！恐汝连那躯壳的己也不曾为。且道汝所谓躯壳的己，岂不是耳目口鼻四肢？"惠曰："正是。为此，目便要色，耳便要声，口便要味，四肢便要逸乐，所以不能克。"先生曰："'美色令人目盲，美声令人耳聋，美味令人口爽，驰骋田猎令人发狂'，这都是害汝耳目口鼻四肢的，岂得是为汝耳目口鼻四肢？若为着耳目口鼻四肢时，便须思量耳如何听，目如何视，口如何言，四肢如何动；必须非礼勿视听言动，方才成得个耳目口鼻四肢，这个才是为着耳目口鼻四肢。汝今终日向外驰求，为名为利，这都是为着躯壳外面的物事。汝若为着耳目口鼻四肢，要非礼勿视听言动时，岂是汝之耳目口鼻四肢自能勿视听言动，须由汝心。这视听言动皆是汝心：汝心之视，发窍于目；汝心之听，发窍于耳；汝心之言，发窍于口；汝心之动，发窍于四肢。若无汝心，便无耳目口鼻。所谓汝心，亦不专是那一团血肉。若是那一团血肉，如今已死的人，那一团血肉还在，缘何不能视听言动？所谓汝心，却是那能视听言动的，这个便是性，便是天理。有这个性才能生。这性之生理便谓之仁。这性之生理，发在目便会视，发在耳便会听，发在口便会言，发在四肢便会动。都只是那天理发生，以其主宰一身，故谓之心。这心之本体，原只是个天理，原无非礼；这个便是汝之真己。这个真己是躯壳的主宰。若无真己，便无躯壳，真是有之即生，无之即死。汝若真为那个躯壳的己，必须用着这个真己，便须常常保守着这个真己的本体，戒慎不睹，恐惧不闻，惟恐亏损了他一些；才有一毫非礼萌动，便如刀割，如针刺，忍耐不过，必须去了刀，拔了针,这才是有为己之心,方能克己。汝今正是认贼作子,缘何却说有为己之心,不能克己?"

有一学者病目,戚戚甚忧。先生曰:"尔乃贵目贱心。"

萧惠好仙、释,先生警之曰:"吾亦自幼笃志二氏,自谓既有所得,谓儒者为不足学。其后居夷三载,见得圣人之学若是其简易广大,始自叹悔错用了三十年气力。大抵二氏之学,其妙与圣人只有毫厘之间。汝今所学乃其土苴,辄自信自好若此,真鸱鸮窃腐鼠耳!"惠请问二氏之妙。先生曰:"向汝说圣人之学简易广大,汝却不问我悟的,只问我悔的!"惠惭谢,请问圣人之学。先生曰:"汝今只是了人事问。待汝辨个真要求为圣人的心来与汝说。"惠再三请。先生曰:"已与汝一句道尽,汝尚自不会。"

刘观时问:"未发之中是如何?"先生曰:"汝但戒慎不睹,恐惧不闻,养得此心纯是天理,便自然见。"观时请略示气象。先生曰:"哑子吃苦瓜,与你说不得。你要知此苦,还须你自吃。"时曰仁在傍,曰:"如此才是真知,即是行矣。"一时在座诸友皆有省。

萧惠问死生之道。先生曰:"知昼夜即知死生。"问昼夜之道。曰:"知昼则知夜。"曰:"昼亦有所不知乎。"先生曰:"汝能知昼。懵懵而兴。蠢蠢而食,行不着,习不察,终日昏昏,只是梦昼。惟息有养,瞬有存,此心惺惺明明,天理无一息间断,才是能知昼。这便是天德,便是通乎昼夜之道,而知更有甚么死生?"

马子莘问:"修道之教,旧说谓'圣人品节,吾性之固有,以为法于天下,若礼乐刑政之属。'此意如何?"先生曰:"道即性即命,本是完完全全,增减不得,不假修饰的,何须要圣人品节?却是不完全的物件。礼乐刑政是治天下之法,固亦可谓之教,但不是子思本旨。若如先儒之说，下面由教入道的。缘何舍了圣人礼乐刑政之教，别说出一段戒慎恐惧工夫，却是圣人之教为虚设矣。"子莘请问。先生曰："子思性、道、教，皆从本原上说天命。于人则命便谓之性；率性而行，则性便谓之道；修道而学，则道便谓之教。率性是诚者事，所谓自诚明谓之性也；修道是诚之者事，所谓自明诚谓之教也。圣人率性而行，即是道。圣人以下，未能率性于道，未免有过不及，故须修道。修道则贤知者不得而过，愚不肖者不得而不及，都要循着这个道，则道便是个教。此'教'字与'天道至教，风雨霜露无非教也'之'教'同。'修道'字与'修道以仁'同。人能修道，然后能不违于道，以复其性之本体，则亦是圣人率性之道矣。下面'戒慎恐惧'便是修道的工夫，'中和'便是复其性之本体，如易所谓穷理尽性以至于命，中和位育便是尽性至命。"

黄诚甫问："先儒以孔子告颜渊为邦之问。是立万世常行之道，如何？"先生曰："颜子具体圣人；其于为邦的大本大原都已完备。夫子平日知之已深，到此都不必言，只就制度文为上说。此等处亦不可忽略，须要是如此方尽善。又不可因自己本领是当了，便于防范上疏阔，须是要放郑声，远佞人。盖颜子是个克己向里、德上用心的人，孔子恐其外面末节或有疏略，故就他不足处帮补说。若在他人，须告以为政在人，取人以身，修身以道，修道以仁，达道九经及诚身许多工夫，方始做得，这个方是万世常行之道。不然，只去行了夏时，乘了殷辂，服了周冕，作了韶舞，天下便治得。后人但见颜子是孔门第一人，又问个'为邦'，便把做天大事看了。"

蔡希渊问："文公《大学》新本先格致而后诚意工夫，似与首章次第相合。若如先生从旧本之说，即诚意反在格致之前，于此尚未释然。"先生曰："《大学》工夫即是明明德；明明德只是个诚意；诚意的工夫。只是格物致知。若以诚意为主,去用格物致知的工夫,即工夫始有下落,即为善去恶无非是诚意的事。如新本先去穷格事物之理,即茫茫荡荡,都无着落处;须用添个敬字方才牵扯得向身心上来。然终是没根源。若须用添个敬字,缘何孔门倒将一个最紧要的字落了,直待千余年后要人来补出?正谓以诚意为主,即不须添敬字,所以举出个诚意来说,正是学问的大头脑处。于此不察,真所谓毫厘之差,千里之缪。大抵《中庸》工夫只是诚身,诚身之极便是至诚;《大学》工夫只是诚意;诚意之极便是至善:工夫总是一般。今说这里补个敬字,那里补个诚字,未免画蛇添足。"

右门人薛侃录。

卷二　传习录中

德洪曰："昔南元善刻《传习录》于越、凡二册。下册摘录先师手书，凡八篇。其答徐成之二书。吾师自谓：'天下是朱非陆，论定既久，一旦反之为难。二书姑为调停两可之说，使人自思得之。'故元善录为下册之首者，意亦以是欤？今朱、陆之辨明于天下久矣。洪刻先师《文录》置二书于《外集》者，示未全也，故今不复录。其余指'知行之本体'；莫详于答人论学与答周道通、陆清伯、欧阳崇一四书；而谓'格物为学者用力日可见之地'，莫详于答罗整庵一书。平生冒天下之非诋推陷，万死一生，遑遑然不忘讲学，惟恐吾人不闻斯道，流于功利机智，以日堕于夷狄禽兽而不觉；其一体同物之心，譊譊终身，至于毙而后已：此孔、孟已来圣贤苦心；虽门人子弟未足以慰其情也。是情也，莫详于答聂文蔚之第一书。此皆仍元善所录之旧。而揭'必有事焉。即致良知功夫，明白简切，使人言下即得入手'，此又莫详于答文蔚之第二书；故增录之。元善当时洶洶，乃能以身明斯道，卒至遭奸被斥，油油然惟以此生得闻斯学为庆，而绝无有纤芥愤郁不平之气。斯录之刻，人见其有功于同志甚大，而不知其处时之甚艰也。今所去取，裁之时义则然；非忍有所加损于其间也。"

答顾东桥书

来书云："近时学者务外遗内，博而寡要，故先生特倡'诚意'一义，针砭膏肓，诚大惠也。"

吾子洞见时弊如此矣，亦将何以救之乎？然则鄙人之心，吾子固已一句道尽，复何言哉！复何言哉！若"诚意"之说，自是圣门教人用功第一义。但近世学者乃作第二义看，故稍与提掇紧要出来，非鄙人所能特倡也。

来书云："但恐立说太高，用功太捷，后生师传，影响谬误，未免坠于佛氏明心见性、定慧顿悟之机，无怪闻者见疑。"

区区"格致诚正"之说，是就学者本心日用事为间，体究践履，实地用功，是多少次第、多少积累在，正与空虚顿悟之说相反。闻者本无求为圣人之志，又未尝讲究其详，遂以见疑，亦无足怪。若吾子之高明，自当一语之下便了然矣！乃亦谓立说太高，用功太捷何邪？

来书云："所喻知行并进，不宜分别前后，即中庸尊德性而道问学之功交养互发、内外本末一以贯之之道。然工夫次第不能无先后之差，如知食乃食，知汤乃饮，知衣乃服，知路乃行，未有不见是物，先有是事。此亦毫厘倏忽之间，非谓有等今日知之而明日乃行也。"

既云"交养互发、内外本末一以贯之"，则知行并进之说无复可疑矣。又云"工夫次第不能不无先后之差"，无乃自相矛盾已乎？"知食乃食"等说，此尤明白易见，但吾子为近闻障蔽，不自察耳。夫人必有欲食之心然后知食：欲食之心即是意，即是行之始矣。食味之美恶必待入口而后知，岂有不待入口而已先知食味之美恶者邪？必有欲行之心然后知路：欲行之心即是意，即是行之始矣。路岐之险夷必待身亲履历而后知，岂有不待身亲履历而已先知路岐之险夷者邪？"知汤乃饮"，"知衣乃服"，以此例之，皆无可疑。若如吾子之喻，是乃所谓不见是物而先有是事者矣。吾子又谓"此亦毫厘倏忽之间，非谓截然有等今日知之而明日乃行也"，是亦察之尚有未精。然就如吾子之说，则知行之为合一并进，亦自断无可疑矣。

来书云："真知即所以为行，不行不足谓之知，此为学者吃紧立教，俾务躬行则可。若真谓行即是知，恐其专求本心，遂遗物理，必有暗而不达之处。抑岂圣门知行并进之成法哉？"

知之真切笃实处，即是行；行之明觉精察处，即是知，知行工夫本不可离。只为后世学者分作两截用功，失却知行本体，故有合一并进之说。"真知即所以为行，不行不足谓之知"，即如来书所云"知食乃食"等说可见，前已略言之矣。此虽吃紧救弊而发，然知行之体本来如是，非以己意抑扬其间，姑为是说以苟一时之效者也。"专求本心，遂遗物理"，此盖失其本心者也。夫物理不外于吾心，外吾心而求物理，无物理矣；遗物理而求吾心，吾心又何物邪？心之体，性也；性即理也。故有孝亲之心，即有孝之理，无孝亲之心，即无孝之理矣。有忠君之心，即有忠之理，无忠君之心，即无忠之理矣。理岂外于吾心邪？晦菴谓："人之所以为学者，心与理而已。"心虽主乎一身，而实管乎天下之理，理虽散在万事，而实不外乎一人之心。是其一分一合之间，而未免已启学者心理为二之弊，此后世所以有专求本心，遂遗物理之患，正由不知心即理耳。夫外心以求物理，是以有暗而不达之处；此告子"义外"之说，孟子所以谓之不知义也。心，一而已。以其全体恻怛而言谓之仁，以其得宜而言谓之义，以其条理而言谓之理；不可外心以求仁，不可外心以求义，独可外心以求理乎？外心以求理，此知行之所以二也。求理于吾心，此圣门知行合一之教，吾子又何疑乎？

来书云："所释《大学》古本，谓致其本体之知，此固孟子尽心之旨。朱子亦以虚灵知觉为此心之量。然尽心由于知性，致知在于格物。"

"尽心由于知性，致知在于格物"，此语然矣。然而推本吾子之意，则其所以为是语者，尚有未明也。朱子以尽心、知性、知天为物格知致，以存心、养性、事天为诚意、正心、修身，以夭寿不贰修身以俟为知至仁尽、圣人之事。若鄙人之见，则与朱子正相反矣。夫尽心、知性、知天者，生知安行：圣人之事也；存心、养性、事天者，学知利行：贤人之事也；夭寿不贰，修身以俟者，困知勉行：学者之事也。岂可专以尽心知性为知，存心养性为行乎？吾子骤闻此言，必又以为大骇矣。然其间实无可疑者，一为吾子言之：夫心之体，性也；性之原，天也。能尽其心，是能尽其性矣。中庸云"惟天下至诚。为能尽其性"又云："知天地之化育；质诸鬼神而无疑，知天也"，此惟圣人而后能然，故曰"此生知安行，圣人之事也"。存其心者，未能尽其心者也。故须加存之之功；必存之既久，不待于存而自无不存，然后可以进而言尽。盖"知天"之"知"，如"知州""知县"之"知"，知州则一州之事皆己事也，知县则一县之事皆己事也，是与天为一者也；事天则如子之事父，臣之事君，犹与天为二也。天之所以命于我者，心也，性也，吾但存之而不敢失，养之而不敢害，如父母全而生之、子全而归之者也：故曰"此学知利行，贤人之事也"。至于"夭寿不贰"，则与存其心者又有间矣。存其心者虽未能尽其心，固已一心于为善，时有不存，则存之而已；今使之夭寿不贰，是犹以夭寿贰其心者也，犹以夭寿贰，其心是其为善之心犹未能一也，存之尚有所未可，而何尽之可云乎？今且使之不以夭寿贰其为善之心，若曰死生夭寿皆有定命，吾但一心于为善，修吾之身，以俟天命而已，是其平日尚未知有天命也。事天虽与天为二，然已真知天命之所在，但惟恭敬奉承之而已耳；若俟之云者，则尚未能真知天命之所在，犹有所俟者也，故曰所以立命。"立"者"创立"之"立"，如"立德""立言""立功""立名"之类，凡言"立"者，皆是昔未尝有而今始建立之谓，孔子所谓"不知命，无以为君子"者也：故曰"此困知勉行，学者之事也"。今以尽心、知性、知天为格物致知，使初学之士尚未能不贰其心者，而遽责之以圣人生知安行之事，如捕风捉影，茫然莫知所措其心，几何而不至于率天下而路也！今世致知格物之弊，亦居然可见矣。吾子所谓务外遗内、博而寡要"者，无乃亦是过欤？此学问最紧要处，于此而差，将无往而不差矣！此鄙人之所以冒天下之非笑，忘其身之陷于罪戮，呶呶其言，其不容已者也。

　　来书云："闻语学者乃谓即物穷理之说，亦是玩物丧志；又取其厌繁就约，涵养本原数说，标示学者，指为晚年定论，此亦恐非。"

　　朱子所谓"格物"云者，在即物而穷其理也。即物穷理，是就事事物物上求其所谓定理者也。是以吾心而求理于事事物物之中，析"心"与"理"而为二矣。夫求理于事事物物者，如求孝之理于其亲之谓也。求孝之理于其亲，则孝之理其果在于吾之心邪？抑果在于亲之身邪？假而果在于亲之身，则亲没之后，吾心遂无孝之理欤？见孺子之入井，必有恻隐之理，是恻隐之理果在于孺子之身欤？抑在于吾心之良知欤？其或不可以从之于井欤？其或可以手而援之欤？是皆所谓理也，是果在于孺子之身欤？

抑果出于吾心之良知欤？以是例之，万事万物之理，莫不皆然。是可以知析心与理为二之非矣。夫析心与理而为二，此告子"义外"之说，孟子之所深辟也。务外遗内，博而寡要，吾子既已知之矣。是果何谓而然哉？谓之玩物丧志，尚犹以为不可欤？若鄙人所谓致知格物者，致吾心之良知于事事物物也。吾心之良知，即所谓天理也。致吾心良知之天理于事事物物，则事事物物皆得其理矣。致吾心之良知者，致知也。事事物物皆得其理者，格物也。是合心与理而为一者也。合心与理而为一，则凡区区前之所云，与朱子晚年之论，皆可以不言而喻矣！

来书云："人之心体本无不明；而气拘物蔽鲜有不昏，非学问思辨以明天下之理，则善恶之机，真妄之辨，不能自觉；任情姿意，其害有不可胜言者矣。"

此段大略似是而非，盖承沿旧说之弊，不可以不辨也。夫学、问、思、辨、行，皆所以为学，未有学而不行者也。如言学孝，则必服劳奉养，躬行孝道，然后谓之学，岂徒悬空口耳讲说，而遂可以谓之学孝乎？学射则必张弓挟矢，引满中的；学书则必伸纸执笔，操觚染翰；尽天下之学无有不行而可以言学者，则学之始固已即是行矣。笃者敦实笃厚之意，已行矣，而敦笃其行，不息其功之谓尔。盖学之不能以无疑，则有问，问即学也，即行也；又不能无疑，则有思，思即学也，即行也；又不能无疑，则有辨，辨即学也，即行也。辨既明矣，思既慎矣，问既审矣，学既能矣，又从而不息其功焉，斯之谓笃行。非谓学、问、思、辨之后而始措之于行也。是故以求能其事而言谓之学；以求解其惑而言谓之问；以求通其理而言谓之思；以求精其察而言谓之辨；以求履其实而言谓之行：盖析其功而言则有五，合其事而言。则一而已。此区区心理合一之体，知行并进之功，所以异于后世之说者，正在于是。今吾子特举学、问、思、辨以心，固已一心于为善，时有不存，则存之而已；今使之夭寿不贰，是犹以夭寿贰其心者也，犹以夭寿贰，其心是其为善之心犹未能一也，存之尚有所未可，而何尽之可云乎？今且使之不以夭寿贰其为善之心，若曰死生夭寿皆有定命，吾但一心于为善，修吾之身，以俟天命而已，是其平日尚未知有天命也。事天虽与天为二，然已真知天命之所在，但惟恭敬奉承之而已耳；若俟之云者，则尚未能真知天命之所在，犹有所俟者也，故曰所以立命。"立"者"创立"之"立"，如"立德""立言""立功""立名"之类，凡言"立"者，皆是昔未尝有而今始建立之谓，孔子所谓"不知命，无以为君子"者也：故曰"此困知勉行，学者之事也"。今以尽心、知性、知天为格物致知，使初学之士尚未能不贰其心者，而遽责之以圣人生知安行之事，如捕风捉影，茫然莫知所措其心，几何而不至于率天下而路也！今世致知格物之弊，亦居然可见矣。吾子所谓务外遗内、博而寡要"者，无乃亦是过欤？此学问最紧要处，于此而差，将无往而不差矣！此鄙人之所以冒天下之非笑，忘其身之陷于罪戮，呶呶其言，其不容已者也。

　　来书云："闻语学者乃谓即物穷理之说，亦是玩物丧志；又取其厌繁就约，涵养本原数说，标示学者，指为晚年定论，此亦恐非。"

　　朱子所谓"格物"云者，在即物而穷其理也。即物穷理，是就事事物物上求其所谓定理者也。是以吾心而求理于事事物物之中，析"心"与"理"而为二矣。夫求理于事事物物者，如求孝之理于其亲之谓也。求孝之理于其亲，则孝之理其果在于吾之心邪？抑果在于亲之身邪？假而果在于亲之身，则亲没之后，吾心遂无孝之理欤？见孺子之入井，必有恻隐之理，是恻隐之理果在于孺子之身欤？抑在于吾心之良知欤？其或不可以从之于井欤？其或可以手而援之欤？是皆所谓理也，是果在于孺子之身欤？

抑果出于吾心之良知欤？以是例之，万事万物之理，莫不皆然。是可以知析心与理为二之非矣。夫析心与理而为二，此告子"义外"之说，孟子之所深辟也。务外遗内，博而寡要，吾子既已知之矣。是果何谓而然哉？谓之玩物丧志，尚犹以为不可欤？若鄙人所谓致知格物者，致吾心之良知于事事物物也。吾心之良知，即所谓天理也。致吾心良知之天理于事事物物，则事事物物皆得其理矣。致吾心之良知者，致知也。事事物物皆得其理者，格物也。是合心与理而为一者也。合心与理而为一，则凡区区前之所云，与朱子晚年之论，皆可以不言而喻矣！

　　来书云："人之心体本无不明；而气拘物蔽鲜有不昏，非学问思辨以明天下之理，则善恶之机，真妄之辨，不能自觉；任情恣意，其害有不可胜言者矣。"

　　此段大略似是而非，盖承沿旧说之弊，不可以不辨也。夫学、问、思、辨、行，皆所以为学，未有学而不行者也。如言学孝，则必服劳奉养，躬行孝道，然后谓之学，岂徒悬空口耳讲说，而遂可以谓之学孝乎？学射则必张弓挟矢，引满中的；学书则必伸纸执笔，操觚染翰；尽天下之学无有不行而可以言学者，则学之始固已即是行矣。笃者敦实笃厚之意，已行矣，而敦笃其行，不息其功之谓尔。盖学之不能以无疑，则有问，问即学也，即行也；又不能无疑，则有思，思即学也，即行也；又不能无疑，则有辨，辨即学也，即行也。辨既明矣，思既慎矣，问既审矣，学既能矣，又从而不息其功焉，斯之谓笃行。非谓学、问、思、辨之后而始措之于行也。是故以求能其事而言谓之学；以求解其惑而言谓之问；以求通其理而言谓之思；以求精其察而言谓之辨；以求履其实而言谓之行：盖析其功而言则有五，合其事而言。则一而已。此区区心理合一之体，知行并进之功，所以异于后世之说者，正在于是。今吾子特举学、问、思、辨以穷天下之理，而不及笃行，是专以学、问、思、辨为知，而谓穷理为无行也已。天下岂有不行而学者邪？岂有不行而遂可谓之穷理者邪？明道云："只穷理，便尽性至命。"故必仁极仁，而后谓之能穷仁之理；义极义，而后谓之能穷义之理。仁极仁则尽仁之性矣，义极义则尽义之性矣。学至于穷理至矣，而尚未措之于行，天下宁有是邪？是故知不行之不可以为学，则知不行之不可以为穷理矣；知不行之不可以为穷理，则知知行之合一并进，而不可以分为两节事矣。夫万事万物之理不外于吾心，而必曰穷天下之理，是殆以吾心之良知为未足，而必外求于天下之广，以裨补增益之，是犹析心与理而为二也。夫学、问、思、辨笃行之功，虽其困勉至于人一己百，而扩充之极，至于尽性知天，亦不过致吾心之良知而已。良知之外，岂复有加于毫末乎？今必曰穷天下之理，而不知反求诸其心，则凡所谓善恶之机，真妄之辨者，舍吾心之良知，亦将何所致其体察乎？吾子所谓"气拘物蔽"者，拘此蔽此而已。今欲去此之蔽，不知致力于此，而欲以外求，是犹目之不明者，不务服药调理以治其目，而徒怅怅然求明于其外，明岂可以自外而得哉！任情恣意之害，亦以不能精察天理于此心之良知而已。此诚毫厘千里之谬者，不容于不辨，吾子毋谓其论之太刻也。

　　来书云："教人以致知明德，而戒其即物穷理，诚使昏暗之士深居端坐，不闻教告，遂能至于知致而德明乎？纵令静而有觉，稍悟本性，则亦定慧无用之见，果能知古今，达事变，而致用于天下国家之实否乎？其曰'知者意之体，物者意之用，格物如格君心之非'之'格'，语虽超悟独得，不踵陈见，抑恐于道未相吻合。"

　　区区论致知格物，正所以穷理，未尝戒人穷理，使之深居端坐而一无所事也。若谓即物穷理，如前所云务外而遗内者，则有所不可耳。昏暗之士，果能随事随物精察此心之天理，以致其本然之良知，则虽愚必明，虽柔必强，大本立而达道行，九经之属可一以贯之而无遗矣。尚何患其无致用之实乎？彼顽空虚静之徒，正惟不能随事随物精察此心之天理，以致其本然之良知，而遗弃伦理，寂灭虚无以为常，是以要之不可以治家国天下。郭谓圣人穷理尽性之学而亦有是弊哉？心者身之主也，而心之虚灵明觉，即所谓本然之良知也。其虚灵明觉之良知，应感而动者谓之意；有知而后有意，无知则无意矣。知非意之体乎？意之所用，必有其物，物即事也。如意用于事亲，即事亲为一物；意用于治民，即治民为一物；意用于读书，即读书为一物；意用于听讼，即听讼为一物；凡意之所用无有无物者，有是意即有是物，无是意即无是物矣。物非意之用乎？"格"字之义，有以"至"字训者，如"格于文祖"、"有苗来格"，是以"至"训者也。然格于文祖，心纯孝诚敬，幽明之间，无一不得其理，而后谓之格；有苗之顽，实以文德诞敷而后格，则亦兼有"正"字之义在其间，未可专以"至"字尽之也。如"格其非心"、"大臣格君心之非"之类，是则一皆正其不正以归于正之义，而不可以"至"字为训矣。且《大学》格物之训，又安知其不以"正"字为训，而必以"至"字为义乎？如以"至"字为义者，必曰穷至事物之理，而后其说始通。是其用功之要全在一"穷"字，用力之地全在一"理"字也。若上去一"穷"、下去一"理"字，而直曰"致知在至物"，其可通乎？夫穷理尽性，圣人之成训，见于系辞者也。苟格物之说而果即穷理之义，则圣人何不直曰"致知在穷理"，而必为此转折不完之语，以启后世之弊邪？盖《大学》格物之说，自与系辞穷理大旨虽同，而微有分辨。穷理者，兼格致诚正而为功也；故言穷理则格致诚正之功皆在其中，言格物则必兼举致知、诚意、正心，而后其功始备而密。今偏举格物而遂谓之穷理，此所以专以穷理属知，而谓格物未尝有行，非惟不得格物之旨，并穷理之义而失之矣。此后世之学所以析知行为先后两截，日以支离决裂，而圣学益以残晦者，其端实始于此。吾子盖亦未免承沿积习见，则以为于道未相吻合，不为过矣。

来书云："谓致知之功将如何为温清？如何为奉养？即是诚意，非别有所谓格物，此亦恐非。"

此乃吾子自以己意揣度鄙见而为是说，非鄙人之所以告吾子者矣。若果如吾子之言，宁复有可通乎？盖鄙人之见，则谓意欲温清，意欲奉养者，所谓意也，而未可谓之诚意。必实行其温清奉养之意，务求自慊而无自欺，然后谓之诚意。知如何而为温清之节，知如何而为奉养之宜者，所谓知也，而未可谓之致知。必致其知如何为温清之节者之知，而实以之温清，致其知如何为奉养之宜者之知，而实以之奉养，然后谓之致知。温清之事，奉养之事，所谓物也，而未可谓之格物。必其于温清之事也，一如其良知，之所知当如何为温清之节者而为之，无一毫之不尽；于奉养之事也，一如其良知之所知，当如何为奉养之宜者而为之，无一毫之不尽，然后谓之格物。温清之物格，然后知温清之良知始致；奉养之物格，然后知奉养之良知始致，故曰"物格而后知至"。致其知温清之良知，而后温清之意始诚，致其知奉养之良知，而后奉养之意始诚，故曰"知至而后意诚"。此区区诚意、致知、格物之说盖如此。吾子更熟思之，将亦无可疑者矣。

来书云："道之大端易于明白，所谓良知良能，愚夫愚妇可与及者。至于节目时变之详，毫厘千里之谬，必待学而后知。今语孝于温清定省，孰不知之？至于舜之不告而娶，武之不葬而兴师，养志养口，小杖大杖，割股庐墓等事，处常处变，过与不及之间，必须讨论是非，以为制事之本，然后心体无蔽，临事无失。"

"道之大端易于明白"，此语诚然。顾后之学者，忽其易于明白者而弗由，而求其难于明白者以为学，此其所以道在迩而求诸远，事在易而求诸难也。孟子云："夫道若大路然，岂难知哉？人病不由耳！"良知良能，愚夫愚妇与圣人同。但惟圣人能致其良知，而愚夫愚妇不能致，此圣愚之所由分也。节目时变，圣人夫岂不知？但不专以此为学。而其所谓学者，正惟致其良知，以精察此心之天理，而与后世之学不同耳。吾子未暇良知之致，而汲汲焉顾是之忧，此正求其难于明白者以为学之弊也。夫良知之于节目时变，犹规矩尺度之于方圆长短也。节目时变之不可预定，犹方圆长短之不可胜穷也。故规矩诚立，则不可欺以方圆，而天下之方圆不可胜用矣；尺度诚陈，则不可欺以长短，而天下之长短不可胜用矣；良知诚致，则不可欺以节目时变，而天下之节目时变不可胜应矣。毫厘千里之谬，不于吾心良知一念之微而察之，亦将何所用其学乎？是不以规矩而欲定天下之方圆，不以尺度而欲尽天下之长短，吾见其乖张谬戾，日劳而无成也已。吾子谓："语孝于温凊定省，孰不知之？"然而能致其知者鲜矣。若谓粗知温凊定省之仪节，而遂谓之能致其知，则凡知君之当仁者皆可谓之能致其仁之知，知臣之当忠者皆可谓之能致其忠之知，则天下孰非致知者邪？以是而言，可以知致知之必在于行，而不行之不可以为致知也明矣。知行合一之体，不益较然矣乎？夫舜之不告而娶，岂舜之前已有不告而娶者为之准则，故舜得以考之何典，问诸何人，而为此邪？抑亦求诸其心一念之良知，权轻重之宜，不得已而为此邪？武之不葬而兴师，岂武之前已有不葬而兴师者为之准则，故武得以考之何典，问诸何人，而为此邪？抑亦求诸其心一念之良知，权轻重之宜，不得已而为此邪？使舜之心而非诚于为无后，武之心而非诚于为救民，则其不告而娶与不葬而兴师，乃不孝不忠之大者。而后之人不务致其良知，以精察义理于此心感应酬酢之间，顾欲悬空讨论此等变常之事，执之以为制事之本，以求临事之无失,其亦远矣!其余数端,皆可类推,则古人致知之学,从可知矣。

来书云:"谓《大学》格物之说专求本心,犹可牵合;至于'六经''四书'所载多闻多见,前言往行,好古敏求,博学审问,温故知新,博学详说,好问好察,是皆明白求于事为之际,资于论说之间者,用功节目固不容紊矣。"

格物之义,前已详悉;牵合之疑,想已不俟解矣。至于多闻多见,乃孔子因子张之务外好高,徒欲以多闻多见为学,而不能求诸其心,以阙疑殆,此其言行所以不免于尤悔,而所谓见闻者,适以资其务外好高而已。盖所以救子张多闻多见之病,而非以是教之为学也。夫子尝曰"盖有不知而作之者,我无是也",是犹孟子"是非之心,人皆有之"之义也。此言正所以明德性之良知,非由于闻见耳。若曰"多闻择其善者而从之,多见而识之",则是专求诸见闻之末,而已落在第二义矣,故曰"知之次也"。夫以见闻之知为次,则所谓知之上者果安所指乎?是可以窥圣门致知用力之地矣。夫子谓子贡曰:"赐也,汝以予为多学而识之者欤?非也,予一以贯之。"使诚在于多学而识,则夫子胡乃谬为是说以欺子贡者邪?"一以贯之",非致其良知而何?易曰"君子多识前言往行,以畜其德。"夫以畜其德为心,则凡多识前言往行者,孰非畜德之事?此正知行合一之功矣。"好古敏求"者,好古人之学而敏求此心之理耳。心即理也;学者,学此心也;求者,求此心也。孟子云:"学问之道无他,求其放心而已矣。"非若后世广记博诵古人之言词,以为好古,而汲汲然惟以求功名利达之具于其外者也。"博学审问",前言已尽。"温故知新",朱子亦以温故属之尊德性矣。德性岂可以外求哉?惟夫知新必由于温故,而温故乃所以知新,则亦可以验知行之非两节矣。"博学而详说之"者,将以反说约也,若无反约之云,则博学详说者果何事邪?舜之"好问好察"，惟以用中而致其精一于道心耳。道心者，良知之谓也。君子之学，何尝离去事为而废论说？但其从事于事为论说者，要皆知行合一之功，正所以致其本心之良知；而非若世之徒事口耳谈说以为知者，分知行为两事，而果有节目先后之可言也。

来书云："杨、墨之为仁义，乡愿之辞忠信，尧、舜、子之之禅让，汤、武、楚项之放伐，周公、莽、操之摄辅，谩无印正，又焉适从？且于古今事变，礼乐名物，未尝考识，使国家欲兴明堂，建辟雍，制历律，草封禅，又将何所致其用乎？故《论语》曰'生而知之'者，义理耳。若夫礼乐名物，古今事变，亦必待学而后有以验其行事之实。此则可谓定论矣。"

所喻杨、墨、乡愿、尧、舜、子之、汤、武、楚项、周公、莽操之辨，与前舜、武之论，大略可以类推。古今事变之疑，前于良知之说，已有规矩尺度之喻，当亦无俟多赘矣。至于明堂、辟雍诸事，似尚未容于无言者。然其说甚长，姑就吾子之言而取正焉，则吾子之惑将亦可以少释矣。夫明堂、辟雍之制，始见于吕氏之《月令》、汉儒之训疏，"六经""四书"之中未尝详及也。岂吕氏、汉儒之知，乃贤于三代之贤圣乎？齐宣之时，明堂尚有未毁，则幽、厉之世，周之明堂皆无恙也。尧、舜茅茨土阶，明堂之制未必备，而不害其为治；幽、厉之明堂，固犹文、武、成、康之旧，而无救于其乱。何邪？岂非以不忍人之心而行不忍人之政，则虽茅茨土阶，固亦明堂也，以幽、厉之心而行幽、厉之政，则虽明堂，亦暴政所自出之地邪？武帝肇讲于汉而武后盛作于唐，其治乱何如邪？天子之学曰辟雍，诸侯之学曰泮宫，皆象地形而为之名耳。然三代之学，其要皆所以明人伦，非以辟不辟、泮不泮为重轻也。孔子云："人而不仁，如礼何！人而不仁，如乐何！"制礼作乐，必具中和之德，声为律而身为度者，然后可以语此。若夫器数之末，乐工之事，祝史之守，故曾子曰"君子所贵乎道者三""笾豆之事，则有司存"也。尧命羲和，钦若昊天，历象日月星辰，其重在于敬授人时也。舜在璇玑玉衡，其重在于以齐七政也。是皆汲汲然以仁民之心，而行其养民之政，治历明时之本，固在于此也。羲和历数之学，皋、契未必能之也，禹稷未必能之也，尧、舜之知而不偏物，虽尧、舜亦未必能之也。然至于今，循羲和之法而世修之，虽曲知小慧之人、星术浅陋之士，亦能推步占候而无所忒，则是后世曲知小慧之人，反贤于禹、稷、尧、舜者邪？封禅之说，尤为不经，是乃后世佞人谀士，所以求媚于其上，倡为夸侈，以荡君心，而靡国费。盖欺天罔人，无耻之大者，君子之所不道，司马相如之所以见讥于天下后世也。吾子乃以是为儒者所宜学，殆亦未之思邪？夫圣人之所以为圣者，以其生而知之也。而释论语者曰："生而知之者，义理耳。若夫礼乐名物，古今事变，亦必待学而后有以验其行事之实。"夫礼乐名物之类，果有关于作圣之功也，而圣人亦必待学而后能知焉，则是圣人亦不可以谓之生知矣！谓圣人为生知者，专指义理而言而不以礼乐名物之类，则是礼乐名物之类无关于作圣之功矣。圣人之所以谓之生知者，专指义理而不以礼乐名物之类，则是学而知之者亦惟当学知此义理而已，困而知之者亦惟当困知此义理而已。今学者之学圣人，于圣人之所能知者，未能学而知之，而顾汲汲焉求知圣人之所不能知者以为学，无乃失其所以希圣之方欤？凡此皆就吾子之所惑者，而稍为之分释，未及乎"拔本塞源"之论也。夫"拔本塞源"之论不明于天下，则天下之学圣人者将日繁日难，斯人沦于禽兽夷狄，而犹自以为圣人之学；吾之说虽或暂明于一时，终将冻解于西而冰坚于东，雾释于前而云滃于后，呶呶焉危困以死，而卒无救于天下之分毫也已！夫圣人之心，以天地万物为一体，其视天下之人，无外内远近，凡有血气，皆其昆弟赤子之亲，莫不欲安全而教养之，以遂其万物一体之念。天下之人心，其始亦非有异于圣人也，特其间于有我之私，隔于物欲之蔽，大者以小，通者以塞，人各有心，至有视其父子兄弟如仇雠者。圣人有忧之，是以推其天地万物一体之仁以教天下，使之皆有以克其私，去其蔽，以复其心体之同然。其教之大端，则尧、舜、禹之相授受，所谓"道心惟微，惟精惟一，允执厥中"。而其节目则舜之命契，所谓"父子有亲，君臣有义，夫妇有别，长幼有序，朋友有信"五者而已。唐、虞、三代之世，教者惟以此为教，而学者惟以此为学。当是之时，人无异见，家无异习，安有此者谓之圣，勉此者谓之贤，而背此者虽其启明如朱亦谓之不肖。下至闾井、田野、农、工、商、贾之贱，莫不皆有是学，而惟以成其德行为务。何者？无有闻见之杂，记诵之烦，辞章之靡滥，功利之驰逐，而但使之孝其亲，弟其长，信其朋友，以复其心体之同然。是盖性分之所固有，而非有假于外者。则人亦孰不能之乎？学校之中，惟以成德为事，而才能之异。或有长于礼乐，长于政教，长于水土播植者，则就其成德，而因使益精其能于学校之中。迨夫举德而任，则使之终身居其职而不易，用之者惟知同心一德，以共安天下之民，视才之称否，而不以崇卑为轻重，劳逸为美恶；效用者亦惟知同心一德，以共安天下之民，苟当其能，则终身处于烦剧而不以为劳，安于卑琐而不以为贱。当是之时，天下之人熙熙皞皞，皆相视如一家之亲。其才质之下者，则安其农、工、商、贾之分，各劝其业以相生相养，而无有乎希高慕外之心。其才能之异若夔、稷、契者，则出而各效其能，若一家之务，或营其衣食，或通其有无，或备其器用，集谋并力，以求遂其仰事俯育之愿，惟恐当其事者之或怠而重己之累也。故稷勤其稼，而不耻其不知教，视契之善教，即己之善教也；夔司其乐，而不耻于不明礼，视夷之通礼，即己之通礼也。盖其心学纯明，而有以全其万物一体之仁，故其精神流贯，志气通达，而无有乎人己之分，物我之间。譬之一人之身，目视、耳听、手持、足行，以济一身之用。目不耻其无聪，而耳之所涉，目必营焉；足不耻其无执，而手之所探，足必前焉；盖其元气充周，血脉条畅，是以痒疴呼吸，感触神应，有不言而喻之妙。此圣人之学所以至易至简，易知易从，学易能而才易成者，正以大端惟在复心体之同然，而知识技能非所与论也。三代之衰，王道熄而霸术焻；孔、子既没，圣学晦而邪说横：教者不复以此为教；而学者不复以此为学；霸者之徒，窃取先王之近似者，假之于外，以内济其私己之欲，天下靡然而宗之，圣人之道遂以芜塞，相仿相效，日求所以富强之说，倾诈之谋，攻伐之计，一切欺天罔人，苟一时之得，以猎取声利之术，若管、商、苏、张之属者，至不可名数。既其久也，斗争劫夺，不胜其祸，斯人沦于禽兽夷狄，而霸术亦有所不能行矣。世之儒者，慨然悲伤，搜猎先圣王之典章法制，而掇拾修补于煨烬之余；盖其为心，良亦欲以挽回先王之道。圣学既远，霸术之传积渍已深，虽在贤知，皆不免于习染，其所以讲明修饰，以求宣畅光复于世者，仅足以增霸者之藩篱，而圣学之门墙遂不复可睹。于是乎有训诂之学，而传之以为名；有记诵之学，而言之而为博；有词章之学，而侈之以为丽。若是者纷纷籍籍，群起角立于天下，又不知其几家，万径千蹊，莫知所适。世之学者，如入百戏之场，欢谑跳踉，骋奇斗巧，献笑争妍者，四面而竞出，前瞻后盼，应接不遑，而耳目眩瞀，精神恍惑，日夜遨游淹息其间，如病狂丧心之人，莫自知其家业之所归。时君世主亦皆昏迷颠倒于其说，而终身从事于无用之虚文，莫自知其所谓。间有觉其空疏谬妄，支离牵滞，而卓然自奋，欲以见诸行事之实者，极其所抵，亦不过为富强功利五霸之事业而止。圣人之学日远日晦，而功利之习愈趋愈下。其间虽尝瞀惑于佛、老，而佛、老之说。卒亦未能有以胜其功利之心；虽又尝折衷于群儒，而群儒之论终亦未能有以破其功利之见。盖至于今，功利之毒沦浃于人之心髓，而习以成性也几千年矣。相矜以知，相轧以势，相争以利，相高以技能，相取以声誉。其出而仕也，理钱谷者则欲兼夫兵刑，典礼乐者又欲与于铨轴，处郡县则思藩臬之高，居台谏则望宰执之要。故不能其事，则不得以兼其官；不通其说，则不可以要其誉；记诵之广，适以长其敖也；知识之多，适以行其恶也；闻见之博，适以肆其辩也；辞章之富，适以饰其伪也。是以皋、夔、稷、契所不能兼之事，而今之初学小生皆欲通其说，究其术。其称名借号，未尝不曰吾欲以共成天下之务；而其诚心实意之所在，以为不如是则无以济其私而满其欲也。呜呼！以若是之积染，以若是之心志，而又讲之以若是之学术，宜其闻吾圣人之教，而视之以为赘疣枘凿，则其以良知为未足，而谓圣人之学为无所用，亦其势有所必至矣！呜呼，士生斯世，而尚何以求圣人之学乎！尚何以论圣人之学乎！士生斯世而欲以为学者，不亦劳苦而繁难乎！不亦拘滞而险艰乎！呜呼，可悲也已！所幸天理之在人心，终有所不可泯，而良知之明，万古一日，则其闻吾"拔本塞源"之论，必有恻然而悲，戚然而痛，愤然而起，沛然若决江河而有所不可御者矣！非夫豪杰之士无所待而兴起者，吾谁与望乎？

启问道通书

吴、曾两生至，备道道通恳切为道之意，殊慰相念！若道通，真可谓笃信好学者矣。忧病中会，不能与两生细论，然两生亦自有志向肯用功者，每见辄觉有进，在区区诚不能无负于两生之远来，在两生则亦庶几无负其远来之意矣。临别以此册致道通意，请书数语，荒愦无可言者，辄以道通来书中所问数节，略下转语奉酬。草草殊不详细，两生当亦自能口悉也。

来书云："日用工夫只是立志。近来于先生诲言时时体验，愈益明白。然于朋友不能一时相离。若得朋友讲习，则此志才精健阔大，才有生意。若三五日不得朋友相讲，便觉微弱，遇事便会困，亦时会忘。乃今无朋友相讲之日，还只静坐，或看书，或游衍经行，凡寓目措身，悉取以培养此志，颇觉意思和适。然终不如朋友讲聚，精神流动，生意更多也。离群索居之人，当更有何法以处之？"

此段足验道通日用工夫所得，工夫大略亦只是如此用，只要无间断到得纯熟后，意思又自不同矣。大抵吾人为学紧要大头脑，只是立志，所谓困忘之病，亦只是志欠真切。今好色之人未尝病于困忘，只是一真切耳。自家痛痒，自家须会知得，自家须会搔摩得。既自知得痛痒，自家须不能不搔摩得；佛家谓之方便法门，非是自家调停斟酌，他人总难与力，亦更无别法可设也。

来书云："上蔡尝问：'天下何思何虑？'伊川云：'有此理，只是发得太早。'在学者工夫，固是'必有事焉而勿忘'，然亦须识得何思何虑底气象，一并看为是。若不识得这气象，便有'正'与'助长'之病。若认得何思何虑而忘'必有事焉'工夫，恐又堕于无也。须是不滞于有，不堕于无。然乎否也？"

所论亦相去不远矣，只是契悟未尽。上蔡之问与伊川之答，亦只是上蔡、伊川之意，与孔子系辞原旨稍有不同。《系》言"何思何虑"，是言所思所虑只是一个天理，更无别思别虑耳，非谓无思无虑也：故曰"同归而殊途，一致而百虑，天下何思何虑"。云"殊途"，云"百虑"，则岂谓无思无虑邪？心之本体即是天理，天理只是一个，更有何可思虑得？天理原自寂然不动，原自感而遂通，学者用功虽千思万虑，只是要复他本来体用而已，不是以私意去安排思索出来；故明道云："君子之学莫若廓然而大公，物来而顺应。"若以私意去安排思索，便是用智自私矣。何思何虑正是工夫，在圣人分上便是自然的，在学者分上便是勉然的。伊川却是把作效验看了，所以有"发得太早"之说。既而云"却好用功"，则已自觉其前言之有未尽矣。濂溪"主静"之论，亦是此意。今道通之言虽已不为无见，然亦未免尚有两事也。

来书云："凡学者才晓得做工夫，便要识认得圣人气象。盖认得圣人气象，把做准的，乃就实地做工夫去，才不会差，才是作圣工夫。未知是否？"

"先认圣人气象"，昔人尝有是言矣，然亦欠有头脑。圣人气象自是圣人的。我从何处识认。若不就自己良知上真切体认，如以无星之称而权轻重，未开这镜而照妍媸，真所谓以小人之腹而度君子之心矣。圣人气象何由认得？自己良知原与圣人一般，若体认得自己良知明白，即圣人气象不在圣人而在我矣。程子尝云："觑着尧学他行事，无他许多聪明睿智，安能如彼之动容周旋中礼？"又云："心通于道，然后能辨是非。"今且说通于道在何处？聪明睿智从何处出来？

来书云："事上磨炼，一日之内不管有事无事，只一意培养本原。若遇事来感，或自己有感，心上既有觉，安可谓无事。但因事凝心一会，大段觉得事理当如此，只如无事处之，尽吾心而已。然乃有处得善与未善，何也？又或事来得多，须要次第与处，每因才力不足，辄为所困，虽极力扶起，而精神已觉衰弱。遇此未免要十分退省，宁不了了事，不可不加培养。如何？"

所说工夫，就道通分上也只是如此用，然未免有出入。在凡人为学，终身只为这一事，自少至老，自朝至暮，不论有事无事，只是做得这一件，所谓"必有事焉"者也。若说宁不了了事，不可不加培养，却是尚为两事也。必有事焉而勿忘勿助，事物之来，但尽吾心之良知以应之，所谓"忠恕违道不远"矣。凡处得有善有未善，及有困顿失次之患者，皆是牵于毁誉得丧，不能实致其良知耳。若能实致其良知，然后见得平日所谓善者未必是善，所谓未善者却恐正是牵于毁誉得丧，自贼其良知者也。

来书云："致知之说，春间再承诲益，已颇知用力，觉得比旧尤为简易。但鄙心则谓与初学言之，还须带格物意思，使之知下手处。本来致知格物一并下，但在初学，未知下手用功，还说与格物，方晓得致知。"云云。

格物是致知工夫，知得致知，便已知得格物。若是未知格物，则是致知工夫亦未尝知也。近有一书与友人论此颇悉，今往一通，细观之当自见矣。

来书云："今之为朱、陆之辨者尚未已，每对朋友言正学不明已久，且不须枉费心力为朱、陆争是非；只依先生立志二字点化人，若其人果能辨得此志来，决意要知此学，已是大段明白了，朱、陆虽不辨，彼自能觉得。又尝见朋友中见有人议先生之言者，辄为动气。昔在朱、陆二先生所以遗后世纷纷之议者，亦见二先生工夫有未纯熟，分明亦有动气之病，若明道则无此矣。观其与吴涉礼论介甫之学，云：'为我尽达诸介甫，不有益于他，必有益于我也。'气象何等从容！尝见先生与人书中亦引此言，愿朋友皆如此。如何？"

此节议论得极是极是，愿道通遍以告于同志，各自且论自己是非，莫论朱、陆是非也。以言语谤人，其谤浅，若自己不能身体实践，而徒入耳出口，呶呶度日，是以身谤也，其谤深矣。凡今天下之论议我者，苟能取以为善，皆是砥砺切磋我也，则在我无非警惕修省进德之地矣。昔人谓"攻吾之短者是吾师"，师又可恶乎？

来书云："有引程子'人生而静以上不容说，才说性，便已不是性'，何故不容说？何故不是性？晦庵答云：'不容说者，未有性之可言；不是性者，已不能无气质之杂矣。'二先生之言皆未能晓，每看书至此，辄为一惑，请问。"

"生之谓性"，"生"字即是"气"字，犹言气即是性也。气即是性，人生而静以上不容说，才说气即是性，即已落在一边，不是性之本原矣。孟子性善，是从本原上说。然性善之端须在气上始见得，若无气亦无可见矣。恻隐羞恶辞让是非即是气，程子谓"论性不论气不备，论气不论性不明"，亦是为学者各认一边，只得如此说。若见得自性明白时，气即是性，性即是气，原无性气之可分也。

答陆原静书

来书云："下手工夫，觉此心无时宁静。妄心固动也，照心亦动也；心既恒动，则无刻暂停也。"

是有意于求宁静，是以愈不宁静耳。夫妄心则动也，照心非动也；恒照则恒动恒静，天地之所以恒久而不已也。照心固照也，妄心亦照也；其为物不贰，则其生物不息，有刻暂停则息矣，非至诚无息之学矣。

来书云"良知亦有起处"云云。

此或听之未审。良知者，心之本体，即前所谓恒照者也。心之本体，无起无不起,虽妄念之发,而良知未尝不在,但人不知存,则有时而或放耳;虽昏塞之极,而良知未尝不明,但人不知察,则有时而或蔽耳,虽有时而或放,其体实未尝不在也,存之而已耳;虽有时而或蔽,其体实未尝不明也,察之而已耳。若谓良知亦有起处,则是有时而不在也,非其本体之谓耳。

"精一"之"精"以理言,"精神"之"精"以气言。理者气之条理,气者理之运用;无条理则不能运用,无运用则亦无以见其所谓条理者矣。精则精,精则明,精则一,精则神,精则诚;一则精,一则明,一则神,一则诚:原非有二事也。但后世儒者之说与养生之说各滞于一偏,是以不相为用。前日"精一"之论,虽为原静爱养精神而发,然而作圣之功实亦不外是矣。

来书云"元神、元气、元精,必各有寄藏发生之处,又有真阴之精、真阳之气"云云。

夫良知一也,以其妙用而言谓之神,以其流行而言谓之气,以其凝聚而言谓之精,安可以形象方所求哉?真阴之精,即真阳之气之母;真阳之气,即真阴之精之父;阴根阳,阳根阴,亦非有二也。苟吾良知之说明,则凡若此类皆可以不言而喻。不然,则如来书所云"三关七返九还"之属:尚有无穷可疑者也。

又

来书云:"良知,心之本体,即所谓性善也,未发之中也,寂然不动之体也,廓然大公也。何常人皆不能而不待于学邪?中也,寂也,公也,既以属心之体,则良知是矣。今验之于心,知无不良,而中寂大公实未有也。岂良知复超然于体用之外乎?"

性无不善，故知无不良，良知即是未发之中，即是廓然大公，寂然不动之本体，人人之所同具者也。但不能不昏蔽于物欲，故须学以去其昏蔽，然于良知之本体，初不能有加损于毫末也。知无不良，而中寂大公未能全者，是昏蔽之未尽去，而存之未纯耳。体即良知之体，用即良知之用，宁复有超然于体用之外者乎？

来书云："周子曰'主静'，程子曰'动亦定，静亦定'，先生曰：'定者心之本体，是静定也，决非不睹不闻、无思无为之谓，必常知、常存、常主于理之谓也。'夫常知、常存、常主于理，明是动也，已发也，何以谓之静？何以谓之本体？岂是静定也，又有以贯乎心之动静者邪？"

理无动者也。"常知常存常主于理"，即"不睹不闻、无思无为"之谓也。不睹不闻、无思无为非槁木死灰之谓也。睹闻思为一于理，而未尝有所睹闻思为，即是动而未尝动也；所谓"动亦定，静亦定，体用一原"者也。

来书云："此心未发之体，其在已发之前乎？其在已发之中而为之主乎？其无前后内外而浑然一体者乎？今谓心之动静者，其主有事无事而言乎？其主寂然感通而言乎？其主循理从欲而言乎？若以循理为静，从欲为动，则于所谓动中有静，静中有动，动极而静，静极而动者，不可通矣。若以有事而感通为动，无事而寂然为静，则于所谓动而无动，静而无静者，不可通矣。若谓未发在已发之先，静而生动，是至诚有息也，圣人有复也，又不可矣。若谓未发在已发之中，则不知未发已发俱当主静乎？抑未发为静，而已发为动乎？抑未发已发俱无动无静乎？俱有动有静乎？幸教。"

"未发之中"即良知也，无前后内外而浑然一体者也。有事无事，可以言动静，而良知无分于有事无事也。寂然感通，可以言动静，而良知无分于寂然感通也。动静者所遇之时，心之本体固无分于动静也。理无动者也，动即为欲。循理则虽酬酢万变而未尝动也；从欲则虽槁心一念而未尝静也。动中有静，静中有动，又何疑乎？有事而感通，固可以言动，然而寂然者未尝有增也。无事而寂然，固可以言静，然而感通者未尝有减也。动而无动。静而无静。又何疑乎。无前后内外而浑然一体，则至诚有息之疑，不待解矣。未发在已发之中，而已发之中未尝别有未发者在；已发在未发之中，而未发之中未尝别有已发者存；是未尝无动静，而不可以动静分者也。凡观古人言语，在以意逆志而得其大旨，若必拘滞于文义，则靡有孑遗者，是周果无遗民也。周子"静极而动"之说，苟不善观，亦未免有病。盖其意从"太极动而生阳，静而生阴"说来。太极生生之理，妙用无息，而当体不易。太极之生生，即阴阳之生生。就其生生之中。指其妙用无息者而谓之动。谓之阳之生。非谓动而后生阳也。就其生生之中，指其常体不易者而谓之静，谓之阴之生，非谓静而后生阴也。若果静而后生阴，动而后生阳，则是阴阳动静截然各自为一物矣。阴阳一气也，一气屈伸而为阴阳；动静一理也，一理隐显而为动静。春夏可以为阳为动，而未尝无阴与静也；秋冬可以为阴为静，而未尝无阳与动也。春夏此不息，秋冬此不息，皆可谓之阳、谓之动也；春夏此常体，秋冬此常体，皆可谓之阴、谓之静也。自元会运世岁月日时，以至刻秒忽微，莫不皆然，所谓动静无端，阴阳无始，在知道者默而识之，非可以言语穷也。若只牵文泥句，比拟仿像，则所谓心从法华转，非是转法华矣。

来书云："尝试于心，喜怒忧惧之感发也，虽动气之极而吾心良知一觉，即罔然消阻，或遏于初，或制于中，或悔于后。然则良知当若居优闲无事之地而为之主，于喜怒忧惧若不与焉者，何欤。"

知此则知未发之中，寂然不动之体，而有发而中节之和。感而遂通之妙矣。然谓良知常若居于优闲无事之地，语尚有病。盖良知虽不滞于喜怒忧惧，而喜怒忧惧亦不外于良知也。

来书云："夫子昨以良知为照心。窃谓：良知，心之本体也；照心，人所用功，乃戒慎恐惧之心也，犹思也。而遂以戒慎恐惧为良知，何欤？"

能戒慎恐惧者，是良知也。

来书云："先生又曰'照心非动也'，岂以其循理而谓之静欤？'妄心亦照也'，岂以其良知未尝不在于其中，未尝不明于其中，而视听言动之不过则者皆天理欤？且既曰妄心，则在妄心可谓之照，而在照心则谓之妄矣。妄与息何异？今假妄之照以续至诚之无息，窃所未明，幸再启蒙。"

照心非动者，以其发于本体明觉之自然，而未尝有所动也。有所动即妄矣。妄心亦照者，以其本体明觉之自然者，未尝不在于其中，但有所动耳。无所动即照矣。无妄无照，非以妄为照，以照为妄也。照心为照，妄心为妄，是犹有妄有照也。有妄有照则犹贰也，贰则息矣。无妄无照则不贰，不贰则不息矣。

来书云："养生以清心寡欲为要。夫清心寡欲，作圣之功毕矣。然欲寡则心自清，清心非舍弃人事而独居求静之谓也。盖欲使此心纯乎天理，而无一毫人欲之私耳。今欲为此之功，而随人欲生而克之，则病根常在，未免灭于东而生于西。若欲刊剥洗荡于众欲未萌之先，则又无所用其力，徒使此心之不清。且欲未萌而搜剔以求去之，是犹引犬上堂而逐之也，愈不可矣。"

必欲此心纯乎天理，而无一毫人欲之私，此作圣之功也。必欲此心纯乎天理，而无一毫人欲之私，非防于未萌之先，而克于方萌之际不能也。

防于未萌之先，而克于方萌之际，此正中庸"戒慎恐惧"、《大学》"致知格物"之功，舍此之外，无别功矣。夫谓"灭于东而生于西，引犬上堂而逐之"者，是自私自利，将迎意必之为累，而非克治洗荡之为患也。今曰"养生以清心寡欲为要"，只养生二字，便是自私自利，将迎意必之根。有此病根潜伏于中，宜其有"灭于东而生于西，引犬上堂而逐之"之患也。

来书云："佛氏'于不思善不思恶时认本来面目'，于吾儒'随物而格'之功不同。吾若于不思善不思恶时用致知之功，则已涉于思善矣。欲善恶不思，而心之良知清静自在，惟有寐而方醒之时耳。斯正孟子'夜气'之说。但于斯光景不能久，倏忽之际，思虑已生。不知用功久者，其常寐初醒而思未起之时否乎？今澄欲求宁静，愈不宁静，欲念无生，则念愈生，如之何而能使此心前念易灭，后念不生，良知独显，而与造物者游乎。"

"不思善不思恶时认本来面目"，此佛氏为未识本来面目者设此方便。"本来面目"即吾圣门所谓"良知"。今既认得良知明白，即已不消如此说矣。"随物而格"，是"致知"之功，即佛氏之"常惺惺"，亦是常存他本来面目耳。体段工夫，大略相似。但佛氏有个自私自利之心，所以便有不同耳。今欲善恶不思，而心之良知清静自在，此便有自私自利，将迎意必之心，所以有"不思善、不思恶时用致知之功，则已涉于思善"之患。孟子说"夜气"，亦只是为失其良心之人指出个良心萌动处，使他从此培养将去。今已知得良知明白，常用致知之功，即已不消说夜气；却是得兔后不知守兔，而仍去守株，兔将复失之矣。欲求宁静欲念无生，此正是自私自利，将迎意必之病，是以念愈生而愈不宁静。良知只是一个良知而善恶自辨，更有何善何恶可思？良知之体本自宁静，今却又添一个求宁静；本自生生，今却又添一个欲无生；非独圣门致知之功不如此，虽佛氏之学亦未如此将迎意必也。只是一念良知彻头彻尾，无始无终，即是前念不灭，后念不生。今却欲前念易灭，而后念不生，是佛氏所谓断灭种性，入于槁木死灰之谓矣。

来书云："佛氏又有'常提念头'之说，其犹孟子所谓'必有事'，夫子所谓'致良知'之说乎？其即常惺惺，常记得，常知得，常存得者乎？于此念头提在之时，而事至物来，应之必有其道但恐此念头提起时少，放下时多，则工夫间断耳。且念头放失，多因私欲客气之动而始，忽然惊醒而后提。其放而未提之间，心之昏杂多不自觉。今欲日精日明，常提不放，以何道乎？只此常提不放，即全功乎？抑于常提不放之中，更宜加省克之功乎？虽曰常提不放，而不加戒惧克治之功，恐私欲不去；若加戒惧克治之功焉，又为思善之事，而于本来面目又未达一间也。如之何则可？"

"戒惧克治"，即是"常提不放"之功，即是"必有事焉"，岂有两事邪？此节所问，前一段已自说得分晓；末后却是自生迷惑，说得支离，及有"本来面目，未达一间"之疑，都是自私自利将迎意必之为病。去此病，自无此疑矣。

来书云："质美者明得尽，查滓便浑化。如何谓明得尽？如何而能便浑化？"

良知本来自明。气质不美者，查滓多，障蔽厚，不易开明。质美者查滓原少，无多障蔽，略加致知之功，此良知便自莹彻，些少查滓如汤中浮雪，如何能作障蔽？此本不甚难晓。原静所以致疑于此，想是因一"明"字不明白，亦是稍有欲速之心。向曾面论"明善"之义，明则诚矣，非若后儒所谓明善之浅也。

来书云:"聪明睿知果质乎?仁义礼智果性乎?喜怒哀乐果情乎?私欲客气果一物乎?二物乎?古之英才若子房、仲舒、叔度、孔明、文中、韩、范诸公,德业表著,皆良知中所发也,而不得谓之闻道者,果何在乎?苟曰此特生质之美耳,则生知安行者,不愈于学知困勉者乎?愚意窃云谓诸公见道偏则可,谓全无闻,则恐后儒崇尚记诵训诂之过也。然乎?否乎?"

性一而已,仁义礼知,性之性也;聪明睿知。性之质也;喜怒哀乐,性之情也;私欲客气,性之蔽也。质有清浊,故情有过不及,而蔽有浅深也。私欲客气,一病两痛。非二物也,张、黄、诸葛及韩、范诸公,皆天质之美,自多暗合道妙;虽未可尽谓之知学,尽谓之闻道,然亦自其学,违道不远者也。使其闻学知道,即伊、傅、周、召矣。若文中子则又不可谓之不知学者,其书虽多出于其徒,亦多有未是处,然其大略则亦居然可见,但今相去辽远,无有的然凭证,不可悬断其所至矣。夫良知即是道,良知之在人心,不但圣贤,虽常人亦无不如此。若无有物欲牵蔽,但循着良知发用流行将去,即无不是道。但在常人多为物欲牵蔽,不能循得良知。如数公者天质既自清明,自少物欲为之牵蔽。则其良知之发用流行处,自然是多自然违道不远。学者学循此良知而已,谓之知学,只是知得专在学循良知。数公虽未知专在良知上用功,而或泛滥于多岐,疑迷于影响,是以或离或合而未纯。若知得时,便是圣人矣。后儒尝以数子者尚皆是气质用事,未免于行不著,习不察,此亦未为过论。但后儒之所谓著察者,亦是狃于闻见之狭,蔽于沿习之非,而依拟仿象于影响形迹之间,尚非圣门之所谓著察者也;则亦安得以己之昏昏,而求人之昭昭也乎?所谓"生知安行","知行"二字亦是就用功上说;若是知行本体,即是良知良能,虽在困勉之人,亦皆可谓之"生知安行"矣。"知行"二字更宜精察。

来书云:"昔周茂叔每令伯淳寻仲尼、颜子乐处。敢问是乐也,与七情之乐,同乎?否乎?若同,则常人之一遂所欲,皆能乐矣,何必圣贤?若别有真乐,则圣贤之遇大忧大怒大惊大惧之事,此乐亦在否乎?且君子之心常存戒惧,是盖终身之忧也,恶得乐?澄平生多闷,未常见真乐之趣,今切愿寻之。"

"乐"是心之本醴,虽不同于七情之乐,而亦不外于七情之乐,虽则圣贤别有真乐,而亦常人之所同有。但常人有之而不自知,反自求许多忧苦,自加迷弃。虽在忧苦迷弃之中,而此乐又未尝不存。但一念开明,反身而诚,则即此而在矣。每与原静论,无非此意。而原静尚有何道可得之问,是犹未免于"骑驴觅驴"之蔽也。

来书云:"《大学》以心有好乐忿懥忧患恐惧为不得其正,而程子亦谓圣人情顺万事而无情。所谓'有'者,《传习录》中以病疟譬之,极精切矣。若程子之言,则是圣人之情不生于心而生于物也,何谓耶?且事感而情应,则是是非非可以就格。事或未感时谓之有,则未形也;谓之无,则病根在有无之间,何以致吾知乎?学务无情,累虽轻而出儒入佛矣,可乎?"

圣人致知之功至诚无息,其良知之体皦如明镜,略无纤翳。妍媸之来,随物见形,而明镜曾无留染。所谓情顺万事而无情也。无所住而生其心,佛氏曾有是言,未为非也。明镜之应物,妍者妍,媸者媸,一照而皆真,即是生其心处,妍者妍,媸者媸,一过而不留,即是无所住处。病疟之喻,既已见其精切,则此节所问可以释然。病疟之人,疟虽未发,而病根自在,则亦安可以其疟之未发而遂忘其服药调理之功乎?若必待疟发而后服药调理,则既晚矣。致知之功无间于有事无事,而岂论于病之已发未发邪？大抵原静所疑，前后虽若不一，然皆起于自私自利，将迎意必之为祟。此根一去，则前后所疑自将冰消雾释，有不待于问辨者矣。

《答原静书》出，读者皆喜。澄善问，师善答，皆得闻所未闻。师曰："原静所问，只是知解上转，不得已与之逐节分疏。若信得良知，只在良知上用功，虽千经万典，无不吻合，异端典学，一勘尽破矣。何必如此节节分解？佛家有扑人逐块之喻，见块扑人，则得人矣，见块逐块，于块奚得哉？"在坐诸友闻知，惕然皆有惺悟。此学贵反求，非知解可入也。

答欧阳崇一

崇一来书云："师云：'德性之良知，非由于闻见。若曰多闻择其善者而从之，多见而识之，则是专求之见闻之末，而已落在第二义。'窃意良知虽不由见闻而有，然学者之知未尝不由见闻而发；滞于见闻固非，而见闻亦良知之用也。今日落在第二义，恐为专以见闻为学者而言。若致其良知而求之见闻，似亦知行合一之功矣。如何？"

良知不由见闻而有，而见闻莫非良知之用，故良知不滞于见闻，而亦不离于见闻。孔子云："吾有知乎哉？无知也。"良知之外，别无知矣。故"致良知"是学问大头脑，是圣人教人第一义。今云专求之见闻之末，则是先却头脑，而已落在第二义矣。近时同志中盖已莫不知有致良知之说，然其工夫尚多鹘突者，正是欠此一问。大抵学问功夫只要主意头脑是当，若主意头脑专以致良知为事，则凡多闻多见，莫非致良知之功。盖日月之间，见闻酬酢，虽千头万绪，莫非良知之发用流行，除却见闻酬酬,亦无良知可致矣。故只是一事。若曰致其良知而求之见闻,则语意之间未免为二,此与专求之见闻之末者虽稍不同,其为未得精一之旨,则一而已。"多闻,择其善者而从之,多见而识之",既云择,又云识,其良知亦未尝不行于其间;但其用意乃专在多闻多见上去择识,则已失却头脑矣。崇一于此等处见得当已分晓,今日之问,正为发明此学,于同志中极有益。但语意未莹,则毫厘千里,亦不容不精察之也。

来书云:"师云:'《系》言何思何虑,是言所思所虑只是天理,更无别思别虑耳,非谓无思无虑也。心之本体即是天理,有何可思虑得?学者用功,虽千思万虑,只是要复他本体,不是以私意去安排思索出来。若安排思索,便是自私用智矣。学者之蔽,大率非沉空守寂,则安排思索。'德辛壬之岁着前一病,近又着后一病。但思索亦是良知发用,其与私意安排者何所取别?恐认贼作子,惑而不知也。"

"思曰睿,睿作圣。""心之官则思",思则得之。思其可少乎?沉空守寂与安排思索,正是自私用智,其为丧失良知,一也。良知是天理之昭明灵觉处,故良知即是天理。思是良知之发用。若是良知发用之思,则所思莫非天理矣。良知发用之思自然明白简易,良知亦自能知得。若是私意安排之思,自是纷纭劳扰,良知亦自会分别得。盖思之是非邪正,良知无有不自知者。所以认贼作子,正为致知之学不明,不知在良知上体认之耳。

来书又云:"师云:'为学终身只是一事,不论有事无事,只是这一件。若说宁不了事,不可不加培养,却是分为两事也。'窃意觉精力衰弱,不足以终事者,良知也。宁不了事,且加休养,致知也。如何却为两事?若事变之来,有事势不容不了,而精力虽衰,稍鼓舞亦能支持,则持志以帅气可矣。然言动终无气力,毕事则困惫已甚,不几于暴其气已乎?

此其轻重缓急，良知固未尝不知，然或迫于事势，安能顾精力？或困于精力，安能顾事势？如之何则可？"

"宁不了事，不可不加培养"之意，且与初学如此说，亦不为无益。但作两事看了，有病痛。在孟子言必有事焉，则君子之学终身只是集义一事。义者宜也。心得其宜之谓义。能致良知，则心得其宜矣，故集义亦只是致良知。君子之酬酢万变，当行则行，当止则止，当生则生，当死则死，斟酌调停，无非是致其良知，以求自慊而已。故君子素其位而行，思不出其位，凡谋其力之所不及而强其知之所不能者，皆不得为致良知；而凡劳其筋骨，饿其体肤，空乏其身，行拂乱其所为，动心忍性以增益其所不能者，皆所以致其良知也。若云"宁不了事，不可不加培养"者，亦是先有功利之心，较计成败利钝而爱憎取舍于其间，是以将了事自作一事，而培养又别作一事，此便有是内非外之意，便是自私用智，便是义外，便有不得于心勿求于气之病，便不是致良知以求自慊之功矣。所云"鼓舞支持，毕事则困惫已甚"，又云"迫于事势，困于精力"，皆是把作两事做了，所以有此。凡学问之功，一则诚，二则伪，凡此皆是致良知之意欠诚一真切之故。《大学》言诚其意者，如恶恶臭，如好好色，此之谓自慊。曾见有恶恶臭，好好色，而须鼓舞支持者乎？曾有毕事则困惫已甚者乎？曾有迫于事势，困于精力者乎？此可以知其受病之所从来矣。

来书又有云："人情机诈百出，御之以不疑，往往为所欺；觉则自入于逆亿。夫逆诈即诈也，亿不信即非信也，为人欺又非觉也。不逆不亿而常先觉，其惟良知莹彻乎？然而出入毫忽之间，背觉合诈者多矣。"

"不逆不意而先觉"，此孔子因当时人专以逆诈亿不信为心，而自陷于诈与不信，又有不逆不忆者，然不知致良知之功，而往往又为人所欺诈，故有是言。非教人以是存心而专欲先觉人之诈与不信也。以是存心，即是后世猜忌险薄者之事，而只此一念，已不可与入尧、舜之道矣。不逆不忆而为人所欺者，尚亦不失为善，但不如能致其良知而自然先觉者之尤为贤耳。崇一谓其惟良知莹彻者，盖已得其旨矣。然亦颖悟所及，恐未实际也。盖良知之在人心，亘万古，塞宇宙，而不同，不虑而知，恒易以知险，不学而能，恒简以知阻，先天而天不违，天且不违，而况于人乎？况于鬼神乎？夫谓背觉合诈者，是虽不逆人而或未能无自欺也，虽不忆人而或未能果自信也，是或常有先觉之心，而未能常自觉也。常有求先觉之心，即已流于逆亿而足以自蔽其良知矣；此背觉合诈之所以未免也。君子学以为己，未尝虞人之欺己也，恒不自欺其良知而已。未尝虞人之不信己也，恒自信其良知而已；未尝求先觉人之诈与不信也，恒务自觉其良知而已。是故不欺则良知无所伪而诚，诚则明矣；自信则良知无所惑而明，明则诚矣。明诚相生，是故良知常觉常照。常觉常照，则如明镜之悬，而物之来者自不能遁其妍媸矣。何者？不欺而诚则无所容其欺，苟有欺焉，而觉矣；自信而明则无所容其不信，苟不信焉，而觉矣。是谓易以知险，简以知阻。子思所谓'至诚如神，可以前知'者也。然子思谓'如神'，谓'可以前知'，犹二而言之。是盖推言思诚者之功效，是犹为不能先觉者说也。若就至诚而言，则至诚之妙用即谓之神，不必言"如神"。至诚则无知而无不知，不必言"可以前知"矣。

答罗整庵少宰书

某顿首启：昨承教及《大学》，发舟匆匆，未能奉答。晓来江行稍暇，复取手教而读之。恐至赣后人事复纷沓，先具其略以请。来教云：

"见道固难，而体道尤难。道诚未易明，而学诚不可不讲。恐未可安于所见而遂以为极则也。"幸甚幸甚！何以得闻斯言乎？其敢自以为极则而安之乎？正思就天下之有道以讲明之耳。而数年以来，闻其说而非笑之者有矣。诟訾之者有矣，置之不足较量辨议之者有矣，其肯遂以教我乎？其肯遂以教我，而反覆晓谕，恻然惟恐不及救正之乎？然则天下之爱我者，固莫有如执事之心深且至矣！感激当同如哉！夫德之不修，学之不讲，孔子以为忧。而世之学者稍能传习训诂，即皆自以为知学，不复有所谓讲学之求，可悲矣！夫道必体而后见，非已见道而后加体道之功也；道必学而后明，非外讲学而复有所谓明道之事也。然世之讲学者有二：有讲之以身心者；有讲之以口耳者。讲之以口耳，揣摸测度，求之影响者也；讲之以身心，行著习察，实有诸己者也，知此则知孔门之学矣。

来教谓某"《大学》古本之复，以人之为学但当求之于内，而程、朱格物之说不免求之于外，遂去朱子之分章而削其所补之传"。非敢然也。学岂有内外乎？大学古本乃孔门相传旧本耳。朱子疑其有所脱误，而改正补缉之。在某则谓其本无脱误，悉从其旧而已矣。失在于过信孔子则有之，非故去朱子之分章而削其传也。夫学贵得之心。求之于心而非也，虽其言之出于孔子，不敢以为是也，而况其未及孔子者乎！求之于心而是也，虽其言之出于庸常，不敢以为非也，而况其出于孔子者乎！且旧本之传数千载矣，今读其文词，既明白而可通；论其工夫，又易简而可入，亦何所按据而断其此段之必在于彼，彼段之必在于此，与此之如何而缺，彼之如何而误？而遂改正补缉之，无乃重于背朱而轻于叛孔已乎？来教谓："如必以学不资于外求，但当反观内省以为务，则正心诚意四字亦何不尽之有？何必于入门之际，便困以格物一段工夫也？"诚然诚然。若语其要，则修身二字亦足矣，何必又言正心？正心二字亦足矣，何必又言诚意？诚意二字亦足矣，何必又言致知，又言格物？惟其工夫之详密，而要之只是一事，此所以为精一之学，此正不可不思者也。夫理无内外，性无内外，故学无内外；讲习讨论，未尝非内也；反观内省，未尝遗外也。夫谓学必资于外求，是以己性为有外也，是义外也，用智者也；谓反观内省为求之于内，是以己性为有内也，是有我也，自私者也：是皆不知性之无内外也。故曰：精义入神，以致用也；利用安身，以崇德也；性之德也，合内外之道也。此可以知格物之学矣。格物者，《大学》之实下手处，彻首彻尾，自始学至圣人，只此工夫而已。非但入门之际有此一段也。夫正心诚意、致知格物，皆所以修身而格物者，其所用力，实可见之地。故格物者，格其心之物也，格其意之物也，格其知之物也；正心者，正其物之心也；诚意者，诚其物之意也；致知者，致其物之知也：此岂有内外彼此之分哉！理一而已。以其理之凝聚而言，则谓之性；以其凝聚之主宰而言，则谓之心；以其主宰之发动而言，则谓之意；以其发动之明觉而言，则谓之知；以其明觉之感应而言，则谓之物。故就物而言谓之格；就知而言谓之致；就意而言谓之诚；就心而言谓之正：正者，正此也；诚者，诚此也；致者，致此也；格者，格此也。皆所谓穷理以尽性也。天下无性外之理，无性外之物。学之不明，皆由世之儒者认理为外，认物为外，而不知义外之说，孟子盖尝辟之，乃至袭陷其内而不觉，岂非亦有似是而难明者欤？不可以不察也。凡执事所以致疑于格物之说者，必谓其是内而非外也；必谓其专事于反观内省之为，而遗弃其讲习讨论之功；必谓其一意于纲领本原之约，而脱略于支条节目之详也；必谓其沉溺于枯槁虚寂之偏，而不尽于物理人事之变也。审如是，岂但获罪于圣门，获罪于朱子，是邪说诬民，叛道乱正，人得而诛之也，而况于执事之正直哉？审如是，世之稍明训诂，闻先哲之绪论者，皆知其非也，而况执事之高明哉？凡某之所谓格物，其于朱子"九条"之说，皆包罗统括于其中；但为之有要，作用不同，正所谓毫厘之差耳。然毫厘之差而千里之缪实起于此，不可不辨。孟子辟扬、墨至于"无父，无君"。二子亦当时之贤者，使与孟子并世而生，未必不以之为贤。墨子"兼爱"，行仁而过耳；杨子"为我"，行义而过耳。此其为说，亦岂灭理乱常之甚，而足以眩天下哉？而其流之弊，孟子至比于禽兽夷狄，所谓"以学术杀天下后世"也。今世学术之弊，其谓之学仁而过者乎？谓之学义而过者乎？抑谓之学不仁不义而过者乎？吾不知其于洪水猛兽何如也！孟子云："予岂好辩哉？予不得已也！"杨、墨之道塞天下，孟子之时，天下之尊信杨、墨，当不下于今日之崇尚朱说，而孟子独以一人呶呶于其间，噫，可哀矣！韩氏云："佛、老之害甚于杨、墨。"韩愈之贤不及孟子，孟子不能救之于未坏之先，而韩愈乃欲全之于已坏之后，其亦不量其力，且见其身之危，莫之救以死也！呜呼！若某者其尤不量其力，果见其身之危，莫之救以死也矣。夫众力嘻嘻之中，而独出涕嗟，若举世恬然以趋，而独疾首蹙额以为忧，此其非病狂丧心，殆必诚有大苦者隐于其中，而非天下之至仁，其孰能察之？其为《朱子晚年定论》，盖亦不得已而然。中间年岁早晚诚有所未考，虽不必尽出于晚年，固多出于晚年者矣。然大意在委曲调停以明此学为重，平生于朱子之说如神明蓍龟，一旦与之背驰，心诚有所未忍，故不得已而为此。"知我者，谓我心忧；不知我者，谓我何求"，盖不忍抵牾朱子者，其本心也；不得已而与之抵牾者，道固如是，不直则道不见也。执事所谓决与朱子异者，仆敢自欺其心哉？夫道，天下之公道也；学，天下之公学也，非朱子可得而私也，非孔子可得而私也。天下之公也，公言之而已矣。故言之而是，虽异于己，乃益于己也。言之而非，虽同于己，适损于己也。益于己者，己必喜之；损于己者己必恶之。然则某今日之论，虽或于朱子异，未必非其所喜也。君子之过，如日月之食，其更也，人皆仰之，而小人之过也必文。某虽不肖，固不敢以小人之心事朱子也。执事所以教反覆数百言，皆以未悉鄙人格物之说。若鄙说一明，则此数百言皆可以不待辨说而释然无滞。故今不敢缕缕以滋琐屑之渎。然鄙说非面陈口析，断亦未能了了于纸笔间也。嗟乎！执事所以开导启迪于我者，可谓恳到详切矣！人之爱我，宁有如执事者乎？仆虽甚愚下，宁不知所感刻佩服；然而不敢遽舍其中心之诚然而姑以听受云者，正不敢有负于深爱，亦思有以报之耳。秋尽东还，必求一面，以卒所请，千万终教！

答聂文蔚

春间远劳迁途枉顾问证，倦倦此情，何可当也！已期二三同志，更处静地，扳留旬日，少效其鄙见，以求切劘之益；而公期俗绊，势有不能，别去极怏怏，如有所失。忽承笺惠，反覆千余言，读之无甚浣慰。中间推许太过，盖亦奖掖之盛心，而规砺真切，思欲纳之于圣之域；又托诸崇一以致其勤勤恳恳之怀，此非深交笃爱，何以及是！知感知愧，且惧其无以堪之也。虽然，仆亦何敢不自鞭勉，而徒以感愧辞让为乎哉？其谓"思、孟、周、程无意相遭于千载之下，与其尽信于天下，不若真信于一人。道固自在，学亦自在，天下信之不为多，一人信之不为少者，斯固君子不见是而无闷之心，岂世之谡谡屑屑者知足以及之乎？"乃仆之情则有大不得已者存乎其间，而非以计人之信与不信也。夫人者，天地之心。天地万物，本吾一体者也，生民之困苦荼毒，孰非疾痛之切于吾身者乎？不知吾身之疾痛，无是非之心者也。是非之心，不虑而知，不学而能，所谓良知也。良知之在人心，无间于圣愚，天下古今之所同也。世之君子惟务致其良知，则自能公是非，同好恶，视人犹己，视国犹家，而以天地万物为一体，求天下无治，不可得矣。古之人所以能见善不啻若己出，见恶不啻若己入，视民之饥溺犹己之饥溺，而一夫不获，若己推而纳诸沟中者，非故为是而以蕲天下之信己也，务致其良知，求自慊而已矣。尧、舜、三王之圣，言而民莫不信者，致其良知而言之也；行而民莫不说者，致其良知而行之也。是以其民熙熙皞皞，杀之不怨，利之不庸，施及蛮貊，而凡有血气者莫不尊亲，为其良知之同也。呜呼！圣人之治天下，何其简且易哉！后世良知之学不明，天下之人用其私智以相比轧，是以人各有心，而偏琐僻陋之见，狡伪阴邪之术，至于不可胜说；外假仁义之名，而内以行其自私自利之实，诡辞以阿俗，矫行以干誉，掩人之善而袭以为己长，讦人之私而窃以为己直，忿以相胜而犹谓之徇义，险以相倾而犹谓之疾恶，妒贤忌能而犹自以为公是非，恣情纵欲而犹自以为同好恶，相陵相贼，自其一家骨肉之亲，已不能无尔我胜负之意，彼此藩篱之形，而况于天下之大，民物之众，又何能一体而视之？则无怪于纷纷籍籍，而祸乱相寻于无穷矣！仆诚赖天之灵，偶有见于良知之学，以为必由此而后天下可得而治。是以每念斯民之陷溺，则为之戚然痛心，忘其身之不肖，而思以此救之，亦不自知其量者。天下之人见其若是，遂相与非笑而诋斥之，以为是病狂丧心之人耳。呜呼！是奚足恤哉？吾方疾痛之切体，而暇计人之非笑乎！人固有见其父子兄弟之坠溺于深渊者，呼号匍匐，裸跣颠顿，扳悬崖壁而下拯之。士之见者方相与揖让谈笑于其傍，以为是弃其礼貌衣冠而呼号颠顿若此，是病狂丧心者也。故夫揖让谈笑于溺人之傍而不知救，此惟行路之人，无亲戚骨肉之情者能之，然已谓之无恻隐之心，非人矣。若夫在父子兄弟之爱者，则固未有不痛心疾首，狂奔尽气，匍匐而拯之。彼将陷溺之祸有不顾，而况于病狂丧心之讥乎？而又况于蕲人信与不信乎？呜呼！今之人虽谓仆为病狂丧心之人，亦无不可矣。天下之人心皆吾之心也，天下之人犹有病狂者矣，吾安得而非病狂乎？犹有丧心者矣，吾安得而非丧心乎？昔者孔子之在当时，有议其为谄者，有讥其为佞者，有毁其未贤，诋其为不知礼，而侮之以为东家丘者，有嫉而沮之者，有恶而欲杀之者；晨门、荷蒉之徒，皆当时之贤士，且曰"是知其不可而为之者欤！鄙哉硁硁乎，莫己知也，斯己而已矣"。虽子路在升堂之列，尚不能无疑于其所见，不悦于其所欲往，而且以之为迂，则当时之不信夫子者，岂特十之二三而已乎？然而夫子汲汲遑遑，若求亡子于道路，而不暇于暖席者，宁以蕲人之知我信我而已哉？盖其天地万物一体之仁，疾痛迫切，虽欲已之而自有所不容已，故其言曰："吾非斯人之徒与而谁与！欲洁其身而乱大伦，果哉，末之难矣！"呜呼！此非诚以天地万物为一体者，孰能以知夫子之心乎？若其遁世无闷，乐天知命者，则固无入而不自得道，并行而不相悖也。仆之不肖，何敢以夫子之道为己任？顾其心亦已稍加疾痛之在身，是以彷徨四顾，将求其有助于我者，相与讲去其病耳。今诚得豪杰同志之士扶持匡翼，共明良知之学于天下，使天下之人皆知自致其良知，以相安相养，去其自私自利之蔽，一洗谗妒胜忿之习，以济于大同，则仆之狂病，固将脱然以愈，而终免于丧心之患矣，岂不快哉！嗟乎！今诚欲求豪杰同志之士于天下，非如吾文蔚者而谁望之乎？如吾文蔚之才与志，诚足以援天下之溺者；今又既知其具之在我而无假于外求矣，循是而充，若决河注海，孰得而御哉？文蔚所谓"一人信之不为少"，其又能逊以委之何人乎？会稽素号山水之区，深林长谷，信步皆是，寒暑晦明，无时不宜，安居饱食，尘嚣无扰，良朋四集，道义日新，优哉游哉，天地之间宁复有乐于是者！孔子云："不怨天，不尤人，下学而上达。"仆与二三同志，方将请事斯语，奚暇外慕？独其切肤之痛，乃有未能恝然者，辄复云云尔。咳疾暑毒，书札绝懒。盛使远来，迟留经月，临歧执笔，又不觉累纸。盖于相知之深，虽已缕缕至此，殊觉有所未能尽也。

二

得书见近来所学之骤进，喜慰不可言。谛视数过，其间虽亦有一二未莹彻处，却是致良知之功尚未纯熟。到纯熟时，自无此矣。譬之驱车，既已由于康庄大道之中，或时横斜迂曲者，乃马性未调，衔勒不齐之故，然已只在康庄大道中，决不赚入傍蹊曲径矣。近时海内同志到此地位者曾未多见，喜慰不可言，斯道之幸也！贱躯旧有咳嗽畏热之病，近入炎方，辄复大作。主上圣明洞察，责付甚重，不敢遽辞。地方军务冗沓，皆舆疾从事。今却幸已平定，已具本乞回养病。得在林下稍就清凉，或可瘳耳。人还，伏枕草草，不尽倾企。外惟浚一简，幸达致之！

来书所询，草草奉复一二：近岁来山中讲学者往往多说"勿忘勿助"工夫甚难，问之则云："才著意便是助，才不著意便是忘，所以甚难。"区区因问之云："忘是忘个甚么？助是助个甚么？"其人默然无对。始请问。区区因与说我此间讲学，却只说个"必有事焉"，不说"勿忘勿助"。必有事焉者，只是时时去集义。若时时去用必有事的工夫。而或有时间断，此便是忘了，即须勿忘。时时去用必有事的工夫，而或有时欲速求效，此便是助了，即须勿助。其工夫全在必有事焉上用，勿忘勿助只就其间提撕警觉而已。若是工夫原不间断，即不须更说勿忘；原不欲速求效，即不须更说勿助。此其工夫何等明白简易，何等洒脱自在！今却不去必有事上用工，而乃悬空守著一个勿忘勿助，此正如烧锅煮饭，锅内不曾渍水下米，而乃专去添柴放火，不知毕竟煮出个甚么物来。吾恐火候未及调停，而锅已先破裂矣。近日一种专在勿忘勿助上用工者，其病正是如此。终日悬空去做个勿忘，又悬空去做个勿助，济济荡荡，全无实落下手处；究竟工夫只做得个沉空守寂，学成一个痴呆汉，才遇些子事来，即便牵滞纷扰，不复能经纶宰制。此皆有志之士，而乃使之劳苦缠缚，担搁一生，皆由学术误人之故，甚可悯矣！夫必有事焉，只是集义。集义只是致良知。说集义则一时未见头恼，说致良知即当下便有实地步可用工。故区区专说致良知，随时就事上致其良知，便是格物；着实去致良知，便是诚意；着实致其良知而无一毫意必固我，便是正心；着实致良知则自无忘之病；无一毫意必固我则自无助之病：故说格致诚正则不必更说个忘助。孟子说忘助，亦就告子得病处立方。告子强制其心，是助的病痛，故孟子专说助长之害。告子助长，亦是他以义为外，不知就自心上集义，在必有事焉上用功，是以如此。若时时刻刻就自心上集义，则良知之体洞然明白，自然是是非非纤毫莫遁，又焉不得于言，勿求于心，不得于心，勿求于气之弊乎？孟子集义养气之说，固大有功于后学。然亦是因病立方，说得大段；不若《大学》格致诚正之功，尤极精一简易，为彻上彻下，万世无弊者也。圣贤论学，多是随时就事，虽言若人殊，而要其工夫头脑，若合符节。缘天地之间，原只有此性，只有此理，只有此良知，只有此一件事耳。故凡就古人论学虚说工夫，更不必搀和兼搭而说，自然无不吻合贯通者。才须搀和兼搭而说，即是自己工夫未明彻也。近时有谓集义之功必须兼搭个致良知而后备者，则是集义之功尚未了彻也。集义之功尚未彻，适足以为致良知之累而已矣。谓致良知之功必须兼搭一个勿忘勿助而后明者，则是致良知之功，尚未了彻也。致良知之功尚未了彻，适足以为勿忘勿助之累而已矣。若此者，皆是就文义上解释牵附，以求混融凑泊，而不曾就自己实工夫上体验，是以论之愈精，而去之愈远。文蔚之论，其于大本达道既已沛然无疑，至于致知穷理及忘助等说，时亦有搀和兼搭处，却是区区所谓康庄大道之中，或时横斜迂曲者。到得工夫熟后，自将泽然矣。文蔚谓"致知之说，求之事亲从兄之间，便觉有所持循"者，此段最见近来真切笃实之功。但以此自为，不妨自有得力处；以此遂为定说教人，却未免又有因药发病之患，亦不可不一讲也。盖良知只是一个天理，自然明觉发见处，只是一个真诚恻怛，便是他本体。故致此良知之真诚恻怛，以事亲便是孝；致此良知之真诚恻怛，以从兄便是弟；致此真知之真诚恻怛，以事君便是忠：只是一个良知，一个真诚恻怛。若是从兄的良知不能致其真诚恻怛，即是事亲的良知不能致其真诚恻怛矣，事君的良知不能致其真诚恻怛，即是从兄的良知不能致其真诚恻怛矣。故致得事君的良知，便是致却从兄的良知；致得从兄的良知，便是致却事亲的良知；不是事君的良知不能致，却须又从事亲的良知上去扩充将来，如此又是脱却本原，着在支节上求了。真知只是一个。随他发见流行处当下具足，更无去来，不须假借。然其发见流行处却自有轻重厚薄，毫发不容增减者，所谓天然自有之中也。虽则轻重厚薄毫发不容增减，而原又只是一个；虽则只是一个，而其间轻重厚薄又毫发不容增减，若得可增减；若须假借，即已非其真诚恻怛之本体矣。此良知之妙用，所以无方体，无穷尽，语大天下莫能载，语小天下莫能破者也。孟氏"尧、舜之道，孝弟而已"者，是就人之良知发见得最真切笃厚、不容蔽昧处提省人，使人于事君处友仁民爱物，与凡动静语默间，皆只是致他那一念事亲从兄真诚恻怛的良知，即自然无不是道。盖天下之事虽千变万化，至于不可穷诘，而但惟致此事亲从兄、一念真诚恻怛之良知以应之，则更无有遗缺渗漏者，正谓其只有此一个良知故也。事亲从兄一念良知之外更无有良知可致得者，故曰："尧、舜之道，孝弟而已矣。"此所以为惟精惟一之学，放之四海而皆准，施诸后世而无朝夕者也。文蔚云："欲于事亲从兄之间，而求所谓良知之学。"就自己用工得力处如此说，亦无不可；若曰"致其良知之真诚恻怛，以求尽夫事亲从兄之道焉"，亦无不可也。明道云："行仁自孝弟始，孝弟是仁之一事，谓之行仁之本则可，谓是仁之本则不可。"其说是矣。亿逆先觉之说，文蔚谓"诚则旁行曲防，皆良知之用"，甚善甚善！间有搀搭处，则前已言之矣。惟浚之言亦未为不是，在文蔚须有取于惟浚之言而后尽，在惟浚又须有取于文蔚之言而后明；不然，则亦未免各有倚着之病也。"舜察迩言而询刍荛"，非是以迩言当察，刍荛当询，而后如此，乃良知之发见流行，光明圆莹，更无挂碍遮隔处，此所以谓之大知；才有执着意必，其知便小矣。讲学中自有去取分辨，然就心地上着实用工夫，却须如此方是尽心三节，区区曾有生知、学知、困知之说，颇已明白，无可疑者。盖尽心、知性、知天者，不必说存心、养性、事天，不必说夭寿不贰、修身以俟，而存心养性与修身以俟之功已在其中矣。存心养性事天者，虽未到得尽心知天的地位，然已是在那里做个求到尽心知天的工夫，更不必说夭寿不贰，修身以俟，而夭寿不贰、修身以俟之功已在其中矣。譬之行路，尽心知天者，如年力壮健之人，既能奔走往来于数千百里之间者也；存心事天者，如童稚之年，使之学习步趋于庭除之间者也；夭寿不贰、修身以俟者，如襁褓之孩，方使之扶墙傍壁而渐学起立移步者也。既已能奔走往来于数千里之间者，则不必更使之于庭除之间而学步趋，。而步趋于庭除之间自无弗能矣；既已能步趋于庭除之间，则不必更使之扶墙傍壁而学起立移步，而起立移步自无弗能矣。然学起立移步，便是学步趋庭除之始；学步趋庭除，便是学奔走往来于数千里之基，固非有二事。但其工夫之难易，则相去悬绝矣。心也，性也，天也，一也，故及其知之成功则一；然而三者人品力量自有阶级，不可躐等而能也。细观文蔚之论，其意似恐尽心知天者废却存心修身之功，而反为尽心知天之病。是盖为圣人忧工夫之或间断，而不知为自己忧工夫之未真切也。吾侪用工，却须专心致志在夭寿不贰，修身以俟上做，只此便是做尽心知天功夫之始。正如学起立移步，便是学奔走千里之始。吾方自虑其不能起立移步，而岂遽虑其不能奔走千里，又况为奔走千里者而虑其或遗忘于起立移步之习哉？文蔚识见，本自超绝迈往，而所论云然者，亦是未能脱去旧时解说文义之习。是为此三段书分疏比合，以求融会贯通，而自添许多意见缠绕，反使用工不专一也。近时悬空去做勿忘勿助者，其意见正有此病，最能担误人，不可不涤除耳。所谓"尊德性而道问学"一节，至当归一，更无可疑。此便是文蔚曾著实用工，然后能为此言。此本不是险僻难见的道理，人或意见不同者，还是良知尚有纤翳潜伏。若除去此纤翳，即自无不洞然矣。已作书后，移卧檐间，偶遇无事，遂复答此。文蔚之学既已得其大者，此等处久当释然自解，本不必屑屑如此分疏。但承相爱之厚，千里差人远及，谆谆下问，而竟虚来意，又自不能已于言也。然直憨烦缕已甚，恃在信爱，当不为罪。惟浚处及谦之、崇一处各得转录一通，寄视之，尤承一体之好也。

右南大吉录。

训蒙大意示教读刘伯颂等

古之教者，教以人伦。后世记诵词章之习起，而先王之教亡。今教童子，惟当以孝弟忠信礼义廉耻为专务。其栽培涵养之方，则宜诱之歌诗以发其志意，导之习礼以肃其威仪，讽之读书以开其知觉。今人往往以歌诗习礼为不切时务，此皆末俗庸鄙之见，乌足以知古人立教之意哉！大抵童子之情，乐嬉游而惮拘检，如草木之始萌芽，舒畅之则条达，摧挠之则衰痿。今教童子，必使其趋向鼓舞，中心喜悦，则其进自不能已。譬之时雨春风，沾被卉木，莫不萌动发越，自然日长月化；若冰霜剥落，则生意萧索，日就枯槁矣。故凡诱之歌诗者，非但发其志意而已，亦所以泄其跳号呼啸于咏歌，宣其幽抑结滞于音节也；导之习礼者，非但肃其威仪而已，亦所以周旋揖让而动荡其血脉，拜起屈伸而固束其筋骸也；讽之读书者，非但开其知觉而已，亦所以沉潜反复而存其心，抑扬讽诵以宣其志也。凡此皆所以顺导其志意，调理其性情，潜消其鄙吝，默化其粗顽，日使之渐于礼义而不苦其难，入于中和而不知其故。是盖先王立教之微意也。若近世之训蒙稚者，日惟督以句读课仿，责其检束，而不知导之以礼；求其聪明，而不知养之以善；鞭挞绳缚，若待拘囚。彼视学舍如图狱而不肯入，视师长如寇仇而不欲见，窥避掩覆以遂其嬉游，设诈饰诡以肆其顽鄙，偷薄庸劣，日趋下流。是盖驱之于恶而求其为善也，何可得乎？凡吾所以教，其意实在于此。恐时俗不察，视以为迂，且吾亦将去，故特叮咛以告。尔诸教读，其务体吾意，永以为训；毋辄因时俗之言，改废其绳墨，庶成蒙以养正之功矣。念之念之！

教约

每日清晨，诸生参揖毕，教读以次。遍询诸生：在家所以爱亲敬长之心，得无懈忽，未能真切否？温凊定省之仪，得无亏缺，未能实践否？往来街衢，步趋礼节，得无放荡，未能谨饬否？一应言行心术，得无欺妄非僻，未能忠信笃敬否？诸童子务要各以实对，有则改之，无则加勉。教读复随时就事，曲加诲谕开发。然后各退就席肄业。

凡歌《诗》，须要整容定气，清朗其声音，均审其节调；毋躁而急，毋荡而嚣，毋馁而慑。久则精神宣畅，心气和平矣。每学量童生多寡，分为四班，每日轮一班歌诗；其余皆就席，敛容肃听。每五日则总四班递歌于本学。每朔望，集各学会歌于书院。

凡习礼，需要澄心肃虑，审其仪节，度其容止；毋忽而惰，毋沮而怍，毋径而野；从容而不失之迂缓，修谨而不矢之拘局。久则礼貌习熟，德性坚定矣。童生班次，皆如歌诗。每间一日，则轮一班习礼。其余皆就席，敛容肃观。习礼之日，免其课仿。每十日则总四班递习于本学。每朔望，则集各学会习于书院。

凡授书不在徒多，但贵精熟。量其资禀，能二百字者，止可授以一百字。常使精神力量有余，则无厌苦之患，而有自得之美。讽诵之际，务令专心一志，口诵心惟，字字句句绸绎反覆，抑扬其音节，宽虚其心意。久则义礼浃洽，聪明日开矣。

每日工夫，先考德，次背书诵书，次习礼，或作课仿，次复诵书讲书，次歌诗。凡习礼歌诗之类，皆所以常存童子之心，使其乐习不倦，而无暇及于邪僻。教者如此，则知所施矣。虽然，此其大略也；神而明之，则存乎其人。

卷三　传习录下

正德乙亥，九川初见先生于龙江，先生与甘泉先生论格物之说，甘泉持旧说。先生曰："是求之于外了。"甘泉曰："若以格物理为外，是自小其心也。"九川甚喜旧说之是。先生又论《尽心》一章，九川一闻，却遂无疑。后家居，复以格物遗质先生。答云："但能实地用功，久当自释。"山间乃自录《大学》旧本读之，觉朱子格物之说非是；然亦疑先生以意之所在为物，物字未明。己卯归自京师，再见先生于洪都。先生兵务倥偬，乘隙讲授，首问："近年用功何如？"九川曰："近年体验得'明明德'功夫只是'诚意'。自'明明德于天下'，步步推入根源，到'诚意'上，再去不得，如何以前又有格致工夫？后又体验，觉得意之诚伪，必先知觉乃可，以颜子有不善未尝知之，知之未尝复行为证，豁然若无疑；却又多了格物功夫。又思来吾心之灵，何有不知意之善恶，只是物欲蔽了，须格去物欲，始能如颜子未尝不知耳。又自疑功夫颠倒，与诚意不成片段。后问希颜。希颜曰：'先生谓格物致知是诚意功夫，极好。'九川曰：'如何是诚意功夫？'希颜令再思体看，九川终不悟，请问。"先生曰:"惜哉!此可一言而悟!惟浚所举颜子事便是了,只要知身心意知物是一件。"九川疑曰:"物在外,如何与身心意知是一件?"先生曰:"耳目口鼻四肢,身也,非心安能视听言动?心欲视听言动,无耳目口鼻四肢亦不能,故无心则无身,无身则无心。但指其充塞处言之谓之身,指其主宰处言之谓之心,指心之发动处谓之意,指意之灵明处谓之知,指意之涉着处谓之物:只是一件。意未有悬空的,必着事物,故欲诚意则随意所在某事而格之,去其人欲而归于天理,则良知之在此事者无蔽而得致矣。此便是诚意的功夫。"九川乃释然,破数年之疑。又问:"甘泉近亦信用《大学》古本,谓格物犹言造道。又谓穷理如穷其巢穴之穷,以身至之也。故格物亦只是随处体认天理,似与先生之说渐同。"先生曰:"甘泉用功,所以转得来。当时与说亲民字不须改,他亦不信,今论格物亦近,但不须换物字作理字,只还他一物字便是。"后有人问九川曰:"今何不疑'物'字?"曰:"《中庸》曰'不诚无物',程子曰'物来顺应',又如'物各付物'、'胸中无物'之类,皆古人常用字也。"他日先生亦云然。

九川问:"近年因厌泛滥之学,每要静坐,求屏息念虑。非惟不能,愈觉扰扰,如何?"先生曰:"念如何可息?只是要正。"曰:"当自有无念时否?"先生曰:"实无无念时。"曰:"如此却如何言静?"曰:"静未尝不动,动未尝不静。戒谨恐惧即是念,何分动静?"曰:"周子何以言定之以中正仁义而主静?"曰:"无欲故静,是'静亦定,动亦定'的'定'字,主其本体也。戒惧之念是活泼地。此是天机不息处,所谓'维天之命,于穆不已',一息便是死。非本体之念,即是私念。"

又问:"用功收心时,有声色在前,如常闻见,恐不是专一。"曰:"如何欲不闻见?除是槁木死灰,耳聋目盲则可。只是虽闻见而不流去,便是。"曰:"昔有人静坐,其子隔壁读书,不知其勤惰,程子称其甚敬。何如?"曰:"伊川恐亦是讥他。"

又问:"静坐用功,颇觉此心收敛,遇事又断了。旋起个念头,去事上省察。事过又寻旧功,还觉有内外,打不作一片。"先生曰:"此格物之说未透。心何尝有内外?即如惟浚,今在此讲论,又岂有一心在内照管?这听讲说时专敬,即是那静坐时心,功夫一贯,何须更起念头,人须在事上磨炼做功夫,乃有益。若只好静,遇事便乱,终无长进。那静时功夫,亦差似收敛,而实放溺也。"后在洪都,复与于中、国裳论内外之说。渠皆云:"物自有内外,但要内外并着功夫,不可有间耳!"以质先生,曰:"功夫不离本体;本体原无内外。只为后来做功夫的分了内外,失其本体了,如今正要讲明功夫不要有内外,乃是本体功夫。"是日俱有省。

又问:"陆子之学何如?"先生曰:"濂溪、明道之后,还是象山,只是粗些。"九川曰:"看他论学,篇篇说出骨髓,句句似针膏肓,却不见他粗。"先生曰:"然他心上用过功夫,与揣摹依仿,求之文义,自不同。但细看有粗处,用功久当见之。"

庚辰往虔州,再见先生,问:"近来功夫虽若稍知头脑,然难寻个稳当快乐处。"先生曰:"尔却去心上寻个天理,此正所谓理障。此间有个诀窍。"曰:"请问如何?"曰:"只是致知。"曰:"如何致?"曰:"尔那一点良知,是尔自家底准则。尔意念着处,他是便知是,非便知非,更瞒他一些不得。尔只不要欺他,实实落落依着他做去,善便存,恶便去。他这里何等稳当快乐。此便是格物的真诀,致知的实功。若不靠着这些真机,如何去格物?我亦近年体贴出来如此分明,初犹疑只依他恐有不足,精细看无些小欠阙。"

在虔，与于中、谦之同侍。先生曰："人胸中各有个圣人，只自信不及，都自埋倒了。"因顾于中曰："尔胸中原是圣人。"于中起不敢当。先生曰："此是尔自家有的，如何要推？"于中又曰："不敢。"先生曰："众人皆有之，况在于中，却何故谦起来？谦亦不得。"于中乃笑受。又论："良知在人，随你如何不能泯灭，虽盗贼亦自知不当为盗，唤他做贼，他还忸怩。"于中曰："只是物欲遮蔽，良心在内，自不会失；如云自蔽日，日何尝失了！"先生曰："于中如此聪明，他人见不及此。"

先生曰："这些子看得透澈，随他千言万语，是非诚伪，到前便明。合得的便是，合不得的便非。如佛家说心印相似，真是个试金石、指南针。"

先生曰："人若知这良知诀窍，随他多少邪思枉念，这里一觉，都自消融。真个是灵丹一粒，点铁成金。"

崇一曰："先生致知之旨，发尽精蕴，看来这里再去不得。"先生曰："何言之易也？再用功半年，看如何？又用功一年，看如何？功夫愈久，愈觉不同，此难口说。"

先生问九川："于'致知'之说体验如何？"九川曰："自觉不同往时，操持常不得个恰好处，此乃是恰好处。"先生曰："可知是体来与听讲不同。我初与讲时，知尔只是忽易，未有滋味。只这个要妙，再体到深处，日见不同，是无穷尽的。"又曰："此'致知'二字，真是个千古圣传之秘；见到这里，百世以俟圣人而不惑！"

九川问曰："伊川说到'体用一原，显微无间'处，门人已说是泄天机。先生致知之说，莫亦泄天机太甚否？"先生曰："圣人已指以示人，只为后人掩匿，我发明耳，何故说泄？此是人人自有的，觉来甚不打紧一般。然与不用实功人说，亦甚轻忽可惜，彼此无益与实。用功而不得其要者，提撕之甚沛然得力。"

又曰："知来本无知，觉来本无觉，然不知则遂沦埋。"

先生曰："大凡朋友，须箴规指摘处少，诱掖奖劝意多，方是。"后又戒九川云："与朋友论学，须委曲谦下，宽以居之。"

九川卧病虔州，先生云："病物亦难格，觉得如何？"对曰："功夫甚难。"先生曰："常快活便是功夫。"

九川问："自省念虑或涉邪妄，或预料理天下事，思到极处，井井有味，便缱绻难屏。觉得早则易，觉迟则难；用力克治，愈觉扞格。惟稍迁念他事，则随两忘。如此廓清，亦似无害。"先生曰："何须如此！只要在良知上着功夫。"九川曰："正谓那一时不知。"先生曰："我这里自有功夫，何缘得他来？只为尔功夫断了，便蔽其知。既断了则断续旧功便是，何必如此。"九川曰："直是难鏖，虽知丢他不去。"先生曰："须是勇。用功久，自有勇。故曰是集义所生者，胜得容易，便是大贤。"

九川问："此功夫却于心上体验明白，只解书不通。"先生曰："只要解心。心明白，书自然融会。若心上不通，只要书上文义通，却自生意见。"

有一属官，因久听讲先生之学，曰："此学甚好。只是簿书讼狱繁难，不得为学。"先生闻之曰："我何尝教尔离了簿书讼狱，悬空去讲学？尔既有官司之事，便从官司的事上为学，才是真格物。如问一词讼，不可因其应对无状，起个怒心；不可因他言语圆转，生个喜心；不可恶其嘱托，加意治之；不可因其请求，屈意从之；不可因自己事务烦冗，随意苟且断之；不可因旁人潜毁罗织，随人意思处之：这许多意思皆私，只尔自知，须精细省察克治，惟恐此心有一毫偏倚，枉人是非，这便是格物致知。簿书讼狱之间，无非实学；若离了事物为学，却是着空。"

虔州将归，有诗别先生云："良知何事系多闻，妙合当时已种根。好恶从之为圣学，将迎无处是乾元。"先生曰："若未来讲此学，不知说好恶从之从个甚么？"敷英在座曰："诚然。尝读先生《大学古本序》，不知所说何事。及来听讲许时，乃稍知大意。"

于中、国裳辈同侍食。先生曰："凡饮食只是要养我身，食了要消化；若徒蓄积在肚里，便成痞了，如何长得肌肤？后世学者博闻多识，留滞胸中，皆伤食之病也。"

先生曰："圣人亦是学知，众人亦是生知。"问曰："何如？"曰："这良知人人皆有，圣人只是保全，无些障蔽，兢兢业业，亹亹翼翼，自然不息，便也是学；只是生的分数多，所以谓之生知安行。众人自孩提之童，莫不完具此知，只是障蔽多，然本体之知自难泯息，虽问学克冶也只凭他；只是学的分数多，所以谓之学知利行。"

右门人陈九川录。

黄以方问："先生格致之说，随时格物以致其知，则知是一节之知，非全体之知也。何以到得溥博如天，渊泉如渊地位？"先生曰："人心是天渊。心之本体无所不该，原是一个天。只为私欲障碍，则天之本体失了。心之理无穷尽，原是一个渊。只为私欲窒塞，则渊之本体失了。如今念念致良知，将此障碍窒塞一齐去尽，则本体已复，便是天渊了。"乃指天以示之曰："比如面前见天，是昭昭之天；四外见天，也只是昭昭之天。只为许多房子墙壁遮蔽，便不见天之全体。若撤去房子墙壁，总是一个天矣。不可道眼前天是昭昭之天，外面又不是昭昭之天也。于此便见一节之知，即全体之知；全体之知，即一节之知：总是一个本体。"

先生曰："圣贤非无功业气节，但其循着这天理，则便是道，不可以事功气节名矣。"

"'发愤忘食'，是圣人之志，如此真无有已时；'乐以忘忧'，是圣人之道，如此真无有戚时。恐不必云得不得也。"

先生曰："我辈致知，只是各随分限所及。今日良知见在如此，只随今日所知扩充到底；明日良知又有开悟，便从明日所知扩充到底。如此方是精一功夫。与人论学，亦须随人分限所及。如树有这些萌芽，只把这些水去灌溉。萌芽再长，便又加水。自拱把以至合抱，灌溉之功皆是随其分限所及。若些小萌芽，有一桶水在，尽要倾上，便浸坏他了。"

问"知行合一"。先生曰："此须识我立言宗旨。今人学问，只因知行分作两件，故有一念发动，虽是不善，然却未曾行，便不去禁止。我今说个知行合一，正要人晓得一念发动处；便即是行了。发动处有不善，就将这不善的念克倒了。须要彻根彻底，不使那一念不善潜伏在胸中。此是我立言宗旨。"

"圣人无所不知，只是知个天理；无所不能，只是能个天理。圣人本体明白，故事事知个天理所在，便去尽个天理。不是本体明后，却于天下事物都便知得，便做得来也。天下事物，如名物度数、草木鸟兽之类，不胜其烦。圣人须是本体明了，亦何缘能尽知得？但不必知的，圣人自不消求知；其所当知的，圣人自能问人。如'子入太庙，每事问'之类，先儒谓'虽知亦问，敬谨之至'。此说不可通。圣人于礼乐名物，不必尽知。然他知得一个天理，便自有许多节文度数出来。不知能问，亦即是天理节文所在。"

问："先生尝谓'善恶只是一物'。善恶两端，如冰炭相反，如何谓只一物？"先生曰："至善者，心之本体。本体上才过当些子，便是恶了。不是有一个善，却又有一个恶来相对也。故善恶只是一物。"直因闻先生之说，则知程子所谓"善固性也，恶亦不可不谓之性"。又曰："善恶皆天理。谓之恶者本非恶，但于本性上过与不及之间耳。"其说皆无可疑。

先生尝谓："人但得好善如好好色，恶恶如恶恶臭，便是圣人。"直初时闻之觉甚易，后体验得来，此个功夫着实是难。如一念虽知好善恶恶，然不知不觉，又夹杂去了。才有夹杂，便不是好善如好好色，恶恶如恶恶臭的心。善能实实的好，是无念不善矣；恶能实实的恶，是无念及恶矣：如何不是圣人？故圣人之学，只是一诚而已。

问："修道说言：'率性之谓道'，属圣人分上事；'修道之谓教'，属贤人分上事。"先生曰："众人亦率性也。但率性在圣人分上较多，故'率性之谓道'属圣人事。圣人亦修道也，但修道在贤人分上多，故'修道之谓教'属贤人事。"又曰："《中庸》一书，大抵皆是说修道的事。故后面凡说君子，说颜渊，说子路，皆是能修道的；说小人，说贤知愚不肖，说庶民，皆是不能修道的；其他言舜、文、周公、仲尼至诚至圣之类，则又圣人之自能修道者也。"

问："儒者到三更时分，扫荡胸中思虑，空空静静，与释氏之静只一般，两下皆不用，此时何所分别？"先生曰："动静只是一个。那三更时分空空静静的，只是存天理，即是如今应事接物的心。如今应事接物的心，亦是循此天理，便是那三更时分空空静静的心。故动静只是一个，分别不得。知得动静合一，释氏毫厘差处亦自莫掩矣。"

门人在座，有动止甚矜持者。先生曰："人若矜持太过，终是有弊。"曰："矜持太过，如何有弊？"曰："人只有许多精神，若专在容貌上用功，则于中心照管不及者多矣。"有太直率者。先生曰："如今讲此学，却外面全不检束，又分心与事为二矣。"

门人作文送友行，问先生曰："作文字不免费思，作了后又一二日，常记在怀。"曰："文字思索亦无害。但作了常记在怀，则为文所累，心中有一物矣，此则未可也。"又作诗送人，先生看诗毕，谓曰："凡作文字要随我分限所及。若说得太过了，亦非修辞立诚矣。"

"文公格物之说，只是少头脑，如所谓'察之于念虑之微'，此一句不该与'求之文字之中，验之于事为之著，索之讲论之际'混作一例看，是无轻重也。"

问有所忿懥一条。先生曰："忿懥几件，人心怎能无得？只是不可有耳！凡人忿懥着了一分意思，便怒得过当，非廓然大公之体了。故有所忿懥，便不得其正也。如今于凡忿懥等件，只是个物来顺应，不要着一分意思，便心体廓然大公，得其本体之正了。且如出外见人相斗，其不是的，我心亦怒。然虽怒，却此心廓然，不曾动些子气。如今怒人，亦得如此，方才是正。"

先生尝言："佛氏不着相，其实着了相。吾儒着相，其实不着相。"请问。曰："佛怕父子累，却逃了父子；怕君臣累，却逃了君臣；怕夫妇累，却逃了夫妇：都是为个君臣、父子、夫妇着了相，便须逃避。如吾儒有个父子，还他以仁；有个君臣，还他以义；有个夫妇，还他以别：何曾着父子、君臣、夫妇的相？"

右门人黄直录。

黄勉叔问："心无恶念时，此心空空荡荡的，不知亦须存个善念否？"先生曰："既去恶念，便是善念，便复心之本体矣。譬如日光，被云来遮蔽，云去，光已复矣。若恶念既去，又要存个善念，即是日光之中添燃一灯。"

问："近来用功，亦颇觉妄念不生。但腔子里黑窣窣的，不知如何打得光明。"先生曰："初下手用功，如何腔子里便得光明？譬如奔流浊水，才贮在缸里，初然虽定，也只是昏浊的。须矣澄定既久，自然渣滓尽去，复得清来。汝只要在良知上用功。良知存久，黑窣窣自能光明矣。今便要责效，却是助长，不成功夫。"

先生曰："吾教人致良知，在格物上用功，却是有根本的学问。日长进一日，愈久愈觉精明。世儒教人事事物物上去寻讨，却是无根本的学问。方其壮时，虽暂能外面修饰，不见有过，老则精神衰迈，终须放倒。譬如无根之树，移栽水边，虽暂时鲜好，终久要憔悴。"

问"志于道"一章。先生曰："只'志道'一句，便含下面数句功夫，自住不得。譬如做此屋，志于道是念念要去择地鸠材，经营成个区宅。据德却是经画已成，有可据矣。依仁却是常常住在区宅内，更不离去。游艺却是加些画采，美此区宅。艺者，义也，理之所宜者也，如诵诗读书弹琴习射之类，皆所以调习此心，使之熟于道也。苟不志道而游艺，却如无状小子；不先去置造区宅，只管要去买画挂做门面，不知将挂在何处？"

问："读书所以调摄此心，不可缺的。但读之之时，一种科目意思牵引而来，不知何以免此？"先生曰："只要良知真切，虽做举业，不为心累；纵有累亦易觉，克之而已。且如读书时，良知知得强记之心不是，即克去之；有欲速之心不是，即克去之；有夸多斗靡之心不是，即克去之：如此，亦只是终日与圣贤印对，是个纯乎天理之心。任他读书，亦只是调摄此心而已，何累之有？"曰："虽蒙开示，奈资质庸下，实难免累。窃闻穷通有命，上智之人恐不屑此。不肖为声利牵缠，甘心为此，徒自苦耳。欲屏弃之，又制于亲，不能舍去，奈何？"先生曰："此事归辞于亲者多矣，其实只是无志。志立得时，良知千事万为只是一事。读书作文安能累人？人自累于得失耳。"因叹曰："此学不明，不知此处担搁了几多英雄汉！"

问："'生之谓性'，告子亦说得是，孟子如何非之？"先生曰："固是性，但告子认得一边去了，不晓得头脑。若晓得头脑，如此说亦是。孟子亦曰'形色天性也'，这也是指气说。"又曰："凡人信口说，任意行，皆说此是依我心性出来，此是所谓生之谓性。然却要有过差。若晓得头脑，依吾良知上说出来，行将去，便自是停当。然良知亦只是这口说，这身行，岂能外得气，别有个去行去说？故曰'论性不论气不备，论气不论性不明'；气亦性也，性亦气也，但须认得头脑是当。"

又曰："诸君功夫最不可助长。上智绝少，学者无超入圣人之理。一起一伏，一进一退，自是功夫节次。不可以我前日用得功夫了，今却不济，便要矫强，做出一个没破绽的模样。这便是助长，连前些子功夫都坏了，此非小过，譬如行路的人，遭一蹶跌，起来便走，不要欺人做那不曾跌倒的样子出来。诸君只要常常怀个'遁世无闷，不见是而无闷'之心，依此良知，忍耐做去，不管人非笑，不管人毁谤，不管人荣辱，任他功夫有进有退，我只是这致良知的主宰不息，久久自然有得力处，一切外事亦自能不动。"又曰："人若着实用功，随人毁谤，随人欺慢，处处得益，处处是进德之资。若不用功，只是魔也，终被累倒。"

先生一日出游禹穴，顾田间禾曰："能几何时，又如此长了。"范兆期在傍曰："此只是有根。学问能自植根，亦不患无长。"先生曰："人孰无根？良知即是天植灵根，自生生不息；但着了私累，把此根戕贼蔽塞，不得发生耳。"

一友常易动气责人，先生警之曰："学须反己。若徒责人，只见得人不是，不见自己非。若能反己，方见自己有许多未尽处，奚暇责人？舜能化得象的傲，其机括只是不见象的不是。若舜只要正他的奸恶，就见得象的不是矣。象是傲人，必不肯相下，如何感化得他？"是友感悔，曰："你今后只不要去论人之是非，凡当责辩人时，就把做一件大己私克去方可。"

先生曰："凡朋友问难，纵有浅近粗疏，或露才扬己，皆是病发。当因其病而药之可也；不可便怀鄙薄之心，非君子与人为善之心矣。"

问："《易》，朱子主卜筮，程传主理，何如？"先生曰："卜筮是理，理亦是卜筮。天下之理孰有大于卜筮者乎？只为后世将卜筮专主在占卦上看了，所以看得卜筮似小艺。不知今之师友问答，博学、审问、慎思、明辨、笃行之类，皆是卜筮，卜筮者，不过求决狐疑，神明吾心而已。《易》是问诸天，人有疑自信不及，故以《易》问天；谓人心尚有所涉，惟天不容伪耳。"

右门人黄修易录。

黄勉之问："'无适也，无莫也，义之与比'，事事要如此否？先生曰："固是事事要如此，须是识得个头脑乃可。义即是良知，晓得良知是个头脑，方无执着。且如受人馈送，也有今日当受的，他日不当受的；也有今日不当受的，他日当受的。你若执着了今日当受的，便一切受去，执着了今日不当受的，便一切不受去，便是适莫，便不是良知的本体，如何唤得做义？"

问："'思无邪'一言，如何便盖得三百篇之义？"先生曰："岂特三百篇，'六经'只此一言便可该贯，以至穷古今天下圣贤的话，'思无邪'一言也可该贯。此外更有何说？此是一了百当的功夫。"

问道心人心。先生曰："'率性之谓道'便是道心。但着些人的意思在，便是人心。道心本是无声无臭，故曰：'微'。依着人心行去，便有许多不安稳处，故曰'惟危'。"

问："'中人以下不可以语上'，愚的人与之语上尚且不进，况不与之语，可乎？"先生曰："不是圣人终不与语。圣人的心，忧不得人人都做圣人。只是人的资质不同，施教不可躐等。中人以下的人，便与他说性说命，他也不省得，也须谩谩琢磨他起来。"

一友问："读书不记得如何？"先生曰："只要晓得，如何要记得？要晓得已是落第二义了，只要明得自家本体。若徒要记得，便不晓得；若徒要晓得，便明不得自家的本体。"

问："'逝者如斯'，是说自家心性活泼泼地否？"先生曰："然。须要时时用致良知的功夫，方才活泼泼地，方才与他川水一般。若须臾间断，便与天地不相似。此是学问极至处，圣人也只如此。"

问"志士仁人"章。先生曰："只为世上人都把生身命子看得来太重，不问当死不当死，定要宛转委曲保全，以此把天理却丢去了。忍心害理，何者不为？若违了天理，便与禽兽无异，便偷生在世上百千年，也不过做了千百年的禽兽。学者要于此等处看得明白。比干、龙逢只为他看得分明，所以能成就得他的仁。"

问："叔孙、武叔毁仲尼，大圣人如何犹不免于毁谤？"先生曰："毁谤自外来的，虽圣人如何免得？人只贵于自修，若自己实实落落是个圣贤，纵然人都毁他，也说他不着。却若浮云掩日，如何损得日的光明？若自己是个象恭色庄，不坚不介的，纵然没一个人说他，他的恶慝终须一日发露。所以孟子说'有求全之毁，有不虞之誉'。毁誉在外的，安能避得？只要自修何如尔！"

刘君亮要在山中静坐。先生曰："汝若以厌外物之心去求之静，是反养成一个骄惰之气了。汝若不厌外物，复于静处涵养，却好。"

王汝中、省曾侍坐。先生握扇命曰："你们用扇。"省曾起对曰："不敢。"先生曰："圣人之学，不是这等捆缚苦楚的，不是装做道学的模样。"汝中曰："观'仲尼与曾点言志'一章略见。"先生曰："然。以此章观之，圣人何等宽洪包含气象！且为师者问志于群弟子，三子皆整顿以对。至于曾点，飘飘然不看那三子在眼，自去鼓起瑟来，何等狂态。及至言志，又不对师之问目，都是狂言。设在伊川，或斥骂起来了。圣人乃复称许他，何等气象！圣人教人，不是个束缚他通做一般：只如狂者便从狂处成就他，狷者便从狷处成就他。人之才气如何同得？"

先生语陆元静曰："元静少年亦要解'五经'，志亦好博。但圣人教人，只怕人不简易，他说的皆是简易之规。以今人好博之心观之，却似圣人教人差了。"

先生曰："孔子无不知而作；颜子有不善，未尝不知：此是圣学真血脉路。"

何廷仁、黄正之、李侯璧、汝中、德洪侍坐，先生顾而言曰："汝辈学问不得长进，只是未立志。"侯璧起而对曰："洪亦愿立志。"先生曰："难说不立，未是必为圣人之志耳。"对曰："愿立必为圣人之志。"先生曰："你真有圣人之志，良知上更无不尽。良知上留得些子别念挂带，便非必为圣人之志矣。"洪初闻时，心若未服，听说到不觉悚汗。

先生曰："良知是造化的精灵。这些精灵，生天生地，成鬼成帝，皆从此出，真是与物无对。人若复得他完完全全，无少亏欠，自不觉手舞足蹈，不知天地间更有何乐可代。"

一友静坐有见，驰问先生。答曰："吾昔居滁时，见诸生多务知解，口耳异同，无益于得，姑教之静坐。一时窥见光景，颇收近效。久之，渐有喜静厌动，流入枯槁之病。或务为玄解妙觉，动人听闻。故迩来只说致良知。良知明白，随你去静处体悟也好，随你去事上磨练也好，良知本体原是无动无静的。此便是学问头脑。我这个话头自滁州到今，亦较过几番，只是致良知三字无病。医经折肱，方能察人病理。"

一友问："功夫欲得此知时时接续，一切应感处反觉照管不及。若去事上周旋，又觉不见了。如何则可？"先生曰："此只认良知未真，尚有内外之间。我这里功夫，不由人急心认得。良知头脑，是当去朴实用功，自会透彻。到此便是内外两忘，又何心事不合一？"

又曰："功夫不是透得这个真机，如何得他充实光辉？若能透得时，不由你聪明知解接得来。须胸中渣滓浑化，不使有毫发沾带，始得。"

先生曰："'天命之谓性'，命即是性。'率性之谓道'，性即是道。'修道之谓教'，道即是教。"问："如何道即是教？"曰："道即是良知。良知原是完完全全，是的还他是，非的还他非，是非只依着他，更无有不是处。这良知还是你的明师。"

问："'不睹不闻'是说本体，'戒慎恐惧'是说功夫否？"先生曰："此处须信得本体原是不睹不闻的，亦原是戒慎恐惧的。戒慎恐惧，不曾在不睹不闻上加得些子。见得真时，便谓戒慎恐惧是本体，不睹不闻是功夫，亦得。"

问通乎昼夜之道而知。先生曰："良知原是知昼知夜的。"又问人睡熟时良知亦不知了。曰："不知何以一叫便应？"曰："良知常知，如何有睡熟时？"曰："向晦宴息，此亦造化常理，夜来天地混沌，形色俱泯。人亦耳目无所睹闻，众窍俱翕，此即良知收敛凝一时。天地既开，庶物露生，人亦耳目有所睹闻，众窍俱辟，此即良知妙用发生时。可见人心与天地一体，故上下与天地同流。今人不会宴息，夜来不是昏睡，即是妄思魇寐。"曰："睡时功夫如何用？"先生曰："知昼即知夜矣。日间良知是顺应无滞的，夜间良知即是收敛凝一的，有梦即先兆。"

又曰："良知在夜气发的，方是本体，以其无物欲之杂也。学者要使事物纷扰之时，常如夜气一般，就是通乎昼夜之道而知。"

先生曰："仙家说到虚，圣人岂能虚上加得一毫实？佛氏说到无，圣人岂能无上加得一毫有？但仙家说虚，从养生上来；佛氏说无，从出离生死苦海上来；却于本体上加却这些子意思在，便不是他虚无的本色了，便于本体有障碍。圣人只是还他良知的本色，更不着些子意在。良知之虚，便是天之太虚；良知之无，便是太虚之无形。日月风雷山川民物，凡有貌象形色，皆在太虚无形中发用流行，未尝作得天的障碍。圣人只是顺其良知之发用，天地万物，俱在我良知的发用流行中，何尝又有一物超于良知之外，能作得障碍？"

或问："释氏亦务养心，然要之不可以治天下，何也？"先生曰："吾儒养心，未尝离却事物，只顺其天则自然，就是功夫。释氏却要尽绝事物，把心看做幻相，渐入虚寂去了。与世间若无些子交涉，所以不可治天下。"

或问异端。先生曰："与愚夫愚妇同的，是谓同德。与愚夫愚妇异的，是谓异端。"

先生曰："孟子不动心，与告子不动心，所异只在毫厘间。告子只在不动心上着功，孟子便直从此心原不动处分晓。心之本体原是不动的，只为所行有不合义，便动了。孟子不论心之动与不动，只是集义，所行无不是义，此心自然无可动处。若告子只要此心不动，便是把捉此心，将他生生不息之根反阻挠了。此非徒无益，而又害之。孟子集义工夫，自是养得充满，并无馁歉；自是纵横自在，活泼泼地：此便是浩然之气。"

又曰："孟子病源从'性无善无不善'上见来。性无善无不善，虽如此说，亦无大差；但告子执定看了，便有个无善无不善的性在内。有善有恶又在物感上看，便有个物在外。却做两边看了，便会差。无善无不善，性原是如此，悟得及时，只此一句便尽了，更无有内外之间。告子见一个性在内，见一个物在外，便见他于性有未透彻处。"

朱本思问："人有虚灵，方有良知。若草木瓦石之类，亦有良知否？"先生曰："人的良知，就是草木瓦石的良知。若草木瓦石无人的良知，不可以为草木瓦石矣。岂惟草木瓦石为然，天地无人的良知，亦不可为天地矣。盖天地万物与人原是一体，其发窍之最精处，是人心一点灵明。风、雨、露、雷、日、月、星、辰、禽、兽、草、木、山、川、土、石，与人原只一体。故五谷禽兽之类，皆可以养人；药石之类，皆可以疗疾；只为同此一气，故能相通耳。"

先生游南镇，一友指岩中花树问曰："天下无心外之物，如此花树，在深山中自开自落，于我心亦何相关？"先生曰："你未看此花时，此花与汝心同归于寂。你来看此花时，则此花颜色一时明白起来。便知此花不在你的心外。"

问："大人与物同体，如何《大学》又说个厚薄？"先生曰："惟是道理，自有厚薄。比如身是一体，把手足捍头目，岂是偏要薄手足，其道理合如此。禽兽与草木同是爱的，把草木去养禽兽，又忍得。人与禽兽同是爱的，宰禽兽以养亲，与供祭祀，燕宾客，心又忍得。至亲与路人同是爱的，如箪食豆羹，得则生，不得则死，不能两全，宁救至亲，不救路人，心又忍得。这是道理合该如此。及至吾身与至亲，更不得分别彼此厚薄。盖以仁民爱物，皆从此出；此处可忍，更无所不忍矣。《大学》所谓厚薄，是良知上自然的条理，不可逾越，此便谓之义；顺这个条理，便谓之礼；知此条理，便谓之智；终始是这条理，便谓之信。"

又曰："目无体，以万物之色为体；耳无体，以万物之声为体；鼻无体，以万物之臭为体；口无体，以万物之味为体；心无体，以天地万物感应之是非为体。"

问夭寿不贰。先生曰："学问功夫，于一切声利嗜好俱能脱落殆尽，尚有一种生死念头毫发挂带，便于全体有未融释处。人于生死念头，本从生身命根上带来，故不易去。若于此处见得破，透得过，此心全体方是流行无碍，方是尽性知命之学。"

一友问："欲于静坐时将好名、好色、好货等根逐一搜寻，扫除廓清，恐是剜肉做疮否？"先生正色曰："这是我医人的方子，真是去得人病根，更有大本事人，过了十数年，亦还用得着。你如不用，且放起，不要作坏我的方子。"是友愧谢。少间曰："此量非你事，必吾门稍知意思者为此说以误汝。"在坐者皆悚然。

一友问功夫不切。先生曰："学问功夫，我已曾一句道尽，如何今日转说转远，都不着根？"对曰："致良知盖闻教矣，然亦须讲明。"先生曰："既知致良知，又何可讲明？良知本是明白，实落用功便是。不肯用功，只在语言上转说转糊涂。"曰："正求讲明致之之功。"先生曰："此亦须你自家求，我亦无别法可道。昔有禅师，人来问法，只把尘尾提起。一日，其徒将其尘尾藏过，试他如何设法。禅师寻尘尾不见，又只空手提起。我这个良知就是设法的尘尾。舍了这个，有何可提得？"少间，又一友请问功夫切要。先生旁顾曰："我尘尾安在？"一时在坐者皆跃然。

或问至诚前知。先生曰:"诚是实理,只是一个良知。实理之妙用流行就是神,其萌动处就是几,诚神几曰圣人。圣人不贵前知。祸福之来,虽圣人有所不免。圣人只是知几,遇变而通耳。良知无前后,只知得见在的几,便是一了百了。若有个前知的心,就是私心,就有趋避利害的意。邵子必于前知,终是利害心未尽处。"

先生曰:"无知无不知,本体原是如此。譬如日未尝有心照物,而自无物不照。无照无不照,原是日的本体。良知本无知,今却要有知;本无不知,今却疑有不知,只是信不及耳!"

先生曰:"惟天下至圣,为能聪明睿知,旧看何等玄妙,今看来原是人人自有的。耳原是聪,目原是明,心思原是睿知,圣人只是一能之尔。能处正是良知,众人不能,只是个不致知,何等明白简易!"

问:"孔子所谓'远虑',周公'夜以继日',与'将迎'不同。何如?"先生曰:"远虑不是茫茫荡荡去思虑,只是要存这天理。天理在人心,亘古亘今,无有终始;天理即是良知,千思万虑,只是要致良知。良知愈思愈精明,若不精思,漫然随事应去,良知便粗了。若只着在事上茫茫荡荡去思,教做远虑,便不免有毁誉得丧人欲搀入其中,就是将迎了。周公终夜以思,只是戒慎不睹、恐惧不闻的功夫,见得时,其气象与将迎自别。"

问:"'一日克己复礼,天下归仁。'朱子作效验说,如何?"先生曰:"圣贤只是为己之学,重功夫不重效验。仁者以万物为体,不能一体,只是己私未忘。全得仁体,则天下皆归于吾。仁就是八荒皆在我闼意,天下皆与,其仁亦在其中。如在邦无怨,在家无怨,亦只是自家不怨,如'不怨天,不尤人'之意。然家邦无怨,于我亦在其中,但所重不在此。"

问："孟子'巧力圣智'之说，朱子云：'三子力有余而巧不足。'何如？"先生曰："三子固有力，亦有巧，巧力实非两事。巧亦只在用力处，力而不巧，亦是徒力。三子譬如射：一能步箭，一能马箭，一能远箭；他射得到，俱谓之力，中处俱可谓之巧。但步不能马，马不能远，各有所长，便是才力分限有不同处；孔子则三者皆长。然孔子之和，只到得柳下惠而极；清，只到得伯夷而极；任，只到得伊尹而极。何曾加得些子？若谓三子力有余而巧不足，则其力反过孔子了。巧力只是发明圣知之义，若识得圣知本体是何物，便自然了。"

先生曰："'先天而天弗违'，天即良知也；'后天而奉天时'，良知即天也。"

"良知只是个是非之心，是非只是个好恶，只好恶就尽了是非，只是非就尽了万事万变。"又曰："是非两字，是个大规矩，巧处则存乎其人。"

"圣人之知，如青天之日；贤人如浮云天日；愚人如阴霾天日；虽有昏明不同，其能辨黑白则一。虽昏黑夜里，亦影影见得黑白，就是日之余光未尽处；困学功夫，亦只从这点明处精察去耳！"

问："知譬日，欲譬云，云虽能蔽日，亦是天之一气合有的，欲亦莫非人心合有否？"先生曰："喜怒哀惧爱恶欲，谓之七情。七者俱是人心合有的，但要认得良知明白。比如日光，亦不可指着方所；一隙通明，皆是日光所在，虽云雾四塞，太虚中色象可辨，亦是日光不灭处，不可以云能蔽日，教天不要生云。七情顺其自然之流行，皆是良知之用，不可分别善恶，但不可有所着；七情有着，俱谓之欲，俱为良知之蔽；然才有着时，良知亦自会觉，觉即蔽去，复其体矣！此处能勘得破，方是简易透彻功夫。"

问："圣人生知安行，是自然的，如何有甚功夫？"先生曰："知行二字即是功夫，但有浅深难易之殊耳。良知原是精精明明的。如欲孝亲，生知安行的，只是依此良知，实落尽孝而已；学知利行者，只是时时省觉，务要依此良知尽孝而已；至于困知勉行者，蔽锢已深，虽要依此良知去孝，又为私欲所阻，是以不能，必须加人一己百、人十己千之功，方能依此良知以尽其孝。圣人虽是生知安行，然其心不敢自是，肯做困知勉行的功夫。困知勉行的，却要思量做生知安行的事，怎生成得！"

问："乐是心之本体，不知遇大故于哀哭时，此乐还在否？"先生曰："须是大哭一番了方乐，不哭便不乐矣。虽哭，此心安处，即是乐也，本体未尝有动。"

问："良知一而已：文王作《彖》，周公系《爻》，孔子赞《易》，何以各自看理不同？"先生曰："圣人何能拘得死格？大要出于良知同，便各为说何害？且如一园竹，只要同此枝节，便是大同。若拘定枝枝节节，都要高下大小一样，便非造化妙手矣。汝辈只要去培养良知。良知同，更不妨有异处。汝辈若不肯用功，连笋也不曾抽得，何处去论枝节？"

乡人有父子讼狱，请诉于先生，侍者欲阻之。先生听之，言不终辞，其父子相抱恸哭而去。柴鸣治入问曰："先生何言，致伊感悔之速？"先生曰："我言舜是世间大不孝的子，瞽瞍是世间大慈的父。"鸣治愕然请问。先生曰："舜常自以为大不孝，所以能孝。瞽瞍常自以为大慈，所以不能慈。瞽瞍只记得舜是我提孩长的，今何不曾豫悦我，不知自心已为后妻所移了，尚谓自家能慈，所以愈不能慈。舜只思父提孩我时如何爱我，今日不爱，只是我不能尽孝，日思所以不能尽孝处，所以愈能孝。及至瞽瞍底豫时，又不过复得此心原慈的本体。所以后世称舜是个古今大孝的子，瞽瞍亦做成个慈父。"

先生曰："孔子有鄙夫来问，未尝先有知识以应之，其心只空空而已；但叩他自知的是非两端，与之一剖决，鄙夫之心便已了然。鄙夫自知的是非，便是他本来天则，虽圣人聪明，如何可与增减得一毫？他只不能自信，夫子与之一剖决，便已竭尽无余了。若夫子与鄙夫言时，留得些子知识在，便是不能竭他的良知，道体即有二了。"

先生曰："'烝烝乂，不格奸'，本注说象已进进于义，不至大为奸恶。舜征庸后，象犹日以杀舜为事，何大奸恶如之。舜只是自进于义，以乂熏烝，不去正他奸恶。凡文过掩慝，此是恶人常态，若要指摘他是非，反去激他恶性。舜初时致得象要杀己，亦是要象好的心太急，此就是舜之过处。经过来，乃知功夫只在自己，不去责人，所以致得克谐，此是舜动心忍性，增益不能处。古人言语，俱是自家经历过来，所以说得亲切；遗之后世，曲当人情。若非自家经过，如何得他许多苦心处？"

先生曰："古乐不作久矣。今之戏子，尚与古乐意思相近。"未达，请问。先生曰："《韶》之九成，便是舜的一本戏子。《武》之九变，便是武王的一本戏子。圣人一生实事，俱播在乐中。所以有德者闻之，便知他尽善尽美与尽美未尽善处。若后世作乐，只是做些词调，于民俗风化绝无关涉，何以化民善俗？今要民俗反朴还淳，取今之戏子，将妖淫词调俱去了，只取忠臣孝子故事，使愚俗百姓人人易晓，无意中感激他良知起来，却于风化有益。然后古乐渐次可复矣。"曰："洪要求元声不可得，恐于古乐亦难复。"先生曰："你说元声在何处求？"对曰："古人制管候气，恐是求元声之法。"先生曰："若要去葭灰黍粒中求元声，却如水底捞月，如何可得？元声只在你心上求。"曰："心如何求？"先生曰：

"古人为治,先养得人心和平,然后作乐。比如在此歌诗,你的心气和平,听者自然悦怿兴起。只此便是元声之始。《书》云'诗言志',志便是乐的本。'歌永言',歌便是作乐的本。'声依永,律和声'。律只要和声,和声便是制律的本。何尝求之于外?"曰:"古人制候气法,是意何取?"先生曰:"古人具中和之体以作乐。我的中和,原与天地之气相应;候天地之气,协凤凰之音,不过去验我的气果和否?此是成律已后事,非必待此以成律也。今要候灰管,必须定至日。然至日子时恐又不准,又何处取得准来?"

先生曰:"学问也要点化,但不如自家解化者,自一了百当。不然,亦点化许多不得。"

"孔子气魄极大,凡帝王事业,无不一一理会,也只从那心上来。譬如大树,有多少枝叶,也只是根本上用得培养功夫,故自然能如此,非是从枝叶上用功做得根本也。学者学孔子,不在心上用功,汲汲然去学那气魄,却倒做了。"

"人有过,多于过上用功,就是补甑,其流必归于文过。"

"今人于吃饭时,虽无一事在前,其心常役役不宁,只缘此心忙惯了,所以收摄不住。"

"琴瑟简编,学者不可无;盖有业以居之,心就不放。"

先生叹曰:"世间知学的人,只有这些病痛打不破,就不是善与人同。"崇一曰:"这病痛只是个好高不能忘已尔。"

问:"良知原是中和的,如何却有过不及?"先生曰:"知得过不及处,就是中和。"

"所恶于上,是良知;毋以使下,即是致知。"

先生曰:"苏秦、张仪之智也,是圣人之资。后世事业文章,许多豪杰名家，只是学得仪、秦故智。仪、秦学术善揣摸人情，无一些不中人肯棨，故其说不能穷。仪、秦亦是窥见得良知妙用处，但用之于不善尔。"

或问"未发已发"。先生曰："只缘后儒将未发已发分说了，只得劈头说个无未发已发，使人自思得之。若说有个已发未发，听者依旧落在后儒见解。若真见得无未发已发，说个有未发已发，原不妨原有个未发已发在。"问曰："未发未尝不和，已发未尝不中；譬如钟声，未扣不可谓无，即扣不可谓有，毕竟有个扣与不扣，何如？"先生曰："未扣时原是惊天动地，即扣时也只是寂天寞地。"

问："古人论性，各有异同，何者乃为定论？"先生曰："性无定体，论亦无定体，有自本体上说者，有自发用上说者，有自源头上说者，有自流弊处说者，总而言之，只是这个性，但所见有浅深尔。若执定一边，便不是了。性之本体原是无善无恶的，发用上也原是可以为善，可以为不善的，其流弊也原是一定善一定恶的。譬如眼有喜时的眼，有怒时的眼，直视就是看的眼，微视就是觑的眼。总而言之，只是这个眼，若见得怒时眼，就说未尝有喜的眼，见得看时眼，就说未尝有觑的眼，皆是执定，就知是错。孟子说性，直从源头上说来，亦是说个大概如此。荀子性恶之说，是从流弊上说来，也未可尽说他不是，只是见得未精耳。众人则失了心之本体。"问："孟子从源头上说性，要人用功在源头上明彻；荀子从流弊说性，功夫只在末流上救正，便费力了。"先生曰："然。"

先生曰："用功到精处，愈着不得言语，说理愈难。若着意在精微上，全体功夫反蔽泥了。"

"杨慈湖不为无见，又着在无声无臭上见了。"

"人一日间，古今世界都经过一番，只是人不见耳。夜气清明时，无视无听，无思无作，淡然平怀，就是羲皇世界。平旦时，神清气朗，雍雍穆穆，就是尧、舜世界。日中以前，礼仪交会，气象秩然，就是三代世界。日中以后，神气渐昏，往来杂扰，就是春秋、战国世界。渐渐昏夜，万物寝息，景象寂寥，就是人消物尽世界。学者信得良知过，不为气所乱，便常做个羲皇以上人。"

薛尚谦、邹谦之、马子莘、王汝止待坐，因叹先生自征宁藩已来，天下谤议益众，请各言其故。有言先生功业势位日隆，天下忌之者日众；有言先生之学日明，故为宋儒争是非者亦日博；有言先生自南都以后，同志信从者日众，而四方排阻者日益力。先生曰："诸君之言，信皆有之，但吾一段自知处，诸君俱未道及耳。"诸友请问。先生曰："我在南都已前，尚有些子乡愿的意思在。我今信得这良知真是真非，信手行去，更不著些覆藏。我今才做得个狂者的胸次，使天下之人都说我行不掩言也罢。"尚谦出，曰："信得此过，方是圣人的真血脉。"

先生锻炼人处，一言之下，感人最深。一日，王汝止出游归，先生问曰："游何见？"对曰："见满街人都是圣人。"先生曰："你看满街人是圣人，满街人倒看你是圣人在。"又一日，董萝石出游而归，见先生曰："今日见一异事。"先生曰："何异？"对曰："见满街人都是圣人。"先生曰："此亦常事耳，何足为异？"盖汝止圭角未融，萝石恍见有悟，故问同答异，皆反其言而进之。洪与黄正之、张叔谦、汝中丙戌会试归，为先生道途中讲学，有信有不信。先生曰："你们拿一个圣人去与人讲学，人见圣人来，都怕走了，如何讲得行。须做得个愚夫愚妇，方可与人讲学。"洪又言："今日要见人品高下最易。"先生曰："何以见之？"对曰："先生譬如泰山在前，有不知仰者，须是无目人。"先生曰："泰山不如平地大，平地有何可见？"先生一言翦裁，剖破终年为外好高之病，在座者莫不悚惧。

癸未春，邹谦之来越问学，居数日，先生送别于浮峰。是夕，与希渊诸友移舟宿延寿寺，秉烛夜坐。先生慨怅不已，曰："江涛烟柳，故人倏在百里外矣！"一友问曰："先生何念谦之之深也？"先生曰："曾子所谓以能问于不能，以多问于寡，有若无，实若虚，犯而不较，若谦之者，良近之矣！"

丁亥年九月，先生起复征思、田。将命行时，德洪与汝中论学。汝中举先生教言，曰："无善无恶是心之体，有善有恶是意之动，知善知恶是良知，为善去恶是格物。"德洪曰："此意如何？"汝中曰："此恐未是究竟话头。若说心体是无善无恶，意亦是无善无恶的意，知亦是无善无恶的知，物亦是无善无恶的物矣。若说意有善恶，毕竟心体还有善恶在。德洪曰。"心体是天命之性，原是无善无恶的。但人有习心，意念上见有善恶在，格致诚正，修此正是复那性体功夫。若原无善恶，功夫亦不消说矣。"是夕侍坐天泉桥，各举请正。先生曰："我今将行，正要你们来讲破此意。二君之见正好相资为用，不可各执一边。我这里接人原有此二种。利根之人直从本原上悟入。人心本体原是明莹无滞的，原是个未发之中。利根之人一悟本体，即是功夫，人已内外，一齐俱透了。其次不免有习心在，本体受蔽，故且教在意念上实落为善去恶。功夫熟后，渣滓去得尽时，本体亦明尽了。汝中之见，是我这里接利根人的；德洪之见，是我这里为其次立法的。二君相取为用，则中人上下皆可引入于道。若各执一边，眼前便有失人，便于道体各有未尽。"既而曰："以后与朋友讲学，切不可失了我的宗旨：无善无恶是心之体，有善有恶是意之动，知善知恶的是良知，为善去恶是格物，只依我这话头随人指点，自没病痛。此原是彻上彻下功夫。利根之人，世亦难遇，本体功夫，一悟尽透。此颜子、明道所不敢承当，岂可轻易望人！人有习心，不教他在良知上实用为善去恶功夫，只去悬空想个本体，一切事为俱不着实，不过养成一个虚寂。此个病痛不是小小，不可不早说破。"是日德洪、汝中俱有省。

右门人钱德洪录。

先生初归越时，朋友踪迹尚寥落。既后四方来游者日进。癸未年已后，环先生而居者比屋，如天妃、光相诸刹，每当一室，常合食者数十人；夜无卧处，更相就席；歌声彻昏旦。南镇、禹穴、阳明洞诸山远近寺刹，徙足所到，无非同志游寓所在。先生每临讲座，前后左右环坐而听者常不下数百人，送往迎来，月无虚日；至有在侍更岁，不能遍记其姓名者。每临别，先生常叹曰："君等虽别，不出在天地间，苟同此志，吾亦可以忘形似矣！"诸生每听讲出门，未尝不跳跃称快。尝闻之同门先辈曰："南都以前，朋友从游者虽众，未有如在越之盛者。此虽讲学日久，孚信渐博，要亦先生之学日进，感召之机申变无方，亦自有不同也。"

黄以方问："博学于文，为随事学存此天理；然则谓行有余力，则以学文，其说似不相合。"先生曰："《诗》《书》、六艺皆是天理之发见，文字都包在其中。考之《诗》《书》、六艺，皆所以学存此天理也。不特发见于事为者方为文耳。余力学文，亦只博学于文中事。"或问"学而不思"二句。曰："此亦有为而言，其实思即学也。学有所疑，便须思之。思而不学者，盖有此等人只悬空去思，要想出一个道理；却不在身心上实用其力，以学存此天理。思与学作两事做，故有罔与殆之病。其实思只是思其所学，原非两事也"。

先生曰："先儒解格物为格天下之物，天下之物如何格得？且谓一草一木亦皆有理，今如何去格？纵格得草木来，如何反来诚得自家意？我解格作正字义，物作事字义，《大学》之所谓身，即耳目口鼻四肢是也。

欲修身，便是要目非礼勿视，耳非礼勿听，口非礼勿言，四肢非礼勿动。要修这个身，身上如何用得功夫？心者身之主宰，目虽视而所以视者心也，耳虽听而所以听者心也，口与四肢虽言动而所以言动者心也，故欲修身在于体当自家心体，常令廓然大公，无有些子不正处。主宰一正，则发窍于目，自无非礼之视；发窍于耳，自无非礼之听；发窍于口与四肢，自无非礼之言动：此便是修身在正其心。然至善者，心之本体也。心之本体，那有不善？如今要正心，本体上何处用得工？必就心之发动处才可着力也。心之发动不能无不善，故须就此处着力，便是在诚意。如一念发在好善上，便实实落落去好善；一念发在恶恶上，便实实落落去恶恶。意之所发，既无不诚，则其本体如何有不正的？故欲正其心在诚意。工夫到诚意，始有着落处。然诚意之本，又在于致知也。所谓人虽不知，而己所独知者，此正是吾心良知处。然知得善，却不依这个良知便做去，知得不善，却不依这个良知便不去做，则这个良知便遮蔽了，是不能致知也。吾心良知既不能扩充到底，则善虽知好，不能着实好了；恶虽知恶，不能着实恶了，如何得意诚？故致知者，意诚之本也。然亦不是悬空的致知。致知在实事上格。如意在于为善，便就这件事上去为；意在于去恶，便就这件事上去不为。去恶固是格不正以归于正，为善则不善正了，亦是格不正以归于正也。如此，则吾心良知无私欲蔽了，得以致其极，而意之所发，好善去恶，无有不诚矣！诚意工夫，实下手处在格物也。若如此格物，人人便做得，'人皆可以为尧、舜'，正在此也。"

先生曰："众人只说格物要依晦翁，何曾把他的说去用？我着实曾用来。初年与钱友同论做圣贤，要格天下之物，如今安得这等大的力量？因指亭前竹子，令去格看。钱子早夜去穷格竹子的道理，竭其心思，至于三日，便致劳神成疾。当初说他这是精力不足，某因自去穷格。早夜不得其理，到七日，亦以劳思致疾。遂相与叹圣贤是做不得的，无他大力量去格物了。及在夷中三年，颇见得此意思乃知天下之物本无可格者。其格物之功，只在身心上做，决然以圣人为人人可到，便自有担当了。这里意思，却要说与诸公知道。"

门人有言邵端峰论童子不能格物，只教以洒扫应对之说。先生曰："洒扫应对就是一件物，童子良知只到此，便教去洒扫应对，就是致他这一点良知了。又如童子知畏先生长者，此亦是他良知处。故虽嬉戏中见了先生长者，便去作揖恭敬，是他能格物以致敬师长之良知了。童子自有童子的格物致知。"又曰："我这里言格物，自童子以至圣人，皆是此等工夫。但圣人格物，便更熟得些子，不消费力。如此格物，虽卖柴人亦是做得，虽公卿大夫以至天子，皆是如此做。"

或疑知行不合一，以"知之匪艰"二句为问。先生曰："良知自知，原是容易的。只是不能致那良知，便是'知之匪艰，行之惟艰'。"

门人问曰："知行如何得合一？且如《中庸》，言'博学之'，又说个'笃行之'，分明知行是两件。"先生曰："博学只是事事学存此天理，笃行只是学之不已之意。"又问："《易》'学以聚之'，又言'仁以行之'，此是如何？"先生曰："也是如此。事事去学存此天理，则此心更无放失时，故曰'学以聚之'，然常常学存此天理，更无私欲间断，此即是此心不息处，故曰'仁以行之'。"又问："孔子言知及之，仁不能守之，知行却是两个了？"先生曰："说及之已是行了，但不能常常行，已为私欲间断，便是仁不能守。"又问："心即理之说，程子云'在物为理'，如何谓心即理？"先生曰："在物为理，在字上当添一心字，此心在物则为理。如此心在事父则为孝，在事君则为忠之类。"先生因谓之曰："诸君要识得我立言宗旨。我如今说个心即理是如何，只为世人分心与理为二故，便有许多病痛。如五伯攘夷狄，尊周室，都是一个私心，便不当理。人却说他做得当理，只心有未纯，往往悦慕其所为，要来外面做得好看，却与心全不相干。分心与理为二，其流至于伯道之伪而不自知。故我说个心即理，要使知心理是一个，便来心上做工夫，不去袭义于外，便是王道之真。此我立言宗旨。"又问："圣贤言语许多，如何却要打做一个？"曰："我不是要打做一个，如曰'夫道，一而已矣'，又曰'其为物不二，则其生物不测'，天地圣人皆是一个，如何二得？"

"心不是一块血肉，凡知觉处便是心，如耳目之知视听，手足之知痛痒，此知觉便是心也。"

以方问曰："先生之说格物，凡《中庸》之慎独及集义、博约等说，皆为格物之事。"先生曰："非也。格物即慎独，即戒惧。至于集义、博约工夫只一般，不是以那数件都做格物底事。"

以方问尊德性一条。先生曰："道问学即所以尊德性也。晦翁言'子静以尊德性晦人，某教人岂不是道问学处多了些子'，是分尊德性、道问学作两件。且如今讲习讨论，下许多工夫，无非只是存此心，不失其德性而已。岂有尊德性，只空空去尊，更不去问学？问学只是空空去问学，更与德性无关涉？如此，则不知今之所以讲习讨论者，更学何事！"问致广大二句。曰："尽精微即所以致广大也。道中庸即所以极高明也。盖心之本体自是广大底，人不能尽精微，则便为私欲所蔽，有不胜其小者矣。故能细微曲折无所不尽，则私意不足以蔽之，自无许多障碍遮隔处，如何广大不致？"又问："精微还是念虑之精微，是事理之精微？"曰："念虑之精微即事理之精微也。"

先生曰："今之论性者纷纷异同，皆是说性，非见性也。见性者无异同之可言矣。"

问："声色货利，恐良知亦不能无。"先生曰："固然。但初学用功，却须扫除荡涤，勿使留积，则适然来遇，始不为累，自然顺而应之。良知只在声色货利上用功，能致得良知，精精明明，毫发无蔽，则声色货利之交，无非天则流行矣。"

先生曰："吾与诸公讲致知格物，日日是此，讲一二十年俱是如此。诸君听吾言，实去用功，见吾讲一番，自觉长进一番。否则，只作一场话说，虽听之亦何用。"

先生曰："人之本体常常是寂然不动的，常常是感而遂通的。未应不是先，已应不是后。"

一友举"佛家以手指显出，问曰：'众曾见否？'众曰：'见之。'复以手指入袖，问曰：'众还见否？'众曰：'不见。'佛说还未见性。此义未明。"先生曰："手指有见有不见，尔之见性常在。人之心神只在有睹有闻上驰骛，不在不睹不闻上着实用功。盖不睹不闻是良知本体。戒慎恐惧是致良知的工夫。学者时时刻刻常睹其所不睹，常闻其所不闻，工夫方有个实落处。久久成熟后，则不须着力，不待防检，而真性自不息亦。岂以在外者之闻见为累哉！"

问："先儒谓：鸢飞鱼跃，与必有事焉同一活泼泼地。"先生曰："亦是。天地间活泼泼地，无非此理，便是吾良知的流行不息。致良知便是必有事的工夫。此理非惟不可离，实亦不得而离也：无往而非道，无往而非工夫。"

先生曰："诸公在此，务要立个必为圣人之心，时时刻刻，须是一棒一条痕，一掴一掌血，方能听吾说话句句得力。若茫茫荡荡度日，譬如一块死肉，打也不知得痛痒，恐终不济事。回家只寻得旧时伎俩而已，岂不惜哉！"

问："近来妄念也觉少，亦觉不曾着想定要如何用功，不知此是工夫否？"先生曰："汝且去着实用功，便多这些着想也不妨，久久自会妥帖。若才下得些功，便说效验，何足为恃？"

一友自叹："私意萌时，分明自心知得，只是不能使他即去。"先生曰："你萌时这一知处，便是你的命根。当下即去消磨，便是立命工夫。"

"夫子说'性相近'，即孟子说'性善'，不可专在气质上说。若说气质，如刚与柔对，如何相近得？惟性善则同耳。人生初时，善原是同的。但刚的习于善则为刚善，习于恶则为刚恶；柔的习于善则为柔善，习于恶则为柔恶，便日相远了。"

先生尝语学者曰："心体上着不得一念留滞，就如眼着不得些子尘沙。些子能得几多？满眼便昏天黑地了。"又曰："这一念不但是私念，便好的念头，亦着不得些子。如眼中放些金玉屑，眼亦开不得了。"

问："人心与物同体，如吾身原是血气流通的，所以谓之同体。若于人便异体了。禽兽草木益远矣，而何谓之同体？"先生曰："你只在感应之几上看，岂但禽兽草木，虽天地也与我同体的，鬼神也与我同体的。"请问。先生曰："尔看这个天地中间，甚么是天地的心？"对曰："尝闻人是天地的心。"曰："人又甚么教做心？"对曰："只是一个灵明。"曰："可知充天塞地中间，只有这个灵明，人只为形体自间隔了。我的灵明，便是天地鬼神的主宰。天没有我的灵明，谁去仰他高？地没有我的灵明，谁去俯他深？鬼神没有我的灵明，谁去辨他吉凶灾祥？天地鬼神万物离却我的灵明，便没有天地鬼神万物了。我的灵明离却天地鬼神万物，亦没有我的灵明。如此，便是一气流通的，如何与他间隔得！"又问："天地鬼神万物，千古见在，何没了我的灵明，便俱无了？"曰："今看死的人，他这些精灵游散了，他的天地万物尚在何处？"

先生起行征思、田，德洪与汝中追送严滩，汝中举佛家实相幻相之说。先生曰："有心俱是实，无心俱是幻；无心俱是实，有心俱是幻。"汝中曰："有心俱是实，无心俱是幻，是本体上说功夫。无心俱是实，有心俱是幻，是功夫上说本体。"先生然其言。洪于是时尚未了达，数年用功，始信本体功夫合一。但先生是时因问偶谈，若吾儒指点人处，不必借此立言耳！

尝见先生送二三耆宿出门，退坐于中轩，若有忧色。德洪趋进请问。先生曰："顷与诸老论及此学，真员凿方枘，此道坦如道路，世儒往往自加荒塞，终身陷荆棘之场而不悔，吾不知其何说也！"德洪退谓朋友曰："先生诲人，不择衰朽，仁人悯物之心也。"

先生曰："人生大病，只是一傲字。为子而傲必不孝，为臣而傲必不忠，为父而傲必不慈，为友而傲必不信：故象与丹朱俱不肖，亦只一傲字，便结果了此生。诸君常要体此人心本是天然之理，精精明明，无纤介染着，只是一无我而已；胸中切不可有，有即傲也。古先圣人许多好处，也只是无我而已，无我自能谦。谦者众善之基，傲者众恶之魁。"

又曰："此道至简至易的，亦至精至微的。孔子曰：'其如示诸掌乎！'且人于掌，何日不见？及至问他掌中多少文理，却便不知。即如我良知二字，一讲便明，谁不知得？若欲的见良知，却谁能见得？"问曰："此知恐是无方体的，最难捉摸。"先生曰："良知即是易，其为道也屡迁，变动不居，周流六虚，上下无常，刚柔相易，不可为典要，惟变所适。此知如何捉摸得？见得透时便是圣人。"

问："孔子曰：'回也非助我者也。'是圣人果以相助望门弟子否？"先生曰："亦是实话。此道本无穷尽，问难愈多，则精微愈显。圣人之言，本自周遍，但有问难的人胸中窒碍，圣人被他一难，发挥得愈加精神，若颜子闻一知十，胸中了然，如何得问难？故圣人亦寂然不动，无所发挥，故曰非助。"

邹谦之尝语德洪曰："舒国裳曾持一张纸，请先生写'拱把之桐梓'一章。先生悬笔为书，到'至于身而不知所以养之者'，顾而笑曰：'国裳读书中过状元来，岂诚不知身之所以当养？还须诵此以求警？'一时在侍诸友皆惕然。"

右门人黄以方录。

嘉靖戊子冬，德洪与王汝中奔师丧，至广信，讣告同门，约三年收录遗言。继后同门各以所记见遗。洪择其切于问正者，合所私录，得若干条。居吴时，将与《文录》并刻矣，适以忧去未遂。当是时也，四方讲学日众，师门宗旨既明，若无事于赘刻者，故不复萦念。去年同门曾子汉得洪手抄，复傍为采辑，名曰遗言，以刻行于荆。洪读之，觉当时采录未精，乃为删其重复，削去芜蔓，存其三分之一，名曰《传习续录》，复刻于宁国之水西精舍。今年夏，洪来游蕲，沈君思畏曰："师门之教久行于四方，而独未及于蕲。蕲之士得读遗言，若亲炙夫子之教；指见良知，若重睹日月之光。惟恐传习之不博，而未以重复之为繁也。请裒其所逸者增刻之，若何？"洪曰："然师门'致知格物'之旨，开示来学；学者躬修默悟，不敢以知解承，而惟以实体得，故吾师终日言是，而不惮其烦；学者终日听是，而不厌其数；盖指示专一则体悟日精，几迎于言前，神发于言外，感遇之诚也。今吾师之没，未及三纪，而格言微旨，渐觉沦晦，岂非吾党身践之不力，多言有以病之耶？学者之趋不一，师门之教不宣也。"乃复取逸稿，采其语之不背者，得一卷；其余影响不真，与《文录》既载者，皆削之，并易中卷为问答语，以付黄梅尹张君增刻之。庶几读者不以知解承，而惟以实体得，则无疑于是录矣！

嘉靖丙辰夏四月，门人钱德洪拜书于蕲之崇正书院。

附录　朱子晚年定论

　　《定论》首刻于南赣。朱子病目静久,忽悟圣学之渊微,乃大悔中年注述误己误人,遍告同志。师阅之,喜己学与晦翁同,手录一卷,门人刻行之。自是为朱子论异同者寡矣。师曰:"无意中得此一助!"隆庆壬申,虬峰谢君廷杰刻师《全书》,命刻《定论》附语录后,见师之学与朱子无相谬戾,则千古正学同一源矣。并师首叙与袁庆麟跋凡若干条,洪儆引其说。

　　阳明子序曰:洙泗之传,至孟氏而息;千五百余年,濂溪、明道始复追寻其绪;自后辨析日详,然亦日就支离决裂,旋复湮晦。吾尝深求其故,大抵皆世儒之多言有以乱之。守仁早岁业举,溺志词章之习,既乃稍知从事正学,而苦于众说之纷挠疲苶,茫无可入,因求诸老、释,欣然有会于心,以为圣人之学在此矣!然于孔子之教间相出入,而措之日用,往来缺漏无归;依违往返,且信且疑。其后谪官龙场,居夷处困,动心忍性之余,恍若有悟,体念探求,再更寒暑,证诸"五经""四子",沛然若决江河而放诸海也。然后叹圣人之道坦如大路，而世之儒者妄开窦径，蹈荆棘，堕坑堑，究其为说，反出二氏之下。宜乎世之高明之士厌此而趋彼也！此岂二氏之罪哉！间尝以语同志，而闻者竞相非议，目以为立异好奇；虽每痛反深抑，务自搜剔斑瑕，而愈益精明的确，洞然无复可疑；独于朱子之说有相抵牾恒疚于心，切疑朱子之贤，而岂其于此尚有未察？及官留都，复取朱子之书而检求之，然后知其晚岁固已大悟旧说之非，痛悔极艾，至以为自诳诳人之罪，不可胜赎。世之所传《集注》《或问》之类，乃其中年未定之说，自咎以为旧本之误，思改正而未及，而其诸《语类》之属，又其门人挟胜心以附己见，固于朱子平日之说犹有大相谬戾者，而世之学者局于见闻，不过持循讲习于此。其于悟后之论，概乎其未有闻，则亦何怪乎予言之不信、而朱子之心无以自暴于后世也乎？予既自幸其说之不谬于朱子，又喜朱子之先得我心之同，然且慨夫世之学者徒守朱子中年未定之说，而不复知求其晚岁既悟之论，竞相呶呶，以乱正学，不自知其已入于异端；辄采录而衷集之，私以示夫同志，庶几无疑于吾说，而圣学之明可冀矣！正德乙亥冬十一月朔，后学余姚王守仁序。

答黄直卿书

为学直是先要立本。文义却可且与说出正意，令其宽心玩味；未可便令考校同异，研究纤密，恐其意思促迫，难得长进。将来见得大意，略举一二节目渐次理会，盖未晚也。此是向来定本之误。今幸见得，却烦勇革。不可苟避讥笑却误人也。

答吕子约

日用工夫，比复何如？文字虽不可废，然涵养本原而察于天理人欲之判，此是日用动静之间，不可顷刻间断底事。若于此处见得分明，自然不到得流入世俗功利权谋里去矣。熹亦近日方实见得向日支离之病，虽与彼中证候不同，然忘己逐物，贪外虚内之失，则一而已。程子说"不得以天下万物挠己，己立后自能了得天下万物"，今自家一个身心不知安顿去处，而谈王说伯，将经世事业别作一个伎俩商量讲究，不亦误乎！相去远，不得面论；书问终说不尽，临风叹息而已。

答何叔京

前此僭易拜禀博观之敝，诚自不揆。乃蒙见是，何幸如此！然观来谕，似有未能遽舍之意，何邪？此理甚明，何疑之有？若使道可以多闻博观而得，则世之知道者为不少矣。熹近日因事方有少省发处，如"鸢飞鱼跃"，明道以为与"必有事焉勿正"之意同者，乃今晓然无疑。日用之间，观此流行之体，初无有间断处、有下工夫处。乃知日前自诳诳人之罪，盖不可胜赎也。此与守书册，泥言语，全无交涉；幸于日用间察之，知此则知仁矣。

答潘叔昌

示喻"天上无不识字底神仙",此论甚中一偏之弊。然亦恐只学得识字,却不曾学得上天,即不如且学上天耳。上得天了,却旋学上天人,亦不妨也。中年以后,气血精神能有几何?不是记故事时节。熹以目昏,不敢着力读书。闲中静坐,收敛身心,颇觉得力。间起看书,聊复遮眼,遇有会心处,时一喟然耳!

答潘叔度

熹衰病,今岁幸不至剧,但精力益衰,目力全短,看文字不得;冥目静坐,却得收拾放心,觉得日前外面走作不少,颇恨盲废之不早也。看书鲜识之喻,诚然。然严霜大冻之中,岂无些小风和日暖意思?要是多者胜耳!

与吕子约

孟子言"学问之道,惟在求其放心";而程子亦言"心要在腔子里"。今一向耽着文字,令此心全体都奔在册子上,更不知有己;便是个无知觉不识痛痒之人,虽读得书,亦何益于吾事邪?

与周叔谨

应之甚恨未得相见，其为学规模次第如何？近来吕、陆门人互相排斥，此由各徇所见之偏，而不能公天下之心以观天下之理，甚觉不满人意。应之盖尝学于两家，未知其于此看得果如何？因话扣之，因书谕及为幸也。熹近日亦觉向来说话有大支离处，反身以求，正坐自己用功亦未切耳。因此减去文字功夫，觉得闲中气象甚适。每劝学者亦且看《孟子》"道性善"、"求放心"两章，着实体察收拾为要；其余文字，且大概讽诵涵养，未须大段着力考索也。

答陆象山

熹衰病日侵，去年灾患亦不少，比来病躯方似略可支吾。然精神耗减，日甚一日，恐终非能久于世者。所幸迩来日用功夫颇觉有力，无复向来支离之病。甚恨未得从容面论。未知异时相见，尚复有异同否耳？

答符复仲

闻向道之意甚勤。向所喻义利之间，诚有难择者；但意所疑，以为近利者，即便舍去可也。向后见得亲切，却看旧事，又有见未尽舍未尽者，不解有过当。也见陆丈回书，其言明当，且就此持守，自见功效；不须多疑外问，却转迷惑也。

答吕子约

日用工夫，不敢以老病而自懈。觉得此心操存舍亡，只在反掌之间。向来诚是太涉支离。盖无本以自立，则事事皆病耳。又闻讲授亦颇勤劳，此恐或有未便。今日正要清源正本，以察事变之几微，岂可一向汨溺于故纸堆中，使精神昏弊，失后忘前，而可以谓之学乎？

与吴茂实

近来自觉向时功夫，止讲论文义，以为积集义理，久当自有得力处，却于日用工夫全少检点。诸朋友往往亦只如此做工夫，所以多不得力。今方深省而痛惩之，亦欲与诸同志勉焉。幸老兄遍以告之也。

答张敬夫

熹穷居如昨，无足言者。自远去师友之益，兀兀度日。读书反己，固不无警省处，终是旁无疆辅，因循汨没，寻复失之。近日一种向外走作，心悦之而不能自已者，皆准止酒例戒而绝之，似觉省事。此前辈所谓"下士晚闻道，聊以拙自修"者，若扩充不已，补复前非，庶其有日。旧读《中庸》"慎独"、《大学》"诚意""毋自欺"处，常苦求之太过，措词烦猥；近日乃觉其非，此正是最切近处，最分明处。乃舍之而谈空于冥漠之间，其亦误矣。方窃以此意痛自检勒，懔然度日，惟恐有怠而失之也。至于文字之间，亦觉向来病痛不少。盖平日解经最为守章句者，然亦多是推衍文义，自做一片文字；非惟屋下架屋，说得意味淡薄，且是使人看者将注与经作两项工夫，做了下梢，看得支离，至于本旨，全不相照。以此方知汉儒可谓善说经者，不过只说训诂。使人以此训诂玩索经文。训诂经文不相离异，只做一道看了，直是意味深长也。

答吕伯恭

道间与季通讲论，因悟向来函养功夫全少，而讲说又多，强探必取寻流逐末之弊；推类以求，众病非一，而其源皆在此，恍然自失，似有顿进之功。若保此不懈，庶有望于将来。然非如近日诸贤所谓顿悟之机也。向来所闻诲谕诸说之未契者，今日细思，吻合无疑。大抵前日之病，皆是气质躁妄之偏，不曾涵养克治，任意直前之弊耳。

答周纯仁

闲中无事，固宜谨出，然想亦不能一并读得许多。似此专人来往劳费，亦是未能省事随寓而安之病。又如多服燥热药，亦使人血气偏胜，不得和平，不但非所以卫生，亦非所以养心。窃恐更须深自思省，收拾身心，渐令向里，令宁静闲退之意胜，而飞扬燥扰之气消，则治心养气、处事接物自然安稳，一时长进，无复前日内外之患矣。

答窦文卿

为学之要，只在着实操存，密切体认，自己身心上理会。切忌轻自表襮，引惹外人辩论，枉费酬应，分却向里工夫。

答吕子约

闻欲与二友俱来而复不果，深以为恨。年来觉得日前为学不得要领，自做身主不起，反为文字夺却精神，不是小病。每一念之，惕然自惧，且为朋友忧之。而每得子约书，辄复恍然，尤不知所以为贤者谋也。且如临事迟回，瞻前顾后，只此亦可见得心术影子。当时若得相聚一番，彼此极论，庶几或有剖决之助。今又失此机会，极令人怅恨也！训导后生，若说得是，当极有可自警省处，不会减人气力。若只如此支离，漫无统纪，则虽不教后生，亦只见得展转迷惑，无出头处也。

答林择之

熹哀苦之余，无他外诱，日用之间，痛自敛饬，乃知敬字之功亲切要妙乃如此。而前日不知于此用力，徒以口耳浪费光阴，人欲横流，天理几灭。今而思之。怛然震悚，盖不知所以措其躬也。

又

此中见有朋友数人讲学,其间亦难得朴实头负荷得者。因思日前讲论,只是口说,不曾实体于身,故在己在人,都不得力。今方欲与朋友说日用之间,常切点检气习偏处、意欲萌处,与平日所讲相似与不相似,就此痛着工夫,庶几有益。陆子寿兄弟,近日议论,却肯向讲学上理会。其门人有相访者,气象皆好。但其间亦有旧病。此间学者却是与渠相反,初谓只如此讲学,渐涵自能入德。不谓末流之弊只成说话,至于人伦日用最切近处,亦都不得毫毛气力。此不可不深惩而痛警也!

答梁文叔

近看孟子见人即道性善,称尧、舜,此是第一义。若于此看得透,信得及,直下便是圣贤,便无一毫人欲之私做得病痛。若信不及孟子,又说个第二节工夫,又只引成覸、颜渊、公明仪三段说话教人如此,发愤勇猛向前,日用之间,不得存留一毫人欲之私在这里,此外更无别法。若于此有个奋迅兴起处,方有田地可下功夫。不然,即是画脂镂冰,无真实得力处也。近日见得如此,自觉颇得力,与前日不同,故此奉报。

答潘叔恭

学问根本在日用间,持敬集义工夫,直是要得念念省察。读书求义,乃其间之一事耳。旧来虽知此意,然于缓急之间,终是不觉有倒置处,误人不少。今方自悔耳！

答林充之

充之近读何书？恐更当于日用之间为仁之本者，深加省察，而去其有害于此者为佳。不然，诵说虽精，而不践其实，君子盖深耻之。此固充之平日所讲闻也。

答何叔景

李先生教人，大抵令于静中体认大本未发时气象，分明即处事应物，自然中节。此乃龟山门下相传指诀，然当时亲炙之时，贪听讲论，又方窃好章句训诂之习，不得尽心于此；至今若存若亡，无一的实见处，辜负教育之意。每一念此，未尝不愧汗沾衣也。

又

熹近来尤觉昏愦无进步处。盖缘日前偷堕苟简，无深探力行之志，凡所论说，皆出入口耳之余，以故全不得力。今方觉悟，欲勇革旧习，而血气已衰，心志亦不复强，不知终能有所济否？

又

向来妄论"持敬"之说，亦不自记其云何。但因其良心发见之微，猛省提撕，使心不昧，则是做工夫底本领。本领既立，自然下学而上达矣。若不察良心发见处，即渺渺茫茫，恐无下手处也。中间一书论"必有事焉"之说，却尽有病，殊不蒙辨诘，何邪？所喻多识前言往行，固君子之所急。熹向来所见亦是如此。近因反求未得个安稳处，却始知此未免支离，如所谓因诸公以求程氏，因程氏以求圣人，是隔几重公案，曷若默会诸心，以立其本，而其言之得失，自不能逃吾之鉴邪？钦夫之学所以超脱自在，见得分明，不为言句所桎梏，只为合下入处亲切。今日说话虽未能绝无渗漏，终是本领。是当非吾辈所及，但详观所论，自可见矣。

答林择之

所论颜、孟不同处，极善极善！正要见此曲折，始无窒碍耳。比来想亦只如此用功。熹近只就此处见得向来未见底意思，乃知存久自明，何待穷索之语，是真实不诳语。今未能久，已有此验，况真能久邪？但当益加勉励，不敢少弛其劳耳！

答杨子直

学者堕在语言，心实无得，固为大病；然于语言中，罕见有究竟得彻头彻尾者。盖资质已是不及古人，而功夫又草草，所以终身于此，若存若亡，未有卓然可恃之实。近因病后，不敢极力读书，闲中却觉有进步处。大抵孟子所论求其放心，是要诀尔！

与田侍郎子真

吾辈今日事事做不得，只有向里存心穷理，外人无交涉。然亦不免违条碍贯，看来无着力处，只有更攒近里面，安身立命尔。不审比日何所用心？因书及之，深所欲闻也。

答陈才卿

详来示，知日用工夫精进如此，尤以为喜。若知此心此理端的在我，则参前倚衡，自有不容舍者，亦不待求而得，不待操而存矣。格物致知，亦是因其所已知者推之，以及其所未知：只是一本，原无两样工夫也。

与刘子澄

居官无修业之益，若以俗学言之，诚是如此；若论圣门所谓德业者，却初不在日用之外，只押文字，便是进德修业地头，不必编缀异闻，乃为修业也。近觉向来为学，实有向外浮泛之弊；不惟自误，而误人亦不少。方别寻得一头绪，似差简约端的，始知文字言语之外，真别有用心处，恨未得面论也。浙中后来事体，大段支离乖僻，恐不止似正似邪而已，极令人难说，只得惶恐，痛自警省！恐未可专执旧说以为取舍也。

与林择之

熹近觉向来乖谬处不可缕数,方惕然思所以自新者,而日用之间,悔吝潜积,又已甚多。朝夕惴惧,不知所以为计。若择之能一来辅此不逮,幸甚!然讲学之功,比旧却觉稍有寸进。以此知初学得些静中功夫,亦为助不小。

答吕子约

示喻日用工夫如此,甚善!然亦且要见一大头脑分明,便于操舍之间有用力处;如实有一物,把住放行在自家手里,不是谩说求其放心,实却茫茫无把捉处也。

子约复书云:"某盖尝深体之,此个大头脑本非外面物事,是我元初本有底。其曰'人生而静',其曰'喜怒哀乐之未发',其曰'寂然不动',人汩汩地过了日月,不曾存息,不曾实见此体段,如何会有用力处?程子谓'这个义理,仁者又看做仁了,智者又看做智了,百姓日用而不知,此所以君子之道鲜'。此个亦不少,亦不剩,只是人看他不见,不大段信得此话。及其言于勿忘勿助长间认取者,认乎此也。认得此,则一动一静皆不昧矣!恻隐羞恶辞让是非,四端之著也,操存久则发见多;忿懥忧患好乐恐惧,不得其正也,放舍甚则日滋长。记得南轩先生谓'验厥操舍,乃知出入',乃是见得主脑,于操舍间有用力处之实话。盖苟知主脑不放下,虽是未能常常操存,然语默应酬间历历能自省验,虽其实有一物在我手里,然可欲者是我底物,不可放失;不可欲者非是我物,不可留藏：虽谓之实有一物在我手里，亦可也。若是谩说，既无归宿，亦无依据；纵使强把捉得住，亦止是制取，夫岂是我元有底邪？愚见如些，敢望指教。"朱子答书云："此段大概，甚正当亲切。"

答吴德夫

承喻仁字之说，足见用力之深。熹意不欲如此坐谈，但直以孔子、程子所示求仁之方，择其一二切于吾身者，笃志而力行之，于动静语默间，勿令间断，则久久自当知味矣。去人欲，存天理，且据所见去之存之。功夫既深，则所谓似天理而实人欲者次第可见。今大体未正，而便察及细微，恐有放饭流歠，而问无齿决之讥也。如何如何？

答或人

中和二字，皆道之体用。旧闻李先生论此最详，后来所见不同，遂不复致思。今乃知其为人深切，然恨已不能尽记其曲折矣。如云"人固有无所喜怒哀乐之时，然谓之未发，则不可言无主也"，又如先言慎独，然后及中和，此亦尝言之。但当时既不领略，后来又不深思，遂成蹉过，辜负此翁耳！

答刘子澄

日前为学,馁于反己追思,凡百多可悔者。所论注文字,亦坐此病,多无着实处。回首茫然,计非岁月功夫所能救治,以此愈不自快。前时犹得敬夫、伯恭时惠规益,得以自警省;二友云亡,耳中绝不闻此等语。今乃深有望于吾子澄。自此惠书,痛加镌诲,乃君子爱人之意也。

朱子之后,如真西山、许鲁斋、吴草庐亦皆有见于此,而草庐见之尤真,悔之尤切。今不能备录,取草庐一说附于后。

临川吴氏曰:"天之所以生人,人之所以为人,以此德性也。然自圣传不嗣,士学靡宗,汉、唐千余年间,董、韩二子依稀数语近之,而原本竟昧昧也。逮夫周、程、张、邵兴,始能上通孟氏而为一。程氏四传而至朱,文义之精密,又孟氏以来所未有者。其学徒往往滞于此而溺其心。夫既以世儒记诵词章为俗学矣,而其为学亦未离乎言语文字之末。此则嘉定以后朱门末学之敝,而未有能救之者也。夫所贵乎圣人之学,以能全天之所以与我者尔。天之与我,德性是也,是为仁义礼智之根株,是为形质血气之主宰。舍此而他求,所学何学哉?假而行如司马文正公,才如诸葛忠武侯,亦不免为习不著,行不察;亦不过为资器之超于人,而谓有得于圣学则未也。况止于训诂之精,讲说之密,如北溪之陈,双峰之饶,则与彼记诵词章之俗学,相去何能以寸哉?圣学大明于宋代,而踵其后者如此,可叹已!澄也钻研于文义,毫分缕析,每以陈为未精,饶为未密也。堕此科臼中垂四十年,而始觉其非。自今以往,一日之内子而亥,一月之内朔而晦,一岁之内春而冬,常见吾德性之昭昭,如天之运转,如日月之往来,不使有须臾之间断,则于尊之之道殆庶几乎?于此有未能,则问于人,学于己,而必欲其至。若其用力之方,非言之可喻,亦昧于《中庸》

首章、《订顽》终篇而自悟可也。"

《朱子晚年定论》，我阳明先生在留都时所采集者也。揭阳薛君尚谦旧录一本，同志见之，至有不及抄写，袖之而去者。众皆惮于翻录，乃谋而寿诸梓。谓："子以齿，当志一言。"惟朱子一生勤苦，以惠来学，凡一言一字，皆所当守；而独表章是、尊崇乎此者，盖以为朱子之定见也。今学者不求诸此，而犹踵其所悔，是蹈舛也，岂善学朱子者哉？麟无似，从事于朱子之训余三十年，非不专且笃，而竟亦未有居安资深之地，则犹以为知之未详，而览之未博也。戊寅夏，持所著论若干卷来见先生。闻其言，如日中天，睹之即见；如五谷之艺地，种之即生；不假外求，而真切简易，恍然有悟。退求其故而不合，则又不免迟疑于其间。及读是编，始释然，尽投其所业，假馆而受学，盖三月而若将有闻焉。然后知向之所学，乃朱子中年未定之论，是故三十年而无获。今赖天之灵，始克从事于其所谓定见者。故能三月而若将有闻也。非吾先生，几乎已矣！敢以告夫同志，使无若麟之晚而后悔也。若夫直求本原于言语之外，真有以验其必然而无疑者，则存乎其人之自力，是编特为之指迷耳。

正德戊寅六月望，门人雩都袁庆麟谨识。

文　录

卷一　文

大学问

　　吾师接初见之士，必借学、庸首章以指示圣学之全功，使知从入之路。师征思、田将发，先授大学问，德洪受而录之。

　　"大学者，昔儒以为大人之学矣。敢问大人之学何以在于'明明德'乎？"阳明子曰："大人者，以天地万物为一体者也，其视天下犹一家，中国犹一人焉。若夫间形骸而分尔我者，小人矣。大人之能以天地万物为一体也，非意之也，其心之仁本若是，其与天地万物而为一也。岂惟大人，虽小人之心亦莫不然，彼顾自小之耳。是故见孺子之入井，而必有怵惕恻隐之心焉，是其仁之与孺子而为一体也；孺子犹同类者也，见鸟兽之哀鸣觳觫，而必有不忍之心焉，是其仁之与鸟兽而为一体也；鸟兽犹有知觉者也，见草木之摧折而必有悯恤之心焉，是其仁之与草木而为一体也；草木犹有生意者也，见瓦石之毁坏而必有顾惜之心焉，是其仁之与瓦石而为一体也;是其一体之仁也,虽小人之心亦必有之。是乃根于天命之性,而自然灵昭不昧者也,是故谓之'明德'。小人之心既已分隔隘陋矣,而其一体之仁犹能不昧若此者,是其未动于欲,而未蔽于私之时也。及其动于欲,蔽于私,而利害相攻,忿怒相激,则将戕物圮类,无所不为,其甚至有骨肉相残者,而一体之仁亡矣。是故苟无私欲之蔽,则虽小人之心,而其一体之仁犹大人也;一有私欲之蔽,则虽大人之心,而其分隔隘陋犹小人矣。故夫为大人之学者,亦惟去其私欲之蔽,以自明其明德,复其天地万物一体之本然而已耳;非能于本体之外而有所增益之也。"曰:"然则何以在'亲民'乎?"曰:"明明德者,立其天地万物一体之体也。亲民者,达其天地万物一体之用也。故明明德必在于亲民,而亲民乃所以明其明德也。是故亲吾之父,以及人之父,以及天下人之父,而后吾之仁实与吾之父、人之父与天下人之父而为一体矣;实与之为一体,而后孝之明德始明矣!亲吾之兄,以及人之兄,以及天下人之兄,而后吾之仁实与吾之兄、人之兄与天下人之兄而为一体矣;实与之为一体,而后弟之明德始明矣!君臣也,夫妇也,朋友也,以至于山川鬼神鸟兽草木也,莫不实有以亲之,以达吾一体之仁,然后吾之明德始无不明,而真能以天地万物为一体矣。夫是之谓明明德于天下,是之谓家齐国治而天下平,是之谓尽性。"曰:"然则又乌在其为'止至善'乎?"曰:"至善者,明德、亲民之极则也。天命之性,粹然至善,其灵昭不昧者,此其至善之发见,是乃明德之本体,而即所谓良知者也。至善之发见,是而是焉,非而非焉,轻重厚薄,随感随应,变动不居,而亦莫不自有天然之中,是乃民彝物则之极,而不容少有议拟增损于其间也。少有议拟增损于其间,则是私意小智,而非至善之谓矣。自非慎独之至,惟精惟一者,其孰能与于此乎?后之人惟其不知至善之在吾心,而用其私智以揣摸测度于其外,以为事事物物各有定理也，是以昧其是非之则，支离决裂，人欲肆而天理亡，明德、亲民之学遂大乱于天下。盖昔之人固有欲明其明德者矣，然惟不知止于至善，而骛其私心于过高，是以失之虚罔空寂，而无有乎家国天下之施，则二氏之流是矣。固有欲亲其民者矣，然惟不知止于至善，而溺其私心于卑琐，是以失之权谋智术，而无有乎仁爱恻怛之诚，则五伯功利之徒是矣。是皆不知止于至善之过也。故止至善之于明德、亲民也，犹之规矩之于方圆也，尺度之于长短也，权衡之于轻重也。故方圆而不止于规矩，爽其则矣；长短而不止于尺度，乖其剂矣；轻重而不止于权衡，失其准矣；明明德、亲民而不止于至善，亡其本矣。故止于至善以亲民，而明其明德，是之谓大人之学。"

曰："'知止而后有定，定而后能静，静而后能安，安而后能虑，虑而后能得'，其说何也？"曰："'人惟不知至善之在吾心，而求之于其外，以为事事物物皆有定理也，而求至善于事事物物之中，是以支离决裂，错杂纷纭，而莫知有一定之向。今焉既知至善之在吾心，而不假于外求，则志有定向，而无支离决裂、错杂纷纭之患矣。无支离决裂、错杂纷纭之患，则心不妄动而能静矣。心不妄动而能静，则其日用之间，从容闲暇而能安矣。能安，则凡一念之发，一事之感，其为至善乎？其非至善乎？吾心之良知自有以详审精察之，而能虑矣。能虑则择之无不精，处之无不当，而至善于是乎可得矣。"

曰："物有本末：先儒以明德为本，新民为末，两物而内外相对也。事有终始：先儒以知止为始，能得为终，一事而首尾相因也。如子之说，以新民为亲民，则本末之说亦有所未然欤？"曰："终始之说，大略是矣。即以新民为亲民，而曰明德为本，亲民为末，其说亦未尝不可，但不当分本末为两物耳。夫木之干，谓之本，木之梢，谓之末。惟其一物也，是以谓之本末。若曰两物，则既为两物矣，又何可以言本末乎？新民之意，既与亲民不同，则明德之功，自与新民为二。若知明明德以亲其民，而亲民以明其明德，则明德亲民焉可析而为两乎？先儒之说，是盖不知明德亲民之本为一事，而认以为两事，是以虽知本末之当为一物，而亦不得不分为两物也。"曰："古之欲明明德于天下者，以至于先修其身，以吾子明德亲民之说通之，亦既可得而知矣。敢问欲修其身，以至于致知在格物，其工夫次第又何如其用力欤？"曰："此正详言明德、亲民、止至善之功也。盖身、心、意、知、物者，是其工夫所用之条理，虽亦各有其所，而其实只是一物。格、致、诚、正、修者，是其条理所用之工夫，虽亦皆有其名，而其实只是一事。何谓身心之形体？运用之谓也。何谓心身之灵明？主宰之谓也。何谓修身？为善而去恶之谓也。吾身自能为善而去恶乎？必其灵明主宰者欲为善而去恶，然后其形体运用者始能为善而去恶也。故欲修其身者，必在于先正其心也。然心之本体则性也。性无不善，则心之本体本无不正也。何从而用其正之之功乎？盖心之本体本无不正，自其意念发动，而后有不正。故欲正其心者，必就其意念之所发而正之，凡其发一念而善也，好之真如好好色；发一念而恶也，恶之真如恶恶臭；则意无不诚，而心可正矣。然意之所发，有善有恶，不有以明其善恶之分，亦将真妄错杂，虽欲诚之，不可得而诚矣。故欲诚其意者，必在于致知焉。致者，至也，如云丧致乎哀之致。易言'知至至之'，'知至'者，知也；'至之'者，致也。'致知'云者，非若后儒所谓充广其知识之谓也，致吾心之良知焉耳。良知者，孟子所谓'是非之心，人皆有之'者也。是非之心，不待虑而知，不待学而能，是故谓之良知。是乃天命之性，吾心之本体，自然灵昭明觉者也。凡意念之发，吾心之良知无有不自知者。其善欤，惟吾心之良知自知之；其不善欤，亦惟吾心之良知自知之；是皆无所与于他人者也。故虽小人之为不善，既已无所不至，然其见君子，则必厌然掩其不善，而著其善者，是亦可以见其良知之有不容于自昧者也。今欲别善恶以诚其意，惟在致其良知之所知焉尔。何则？意念之发，吾心之良知既知其为善矣，使其不能诚有以好之，而复背而去之，则是以善为恶，而自昧其知善之良知矣。意念之所发，吾之良知既知其为不善矣，使其不能诚有以恶之，而复蹈而为之，则是以恶为善，而自昧其知恶之良知矣。若是，则虽曰知之，犹不知也，意其可得而诚乎！今于良知所知之善恶者，无不诚好而诚恶之，则不自欺其良知而意可诚也已。然欲致其良知，亦岂影响恍惚而悬空无实之谓乎？是必实有其事矣。故致知必在于格物。物者，事也，凡意之所发必有其事，意所在之事谓之物。格者，正也，正其不正以归于正之谓也。正其不正者，去恶之谓也。归于正者，为善之谓也。夫是之谓格。书言'格于上下''格于文祖''格其非心'，格物之格实兼其义也。良知所知之善，虽诚欲好之矣，苟不即其意之所在之物而实有以为之，则是物有未格，而好之之意犹为未诚也。良知所知之恶，虽诚欲恶之矣，苟不即其意之所在之物而实有以去之，则是物有未格，而恶之之意犹为未诚也。今焉于其良知所知之善者，即其意之所在之物而实为之，无有乎不尽。于其良知所知之恶者，即其意之所在之物而实去之，无有乎不尽。然后物无不格，而吾良知之所知者无有亏缺障蔽，而得以极其至矣。夫然后吾心快然无复余憾而自慊矣，夫然后意之所发者，始无自欺而可以谓之诚矣。故曰：'物格而后知至，知至而后意诚，意诚而后心正，心正而后身修。'盖其功夫条理虽有先后次序之可言，而其体之惟一，实无先后次序之可分。其条理功夫虽无先后次序之可分，其用之惟精，固有纤毫不可得而缺焉者。此格致诚正之说，所以阐尧舜之正传而为孔氏之心印也。"

德洪曰：《大学问》者，师门之教典也。学者初及门，必先以此意授，使人闻言之下，即得此心之知，无出于民彝物则之中，致知之功，不外乎修齐治平之内。学者果能实地用功，一番听受，一番亲切。师常曰："吾此意思有能直下承当，只此修为，直造圣域。参之经典，无不吻合，不必求之多闻多识之中也。"门人有请录成书者。曰："此须诸君口口相传，若笔之于书，使人作一文字看过，无益矣。"嘉靖丁亥八月，师起征思、田，将发，门人复请。师许之。录既就，以书贻洪曰："大学或问数条，非不愿共学之士尽闻斯义，顾恐藉寇兵而赍盗粮，是以未欲轻出。"盖当时尚有持异说以混正学者，师故云然。师既没，音容日远，吾党各以己见立说。学者稍见本体，即好为径超顿悟之说，无复有省身克己之功。谓"一见本休，超圣可以跂足"，视师门诚意格物、为善去恶之旨，皆相鄙以为第一义。简略事为，言行无顾，甚者荡灭礼教，犹自以为得圣门之最上乘。噫！亦已过矣。自便径约，而不知已沦入佛氏寂灭之教，莫之觉也。古人立言，不过为学者示下学之功，而上达之机，待人自悟而有得，言语知解，非所及也。大学之教，自孟氏而后，不得其传者几千年矣。赖良知之明，千载一日，复大明于今日。兹未及一传，而纷错若此，又何望于后世耶？是篇邹子谦之尝附刻于大学古本，兹收录续编之首。使学者开卷读之，思吾师之教平易切实，而圣智神化之机固已跃然，不必更为别说，匪徒惑人，祗以自误，无益也。

教条示龙场诸生

诸生相从于此，甚盛。恐无能为助也，以四事相规，聊以答诸生之意：一曰立志；二曰勤学；三曰改过；四曰责善。其慎听，毋忽！

立志

志不立，天下无可成之事，虽百工技艺，未有不本于志者。今学者旷废隳惰，玩岁愒时，而百无所成，皆由于志之未立耳。故立志而圣，则圣矣；立志而贤，则贤矣。志不立，如无舵之舟，无衔之马，漂荡奔逸，终亦何所底乎？昔人有言，使为善而父母怒之，兄弟怨之，宗族乡党贱恶之，如此而不为善可也；为善则父母爱之，兄弟悦之，宗族乡党敬信之，何苦而不为善为君子？使为恶而父母爱之，兄弟悦之，宗族乡党敬信之，如此而为恶可也；为恶则父母怒之，兄弟怨之，宗族乡党贱恶之，何苦而必为恶为小人？诸生念此，亦可以知所立志矣。

勤学

已立志为君子，自当从事于学。凡学之不勤，必其志之尚未笃也。从吾游者，不以聪慧警捷为高，而以勤确谦抑为上。诸生试观侪辈之中，苟有虚而为盈，无而为有，讳己之不能，忌人之有善，自矜自是，大言欺人者，使其人资禀虽甚超迈，侪辈之中，有弗疾恶之者乎？有弗鄙贱之者乎？彼固将以欺人，人果遂为所欺，有弗窃笑之者乎？苟有谦默自持，无能自处，笃志力行，勤学好问，称人之善，而咎己之失，从人之长，而明己之短，忠信乐易，表里一致者，使其人资禀虽甚鲁钝，侪辈之中，有弗称慕之者乎？彼固以无能自处，而不求上人，人果遂以彼为无能，有弗敬尚之者乎？诸生观此，亦可以知所从事于学矣。

改过

夫过者，自大贤所不免，然不害其卒为大贤者，为其能改也。故不贵于无过，而贵于能改过。诸生自思平日亦有缺于廉耻忠信之行者乎？亦有薄于孝友之道，陷于狡诈偷刻之习者乎？诸生殆不至于此。不幸或有之，皆其不知而误蹈，素无师友之讲习规饬也。诸生试内省，万一有近于是者，固亦不可以不痛自悔咎。然亦不当以此自歉，遂馁于改过从善之心。但能一旦脱然洗涤旧染，虽昔为寇盗，今日不害为君子矣。若曰吾昔已如此，今虽改过而从善，将人不信我，且无赎于前过，反怀羞涩凝沮，而甘心于污浊终焉，则吾亦绝望尔矣。

责善

责善，朋友之道，然须忠告而善道之。悉其忠爱，致其婉曲，使彼闻之而可从，绎之而可改，有所感而无所怒，乃为善耳。若先暴白其过恶，痛毁极诋，使无所容，彼将发其愧耻愤恨之心，虽欲降以相从，而势有所不能，是激之而使为恶矣。故凡讦人之短，攻发人之阴私，以沽直者，皆不可以言责善。虽然，我以是而施于人不可也。人以是而加诸我，凡攻我之失者，皆我师也，安可以不乐受而心感之乎？某于道未有所得，其学卤莽耳。谬为诸生相从于此，每终夜以思，恶且未免，况于过乎？人谓事师无犯无隐，而遂谓师无可谏，非也。谏师之道，直不至于犯，而婉不至于隐耳。使吾而是也，因得以明其是；吾而非也，因得以去其非：盖教学相长也。诸生责善，当自吾始。

五经亿说十三条 戊辰

师居龙场，学得所悟，证诸"五经"，觉先儒训释未尽，乃随所记亿，为之疏解。阅十有九月，"五经"略遍，命曰"亿说"。既后自觉学益精，工夫益简易，故不复出以示人。洪尝乘间以请。师笑曰："付秦火久矣。"洪请问。师曰："只致良知，虽千经万典，异端曲学，如执权衡，天下轻重莫逃焉，更不必支分句析，以知解接人也。"后执师丧，偶于废稿中得此数条。洪窃录而读之，乃叹曰："吾师之学，于一处融彻，终日言之不离是矣。即此以例全经，可知也。"

得鱼而忘筌，醪尽而糟粕弃之。鱼醪之未得，而曰是筌与糟粕也，鱼与醪终不可得矣。'五经'，圣人之学具焉。然自其已闻者而言之，其于道也，亦筌与糟粕耳。窃尝怪夫世之儒者求鱼于筌，而谓糟粕之为醪也。夫谓糟粕之为醪，犹近也，糟粕之中而醪存。求鱼于筌，则筌与鱼远矣。龙场居南夷万山中，书卷不可携，日座石穴，默记旧所读书而录之。意有所得，轧为之训释。期有七月而'五经'之旨略遍，名之曰'亿说'。盖不必尽合于先贤，聊写其胸臆之见，而因以娱情养性焉耳。则吾之为是，固又忘鱼而钓，寄兴于曲蘖，而非诚旨于味者矣。呜呼！观吾之说而不得其心，以为是亦筌与糟粕也，从而求鱼与醪焉，则失之矣夫。说凡四十六卷，《经》各十，而《礼》之说尚多缺，仅六卷云。

【元年春王正月】人君即位之一年，必书元年。元者，始也，无始则无以为终。故书元年者，正始也。大哉乾元，天之始也。至哉坤元，地之始也。成位乎其中，则有人元焉。故天下之元在于王；一国之元在于君；君之元在于心。元也者，在天为生物之仁，而在人则为心。心生而有者也，曷为为君而始乎？曰："心生而有者也。未为君，而其用止于一身；既为君，而其用关于一国。故元年者，人君为国之始也。当是时也，群臣百姓，悉意明目以观维新之始。则人君者，尤当洗心涤虑以为维新之始。故元年者，人君正心之始也。"曰："前此可无正乎？"曰："正也，有未尽焉，此又其一始者。改元年也，人君改过迁善，修身立德之始也；

端本澄源，三纲五常之始也；立政治民，休戚安危之始也。呜呼！其可以不慎乎？"

"元年"者，鲁隐公之元年。"春"者，天之春。"王"，周王也。王次春，示王者之上承天道也。"正月"者，周王之正月。周人以建子为天统，则夏正之十一月也。夫子以天下之诸侯不复知有周也，于是乎作《春秋》以尊王室，故书"王正月"，以大一统也。书"王正月"以大一统，不以王年，而以鲁年者，《春秋》鲁史，而书"王正月"，斯所以为大一统也。隐公未尝即位也，何以有元年乎？曰："隐公即位矣。不即位，何以有元年？夫子削之不书，欲使后人之求其实也。"曰："隐公即位矣，而不书，何也？"曰："隐公以桓之幼而摄焉，其以摄告，故不即位也。然而天下知隐公让国之善，而争夺觊觎者知所愧矣。"曰："以摄告，则宜以摄书，而不书何也？"曰："隐公，兄也，桓公，弟也，庶均以长，隐公君也，奚摄焉？然而天下知嫡庶长幼之分，而乱常失序者知所定也。"曰："隐公君也，非摄也，则宜即位矣，而不即位焉，何也？"曰："诸侯之立国也，承之先君，而命之天子，隐无所承命也。然而天下知父子君臣之伦，而无父无君者知所惧矣。一不书即位，而隐公让国之善见焉，嫡庶长幼之分明焉，父子君臣之伦正焉，善恶兼著，而是非不相掩。呜呼！此所以为化工之妙也欤！"

【郑伯克段于鄢】书"郑伯"，原杀段者惟郑伯也。段以弟篡兄，以臣伐君，王法之所必诛，国人之所共讨也。而专罪郑伯！盖授之大邑，而不为之所，纵使失道，以至于败者，伯之心也。段之恶既已暴著于天下，《春秋》无所庸诛矣。书'克'，原伯之心素视段为寇敌，至是而始克之也。段居于京，而书于鄢，见郑伯之既伐诸京，而复伐诸鄢，必杀之而后已。也郑伯之于叔段，始焉授之大邑，而听其收鄢，若爱弟之过而过于厚也。既其畔也，王法所不赦，郑伯虽欲已焉，若不容已矣。天下之人皆以为段之恶在所必诛，而郑伯讨之宜也。是其迹之近似，亦何以异于周公之诛管、蔡。故《春秋》特诛其意而书曰"郑伯克段于鄢"，辨似是之非，以正人心，而险谲无所容其奸矣。

天地感而万物化生，实理流行也。圣人感人心而天下和平，至诚发见也。皆所谓"贞"也。观天地交感之理，圣人感人心之道，不过于一贞，而万物生，天下和平焉，则天地万物之情可见矣。

《恒》，所以亨而无咎，而必利于贞者，非《恒》之外复有所谓贞也，久于其道而已。贞即常久之道也。天地之道，亦惟常久而不已耳，天地之道，无不贞也。"利有攸往"者，常之道，非滞而不通，止而不动之谓也。是乃始而终，终而复始，循环无端，周流而不已者也。使其滞而不通，止而不动，是乃泥常之名，而不知常之实者也，岂能常久而不已乎？故"利有攸往"者，示人以常道之用也。以常道而行，何所往而不利！无所往而不利，乃所以为常久不已之道也。天地之道，一常久不已而已。日月之所以能昼而夜，夜而复昼，而照临不穷者，一天道之常久而不已也。四时之所以能春而冬，冬而复春，而生运不穷者，一天道之常久不已也。圣人之所以能成而化，化而复成，而妙用不穷者，一天道之常久不已也。夫天地、日月、四时，圣人之所以能常久而不已者，亦贞而已耳。观夫天地、日月、四时，圣人之所以能常久而不已者，不外乎一贞，则天地万物之情，其亦不外乎一贞也，亦可见矣。《恒》之为卦，上震为雷，下巽为风，雷动风行，簸扬奋厉，翕张而交作，若天下之至变也。而所以为风为雷者，则有一定而不可易之理，是乃天下之至《恒》也。君子体夫雷风为《恒》之象，则虽酬酢万变，妙用无方，而其所立，必有卓然而不可易之体，是乃体常尽变。非天地之至恒，其孰能与于此？

《遁》，阴渐长而阳退遁也。《彖》言得此卦者，能《遁》而退避则亨。当此之时，苟有所为，但利小贞而不可大贞也。夫子释之以为遁之所以为亨者，以其时阴渐长，阳渐消，故能自全其道而退遁，则身虽退而道亨，是道以遁而亨也。虽当阳消之时，然四阳尚盛，而九五居尊得位；虽当阴长之时，然二阴尚微，而六二处下应五。盖君子犹在于位，而其朋尚盛，小人新进，势犹不敌，尚知顺应于君子，而未敢肆其恶，故几微。君子虽已知其可遁之时，然势尚可为，则又未忍决然舍去，而必于遁，且欲与时消息，尽力匡扶，以行其道。则虽当遁之时，而亦有可亨之道也。虽有可亨之道，然终从阴长之时，小人之朋日渐以盛。苟一裁之以正，则小人将无所容，□而大肆其恶，是将以救敝而反速之乱矣。故君子又当委曲周旋，修败补罅，积小防微，以阴扶正道，使不至于速乱。程子所谓"致力于未极之间，强此之衰，艰彼之进，图其暂安"者，是乃小利贞之谓矣。夫当遁之时，道在于遁，则遁其身以亨其道。道犹可亨，则亨其遁以行于时。非时中之圣与时消息者，不能与于此也。故曰："《遁》之时义大矣哉！"

"明出地上，《晋》，君子以自昭明德。"日之体本无不明也，故谓之大明。有时而不明者，入于地，则不明矣。心之德本无不明也，故谓之明德。有时而不明者，蔽于私也。去其私，无不明矣。日之出地，日自出也，天无与焉。君子之明明德，自明之也，人无所与焉。自昭也者，自去其私欲之蔽而已。

初阴居下，当进之始，上与四应，有晋如之象。然四意方自求进，不暇与初为援，故又有见摧之象。当此之时，苟能以正自守，则可以获吉。盖当进身之始，德业未著，忠诚未显，上之人岂能遽相孚信。使其以上之未信，而遂汲汲于求知，则将有失身枉道之耻，怀愤用智之非，而悔咎之来必矣。故当宽裕雍容，安处于正，则德久而自孚，诚积而自感，又何咎之有乎？盖初虽晋如，而终不失其吉者，以能独行其正也。虽不见信于上，然以宽裕自处，则可以无咎者，以其始进在下，而未尝受命当职任也。使其已当职任，不信于上，而优裕废弛，将不免于旷官之责，其能以无咎乎？

《时迈》十五句，武王初克商，巡守诸侯，朝会祭告之乐歌。言我不敢自逸，而以时巡行诸侯之邦。我勤民如此，天其以我为子乎？今以我巡行之事占之，是天之实有以右序夫我有周矣。何者？我之巡行诸侯，所以兴废举坠，削有罪，黜不职者，亦聊以警动震发其委靡颓隋者耳。而四方诸侯莫不警惧修省，敦薄立懦，而兴起夫维新之政，至于怀柔百神，而河之深广，岳之崇高，莫不感格焉。则信乎天之以我为王，而于以君临夫天下矣。于是我其宣明昭布我有周之典章，于以式序在位之诸侯；我其戢敛夫干戈弓矢，以偃夫武功；我其旁求懿德之士，陈布于中国，以敷夫文德。则亦信乎可以为王，而能保有上天右序我有周之命矣。

《执竞》十四句，言武王持其自强不息之心，其功烈之盛，天下既莫得而强之矣。成、康继之，其德亦若是其显，而复为上帝之所皇焉。夫继武王之后，盖难乎其为德也，然自成、康之相继为君，而其德愈益彰明，则于武王无竞之烈为有光，而成、康诚可谓善继矣。今我以三王之功德，作之于乐，以祈感格。而果能降福之多且大若此，我其可不反身修德，而思有以成之乎？我能反身修德，而威仪之反，则可享神之福，既醉既饱，而三王之所福我者，益将反覆而无穷矣。此盖祭武王、成王、康王之诗也。

《思文》八句，言思文后稷，其德真可以配上天矣。盖凡使我烝民之得以粒食者，莫非尔后稷之德之所建也。斯固后稷之德矣，然来牟之种，非天不生，则是来牟之贻我者，实由上帝以此命之后稷，而使之遍养夫天下，是以天下之民皆有所养，而得以复其常道，则后稷之德，固亦莫非上天之德也。此盖郊祀后稷以配天之诗，故颂后稷之德而卒归之于天云。

《臣工》十五句，戒农官之诗。言嗟尔司农之臣工，当各敬尔在公之事。今王以治农之成法赐汝，汝宜来咨来度，而敬承毋怠也。因并呼农官之属而总诏之曰："嗟尔保介，当兹暮春之月，牟麦在田，而百谷未播，盖农工之暇也，汝亦何所为乎？"因问："汝所治之新田，其牟麦亦如何哉？"夫牟麦之茂盛，皆上帝之明赐也。牟麦渐熟，则行将受上帝之明赐矣。上帝有是明赐，尔苟隋农自安，是不克灵承而泯上帝之赐矣。尔尚永力尔田，以昭明上帝之赐，务底于丰年有成可也。然则尔亦乌可谓兹农工之尚远，而遂一无所事乎？汝当命尔众农，乘兹闲暇，预修播种之事，以具乃田器。奄忽之间，又将艾麦而兴东作矣。"暮春"，周正建寅之月，夏之正月也。

《有瞽》十三句，言"有瞽有瞽，在周之廷"，而乐工就列矣。"设业设虡，崇牙树羽，应田县鼓，鞉磬柷圉"，而乐器具陈矣。乐器既以备陈，于是众乐乃奏，而箫管之属亦皆备举矣。由是乐声之喤喤，其整密丽肃者，莫非至敬之所寓，而雍容畅达者，莫非至和之所宜，其肃雍和鸣如此，是以幽有以感乎神，而先祖是听，明有以感乎人，而我客来观厥成者。盖武王功成作乐，使非继述之孝，真无愧于文考，固无以致先祖之格，而非其盛德之至，伐纣救民之举，真有以顺乎天，应乎人，而于汤有光焉！其亦何以能使亡国者之子孙永观厥成，而略无忌嫉之心乎？此盖始作乐而合于祖庙之诗。

山东乡试录

序

　　山东，古齐、鲁、宋、卫之地，而吾夫子之乡也。尝读夫子《家语》，其门人高弟，大抵皆出于齐、鲁、宋、卫之叶，固愿一至其地，以观其山川之灵秀奇特，将必有如古人者生其间，而吾无从得之也。今年为弘治甲子，天下当复大比。山东巡按监察御史陆偁辈以礼与币来请守仁为考试官。故事，司考校者惟务得人，初不限以职任；其后三四十年来，始皆一用学识，遂致应名取具，事归外帘，而糊名易书之意微。目顷言者颇以为不便，大臣上其议。天子曰："然，其如故事。"于是聘礼考校，尽如国初之旧，而守仁得以部属来典试事于兹土，虽非其人，宁不自庆其遭际！又况夫子之乡，固其平日所愿一至焉者；而乃得以尽观其所谓贤士者之文而考校之，岂非平生之大幸欤！虽然，亦窃有大惧焉。夫委重于考校，将以求才也。求才而心有不尽，是不忠也；心之尽矣，而真才之弗得，是弗明也。不忠之责，吾知尽吾心尔矣；不明之罪，吾终且奈何哉！盖昔者夫子之时，及门之士尝三千矣，身通六艺者七十余人；其尤卓然而显者，德行言语则有颜、闵、予赐之徒，政事文学则有由、求、游、夏之属。今所取士，其始拔自提学副使陆某者盖三千有奇，而得千有四百，既而试之，得七十有五人焉。呜呼！是三千有奇者，其皆夫子乡人之后进而获游于门墙者乎？是七十有五人者，其皆身通六艺者乎？夫今之山东，犹古之山东也，虽今之不逮于古，顾亦宁无一二人如昔贤者？而今之所取苟不与焉，岂非司考校者不明之罪欤？虽然，某于诸士亦愿有言者。夫有其人而弗取，是诚司考校者不明之罪矣。司考校者以是求之，以是取之，而诸士之中苟无其人焉以应其求，以不负其所取，是亦诸士者之耻也。虽然，予岂敢谓果无其人哉！夫子尝曰："鲁无君子者，斯焉取斯！"颜渊曰："舜何？人也；予何？人也；有为者亦若是。"夫为夫子之乡人，苟未能如昔人焉，而不耻不若，又不知所以自勉，是自暴自弃也，其名曰不肖。夫不肖之与不明，其相去何远乎？然则司考校者之与诸士，亦均有责焉耳矣。嗟夫！司考校者之责，自今不能以无惧，而不可以有为矣。若夫诸士之责，其不能者犹可以自勉，而又惧其或以自画也。诸士无亦曰吾其勖哉，无使司考校者终不免于不明也，斯无愧于是举，无愧于夫子之乡人也矣。是举也，某某同事于考校，而御史称实司监临，某某司提调，某某司监试，某某某又相与翊赞防范于外，皆与有劳焉，不可以不书，自余百执事，则已具列于录矣。

四书
所谓大臣者以道事君不可则止

负大臣之名，尽大臣之道者也。夫大臣之所以为大臣，正以能尽其道焉耳；不然，何以称其名哉？昔吾夫子因季子然之问以由、求可为大臣，而告之以为大臣之道，未易举也；大臣之名，可轻许乎？彼其居于庙堂之上，而为天子之股肱，处于辅弼之任，而为群僚之表帅者，大臣也；夫所谓大臣也者，岂徒以其崇高贵重，而有异于群臣已乎？岂亦可以奔走承顺，而无异于群臣已乎？必其于事君也，经德不回，而凡所以启其君之善心者，一皆仁义之言，守正不挠，而凡所以格其君之非心者，莫非尧、舜之道，不阿意顺旨，以承君之欲也；必绳愆纠缪，以引君于道也，夫以道事君如此，使其为之君者，于吾仁义之言说，而弗绎焉，则是志有不行矣。其可诎身以信道乎？于吾尧、舜之道，从而弗改焉，则是谏有不听矣；其可枉道以徇人乎？殆必奉身而退，以立其节，虽万钟有弗屑也；固将见机而作，以全其守，虽终日有弗能也。是则以道事君，则能不枉其道，不可则止，则能不辱其身，所谓大臣者，盖如此，而岂由、求之所能及哉？尝观夫子许由、求二子以为国，则亦大臣之才也；已而于此，独不以大臣许之者，岂独以阴折季氏之心？诚以古之大臣，进以礼，退以义，而二子之于季氏，既不能正，又不能去焉，则亦徒有大臣之才，而无其节，是以不免为才之所使耳。虽然，比之羁縻于爵禄而不知止者，不既有间矣乎！

齐明盛服非礼不动所以修身也

尽持敬之功，端《九经》之本，夫修身为《九经》之本也，使非内外动静之一于敬焉，则身亦何事而修哉？昔吾夫子告哀公之问政，而及于此，若曰：《九经》莫重于修身，修身惟在于主敬；诚使内志静专，而罔有错杂之私，中心明洁，而不以人欲自蔽，则内极其精一矣；冠冕佩玉，而穆然容止之端严，垂绅正笏，而俨然威仪之整肃，则外极其检束矣；又必克己私以复礼，而所行皆中夫节，不但存之于静也，遏人欲于方萌，而所由不睽于礼，尤必察之于动也；是则所谓尽持敬之功者，如此，而亦何莫而非所以修身哉？诚以不一其内，则无以制其外；不齐其外，则无以养其中；修身之道未备也。静而不存，固无以立其本，动而不察，又无以胜其私；修身之道未尽也。今焉制其精一于内，而极其检束于外，则是内外交养，而身无不修矣。行必以礼，而不戾其所存，动必以正，而不失其所养，则是动静不违，而身无不修矣。是则所谓端《九经》之本者，如此，而亦何莫而不本于持敬哉？大抵《九经》之序，以身为本，而圣学之要，以敬为先，能修身以敬，则笃恭而天下平矣。是盖尧、舜之道，夫子举之以告哀公，正欲以兴唐、虞之治于春秋，而子思以继大舜、文、武、周公之后者，亦以明其所传之一致耳。后世有能举而行之，则二帝、三王之治，岂外是哉！斯固子思之意也。

禹思天下有溺者由己溺之也稷思天下有饥者由己饥之也

圣人各有忧民之念，而同其责任之心。夫圣人之忧民，其心一而已矣。所以忧之者，虽各以其职。而其任之于己也，曷尝有不同哉？昔孟子论禹、稷之急于救民，而原其心以为大禹之平水土也，虽其所施，无非决川距海之功，而民可免于昏垫矣；然其汲汲之心，以为天下若是其广也，吾之足迹既有所未到之地，则夫水之未治者，亦必有之矣；水之泛滥；既有所不免之地，则夫民之遭溺者，亦容有之矣；夫民之陷溺，由水之未治也，吾任治水之责，使水有不治，以溺吾民，是水之溺民，即吾之溺民也；民之溺于水，实吾之溺之也，吾其救之，可不急乎？后稷之教稼穑也，虽其所为无非播时百谷之事，而民可免于阻饥矣；然其遑遑之心，以为万民若是其众也，吾之稼穑，固未能人人而面诲矣，能保其无不知者乎？民之树艺，既未能人人而必知矣，能保其无不饥者乎？夫民之有饥，由谷之未播也，吾任播谷之责，使谷有未播以饥吾民，是饥之厄民，即吾之厄民也，民之饥于食，实吾之饥之也，吾其拯之，可以缓乎？夫禹、稷之心，其急于救民盖如此，此其所以虽当治平之世，三过其门而不入也欤！虽然，急于救民者，固圣贤忧世之本心，而安于自守者，又君子持己之常道，是以颜子之不改其乐，而孟子以为同道于禹、稷者，诚以禹、稷、颜子莫非素其位而行耳。后世各徇一偏之见，而仕者以趋时为通达，隐者以忘世为高尚，此其所以进不能忧禹、稷之忧，而退不能乐颜子之乐也欤！

易

先天而天弗违后天而奉天时

大人于天，默契其未然者，奉行其已然者。夫大人与天，一而已矣；然则默契而奉行之者，岂有先后之间哉？昔《文言》申《乾》九五爻义而及此意，谓大人之于天，形虽不同，道则无异。自其先于天者言之，时之未至，而道隐于无，天未有为也；大人则先天而为之，盖必经纶以造其端，而心之所欲，暗与道符，裁成以创其始，而意之所为，默与道契；如五典未有也，自我立之，而与天之所叙者，有吻合焉；五礼未制也，以义起之，而与天之所秩者，无差殊焉；天何尝与之违乎？以其后于天者言之，时之既至，而理显于有，天已有为也，大人则后天而奉之，盖必穷神以继其志，而理之固有者，只承之而不悖；知化以述其事，而理之当行者，钦若之而不违；如天叙有典也，立为政教以道之，五典自我而敦矣；天秩有礼也，制为品节以齐之，五礼自我而庸矣；我何尝违于天乎是则先天不违，大人即天也；后天奉天，天即大人也；大人与天，其可以二视之哉？此九五所以为天下之利见也欤？大抵道无天人之别，在天则为天道，在人则为人道，其分虽殊，其理则一也。众人牿于形体，知有其分，而不知有其理，始与天地不相似耳。惟圣人纯于义理，而无人欲之私。其礼即天地之体，其心即天地之心，而其所以为之者，莫非天地之所为也；故曰："循理则与天为一。"

河出图洛出书圣人则之

天地显自然之数，圣人法之以作经焉。甚矣！经不徒作也。天地不显自然之数，则圣人何由而法之以作经哉？《大传》言卜筮而推原圣人作《易》之由，其意盖谓《易》之用也不外乎卜筮，而《易》之作也则法乎图书。是故通于天者河也，伏羲之时，天降其祥，龙马负图而出，其数则以五生数统五成数而同居其方，是为数之体焉。中于地者洛也，大禹之时，地呈其瑞，神龟载书而出，其数则以五奇数统四偶数而各居其所，是为数之用焉。图书出矣，圣人若何而则之？彼伏羲则图以画卦，虚五与十者，太极也；积二十之奇，而合二十之偶，以一二三四而为六七八九，到仪象之体立矣；析四方之合以为乾、坤、坎、离，补四隅之空以为兑、震、巽、艮，则八卦之位定矣。是其变化无穷之妙，何莫而不本于图乎？大禹则书以叙畴，实其中五者，皇极也；一五行而二五事，三八政而四五纪，第于前者，有序而不乱也；六三德而七稽疑，八庶征而九福极，列于后者，有条而不紊也。是其先后不易之序，何莫而不本于书乎？吁！圣人之作《易》，其原出于天者如此，而卜筮之用所以行也欤！大抵《河图》《洛书》相为经纬，八卦九章相为表里，但伏羲先得乎图以画卦。无所待于书；大禹独得乎书以叙畴，不必考于图耳。若究而言之，则书固可以为《易》，而图亦可以作《范》，又安知图之不为书，书之不为图哉？噫！理之分殊。非深于造化者其孰能知之？

书

王懋昭大德建中于民以义制事以礼制心垂裕后昆予闻曰能自得师者王

大臣告君，即勉其修君道以贻诸后，必证以隆师道而成其功。夫君道之修，未有不隆师道而能致者也；大臣之论如此，其亦善于告君者哉！吾想其意，若谓新德固所以属人心，而建中斯可以尽君道，吾王其必勤顾諟之功，以明其德，求此中之全体，而自我建之，以为斯民之极也；操日跻之敬，以明夫善尽，此中之妙用，而自我立之，以为天下之准也。然中果何自而建邪？彼中见于事，必制以吾心之裁制，使动无不宜，而后其用行矣;中存于心,必制以此理之节文,使静无不正,而后其体立矣;若是,则岂特可以建中于民而已邪?本支百世,皆得以承懿范于无穷,而建中之用,绰乎其有余裕矣。子孙千亿,咸得以仰遗矩于不坠,而建中之推,恢乎其有余地焉。然是道也,非学无以致之。盖古人之言,以为传道者师之责,人君苟能以虚受人,无所拂逆,则道得于己,可以为建极之本,而王者之业,益以昌大矣;考德者师之任,人君果能愿安承教,无所违拒,则德成于身,足以为立准之地,而王者之基,日以开拓矣。是则君道修,而后其及远;师道立,而后其功成;吾王其可以不勉于是哉!抑尝反覆仲虺此章之旨,懋德建中,允执厥中之余绪也;制心制事,制外养中之遗法也;至于"能自得师"之一语,是又心学之格言,帝王之大法。则仲虺之学,其得于尧、舜之所授受者深矣!孟子叙道统之传,而谓伊尹、莱朱为见而知者,而说者以莱朱为仲虺,其信然哉!

继自今立政其勿以憸人其惟吉士

大臣勉贤王之为治,惟在严以远小人,而专于任君子也。盖君子小人之用,舍天下之治忽系焉,人君立政,可不严于彼而专于此哉?周公以是而告成王,意岂不曰,立政固在于用人,而非人适所以乱政?彼吉士之不可舍,而憸人之不可用,盖自昔而然矣。继今以立政,而使凡所以治其民者不致苟且而因循,则其施为之详,固非一人所能任也,而将何所取乎?继此以立政,而使凡所谓事与法者,不致懈怠而废弛,则其料理之烦,亦非独力所能举也,而将何所用乎?必其于憸人也,去之而勿任;于吉士也,任之而勿疑;然后政无不立矣。盖所谓憸人者,行伪而坚,而有以饰其诈,言非而辩,而有以乱其真者也,不有以远之,将以妨吾之政矣;必也严防以塞其幸入之路,慎选以杜其躁进之门,勿使得以戕吾民,坏吾事,而挠吾法焉。所谓吉士者,守恒常之德,而利害不能怵,抱贞吉之操,而事变不能摇者也,不有以任之,无以成吾之治矣;必也,推诚信而彼此之不疑,隆委托而始终之无间,务使得以安吾民,济吾事,而平吾法焉。吁!严以去之,则小人无以投其衅;专以任之,则君子有以成其功;国家之治也,其以是欤!抑考之于《书》,禹、益、伊、傅、周、召之告君至君子小人之际,每致意焉。盖君德之隆替,世道之升降,其原皆出于此,非细故也。秦、汉以下,论列之臣,鲜知此义,惟诸葛孔明之言曰:"亲君子远小人,先汉所以兴隆也。"其意独与此合,故论者以为三代之遗才云。

诗

不遑启居狁犹之故

戍者自言劳之未息,由患之未息也。夫狁犹之患,不可以不备,则戍役之劳,自有所不免矣。王者于遣戍之时,而代为之言若此,所谓"叙其情而风之以义"者欤!此诗之意,盖谓人固有不能忘之情,然亦有不容已之义;彼休息之乐,吾岂独无其情乎?启居之安,吾宁独无其念乎?诚以王命出戍,则此身既已属之军旅,而势不容于自便耳。是以局促行伍之间,奔走风尘之下,师出以律而号令之严,其敢违,军法有常,而更代之期何敢后?则吾虽有休息之情,而固所不暇矣;虽怀启居之念,而亦所不遑矣。然此岂上人之故欲困我乎?岂吾君之必欲劳我乎?诚以狁犹猾夏,则是举本以卫夫生灵,而义不容于自已耳。彼其侵扰疆场之患虽亦靡常,而凭陵中国之心实不可长,使或得肆猖獗,则腥膻之忧,岂独在于廊庙?如其乘间窃发,则涂炭之苦,遂将及于吾民。是我之不遑休息者,无非保乂室家,而狁犹之是备也;我之不暇启居者,无非靖安中国,而外寇之是防也。吁！叙其勤苦悲伤之情，而风以敌忾勤王之义，周王以是而遣戍役，此其所以劳而不怨也欤！大抵人君之为国，好战则亡，忘战则危，故用兵虽非先王之得已，而即戎之训亦有所不敢后也。观此诗之遣戍，不独以见周王重于役民，悯恻哀怜不容已之至情，而亦可以见周之防御猃狁于平日者，盖亦无所不至；故狎狁之在三代，终不得以大肆其荼毒。后世无事则懈弛，有事则张皇，戎之不靖也，有由然哉！

孔曼且硕万民是若

新庙制以顺人心，诗人之颂鲁侯也。夫人君之举动，当以民心为心也，鲁侯修庙而有以顺乎民焉，诗人得不颂而美之乎？鲁人美僖公之修庙而作是诗及此，谓夫我公之修庙也、材木尽来、甫之良，经画殚奂斯之虑；意以卑宫之陋，可以自奉，而非致孝乎鬼神，则新庙之作，虽甚曼焉，亦所宜矣；茅茨之陋，可以自处，而非敬事其先祖，则新庙之修，虽甚硕焉，亦非过矣；是以向之卑者，今焉增之使高，而体制极其巍峨，盖斯革斯飞，孔曼而长也；向之隘者，今焉拓之使广，而规模极其弘远，盖闲如奕如，且硕而大也。然庙制之极美者，岂独以竭我公之孝思？实所以从万民之仰望。盖以周公皇祖，德洽下民，而庙之弗称，固其所愿改作也；今之孔曼，亦惟民之所欲是从耳。泽流后世，而庙之弗缉，固其所愿修治也。今之孔硕，亦惟吾民之所愿是顺耳。是以向之有憾于弗称者，今皆禽然而快睹，莫不以为庙之曼者宜也，非过也；向之致怨于弗缉者，今皆欣然而满望，莫不以为庙之硕者，非过也，宜也。吁！庙制修于上，而民心顺于下，则其举事之善，于此可见，而鲁公之贤，亦可想矣。抑考鲁之先君，自伯禽以下，所以怀养其民人者，无非仁爱忠厚之道，而周公之功德，尤有以衣被而渐渍之，是以其民久而不忘，虽一庙之修，亦必本其先世之泽而颂祷焉；降及秦、汉干戈之际，尚能不废弦诵，守礼义，为主死节，而汉高不敢加兵。圣人之泽，其远矣哉！

春秋

楚子入陈（宣公十一年）　楚子围郑　晋荀林父帅师及楚子战于邲晋师败绩　楚子灭萧

晋人宋人卫人曹人同盟于清丘（俱宣公十二年）

外兵顺，而伯国自褻其威，既可贬；外兵黩，而伯国徒御以信，尤可讥；此楚以争伯为心，而晋失待之之道，《春秋》所以两示其法也。自夫晋景无制中夏之略，而后楚庄有窥北方之图，始焉县陈，以讨罪也，而征舒就戮；继焉入郑，以贰己也，而潘尪遂盟；一则讨晋之所未讨，一则平郑之所欲平，是虽未免以力假仁，然其义则公，其辞则顺矣。晋欲强之，必修德以俟，观衅而动，斯可也，顾乃兴无名之师，而师之以林父，楚子退师矣，而犹欲与之战，先縠违命矣，而不能行其辟；遂致邲战既北，而晋遂不支。则是主晋之师者，林父也，弃晋之师者，林父也，责安所逃乎？《春秋》于陈书入于郑书围者，所以灭楚之罪，而于邲之战，则独书林父以主之，用以示失律丧师之戒也，自夫晋人之威既褻，而后楚人之势益张，伐萧不已，而围其城，围萧不已，而溃其众，以吞噬小国之威，为恐动中华之计，是其不能以礼制心，而其志已盈，其兵已黩矣。晋欲御之，必信任仁贤，修明政事，斯可也；顾乃为清丘之盟，而主之以先縠，不能强于为善，而徒刑牲歃血之是崇；不能屈于群策，而徒要质鬼神之是务；故其盟亦随败，而晋卒不竞，则是主斯盟者，丧师之縠也，同斯盟者，列国之卿也，责安所归乎？《春秋》不称萧溃，特以灭书者，所以断楚之罪；而清丘之盟，则类贬列卿，而人之用以示谋国失职之戒也；吁！

楚庄之假仁，晋景之失策，不待言说，而居然于书法见之，此《春秋》之所以为化工欤！抑又论之：仗义执言，桓、文之所以制中夏者也；晋主夏盟，虽世守是道，犹不免为三王之罪人，而又拜其先人之家法而弃之，顾汲汲于会狄伐郑，而以讨陈遗楚，使楚得风示诸侯于辰陵，则是时也，虽邲之战不败，清丘之盟不渝，而大势固已属之楚矣。呜呼！孔子沐浴之请，不用于哀公而鲁替；董公缟素之说，见用于高帝而汉兴，愚于是而重有感也。

楚子蔡侯陈侯许男顿子沈子徐人越人伐吴（昭公五年）

《春秋》纪外兵而特进夫远人，以事有可善，而类无可绝也。盖君子与人为善，而世类之论，亦所不废也；然则徐、越从楚伐吴，而《春秋》进之者，非以此哉！慨夫庆封就戮，楚已见衔于吴，东鄙告入，吴复致怨于楚至，是楚子内捜诸侯外连徐、越，而有伐吴之役。然何以见其事有可善邪？盖庆封之恶，齐之罪人也；吴子纳而处之，是为崇恶，楚子执而戮之，是为讨罪，彼曲此直，公论已昭于当时矣。夫何吴子违义举兵，困三邑之民，报朱方之憾，岂非狄道哉？楚子率诸侯以伐之，声崇恶之过，问违义之由，是乃以有名而讨无名，以无罪而讨有罪也，揆之彼善于此之义，固有可善者矣。又何以见其类无可绝邪？盖徐、越之夷，夏之变于夷者也，徐本伯益之后，越本大禹之后，元德显功，先世尝通于周室矣，惟其后人渎礼称王，甘心于僭伪，得罪于典常，故为狄道耳。君子正王法以黜之，上虽不使与中国等，下亦不使与夷狄均，盖以后人之僭伪，固法所不贷，而先世之功德，亦义所不泯也；揆之赏延于世之典，殆非可绝者欤！夫事既有可善，类又无可绝，故越始见经，而与徐皆得称人，圣人以为楚之是伐，比吴为善，其从之者，又皆圣贤之后，则进而称人可也。

《春秋》之慎于绝人也如是。夫抑论吴、楚,在《春秋》亦徐、越而已矣。吴以泰伯之后而称王,楚以祝融之后而称王,故《春秋》亦以待徐、越者待之,猾夏则举号,慕义则称人,及其浸与盟会,亦止于称子,曾不得以本爵通焉;盖待之虽恕,而其法固未始不严也。然则僭伪者,其能逃于《春秋》之斧钺邪!

礼记

君子慎其所以与人者

君子之所谨者,交接之道也。夫君子之与人交接,必有其道矣,于此而不谨,乌能以无失哉!记礼器者,其旨若曰:"观礼乐而知夫治乱之由。"故君子必慎夫交接之具。君子之与人交接也,不有礼乎?而礼岂必玉帛之交错?凡事得其序者皆是也,礼之得失,人之得失所由见,是礼在所当慎矣。不有乐乎?而乐岂必钟鼓之铿锵?凡物得其和者皆是也,乐之邪正,人之邪正所从著,是乐在所当慎矣。君子于和序之德,固尝慎之于幽独之地,而于接人之际,又和序之德所从见也,其能以无慎乎?君子于礼乐之道,固尝谨之于制作之大,而于与人之时,亦礼乐之道所由寓也,其可以不谨乎?故其与人交接也,一举动之微,若可忽矣,而必兢兢焉常致其检束,务有以比于礼而比于乐;其与人酬酢也,一语默之细,若可易矣,而必业业焉恒存夫戒谨,务有以得其序而得其和,所与者乡邦之贱士,而其笑语率获,肃然大宾,是接也,况其所与之尊贵乎?所对者,闾阎之匹夫,而其威仪卒度,严乎大祭,是承也,况其所对之严惮乎?君子之慎其所以与人者如此,此其所以动容周旋,必中夫礼乐,而无失色于人也欤!抑论礼乐者,与人交接之具,慎独者,与人交接之本也。君子戒慎于不睹不闻,省察于莫见莫显,使其存于中者,无非中正和乐之道,故其接于物者，自无过与不及之差。昔之君子，乃有朝会聘享之时，至于失礼而不自觉者，由其无慎独之功，是以阳欲掩之，而卒不可掩焉耳。故君子而欲慎其所以与人，必先慎独而后可。

心好之身必安之君好之民必欲之

内感而外必应，上感而下必应。夫君之于民，犹心之于身也；虽其内外上下之不同，而感应之理何尝有异乎？昔圣人之意，谓夫民以君为心也，君以民为体也，体而必从夫心，则民亦必从夫君矣。彼其心具于内，而体具于外，内外之异势，若不相蒙矣；然心惟无好则已，一有所好，而身之从之也，自有不期然而然。如心好夫采色，则目必安夫采色；心好夫声音，则耳必安夫声音；心而好夫逸乐，则四肢亦惟逸乐之是安矣；发于心而慊于己，有不勉而能之道也；动于中而应于外，有不言而喻之妙也。是何也？心者身之主，心好于内，而体从于外，斯亦理之必然欤！若夫君之于民，亦何以异于是？彼其君居于上，而民居于下，上下之异分，若不相关矣；然君惟无好则已，一有所好，而民之欲之也，亦有不期然而然，如君好夫仁，则民莫不欲夫仁，君好夫义，则民莫不欲夫义，君而好夫暴乱，则民亦惟暴乱之是欲矣；倡于此而和于彼，有不令而行之机也；出乎身而加乎民，有不疾而速之化也。是何也？君者民之主，君好于上，而民从于下，固亦理之必然欤！是则内外上下本同一体，而此感彼应，自同一机，人君之于民也，而可不慎其所以感之邪？抑论之，身固必从乎心矣；民固必从乎君矣；抑孰知心之存亡，有系于身，而君之存亡，有系于民乎？为人君者，但知下之必从夫上，而不知上之存亡有系于下，则将恣己徇欲，惟意所为，而亦何所忌惮乎？故夫子于下文必继之曰："君以民存，亦以民亡。"噫，可惧乎！

论

人君之心惟在所养

人君之心,顾其所以养之者何如耳?养之以善,则进于高明,而心日以智;养之以恶,则流于污下,而心日以愚;故夫人君之所以养其心者,不可以不慎也。天下之物,未有不得其养而能生者,虽草木之微,亦必有雨露之滋,寒暖之剂而后得以遂其畅茂条达;而况于人君之心,天地民物之主也,礼乐刑政教化之所自出也,非至公无以绝天下之私;非至正无以息天下之邪;非至善无以化天下之恶;而非其心之智焉,则又无以察其公私之异,识其邪正之归,辨其善恶之分,而君心之智否,则固系于其所以养之者也,而可以不慎乎哉?君心之智,在于君子之养之以善也;君心之愚,在于小人之养之以恶也;然而君子小人之分,亦难乎其为辨矣。人心惟危,道心惟微,尧、舜之相授受而所以丁宁反覆者,亦维以是;则夫人君之心,亦难乎其为养矣。而人君一身,所以投间抵隙而攻之者,环于四面,则夫君心之养,固又难乎其无间矣。是故必有匡直辅翼之道,而后能以养其心;必有洞察机微之明,而后能以养其心;必有笃确精专之诚,而后能以养其心;斯固公私之所由异,邪正之所从分,善恶之所自判,而君心智愚之关也。世之人君,孰不欲其心之公乎?然而每失之于邪也;孰不欲其心之善乎?然而每失之于恶也;是何也?无君子之养也。养之以君子,而不能不间之以小人也;则亦无惑乎其心之不智矣。昔者太甲颠覆典刑,而卒能处仁迁义,为有商之令主,则以有伊尹之圣以养之;成王孺子襁褓,而卒能只勤于德,为成周之盛王,则以有周公之圣以养之;桀纣之心,夫岂不知仁义之为美,而卒不免于荒淫败度,则其所以养之者,恶来、飞廉之徒也。呜呼!是亦可以知所养矣。人虽至愚也,亦宁无善心之萌？虽其贤智也，亦宁无恶心之萌？于其善心之萌也，而有贤人君子扩充培植于其间，则善将无所不至，而心日以智矣；于其恶心之萌也，而有小夫憸人引诱逢迎于其侧，则恶亦无所不至，而心日以愚矣。故夫人君而不欲其心之智焉，斯已矣。苟欲其心之智，则贤人君子之养，固不可一日而缺也。何则？人君之心，不公则私，不正则邪，不善则恶，不贤人君子之是与，则小夫憸人之是狎，固未有漠然中立而两无所在者。一失其所养，则流于私，而心之智荡矣；入于邪，而心之智惑矣；溺于恶，而心之智亡矣；而何能免于庸愚之归乎？夫惟有贤人君子以为之养，则义理之学，足以克其私心也；刚大之气，足以消其邪心也；正直之论，足以去其恶心也；扩其公而使之日益大，扶其正而使之日益强，作其善而使之日益新，夫是之谓匡直辅翼之道，而所以养其心者有所赖。然而柔媚者近于纯良，而凶憸者类于刚直，故士有正而见斥，人有憸而获进，而卒无以得其匡直辅翼之资，于是乎慎释而明辨，必使居于前后左右者无非贤人君子，而不得有所混淆于其间，夫是之谓洞察几微之明，而所以养其心者无所惑。然而梗直者难从，而谄谀者易入也；拂忤者难合，而阿顺者易亲也；则是君子之养未几，而小人之养已随；养之以善者方退，而养之以恶者已入。故夫人君之于贤士君子，必信之笃，而小人不得以间；任之专，而邪佞不得以阻；并心悉虑，惟匡直辅翼之是资焉，夫是之谓笃确专一之诚；而所以养其心者，不至于有鸿鹄之分，不至于有一暴十寒之间，夫然后起居动息，无非贤士君子之与处，而所谓养之以善矣。夫然后私者克而心无不公矣；邪者消而心无不正矣；恶者去而心无不善矣；公则无不明，正则无不达，善则无不通，而心无不智矣夫然后可以绝天下之私，可以息天下之邪，可以化天下之恶，可以兴礼乐修教化，而为天地民物之主矣；而此何莫而不在于其所养邪！何莫而不在于养之以善邪！人君之心，惟在所养，范氏之说，盖谓养君心者言也，而愚之论，则以为非人君有洞察之明专一之诚，则虽有贤士君子之善养，亦无从而效之，而犹未及于人君之所以自养也。然必人君自养其心，而后能有洞察之明专一之诚以资夫人，而其所以自养者，固非他人之所能与矣，使其勉强于大庭昭晰之时，有放纵于幽独得肆之地，则虽有贤人君子，终亦无如之何者，是以人君尤贵于自养也。若夫自养之功，则惟在于存养省察，而其要又不外乎持敬而已愚也请以是为今日献。

表

拟唐张九龄上千秋金监录表（开元二十四年）

开元二十四年八月五日，具官臣张九龄上言，恭遇《千秋圣节》，谨以所撰千秋金监录进呈者。臣九龄诚惶诚恐，顿首顿首：伏以古训有获，成宪无愆，自昔致治之明君，莫不师资于往典，故武王有《洪范》之访，而高宗起旧学之思，兹盖伏遇□□□□。乃武乃文，好问好察，赤龙感唐尧之瑞，白鱼兆周武之兴，是以诞应五百载之昌期，而能起绍亿万年之大统。时维八月，节届千秋，凡兹鼎轴之臣，皆有宝镜之献，祝颂所寓，恭敬是将。臣九龄学本面墙，忠存自牖，窃谓群臣所献，虽近正冠之喻，揆诸事君以礼，尚亏懋德之规；顾环奇之珍，则尚方所自有，而珠玉是宝，虽诸侯以为殃。仰窥文皇"以人为监"之谟，窃取伏羲制器尚象之义，覃思古昔，效法丹书，粗述废兴，谬名《金监》。盖搜寻旧史，无非金石之言；而采掇前闻，颇费陶镕之力；躬铅椠以实录，敢粉饰乎虚文？鼓铸尧舜之模，炉冶商周之范；考是非之迹，莫遁妍媸；观兴替所由，真如形影；彼"六经"之道，夫岂不明？而诸子之谈，亦宁无见？顾恐万机之弗暇，愿摭一得而少裨，虽未能如贾山之《至言》，或亦可方陆生之《新语》。善可循而恶可戒，情状具在目前；乱有始而治有源，仪刑视诸掌上；公私具烛，光涵阳德之精；幽隐毕陈，寒照阴邪之胆；盖华封之祝，未罄于三，而魏征所亡，聊献其一。若陛下能自得师，或亦可近取诸此，视远亦维明矣，反观无不了然。诚使不蔽于私，自当明见万里；终能益磨以义，固将洞察纤毫；维兹昧爽所需，用为缉熙之助。伏愿时赐披阅，无使遂掩尘埃；宜监于殷，励周宣之明发；顾諟天命，效成汤之日新；永惟丕显之昭昭，庶识微衷之耿耿。月临日照，帝德运于光天；岳峙川流，圣寿同于厚地！臣无任瞻天仰圣激切屏营之至！谨以所述《千秋金监》录随表上进以闻。

策五道

问：王者功成作乐，治定制礼，故功大者乐备，治遍者礼具，而五帝不沿乐，三王不袭礼也。自汉而下，礼乐日衰，既不能祖述宪章，以复三代之旧制，则亦不过苟且因循，以承近世之陋习而已。盖有位无德，固宜其然也。惟我太祖、太宗，以圣人在天子之位，故其制作之隆，卓然千古，诚有不相沿袭者，独其广大渊微，有非世儒所能测识耳。夫合九庙而同堂，其有仿于古乎？一郊社而并祭，其有见于经乎？声容之为备，而郊郊之舞，去干戚以为容，雅颂之为美，而燕享之乐属教坊以司颂，是皆三代所未闻而创为之者。然而治化之隆，超然于三代之上，则其间固宜自有考诸三王而不谬者，而非圣人其孰能知之？夫鲁，吾夫子之乡，而先王之礼乐在焉。夫子之言曰："吾学周礼，今用之，吾从周。"斯固鲁人之所世守也。诸士子必能明言之。

圣人之制礼乐，非直为观美而已也；固将因人情以为之节文，而因以移风易俗也。夫礼乐之说，亦多端矣；而其大意，不过因人情以为之节文，是以礼乐之制，虽有古今之异，而礼乐之情，则无古今之殊。《传》曰："知礼乐之情者能作，识礼乐之文者能述。作者之谓圣，述者之谓明，故夫钟鼓管磬、羽籥干戚者，乐之器也；屈伸俯仰、缀兆舒疾者。乐之文也。簠簋俎豆制度文章者。礼之器也。升降上下周旋裼袭者，礼之文也。"夫所谓礼乐之情者，岂徒在于钟鼓、干戚、簠簋、制度之间而已邪？岂徒在于屈伸、缀兆、升降、周旋之间而已邪？后世之言礼乐者，不本其情，而致详于形器之末，是以论明堂，则惑于吕氏《考工》之说；议郊庙，而局于郑氏王肃之学；钟吕纷争于秬黍，而尺度牵泥于周天，纷纷籍籍，卒无一定之见，而礼乐亦因愈以废坠，是岂知礼乐之大端，不过因人情而为之节文者乎？《传》曰："礼也者，义之实也，协诸义而协则礼，虽先王未之有可以义起也。"孟子曰："今之乐，犹古之乐也；今夫行礼于此，而有以即夫人心之安焉，作乐于此，而使闻之者欣欣然有喜色焉，则虽义起之礼，世俗之乐，其亦何异于古乎？使夫行礼于此，而有以大拂乎人之情，作乐于此，而闻之者疾首蹙额而相告也，则虽折旋周礼，而戛击《咸韶》，其亦何补于治乎？"即是说而充之，则执事之所以下询者，虽九庙异制可也，合而同堂亦可也，郊社异地可也，一而并祭亦可也；声容之备固善矣，而苟有未备焉，似亦无伤也；雅颂之纯固美矣，而苟有未纯焉，或亦无患也。呜呼！此我太祖、太宗之所以为作者之圣，而有以深识夫礼乐之情者欤！窃尝伏观祖宗之治化功德，荡荡巍巍，蟠极天地之外，真有以超越三代而媲美于唐虞者；使非礼乐之尽善尽美，其亦何以能致若是乎？草莽之臣，心亦能知其大，而口莫能言之，故尝以为天下之人，苟未能知我祖宗治化功德之隆，则于礼乐之盛，固宜其有所未识矣。虽然，先王之制，则亦不可以不讲也。《祭法》："天子七庙，三昭三穆，与太祖之庙而七，益以文武世室而为九，庙门皆南向，主皆东向，各擅一庙之尊，而昭穆不紊焉"，则周制也。郊社之礼，天尊而地卑，郊以大报天，而社以神地道，故燔柴于泰坛，祭天也；瘗埋于泰折，祭地也；其不并祭久矣。祭天之用乐，则吕氏《月令》以仲夏"命乐师修鞉鞞鼓，均琴瑟管箫，执干戚戈羽，调竽笙篪簧，饬钟磬柷敔，而用盛乐以大雩帝"。则祭天之乐，有干戚戈羽矣。子夏告魏文侯以古乐，以为进旅退旅，和正以广，弦匏笙簧，会守拊鼓，始奏以文，复乱以武，治乱以相，讯疾以雅，而所谓俳优侏儒者，谓之新乐。夫国家郊庙之奉，虽以义起，固亦不害其为协诸义而协矣。虽然，岂若协于义而合于古之为尤善乎？国家祀享之乐，虽不效古，固亦不害其为因人情而为之师矣。虽然，岂若因人情而又合于古之尤善乎？昔者成周之礼乐，至周公而始备，其于文、武之制，过者损之，不及者益焉，而后合于大中至正；此周公所以为善继善述，而以达孝称也。儒生稽古之谈，固未免于拘滞，所敢肆其狂言，则恃有善继善述之圣天子在上也。

　　问：佛老为天下害，已非一日，天下之讼言攻之者，亦非一人矣，而卒不能去，岂其道之不可去邪？抑去之而不得其道邪？将遂不去，其亦不足以为天下之患邪？夫今之所谓佛老者，鄙秽浅劣，其妄初非难见，而程子乃以为比之杨、墨，尤为近理；岂其始固自有说，而今之所习者，又其糟粕之余欤？佛氏之传，经传无所考，至于老子，则孔子之所从问礼者也，孔子与之同时，未尝一言攻其非，而后世乃排之不置，此又何欤？夫杨氏之为我，墨氏之兼爱，则诚非道矣，比之后世贪冒无耻。放于利而行者。不有间乎。而孟子以为无父无君。至比于禽兽。然则韩愈以为佛老之害甚于杨墨者。其将何所比乎。抑不知今之时而有兼爱为我者焉。其亦在所辟乎。其将在所取乎。今之时不见有所谓杨、墨者。则其患止于佛老矣；不知佛老之外尚有可患者乎？其无可患者乎？夫言其是，而不知其所以是，议其非，而不识其所以非，同然一辞而以和于人者，吾甚耻之，故愿诸君之深辨之也。

　　天下之道一而已矣，而以为有二焉者，道之不明也，孔子曰："道之不明也，我知之矣，知者过之，愚者不及也；道之不行也，我知之矣，贤者过之，不肖者不及也。"呜呼！道一也，而人有知愚贤不肖之异焉，此所以有过与不及之弊，而异端之所从起欤？然则天下之攻异端者，亦先明夫子之道而已耳。夫子之道明，彼将不攻而自破，不然，我以彼为异端，而彼亦将以我为异端，譬之穴中之斗鼠，是非孰从而辨之？今夫吾夫子之道；始之于存养慎独之微，而终之以化育参赞之大；行之于日用常行之间，而达之于国家天下之远，人不得焉，不可以为人，而物不得焉，不可以为物，犹之水火菽帛而不可一日缺焉者也。然而异端者，乃至与之抗立而为三，则亦道之不明者之罪矣。道苟不明，苟不过焉，即不及焉。过与不及，皆不得夫中道者也，则亦异端而已矣。而何以攻彼为哉？今夫二氏之说，其始亦非欲以乱天下也；而卒以乱天下，则是为之徒者之罪也。夫子之道，其始固欲以治天下也，而未免于二氏之惑，则亦为之徒者之罪也。何以言之？佛氏吾不得而知矣；至于老子，则以知礼闻，而吾夫子所尝问礼，则其为人要亦非庸下者，其修身养性，以求合于道，初亦岂甚乖于夫子乎？独其专于为己而无意于天下国家，然后与吾夫子之格致诚正而达之于修齐治平者之不同耳是其为心也，以为吾仁矣，则天下之不仁，吾不知可也；吾义矣，则天下之不义，吾不知可也；居其实而去其名，敛其器而不示之用，置其心于都无较计之地，而亦不以天下之较计动于其心，此其为念，固亦非有害于天下者，而亦岂知其弊之一至于此乎？今夫夫子之道，过者可以俯而就，不肖者可以企而及，是诚行之万世而无弊矣；然而子夏之后有田子方，子方之后为庄周，子弓之后有荀况，荀况之后为李斯，盖亦不能以无弊，则亦岂吾夫子之道使然哉？故夫善学之，则虽老氏之说无益于天下，而亦可以无害于天下；不善学之，则虽吾夫子之道，而亦不能以无弊也。今天下之患，则莫大于贪鄙以为同，冒进而无耻。贪鄙为同者曰："吾夫子固无可无不可也。"冒进无耻者曰："吾夫子固汲汲于行道也。"嗟乎！吾以吾夫子之道以为奸，则彼亦以其师之说而为奸，顾亦奚为其不可哉！今之二氏之徒，苦空其行，而虚幻其说者，既已不得其原矣；然彼以其苦空，而吾以其贪鄙；彼以其虚幻，而吾以其冒进；如是而攻焉，彼既有辞矣，而何以服其心乎？孟子曰："经正则庶民兴，庶民兴，斯无邪慝矣。"今不皇皇焉自攻其弊，以求明吾夫子之道，而徒以攻二氏为心，亦见其不知本也夫！生复言之，执事以攻二氏为问，而生切切于自攻者，夫岂不喻执事之旨哉？《春秋》之道，责己严而待人恕；吾夫子之训，先自治而后治人也。若夫二氏与杨、墨之非，则孟子辟之于前，韩、欧诸子辟之于后，而岂复俟于言乎哉？执事以为夫子未尝攻老氏，则夫子盖尝攻之矣，曰："乡愿，德之贼也。"盖乡愿之同乎流俗而合乎污世，即老氏之所谓"和其光而同其尘"者也；和光同尘之说，盖老氏之徒为之者，而老氏亦有以启之。故吾夫子之攻乡愿，非攻老氏也；攻乡愿之学老氏而又失之也。后世谈老氏者皆出于乡愿，故曰"夫子盖尝攻之也"。

问：古人之言曰："志伊尹之所志，学颜子之所学。"诸君皆志伊学颜者，请遂以二君之事质之。夫伊尹之耕于有莘之野，而乐尧舜之道也，固将终身尔矣。汤之聘币三往，而始幡然以起，是岂苟焉者，而后世至以为割烹要汤，斯固孟子已有明辩；至于桀则固未尝以币聘尹也，而自往就之，至再至五，昔人谓其急于生人而往速其功也，果尔，其不类于以割烹要之欤！颜渊之学于孔子也，其详且要，无有过于四勿之训，兹四言者，今之初学之士皆自以为能知，而孔门之徒以千数，其最下者宜其犹愈于今之人也，何独唯颜子而后可以语此乎？至于箪瓢陋巷而不改其乐，此尤孔子之所深嘉屡叹而称以为贤者，而昔之人乃以为哲人之细事，将无类于今之初学自谓能知四勿之训者乎？夫尹也，以汤之圣，则三聘而始往，以桀之虐，则五就而不辞。颜之四勿，孔门之徒所未闻，而今之初学自以为能识箪瓢之乐，孔子以为难，而昔人以为易也；兹岂无其说乎？不然，则伊尹之志荒，而颜子之学浅矣。

　　求古人之志者，必先自求其志，而后能辨其出处之是非；论古人之学者，必先自论其学，而后能识其造诣之深浅；此伊尹之志，颜子之学，所以未易于窥测也。尝观伊尹耕于有莘之野，而乐尧舜之道，固将终其身于畎亩，虽禄之以天下，有弗顾者，其后感成汤三聘之勤，而始幡然以起，是诚甚不易矣。而战国之士，犹以为割烹要汤，向非孟氏之辩，则千载之下，孰从而知其说之妄乎？至于五就桀之说，则尚有可疑者；孟子曰："往役，义也；往见，不义也。"夫尹以庶人而往役于桀，可也；以行道而往就于桀，不可也；尹于成汤之圣，犹必待其三聘者，以为身不可辱，而道不可枉也。使尹不俟桀之聘而自往，则其辱身枉道也甚矣，而何以为伊尹乎？使尹之心以为汤虽圣臣也，桀虽虐君也，而就之，则既以为君矣，又可从而伐之乎？桀之暴虐，天下无不知者，彼置成汤之圣而弗用，尚何有于伊尹？使尹不知而就之，是不知也；知而就之，是不明也；就之而复伐之，是不忠也；三者无一可，而谓伊尹为之乎？柳宗元以为伊尹之五就桀，是大人之欲速其功。且曰："吾观圣人之急生人，莫若伊尹，伊尹之大，莫大于五就桀。"苏子瞻讥之，以为宗元欲以此自解其从叔文之非，可谓得其心矣。然五就之说，孟子亦尝言之，而说者以为尹之就桀，汤进之也，则尹惟知以汤之心为心而已。是在圣人固必自有以处此；而愚以为虽诚有之，亦孟子所谓有伊尹之志则可耳。不然，吾未见其不为反覆悖乱之归也。至于颜子四勿之训，此盖圣贤心学之大，有未易以言者，彼其自谓能知，则譬之越南冀北，孰不知越之为南而冀之为北？至其道理之曲折险易，自非所尝经历莫从而识之也。今以四勿而询人，则诚未见其有不知者；及究其所谓非礼，则又莫不暗然而无以为答也。今夫天下之事，固有似礼而非礼者矣；亦有似非礼而实为礼者矣；其纤悉毫厘至于不可胜计，使非尽格天下之物而尽穷天下之理，则其疑似几微之间，孰能决然而无所惑哉？夫于所谓非礼者既有未辨，而断然欲以之勿视听言动，是亦告子之所谓不得于言而勿求于心耳，其何以能克己复礼而为仁哉？夫惟颜子博约之功，已尽于平日，而其明睿所照，既已略无纤芥之疑，故于事至物来，天理人欲，不待议拟，而已判然，然后行之，勇决而无疑滞，此正所谓有至明以察其几，有至健以致其决者也。孔门之徒，自子贡之颖悟，不能无疑于一贯；则四勿之训，宜乎唯颜子之得闻也。若夫箪瓢之乐，则颜子之贤尽在于此，盖其所得之深者。周子尝令二程寻之，则既知其难矣。惟韩退之以为颜子得圣人为之依归，则其不忧而乐也岂不易？顾以为哲人之细事，初若无所难者，是盖言其外而未究其中也。盖箪瓢之乐，其要在于穷理，其功始于慎独，能穷理，故能择乎中庸，而复理以为仁；能慎独，故能克己不贰过，而至于三月不违；盖其人欲净尽，天理流行，是以内省不疚，仰不愧，俯不怍，而心广体胖，有不知其手舞足蹈者也。退之之学，言诚正而弗及格致，则穷理慎独之功，正其所大缺；则于颜子之乐，宜其得之浅矣。嗟乎！志伊尹之志也，然后能知伊尹之志；学颜子之学也，然后能知颜子之学；生亦何能与于此哉？顾其平日亦在所不敢自暴自弃，而心融神会之余，似亦微有所见，而执事今日之问，又适有相感发者，是以辄妄言之，幸执事不以为僭而教之也。

问：风俗之美恶，天下之治忽关焉。自汉以来，风俗之变而日下也，犹江河之日趋于海也，不知其犹可挽而复之古乎？将遂往而不返也；孔子谓齐一变至于鲁，鲁一变至于道，而说者以为二国之俗有美恶，故其变而之道也有难易。夫风俗之在三代也，不知其凡几变矣，而始为汉；其在汉也；又不知其凡，几变矣，而始为唐为宋；就使屡变而上焉，不过为汉而止耳，为唐而止耳，而何以能遂复于三代乎？今之风俗，则贾谊之所太息者有之矣；皇上之德，过于汉文诸士，若有贾生之谈焉，固所喜闻而乐道也。

天下之患，莫大于风俗之颓靡而不觉。夫风俗之颓靡而不觉也，譬之潦水之赴壑，浸淫泛滥，其始若无所患，而既其末也，奔驰溃决，忽焉不终，朝而就竭，是以甲兵虽强，土地虽广，财赋虽盛，边境虽宁，而天下之治，终不可为，则风俗之颓靡，实有以致之。古之善治天下者，未尝不以风俗为首务，武王胜殷，未及下车，而封黄帝、尧舜之后；下车而封王子比干之墓，释箕子之囚，式商容之闾；当是时也，拯溺救焚之政，未暇悉布，而先汲汲于为是者，诚以天下风俗之所关，而将以作兴其笃厚忠贞之气也。故周之富强不如秦，广大不如汉，而延世至于八百年者，岂非风俗之美致然欤！今天下之风俗，则诚有可虑者，而莫能明言之，何者？西汉之末，其风俗失之懦；东汉之末，其风俗失之激；晋失之虚；唐失之靡；是皆有可言者也。若夫今之风俗，谓之懦，则复类于悍也；谓之激，则复类于同也；谓之虚，则复类于琐而；谓之靡，则复类于鄙也；是皆有可虑之实，而无可状之名者也。生固亦有见焉，而又有所未敢言也。虽然，圣天子在上，贤公卿在位，于此而不直，是无所用其直矣。请遂言之：孔子曰："乡愿，德之贼也。"孟子曰："非之无举也，刺之无刺也，居之似忠信，行之似廉洁，同乎流俗，合乎污世，自以为是，而不可与入尧、舜之道，阉然媚于世者，是乡愿也。"盖今风俗之患，在于务流通而薄忠信，贵进取而贱廉洁，重儇狡而轻朴直，议文法而略道义，论形迹而遗心术，尚和同而鄙狷介；若是者，其浸淫习染既非一日，则天下之人固已相忘于其间而不衅，骤而语之，若不足以为患，而天下之患终必自此而起；泛而观之，若无与于乡愿，而徐而察之，则其不相类者几希矣。愚以为欲变是也，则莫若就其所藐者而振作之。何也？今之所薄者，忠信也，必从而重之；所贱者，廉洁也，必从而贵之；所轻者，朴直也，必从而重之；所遗者，心术也，必从而论之；所鄙者，狷介也，必从而尚之；然而今之议者，必以为是数者未尝不振作之也，则亦不思之过矣。大抵闻人之言，不能平心易气，而先横不然之念，未有能见其实然者也。夫谓是数者之未尝不振作之也，则夫今之所务者，果忠信欤？果流通欤？所贵者，果进取欤？果廉洁欤？其余者亦皆以是而思之，然后见其所谓振作之者，盖亦其名，而实有不然矣。今之议者，必且以为何以能得其忠信廉洁之实而振作之？则愚以为郭隗之事，断亦可见也；为人上者，独患无其诚耳。苟诚心于振作，吾见天下未有不翕然而向风者也。孟子曰："伯夷，圣之清者也；柳下惠，圣之和者也；故闻伯夷之风者，顽夫廉，懦夫有立志；闻柳下惠之风者，鄙夫敦，薄夫宽。"夫夷、惠之风所以能使人闻于千载之下而兴起者，诚焉而已耳。今曰："吾将以忠信廉洁振作天下，而中心有弗然焉。"则夫乡愿之所谓居之似忠信，而行之似廉洁者，固亦未尝无也。

问：明于当世之务者。惟豪杰为然。今取士于科举。虽未免于记诵文辞之间。然有司之意。固惟豪杰是求也。非不能钩深索隐以探诸士之博览。然所以待之浅矣。故愿相与备论当世之务。夫官冗矣而事益不治。其将何以厘之？赋繁矣而财愈不给，其将何以平之？建屏满于天下而赋禄日增，势将不掉，其将何以处之？清戎遍于海内而行伍日耗，其将何以筹之？蝗旱相仍，流离载道，其将何以拯之？狱讼繁滋，盗贼昌炽，其将何以息之？势家侵利，人情怨咨，何以裁之？戎、胡窥窃，边鄙未宁，何以攘之？凡此数者，皆当今之急务，而非迂儒曲士之所能及也，愿闻其说。

执事询当世之务，而以豪杰望于诸生，诚汗颜悚息，惧无以当执事之待；然执事之问，则不可虚也，生请无辞以对。盖天下之患，莫大于纪纲之不振，而执事之所问者，未及也。夫自古纪纲之不振，由于为君者垂拱宴安于上，而为臣者玩习懈弛于下。今朝廷出片纸以号召天下，而百司庶府莫不震粟悚惧，不可谓纪纲之不振，然而下之所以应其上者，不过簿书文墨之间，而无有于贞固忠诚之实，譬之一人之身，言貌动止，皆如其常，而神气恍然，若有不相摄者，则于险阻烦难，必有不任其劳矣，而何以成天下之亹亹哉？故愚以为当今之务，莫大于振肃纪纲，而后天下之治可从而理也。是以先进纪纲之说，而后及执事之问。夫官冗而事不治者，其弊有三：朝廷之所以鼓舞天下而奔走豪杰者，名器而已。孔子曰："惟名与器，不可以假人。"今者不能慎惜，而至或加之于异道憸邪之辈，又使列于贤士大夫之上，有志之士，吾知其不能与之齿矣；此豪杰之所以解体，而事之所以不治者，名器之太滥也。至于升授之际，不论其才之堪否，而概以年月名次之先后为序，使天下之人皆有必得之心，而无不可为之虑，又一事特设一官，或二人而共理一职，十羊九牧，徒益纷扰。至于边远疲弊之地，宜简贤能特加抚缉，功成绩著，则优其迁擢，以示崇奖，有志之士，无亦无不乐为者，而乃反委之于庸劣，遂使日益凋瘵，则是选用太忽之过也。天下之治，莫急守令，而令之于民，尤为切近，昔汉文之时，为吏者长子孙居官，以职为氏，今者徒据纸上之功绩，亟于行取，而责效于二三年之间，彼为守令者，因是亦莫不汲汲于求去，而莫有诚确久远之图，此则求效太速之使然耳。赋繁而财不给者，此无益之费多，而冗食之徒众也；去是二者，而又均一天下之赋，使每郡各计其所入之数，而均之于田，不得有官民三则之异，则诡射之弊息，而赋亦稍平矣。至于建屏之议，尤为当今之切务，而天下之人莫敢言者，欲求善后之策，则在于朝廷之上，心于继志，而不以更改为罪，建议之臣，心于为国，而不以获罪自阻，然后可以议此；不然，虽论无益矣。盖昔者汉之诸侯，皆封以土地，故其患在强大而不分，分则易弱矣；今之藩国，皆给以食禄，故其患在众多而不合，合则易办矣。然晁错一言，而首领不保，天下虽悲错之以忠受戮，其谁复敢言乎？清戎之要，在于因地利而顺人情。盖南人之习于南，而北人之习于北，是谓地利，南之不安于北，而北之不安于南，是谓人情。今以其清而已得者就籍之于其本土，而以其清而不得者之粮，馈输之于边，募骁勇以实塞下，或亦两得之矣。蝗旱相仍而流离载道者，官冗而事益不治之所致也；狱讼繁滋而盗贼昌炽者，赋繁而财愈不给之所起也。势家侵利而人情怨咨，则在于制之以礼，而一转移于向背之间而已。昔田蚡请考工地以益宅，武帝怒曰："何不遂取武库？"蚡惧而退。夫以田蚡之横，而武帝一言不敢复纵，况未及蚡者，诚有以禁戒惩饬之，其亦何敢肆无忌惮也哉？胡戎窥窃而边鄙未宁，则在于备之不预，而畏之太深之过也。夫戎虏之患，既深且久，足可为鉴矣；而当今之士，苟遇边报稍宁，则皆以为不复有事，解严弛备，恬然相安，以苟岁月，而所谓选将练兵，蓄财养士者，一旦置之度外，纵一行焉，亦不过取具簿书，而实无有于汲汲皇皇之意；及其一旦有事，则仓皇失措，若不能以终日。盖古之善御戎狄者，平居无怠忽苟且之心，故临事无纷张缪戾之患，兢惕以备之，谈笑以处之，此所以为得也。若夫制御之策，则古今之论详矣；在当事者择而处之，生不能别为之说也。夫执事之所以求士者，不专于记诵文辞之间，故诸生之文，亦往往出于科举之外，惟其说之或有足取，则执事幸采择之！

后序

弘治甲子秋八月甲申，《山东乡试录》成，考试官刑部主事王守仁既序诸首简，所以纪试事者慎且详矣；鼎承乏执事后，有不容无一言以申告登名诸君子者。夫山东天下之巨藩也，南峙泰岱，为五岳之宗，东汇沧海，会百川之流；吾夫子以道德之师，钟灵毓秀，挺生于数千载之上，是皆穷天地，亘古今，超然而独盛焉者也。然陟泰岱则知其高，观沧海则知其大，生长夫子之邦，宜于其道之高且大者有闻焉，斯不愧为邦之人矣！诸君子登名是录者，其亦有闻乎哉？夫自始学焉，读其书，聚而为论辩，发而为文词，至于今，资藉以阶尺寸之进，而方来未已者，皆夫子之绪余也；独于道未之闻，是固学者之通患，不特是邦为然也。然海与岱，天下知其高且大也，见之真而闻之熟，必自东人始，其于道，则亦宜若是焉可也。且道岂越乎所读之书与所论辩而文词之者哉？理气有精粗，言行有难易，穷达有从违，此道之所以鲜闻也。夫海岱云者，形胜也；夫子之道德也者，根本也；虽若相参并立于天地间，其所以为盛，则又有在此而不在彼者矣。鼎实陋于闻道，幸以文墨从事此邦，冀所录之士，有是人也，故列东藩之盛，乐为天下道之。

卷二 说

梁仲用默斋说 辛未

仲用识高而气豪，既举进士，锐然有志天下之务。一旦责其志曰："于呼！予乃太早。乌有己之弗治而能治人者！"于是专心为己之学，深思其气质之偏，而病其言之易也，以"默"名斋，过予而请其方。予亦天下之多言人也，岂足以知默之道！然予尝自验之，气浮则多言，志轻则多言。气浮者耀于外，志轻者放其中。予请诵古之训而仲用自取之。夫默有四伪：疑而不知问，蔽而不知辩，冥然以自罔，谓之默之愚；以不言餂人者，谓之默之狡；虑人之觇其长短也，掩覆以为默，谓之默之诬；深为之情，厚为之貌，渊毒阱狠，自托于默以售其奸者，谓之默之贼；夫是之谓四伪。又有八诚焉：孔子曰："君子耻其言而过其行。古者言之不出，耻躬之不逮也。"故诚知耻，而后知默。又曰："君子欲讷于言而敏于行。"夫诚敏于行，而后欲默矣。仁者言也讱，非以为默而默存焉。又曰："默而识之。"是故必有所识也，终日不违如愚者也。"默而成之"，是故必有所成也，退而省其私，亦足以发者也。故善默者莫如颜子。"暗然而日章"，默之积也。"不言而信"，而默之道成矣。"天何言哉？四时行焉，万物生焉。"而默之道至矣。非圣人其孰能与于此哉！夫是之谓八诚。仲用盍亦知所以自取之？

悔斋说 癸酉

悔者，善之端也，诚之复也。君子悔以迁于善；小人悔以不敢肆其恶；惟圣人而后能无悔，无不善也，无不诚也。然君子之过，悔而弗改焉，又从而文焉，过将日入于恶；小人之恶，悔而益深巧焉，益愤谲焉，则恶极而不可解矣。故悔者，善恶之分也，诚伪之关也。吉凶之机也。君子不可以频悔，小人则幸其悔而或不甚焉耳。吾友崔伯栾氏以"悔"名其斋。非曰吾将悔而已矣，将以求无悔者也。故吾为之说如是。

约斋说 甲戌

滁阳刘生韶既学于阳明子，乃自悔其平日所尝致力者泛滥而无功，琐杂而不得其要也。思得夫简易可久之道而固守之，乃以约斋自号，求所以为约之说于予。予曰："子欲其约，乃所以为烦也。其惟循理乎！理一而已，人欲则有万其殊。是故一则约，万则烦矣。虽然，理亦万殊也，何以求其一乎？理虽万殊而皆具于吾心，心固一也，吾惟求诸吾心而已。求诸心而皆出乎天理之公焉，斯其行之简易，所以为约也已。彼其胶于人欲之私，则利害相攻，毁誉相制，得失相形，荣辱相缠，是非相倾，顾瞻牵滞。纷纭舛戾，吾见其烦且难也。然而世之知约者鲜矣。孟子曰：'学问之道无他，求其放心而已'，其知所以为约之道欤！吾子勉之！吾言则亦以烦。"

示弟立志说 乙亥

予弟守文来学，告之以立志。守文因请次第其语，使得时时观省；且请浅近其辞，则易于通晓也。因书以与之。

夫学，莫先于立志。志之不立，犹不种其根而徒事培拥灌溉，劳苦无成矣。世之所以因循苟且，随俗习非，而卒归于污下者，凡以志之弗立也。故程子曰："有求为圣人之志，然后可与共学。"人苟诚有求为圣人之志，则必思圣人之所以为圣人者安在？非以其心之纯乎天理而无人欲之私欤？圣人之所以为圣人，惟以其心之纯乎天理而无人欲，则我之欲为圣人，亦惟在于此心之纯乎天理而无人欲耳。欲此心之纯乎天理而无人欲，则必去人欲而存天理。务去人欲而存天理，则必求所以去人欲而存天理之方。求所以去人欲而存天理之方，则必正诸先觉，考诸古训，而凡所谓学问之功者，然后可得而讲。而亦有所不容已矣。夫所谓正诸先觉者，既以其人为先觉而师之矣，则当专心致志，惟先觉之为听。言有不合，不得弃置，必从而思之；思之不得，又从而辨之；务求了释，不敢辄生疑惑。故《记》曰："师严，然后道尊；道尊，然后民知敬学。"苟无尊崇笃信之心，则必有轻忽慢易之意。言之而听之不审，犹不听也；听之而思之不慎，犹不思也；是则虽曰师之，犹不师也。

夫所谓考诸古训者，圣贤垂训，莫非教人去人欲而存天理之方，若"五经""四书"是已。吾惟欲去吾之人欲，存吾之天理，而不得其方，是以求之于此，则其展卷之际，真如饥者之于食，求饱而已；病者之于药，求愈而已；暗者之于灯，求照而已；跛者之于杖，求行而已。曾有徒事记诵讲说，以资口耳之弊哉！

夫立志亦不易矣。孔子，圣人也，犹曰："吾十有五而志于学。三十而立。"立者，志立也。虽至于"不逾矩"，亦志之不逾矩也。志岂可易而视哉！夫志，气之帅也，人之命也，木之根也，水之源也。源不浚则流息，根不植则木枯，命不续则人死，志不立则气昏。是以君子之学，无时无处而不以立志为事。正目而视之，无他见也；倾耳而听之，无他闻也。如猫捕鼠，如鸡覆卵，精神心思凝聚融结，而不复知有其他，然后此志常立，神气精明，义理昭著。一有私欲，即便知觉，自然容住不得矣。故凡一毫私欲之萌，只责此志不立，即私欲便退；听一毫客气之动，只责此志不立，即客气便消除。或怠心生，责此志，即不怠；忽心生，责此志，即不忽；懆心生，责此志，即不懆；妒心生，责此志，即不妒；忿心生，责此志，即不忿；贪心生，责此志，即不贪；傲心生，责此志，即不傲；吝心生，责此志，即不吝。盖无一息而非立志责志之时，无一事而非立志责志之地。故责志之功，其于去人欲，有如烈火之燎毛，太阳一出，而魍魉潜消也。自古圣贤因时立教，虽若不同，其用功大指无或少异。《书》谓"惟精惟一"，《易》谓"敬以直内，义以方外"，孔子谓"格致诚正，博文约礼"，曾子谓"忠恕"，子思谓"尊德性而道问学"，孟子谓"集义养气，求其放心"，虽若人自为说，有不可强同者，而求其要领归宿，合若符契。何者？夫道一而已。道同则心同，心同则学同。其卒不同者，皆邪说也。后世大患，尤在无志，故今以立志为说。中间字字句句，莫非立志。盖终身问学之功，只是立得志而已。若以是说而合精一，则字字句句皆精一之功；以是说而合敬义，则字字句句皆敬义之功。其诸"格致"、"博约"、"忠恕"等说，无不吻合。但能实心体之，然后信予言之非妄也。

见斋说 乙亥

辰阳刘观时学于潘子，既有见矣，复学于阳明子。尝自言曰："吾名观时，观必有所见，而吾犹懵懵无睹也。"扁其居曰"见斋"，以自励。问于阳明子曰："道有可见乎？"曰："有，有而未尝有也。"曰："然则无可见乎？"曰："无，无而未尝无也。"曰："然则何以为见乎？"曰："见而未尝见也。"观时曰："弟子之惑滋甚矣。夫子则明言之以教我乎？"阳明子曰："道不可言也，强为之言而益晦；道无可见也，妄为之见而益远。夫有而未尝有，是真有也；无而未尝无，是真无也；见而未尝见，是真见也。子未观于天乎？谓天为无可见，则苍苍耳，昭昭耳，日月之代明，四时之错行，未尝无也；谓天为可见，则即之而无所，指之而无定，执之而无得，未尝有也。夫天，道也；道，天也。风可捉也，影可拾也，道可见也。曰："然则吾终无所见乎？古之人则亦终无所见乎？"曰："神无方而道无体，仁者见之谓之仁，知者见之谓之知。是有方体者也，见之而未尽者也。颜子则如有所立，卓尔。夫谓之'如'，则非有也；谓之'有'，则非无也。是故虽欲从之，末由也已。故夫颜氏之子为庶几也。文王望道而未之见，斯真见也已。"曰："然则吾何所用心乎？"曰："沦于无者，无所用其心者也，荡而无归；滞于有者，用其心于无用者也，劳而无功。夫有无之间，见与不见之妙，非可以言求也。而子顾切切焉，吾又从而强言其不可见，是以瞽导瞽也。夫言饮者不可以为醉，见食者不可以为饱。子求其醉饱，则盍饮食之？子求其见也，其惟人之所不见乎？夫亦戒慎乎其所不睹也已。斯真睹也已，斯求见之道也已。"

矫亭说 乙亥

君子之行，顺乎理而已，无所事乎矫。然有气质之偏焉。偏于柔者矫之以刚，然或失则傲；偏于慈者矫之以毅，然或失则刻；偏于奢者矫之以俭，然或失则陋。凡矫而无节则过，过则复为偏。故君子之论学也，不曰"矫"而曰"克"。克以胜其私，私胜而理复，无过不及矣。矫犹未免于意必也，意必亦私也。故克己则矫不必言，矫者未必能尽于克己之道也。虽然，矫而当其可，亦克己之道矣。行其克己之实，而矫以名焉，何伤乎！古之君子也，其取名也廉；后之君子，实未至而名先之，故不曰"克"而曰"矫"，亦矫世之意也。方君时举以"矫"名亭，请予为之说。

谨斋说 乙亥

君子之学，心学也。心，性也；性，天也。圣人之心纯乎天理，故无事于学。下是，则心有不存而汩其性，丧其天矣，故必学以存其心。学以存其心者，何求哉？求诸其心而已矣。求诸其心何为哉？谨守其心而已矣。博学也，审问也，慎思也，明辨也，笃行也，皆谨守其心之功也。谨守其心者，无声之中而常若闻焉，无形之中而常若睹焉。故倾耳而听之，惟恐其或缪也；注目而视之，惟恐其或逸也。是故至微而显，至隐而见，善恶之萌而纤毫莫遁，由其能谨也。谨则存，存则明；明则其察之也精，其存之也一。昧焉而弗知，过焉而弗觉，弗之谨也已。故谨守其心，于其善之萌焉，若食之充饱也；若抱赤子而履春冰，惟恐其或陷也；若捧万金之璧而临千仞之崖，惟恐其或坠也；其不善之萌焉，若鸩毒之投于羹也，若虎蛇横集而思所以避之也，若盗贼之侵陵而思所以胜之也，古之君子所以凝至道而成盛德，未有不由于斯者。虽尧、舜、文王之圣，然且兢兢业业，而况于学者乎！后之言学者，舍心而外求，是以支离决裂，愈难而愈远，吾甚悲焉！吾友侍御杨景瑞以"谨"名其斋，其知所以为学之要矣。景瑞尝游白沙陈先生之门，归而求之，自以为有见。又二十年而忽若有得，然后知其向之所见犹未也。一旦告病而归，将从事焉，必底于成而后出。君之笃志若此，其进于道也孰御乎！君遣其子思元从予学，亦将别予以归，因论君之所以名斋之义以告思元，而遂以为君赠。

夜气说 乙亥

天泽每过，辄与之论夜气之训，津津既有所兴起。至是告归，请益。复谓之曰："夜气之息，由于旦昼所养，苟梏亡之反复，则亦不足以存矣。今夫师友之相聚于兹也，切磋于道义而砥砺乎德业，渐而入焉，反而愧焉，虽有非僻之萌，其所滋也亦已罕矣。迨其离群索居,情可得肆而莫之警也，欲可得纵而莫之泥也，物交引焉，志交丧焉，虽有理义之萌，其所滋也亦罕矣。故曰：'苟得其养,无物不长；苟失其养，无物不消。'夫人亦孰无理义之心乎？然而不得其养者多矣，是以若是其寥寥也。天泽勉之！"

白说字贞夫说 乙亥

白生说，常太保康敏公之孙，都宪敬斋公之长子也。敬斋宾予而冠之，阼既醮而请曰："是儿也，尝辱子之门，又辱临其冠，敢请字而教诸。"曰："字而教诸，说也。吾何以字而教诸？吾闻之，天下之道，说而已；天下之说，贞而已。乾道变化，于穆流行，无非说也，天何心焉？坤德阖辟，顺成化生，无非说也，坤何心焉？仁理恻怛，感应和平，无非说也，人亦何心焉？故说也者，贞也；贞也者，理也。全乎理而无所容其心焉之谓贞；本于心而无所拂于理焉之谓说。故天得贞而说道以亨；地得贞而说道以成；人得贞而说道以生。贞乎贞乎，三极之体，是谓无已；说乎说乎，三极之用，是谓无动。无动故顺而化；无已故诚而神。诚神，刚之极也；顺化，柔之则也。故曰，刚中而柔外，说以利贞，是以顺乎天而应乎人。说之时义大矣哉！非天下之至贞，其孰能与于斯乎！请字说曰贞夫。"敬斋曰："广矣，子之言！固非吾儿所及也。请问其次。"曰："道一而已，孰精粗焉，而以次为？君子之德不出乎性情，而其至塞乎天地。故说也者，情也；贞也者，性也。说以正情之性也；贞以说性之命也。性情之谓和；性命之谓中。致其性情之德而三极之道备矣，而又何二乎？吾姑语其略而详可推也，本其事而功可施也。目而色也，耳而声也，口而味也，四肢而安逸也，说也，有贞焉，君子不敢以或过也，贞而已矣。仁而父子也，义而君臣也，礼而夫妇也，信而朋友也，说也，有贞焉，君子不敢以不致也，贞而已矣。故贞者，说之干也；说者，贞之枝也。故贞以养心则心说，贞以齐家则家说，贞以治国平天下则国天下说。说必贞，未有贞而不说者也；贞必说，未有说而不贞者也。说而不贞，小人之道，君子不谓之说也。不伪则欲，不佞则邪，奚其贞也哉？夫夫，君子之称也；贞，君子之道也。字说曰贞夫，勉以君子而已矣。"敬斋起拜曰："子以君子之道训吾儿，敢不拜嘉！"顾谓说曰："再拜稽首，书诸绅，以蚤夜祗承夫子之命！"

刘氏三子字说 乙亥

刘毅斋之子三人。当毅斋之始入学也，其孟生，名之曰甫学；始举于乡也，其仲生，名之曰甫登；始从政也，其季生，名之曰甫政。毅斋将冠其三子，而问其字于予。予曰："君子之学也，以成其性；学而不至于成性，不可以为学；字甫学曰子成，要其终也。学成而登庸；登者必以渐，故登高必自卑；字甫登曰子渐，戒其骤也。登庸则渐以从政矣；政者，正也，未有己不正而能正人者；字甫政曰子正，反其本也。"毅斋起拜曰："乾也既承教，岂独以训吾子！"

修道说 戊寅

率性之谓道，诚者也；修道之谓教，诚之者也。故曰："自诚明，谓之性；自明诚，谓之教。"《中庸》为诚之者而作，修道之事也。道也者，性也，不可须臾离也。而过焉，不及焉，离也。是故君子有修道之功。戒慎乎其所不睹，恐惧乎其所不闻，微之显，诚之不可掩也。修道之功若是其无间，诚之也夫！然后喜怒哀乐之未发谓之中，发而皆中节谓之和，道修而性复矣。致中和，则大本立而达道行，知天地之化育矣。非至诚尽性，其孰能与于此哉！是修道之极功也。而世之言修道者离矣，故特著其说。

自得斋说 甲申

孟子云："君子深造之以道，欲其自得之也。自得之则居之安；居之安则资之深；资之深则取之左右逢其原。故君子欲其自得之也。"夫率性之谓道，道，吾性也；性，吾生也。而何事于外求？世之学者，业辞章，习训诂，工技艺，探赜而索隐，弊精极力，勤苦终身，非无所谓深造之者。然亦辞章而已耳，训诂而已耳，技艺而已耳。非所以深造于道也，则亦外物而已耳，宁有所谓自得逢原者哉！古之君子，戒慎不睹，恐惧不闻，致其良知而不敢须臾或离者，斯所以深造乎是矣。是以大本立而达道行，天地以位，万物以育，于左右逢原乎何有？黄勉之省曾氏，以"自得"名斋，盖有志于道者。请学于予而蕲为之说。予不能有出于孟氏之言也，为之书孟氏之言。嘉靖甲申六月朔。

博约说 乙酉

南元真之学于阳明子也，闻致知之说而恍若有见矣。既而疑于博约先后之训，复来请曰："致良知以格物，格物以致其良知也，则既闻教矣。敢问先博我以文，而后约我以礼也，则先儒之说，得无亦有所不同欤？"阳明子曰："理，一而已矣；心，一而已矣。故圣人无二教，而学者无二学。博文以约礼，格物以致其良知，一也。故先后之说，后儒支缪之见也。夫礼也者，天理也。天命之性具于吾心，其浑然全体之中，而条理节目森然毕具，是故谓之天理。天理之条理谓之礼。是礼也，其发见于外，则有五常百行，酬酢变化，语默动静，升降周旋，隆杀厚薄之属；宣之于言而成章，措之于为而成行，书之于册而成训；炳然蔚然，其条理节目之繁，至于不可穷诘，是皆所谓文也。是文也者，礼之见于外者也；礼也者，文之存于中者也。文，显而可见之礼也；礼，微而难见之文也。是所谓体用一源，而显微无间者也。是故君子之学也，于酬酢变化、语默动静之间而求尽其条理节目焉，非他也，求尽吾心之天理焉耳矣；于升降周旋、隆杀厚薄之间而求尽其条理节目焉，非他也，求尽吾心之天理焉耳矣。求尽其条理节目焉者，博文也；求尽吾心之天理焉者，约礼也。文散于事而万殊者也，故曰博；礼根于心而一本者也，故曰约。博文而非约之以礼，则其文为虚文，而后世功利辞章之学矣；约礼而博学于文，则其礼为虚礼，而佛、老空寂之学矣。是故约礼必在于博文，而博文乃所以约礼。二之而分先后焉者，是圣学之不明，而功利异端之说乱之也。昔者颜子之始学于夫子也，盖亦未知道之无方体形像也，而以为有方体形像也；未知道之无穷尽止极也，而以为有穷尽止极也；是犹后儒之见事事物物皆有定理者也，是以求之仰钻瞻忽之间，而莫得其所谓。及闻夫子博约之训,既竭吾才以求之,然后知天下之事虽千变万化,而皆不出于此心之一理;然后知殊途而同归,百虑而一致;然后知斯道之本无方体形像,而不可以方体形像求之也;本无穷尽止极,而不可以穷尽止极求之也。故曰:'虽欲从之,末由也已。'盖颜子至是而始有真实之见矣。博文以约礼,格物以致其良知也,亦宁有二学乎哉?"

惜阴说 丙戌

同志之在安成者,间月为会五日,谓之"惜阴",其志笃矣;然五日之外,孰非惜阴时乎?离群而索居,志不能无少懈,故五日之会,所以相稽切焉耳。呜呼!天道之运,无一息之或停;吾心良知之运,亦无一息之或停。良知即天道,谓之"亦",则犹二之矣。知良知之运无一息之或停者,则知惜阴矣;知惜阴者,则知致其良知矣。"子在川上曰:逝者如斯夫!不舍昼夜。"此其所以学如不及,至于发愤忘食也。尧舜兢兢业业,成汤日新又新,文王纯亦不已,周公坐以待旦,惜阴之功,宁独大禹为然?子思曰:"戒慎乎其所不睹,恐惧乎其所不闻,知微之显,可以入德矣。"或曰:鸡鸣而起,孳孳为利。凶人为不善,亦惟日不足,然则小人亦可谓之惜阴乎?

南冈说 丙戌

浙大参朱君应周居莆之壶公山下。应周之名曰"鸣阳",盖取《诗》

所谓"凤皇鸣矣,于彼朝阳"之义也。莆人之言曰:"应周则诚吾莆之凤矣。其居青琐,进谠言,而天下仰望其风采,则诚若凤之鸣于朝阳者矣。夫凤之栖,必有高冈,则壶公者,固其所从而栖鸣也。"于是号壶公曰"南冈",盖亦取《诗》所谓"凤皇鸣矣,于彼高冈"之义也。应周闻之,曰:"嘻!因予名而拟之以凤焉,其名也,人固非凤也;因壶公而号之以'南冈'焉,其实也,固亦冈也。吾方愧其名之虚,而思以求其号之实也。"因以南冈而自号。大夫乡士为之诗歌序记以咏叹揄扬其美者,既已连篇累牍,而应周犹若未足,勤勤焉以蕲于予,必欲更为之一言。是其心殆不以赞誉称颂之为喜,而以乐闻规切砥砺之为益也。吾何以答应周之意乎?姑请就"南冈"而与之论学。夫天地之道,诚焉而已耳;圣人之学,诚焉而已耳。诚故不息,故久,故征,故悠远,故博厚。是故天惟诚也,故常清;地惟诚也,故常宁;日月惟诚也,故常明。今夫南冈,亦拳石之积耳,而其广大悠久至与天地而无疆焉,非诚而能若是乎?故观夫南冈之崖石,则诚崖石尔矣;观夫南冈之溪谷,则诚溪谷尔矣;观夫南冈之峰峦岩壑,则诚峰峦岩壑尔矣。是皆实理之诚然,而非有所虚假文饰,以伪为于其间。是故草木生焉,禽兽居焉,宝藏兴焉;四时之推敓,寒暑晦明,烟岚霜雪之变态,而南冈若无所与焉。凤皇鸣矣,而南冈不自以为瑞也;虎豹藏焉,而南冈不自以为威也;养生送死者资焉,而南冈不自以为德;云雾兴焉,而见光怪,而南冈不自以为灵。是何也?诚之无所与也,诚之不容已也,诚之不可掩也。君子之学亦何以异于是!是故以事其亲,则诚孝尔矣;以事其兄,则诚弟尔矣;以事其君,则诚忠尔矣;以交其友,则诚信尔矣。是故蕴之为德行矣,措之为事业矣,发之为文章矣。是故言而民莫不信矣,行而民莫不悦矣,动而民莫不化矣。是何也?一诚之所发,而非可以声音笑貌幸而致之也。故曰:"诚者,天之道也;思诚者,人之道也。"应周之有取于南冈而将以求其实者,殆亦无出于斯道也矣!果若是,则知应周岂非思诚之功欤!夫思诚之功,精矣微矣,应周盖尝从事于斯乎?异时来过稽山之麓,尚能为我一言其详。

卷三 序

罗履素诗集序 壬戌

履素先生诗一帙,为篇二百有奇,浙大参罗公某以授阳明子某而告之曰:"是吾祖之作也。今诗文之传,皆其崇高显赫者也。吾祖隐于草野,其所存要无愧于古人,然世未有知之者,而所为诗文又皆沦落止是,某将梓而传焉。惧人之以我为僭也,吾子以为奚若?"某曰:"无伤也。孝子仁孙之于其父祖,虽其服玩嗜好之微,犹将谨守而弗忍废,况乎诗文,其精神心术之所寓,有足以发闻于后者哉!夫先祖有美而弗传,是弗仁也,夫孰得而议之!盖昔者夫子之取于诗也,非必其皆有闻于天下,彰彰然明著者而后取之;《沧浪之歌》采之孺子,《萍实》之谣得诸儿童,夫固若是其宽博也。然至于今,其传者不过数语而止,则亦岂必其多之贵哉?今诗文之传则诚富矣,使有删述者而去取之,其合于道也,能几?履素之作,吾诚不足以知之,顾亦岂无一言之合于道乎?夫有一言之合于道,是其于世也,亦有一言之训矣,又况其不止于是也,而又奚为其不可以传哉？吾观大参公之治吾浙，宽而不纵，仁而有勇，温文蕴藉；居然稠众之中，固疑其先必有以开之者。乃今观履素之作，而后知其所从来者之远也。世之君子，苟未知大参公之所自，吾请观于履素之作；苟未知履素之贤，吾请观于大参公之贤，无疑矣。然则是集也，固罗氏之文献系焉，其又可以无传乎哉？"大参公起拜曰："某固将以为罗氏之书也，请遂以吾子之言序之。"大参公名鉴，字某，由进士累今官。有厚德长才，向用未艾。大参之父某，亦起家进士而以文学政事显。罗氏之文献，于此益为有证云。

两浙观风诗序 壬戌

《两浙观风诗》者，浙之士夫为佥宪陈公而作也。古者天子巡狩而至诸侯之国，则命太师陈诗，以观民风。其后巡狩废而陈诗亡。春秋之时，列国之君大夫相与盟会问遗，犹各赋诗以言己志而相祝颂。今观风之作，盖亦祝颂意也。王者之巡狩，不独陈诗观风而已。其始至方岳之下，则望秩于山川，朝见兹土之诸侯，同律历礼乐制度衣服纳价，以观民之好恶；就见百年者而问得失，赏有功，罚有罪。盖所以布王政而兴治功，其事亦大矣哉！汉之直指、循行，唐、宋之观察、廉访、采访之属，及今之按察，虽皆谓之观风，而其实代天子以行巡狩之事。故观风，王者事也。陈公起家名进士，自秋官郎擢佥浙臬，执操纵予夺生死荣辱之柄，而代天子观风于一方，其亦荣且重哉！吁，亦难矣！公之始至吾浙，适岁之旱，民不聊生。饥者仰而待哺，悬者呼而望解；病者呻，郁者怨；不得其平者鸣；弱者、强者、蹶者、啮者、梗而孽者、狡而窃者，乘间投隙，沓至而环起。当是之时而公无以处之，吾见其危且殆也。赖公之才，明知神武，不震不激，抚柔摩剔，以克有济。期月之间，而饥者饱，悬者解，呻者歌，怨者乐，不平者申；蹶者起，啮者驯，蘖者顺，窃者靖；涤荡剖刷而率以无事。于是乎修废举坠，问民之疾苦而休息之，劳农劝学，以兴教化。然后上会稽，登天姥，入雁荡，陟金娥，览观江山之形胜，慨然太息！吊子胥之忠谊，礼严光之高节；希遐躅于隆庞，挹流风于仿佛；固亦大丈夫得志行道之一乐哉！然公之始，其忧民之忧也，亦既无所不至矣。公唯忧民之忧，是以民亦乐公之乐，而相与欢欣鼓舞以颂公德。然则今日观风之作，岂独见吾人之厚公，抑以见公之厚于吾人也。虽然，公之忧民之忧，其惠泽则既无日而可忘矣；民之乐公之乐，其爱慕亦既与日而俱深矣。以公之才器，天子其能久容于外乎？则公固有时而去也。然则其可乐者能几？而可忧者终谁任之？则夫今日观风之作，又不徒以颂公之厚于吾人，将遂因公而致望于继公者亦如公焉。则公虽去，而所以忧其民者，尚亦永有所托而因以不坠也。

别三子序 丁卯

自程、朱诸大儒没而师友之道遂亡。"六经"分裂于训诂，支离芜蔓于辞章业举之习，圣学几于息矣。有志之士思起而兴之，然卒徘徊嗟咨，逡巡而不振；因弛然自废者，亦志之弗立，弗讲于师友之道也。夫一人为之，二人从而翼之，已而翼之者益众焉，虽有难为之事，其弗成者鲜矣。一人为之，二人从而危之，已而危之者益众焉，虽有易成之功，其克济者亦鲜矣。故凡有志之士，必求助于师友。无师友之助者，志之弗立弗求者也。自予始知学，即求师于天下，而莫予诲也；求友于天下，而与予者寡矣；又求同志之士，二三子之外，邈乎其寥寥也。殆予之志有未立邪？盖自近年而又得蔡希颜、朱守中于山阴之白洋，得徐曰仁于余姚之马堰。曰仁，予妹婿也。希颜之深潜，守中之明敏，曰仁之温恭，皆予所不逮。三子者，徒以一日之长视予以先辈，予亦居之而弗辞。非能有加也，姑欲假三子者而为之证，遂忘其非有也。而三子者，亦姑欲假予而存师友之饩羊，不谓其不可也。当是之时，其相与也，亦渺乎难哉！予有归隐之图，方将与三子就云霞，依泉石，追濂、洛之遗风，求孔、颜之真趣；洒然而乐，超然而游，忽焉而忘吾之老也。今年三子者为有司所选，一举而尽之。何予得之之难，而有司者袭取之之易也！予未暇以得举为三子喜，而先以失助为予憾；三子亦无喜于其得举，而方且戚于其去予也。漆雕开有言："吾斯之未能信"，斯三子之心欤？曾点志于咏歌浴沂，而夫子喟然与之，斯予与三子之冥然而契，不言而得之者欤？三子行矣，遂使举进士，任职就列，吾知其能也，然而非所欲。使遂不进而归，咏歌优游有日，吾知其乐也，然而未可必也。天将降大任于是人，必先违其所乐而投之于其所不欲，所以衡心拂虑而增其所不能。是玉之成也，其在兹行欤！三子则焉往而非学矣，而予终寡于同志之助也！三子行矣。"沉潜刚克，高明柔克"，非箕子之言乎？温恭亦沉潜也，三子识之，焉往而非学矣。苟三子之学成，虽不吾迩，其为同志之助也，不多乎哉！增城湛原明宦于京师，吾之同道友也，三子往见焉，犹吾见也已。

气候图序 戊辰

天地一元之运为十二万九千六百年，分而为十二会；会分而为三十运；运分而为十二世；世分而为三十年；年分而为十二月；月分而为二气；气分而为三候；候分为五日；日分为十二时；积四千三百二十时三百六十日而为七十二候。会者，元之候也；世者，运之候也；月者，岁之候也；气者，月之候也。天地之运，日月之明，寒暑之代谢，气化人物之生息终始，尽于此矣。月，证于月者也；气，证于气者也；候，证于物者也。若孟春之月，其气为立春，为雨水；其候为东风解冻，为蛰虫始振，为鱼负冰，獭祭鱼之类；《月令》诸书可考也。气候之运行，虽出于天时，而实有关于人事。是以古之君臣，必谨修其政令，以奉若夫天道；致察乎气运，以警惕夫人为。故至治之世，天无疾风盲雨之愆，而地无昆虫草木之孽。孔子之作《春秋》也，大雨、震电、大雨雪则书，大水则书，无水则书，无麦苗则书，多麋则书，蜮蜚雨、螽螟生则书，六鹢退飞则书，陨霜不杀草李梅实则书，春无水则书，鹳鹆来巢则书。凡以见气候之愆变失常，而世道之兴衰治乱，人事之污隆得失，皆于是乎有证焉；所以示世之君臣者恐惧修省之道也。大总兵怀柔伯施公命绘工为《七十二候图》，遣使以币走龙场，属守仁叙一言于其间。守仁谓使者曰："此公临政之本也，善端之发也，戒心之萌也。"使者曰："何以知之？"守仁曰："人之情必有所不敢忽也，而后著于其念；必有所不敢忘也，而后存于其心。著于其念，存于其心，而后见之于颜色言论，志之于弓矢几杖盘盂剑席，绘之于图画，而日省之于其心。是故思驰骋者，爱观夫射猎游田之物；甘逸乐者，喜亲夫博局燕饮之具。公之见于图绘者，不于彼而于此，吾是以知其为善端之发也；吾是以知其为戒心之萌也。其殆警惕夫人为而谨修其政令也欤！其殆致察乎气运，而奉若夫天道也欤！夫警惕者，万善之本，而众美之基也。公克念于是，其可以为贤乎！由是因人事以达于天道，因一月之候以观夫世运会元，以探万物之幽赜，而穷天地之始终，皆于是乎始。吾是以喜闻而乐道之，为之叙而不辞也。"

送毛宪副致仕归桐江书院序 戊辰

正德己巳夏四月，贵州按察司副使毛公承上之命，得致其仕而归。先是，公尝卜桐江书院于子陵钓台之侧者几年矣，至是将归老焉，谓其志之始获遂也，甚喜。而同僚之良惜公之去，乃相与咨嗟不忍，集而饯之南门之外。酒既行，有起而言于公者，曰："君子之道，出与处而已。其出也有所为，其处也有所乐。公始以名进士从政南部，理繁治剧，顾然已有公辅之望。及为方面于云、贵之间者十余年，内厘其军民，外抚诸戎蛮夷，政务举而德威著。虽或以是召嫉取谤，而名称亦用是益显建立，暴于天下。斯不谓之有所为乎？今兹之归，脱屣声利，垂竿读书，乐泉石之清幽，就烟霞而屏迹；宠辱无所与，而世累无所加。斯不谓之有所乐乎？公于出处之际，其亦无憾焉耳已！"公起拜谢。复有言者曰："虽然，公之出而仕也，太夫人老矣，先大夫忠襄公又遗未尽之志，欲仕则违其母，欲养则违其父，不得已权二者之轻重，出而自奋于功业。人徒见公之忧劳为国而忘其家，不知凡以成忠襄公之志，而未尝一日不在于太夫人之养也。今而归，告成于忠襄之庙，拜太夫人于膝下，旦夕承欢，伸色养之孝，公之愿遂矣。而其劳国勤民，拳拳不舍之念，又何能释然而忘之！则公虽欲一日遂归休之乐，盖亦有所未能也。"公复起拜谢。又有言者曰："虽然，君子之道，用之则行，舍之则藏。用之而不行者，往而不返者也；舍之而不藏者，溺而不止者也。公之用也，既有以行之；其舍之也，有弗能藏者乎？吾未见夫有其用而无其体者也。"公又起拜，遂行。阳明山人闻其言而论之曰："始之言者，道其事也；而未及于其心；次之言者，得公之心矣，而未尽于道；终之言者，尽于道矣，不可以有加矣。斯公之所允蹈者乎！"诸大夫皆曰："然，子盍书之以赠从者？"

重刊文章轨范序 戊辰

宋谢枋得氏取古文之有资于场屋者，自汉迄宋，凡六十有九篇，标揭其篇章句字之法，名之曰《文章轨范》。盖古文之奥不止于是，是独为举业者设耳。世之学者传习已久，而贵阳之士独未之多见。侍御王君汝楫于按历之暇，手录其所记忆，求善本而校是之；谋诸方伯郭公辈，相与捐俸廪之资，锓之梓，将以嘉惠贵阳之士。曰："枋得为宋忠臣，固以举业进者，是吾微有训焉。"属守仁叙一言于简首。夫自百家之言兴，而后有"六经"；自举业之习起，而后有所谓古文。古文之去"六经"远矣；由古文而举业，又加远焉。士君子有志圣贤之学，而专求之于举业，何啻千里！然中世以是取士，士虽有圣贤之学，尧舜其君之志，不以是进，终不大行于天下。盖士之始相见也必以贽，故举业者，士君子求见于君之羔雉耳。羔雉之弗饰，是谓无礼；无礼，无所庸于交际矣。故夫求工于举业而不事于古，作弗可工也；弗工于举业而求于幸进，是伪饰羔雉以罔其君也。虽然，羔雉饰矣，而无恭敬之实焉，其如羔雉何哉！是故饰羔雉者，非以求媚于主，致吾诚焉耳；工举业者，非以要利于君，致吾诚焉耳。世徒见夫由科第而进者，类多徇私媒利，无事君之实，而遂归咎于举业。不知方其业举之时，惟欲钓声利，弋身家之腴，以苟一旦之得，而初未尝有其诚也。邹孟氏曰："恭敬者，币之未将者也。"伊川曰："自洒扫应对，可以至圣人。"夫知恭敬之实在于饰羔雉之前，则知尧舜其君之心，不在于习举业之后矣；知洒扫应对之可以进于圣人，则知举业之可以达于伊、傅、周、召矣。吾惧贵阳之士谓二公之为是举，徒以资其希宠禄之筌蹄也，则二公之志荒矣，于是乎言。

赠林以吉归省序 辛未

阳明子曰，求圣人之学而弗成者，殆以志之弗立欤！天下之人，志轮而轮焉，志裘而裘焉，志巫医而巫医焉，志其事而弗成者，吾未之见也。轮、裘、巫医遍天下，求圣人之学者间数百年而弗一二见，为其事之难欤？亦其志之难欤？弗志其事而能有成者，吾亦未之见也。林以吉将求圣人之事，过予而论学。予曰："子盖论子之志乎？志定矣，而后学可得而论。子闽也，将闽是求；而予言子以越之道路，弗之听也。予越也，将越是求；而子言予以闽之道路，弗之听也。夫久溺于流俗，而骤语以求圣人之事，其始也必将有自馁而不敢当；已而旧习牵焉，又必有自眩而不能决；已而外议夺焉，又必有自沮而或以懈。夫馁而求有以胜之，眩而求有以信之，沮而求有以进之，吾见立志之难能也已。志立而学半，四子之言，圣人之学备矣。苟志立而于是乎求焉，其切磋讲明之益，以吉自取之，尚其有穷也哉？见素先生，子诸父也；子归而以予言正之，且以为何如？"

送宗伯乔白岩序 辛未

大宗伯白岩乔先生将之南都,过阳明子而论学。阳明子曰:"学贵专。"先生曰:"然。予少而好弈,食忘味,寝忘寐,目无改观,耳无改听。盖一年而诎乡之人,三年而国中莫有予当者。学贵专哉!"阳明子曰:"学贵精。"先生曰:"然。予长而好文词,字字而求焉,句句而鸠焉,研众史,核百氏。盖始而希迹于宋、唐,终焉浸入于汉、魏。学贵精哉!"阳明子曰:"学贵正。"先生曰:"然。予中年而好圣贤之道。弈吾悔焉,文词吾愧焉,吾无所容心矣。子以为奚若?"阳明子曰:"可哉!学弈则谓之学,学文词则谓之学,学道则谓之学,然而其归远也。道,大路也。外是,荆棘之蹊,鲜克达矣。是故专于道,斯谓之专;精于道,斯谓之精。专于弈而不专于道,其专溺也;精于文词而不精于道,其精僻也。夫道广矣大矣,文词技能于是乎出。而以文词技能为者,去道远矣。是故非专则不能以精;非精则不能以明;非明则不能以诚。故曰'惟精惟一'。精,精也;一,专也。精则明矣,明则诚矣。是故明精之为也,诚一之基也。一,天下之大本也;精,天下之大用也。知天地之化育,而况于文词技能之末乎?"先生曰:"然哉!予将终身焉,而悔其晚也。"阳明子曰:"岂易哉?公卿之不讲学也,久矣。昔者卫武公年九十而犹诏于国人曰:'毋以老耄而弃予。'先生之年半于武公,而功可倍之也。先生其不愧于武公哉?某也敢忘国士之交警!"

赠王尧卿序 辛未

终南王尧卿为谏官三月，以病致其事而去，交游之赠言者以十数，而犹乞言于予。甚哉，吾党之多言也！夫言日茂而行益荒，吾欲无言也久矣。自学术之不明，世之君子以名为实。凡今之所谓务乎其实，皆其务乎其名者也，可无察乎！尧卿之行，人皆以为高矣；才，人皆以为美矣；学，人皆以为博矣。是可以无察乎！自喜于一节者，不足与进于全德之地；求免于乡人者，不可以语于圣贤之途。气浮者，其志不确；心粗者，其造不深；外夸者，其中日陋。已矣；吾恶夫言之多也！虎谷有君子，类无言者。尧卿过焉，其以予言质之。

别张常甫序 辛未

太史张常甫将归省，告别于司封王某曰："期之别也，何以赠我乎？"某曰："处九月矣，未尝有言焉，期之别，又多乎哉？"常甫曰："斯邦期之过也。虽然，必有以赠我。"某曰："工文词，多论说，广探极览，以为博也；可以为学乎？"常甫曰："知之。""辩名物，考度数，释经正史，以为密也；可以为学乎？"常甫曰："知之。""整容色，修辞气，言必信，动必果，谈说仁义，以为行也；可以为学乎？"常甫曰："知之。"曰："去是三者而恬淡其心，专一其气，廓然而虚，湛然而定，以为静也；可以为学乎？"常甫默然良久，曰："亦知之。"某曰："然，知之。古之君子惟有所不知也，而后能知之；后之君子惟无所不知，是以容有不知也。夫道有本而学有要。是非之辩精矣，义利之间微矣，斯吾未之能信焉。曷亦姑无以为知之也，而姑疑之，而姑思之乎？"常甫曰："唯。吾姑无以为知之，而姑疑之，而姑思之。期而见，吾有以复于子。"

别方叔贤序 辛未

予与叔贤处二年，见叔贤之学凡三变：始而尚辞，再变而讲说，又再变而慨然有志圣人之道。方其辞章之尚，于予若冰炭焉；讲说矣，则违合者半；及其有志圣人之道，而沛然于予同趣。将遂去之西樵山中，以成其志，叔贤亦可谓善变矣。圣人之学，以无我为本，而勇以成之。予始与叔贤为僚，叔贤以郎中故，事位吾上。及其学之每变，而礼予日恭，卒乃自称门生而待予以先觉。此非脱去世俗之见，超然于无我者，不能也。虽横渠子之勇撤皋比，亦何以加于此！独愧予之非其人，而何以当之！夫以叔贤之善变，而进之以无我之勇，其于圣人之道也何有。斯道也，绝响于世余三百年矣。叔贤之美有若是，是以乐为吾党道之。

别王纯甫序 辛未

王纯甫之掌教应天也，阳明子既勉之以孟氏之言。纯甫谓"未尽也"，请益曰："道未之尝学，而以教为职，鳏官其罪矣。敢问教何以哉？"阳明子曰："其学乎！尽吾之所以学者而教行焉耳。"曰："学何以哉？"曰："其教乎！尽吾之所以教者而学成焉耳。古之君子，有诸己而后求诸人也。"曰:"刚柔淳漓之异质矣,而尽之我教,其可一乎?"曰:"不一,所以一之也。天之于物也,巨微修短之殊位,而生成之,一也。惟技也亦然,弓冶不相为能,而其足于用,亦一也。匠斫也,陶垣也,圬墁也,其足以成室,亦一也。是故立法而考之,技也。各诣其巧矣,而同足于用。因人而施之,教也。各成其材矣,而同归于善。仲尼之答仁孝也,孟氏之论货色也,可以观教矣。"曰:"然则教无定法乎?昔之辩者则何严也?"曰:"无定矣。而以之必天下,则弓焉而冶废,匠焉而陶圬废。圣人不欲人人而圣之乎?然而质人人殊。故辩之严者,曲之致也。是故或失则隘,或失则支,或失则流矣。是故因人而施者,定法矣;同归于善者,定法矣。因人而施,质异也;同归于善,性同也。夫教,以复其性而已。由尧、舜而来未之有改,而谓无定乎?"

送章达德归东雁序 辛未

章达德将归东雁,石龙山人为之请,于是甘泉子托以《考槃》,阳明子为之赋《衡门》。客有在坐者,哑然曰:"异哉!二夫子之言,吾不能知之。夫阔尔形,无莹尔精也,其可矣。今兹将惟职业之弗遑,而顾雁荡之怀乎?彼章子者,雁荡之产矣,则又可以居而弗居,依依于京师者数年而未返,是二者交相慕乎其外也。夫苟游心恬淡,而栖神于流俗尘嚣之外,环堵之间,其无屏霞、天柱乎?雁荡又奚必造而后至?不然,托踪泉石,而利禄豗其中,虽庐常云之顶,其得而居诸?"于是阳明子仰而喟,俯而默,卒无以应之也。志其言以遗章子曰:"客见吾机权焉行矣。子毋忘客之言,亦无以客之言而忘甘泉子之托!"

别湛甘泉序 壬申

颜子没而圣人之学亡。曾子唯一贯之旨传之孟轲终,又二千余年而周、程续。自是而后,言益详,道益晦;析理益精,学益支离无本,而事于外者益繁以难。盖孟氏患杨、墨;周、程之际,释、老大行。今世学者,皆知宗孔、孟,贱杨、墨,摈释、老,圣人之道,若大明于世。然吾从而求之,圣人不得而见之矣。其能有若墨氏之兼爱者乎?其能有若杨氏之为我者乎?其能有若老氏之清净自守、释氏之究心性命者乎?吾何以杨、墨、老、释之思哉?彼于圣人之道异,然犹有自得也。而世之学者,章绘句琢以夸俗,诡心色取,相饰以伪,谓圣人之道劳苦无功,非复人之所可为,而徒取辩于言词之间;古之人有终身不能究者,今吾皆能言其略,自以为若是亦足矣,而圣人之学遂废。则今之所大患者,岂非记诵词章之习!而弊之所从来,无亦言之太详、析之太精者之过欤!夫杨、墨、老、释,学仁义,求性命,不得其道而偏焉,固非若今之学者以仁义为不可学,性命之为无益也。居今之时而有学仁义,求性命,外记诵辞章而不为者,虽其陷于杨、墨、老、释之偏,吾独且以为贤,彼其心犹求以自得也。夫求以自得,而后可与之言学圣人之道。某幼不问学,陷溺于邪僻者二十年,而始究心于老、释。赖天之灵,因有所觉,始乃沿周、程之说求之,而若有得焉。顾一二同志之外,莫予翼也,岌岌乎仆而后兴。晚得友于甘泉湛子,而后吾之志益坚,毅然若不可遏,则予之资于甘泉多矣。甘泉之学,务求自得者也。世未之能知其知者,且疑其为禅。诚禅也,吾犹未得而见,而况其所志卓尔若此。则如甘泉者,非圣人之徒欤!多言又乌足病也!夫多言不足以病甘泉,与甘泉之不为多言病也,吾信之。吾与甘泉友,意之所在,不言而会;论之所及,不约而同;期于斯道,毙而后已者。今日之别，吾容无言。夫惟圣人之学难明而易惑，习俗之降愈下而益不可回，任重道远，虽已无俟于言，顾复于吾心，若有不容已也。则甘泉亦岂以予言为缀乎？

别黄宗贤归天台序 壬申

君子之学以明其心。其心本无昧也，而欲为之蔽，习为之害。故去蔽与害而明复，匪自外得也。心犹水也，污入之而流浊；犹鉴也，垢积之而光昧。孔子告颜渊"克己复礼为仁"，孟轲氏谓"万物皆备于我"、"反身而诚"。夫己克，而诚固无待乎其外也。世儒既叛孔、孟之说，昧于《大学》"格致"之训，而徒务博乎其外，以求益乎其内，皆入污以求清，积垢以求明者也，弗可得已。守仁幼不知学，陷溺于邪僻者二十年。疾疢之余，求诸孔子、子思、孟轲之言，而恍若有见，其非守仁之能也。宗贤于我，自为童子，即知弃去举业，励志圣贤之学。循世儒之说而穷之，愈勤而益难，非宗贤之罪也。学之难易失得也有原，吾尝为宗贤言之。宗贤于吾言，犹渴而饮，无弗入也，每见其溢于面。今既豁然，吾党之良，莫有及者。谢病去，不忍予别而需予言。夫言之而莫予听，倡之而莫予和，自今失吾助矣！吾则忍于宗贤之别而容无言乎？宗贤归矣，为我结庐天台雁荡之间，吾将老焉。终不使宗贤之独往也！

寿汤云谷序 甲戌

弘治壬戌春，某西寻句曲与丹阳、汤云谷偕。当是时，云谷方为行人，留意神仙之学，为予谈呼吸屈伸之术，凝神化气之道，盖无所不至。及与之登三茅之巅，下探叶阳，休玉宸，感陶隐君之遗迹，慨叹秽浊，飘然有脱屣人间之志。予时皆未之许也，云谷意不然之，曰："子岂有见于吾乎？"予曰："然。子之眉间惨然，犹有怛世之色。是道也，迟之十年，庶几矣。"云谷曰："子见吾之貌，而吾信吾之心。"既别，云谷寻入为给事中，又迁为右给事。殚心职务，驱逐瘁劳，竟以直道抵权奸斥外。而予亦以言事得罪，奔走谪乡，不相见者十余年。至是正德癸酉某月，予自吏部徙官南太仆；再过丹阳，而云谷已家居三年矣。访之，迎谓予曰："尚忆'眉间'之说乎？吾信吾之心，而不若子之见吾貌，何也？今果十年而始出于泥涂，是则信矣。然谓吾之庶几也，则貌益衰，年益逝，去道益远；独是若未之尽然耳。"予曰："乃今则几矣。今吾又闻子之言，见子之貌矣；又见子之庐矣；又见子之乡人矣。"云谷曰："异哉！言貌既远矣，庐与乡人亦可以见我乎？"曰："古之有道之士，外槁而中泽，处隘而心广；累释而无所挠其精，机忘而无所忤于俗。是故其色愉愉，其居于于；其所遭若清风之披物，而莫知其所从往也。今子之步徐发改，而貌若益急，然而其精藏矣；言下意恳，而气若益衰，然而其神守矣；室庐无所增益于旧，而志意扩然，其累释矣；乡之人相忘于贤愚贵贱，且以为慈母，且以为婴儿，其机忘矣。夫精藏则太和流，神守则天光发，累释则怡愉而静，机忘则心纯而一。四者道之证也。夫道无在而神无方，安常处顺，其至矣。而又何人间之脱屣乎？"云谷曰："有是哉！吾信吾之心，乃不若子之见吾庐与吾乡人也。"于是云谷年七十矣。是月，值其悬弧，乡人方谋所以祝寿者。闻予至，皆来请言。予曰："嘻，子之乡先生既几于道，而尚以寿为贺乎？夫寿不足以为子之乡先生贺。子之乡而有有道之士若子之乡先生者，使尔乡人之子弟皆有所矜式视效，出而事君，则师其道以用世；入而家居，则师其道以善身，若射之有的，各中乃所向。则是先生之寿，乃于尔乡之人复有足贺也已。"明年三月，予再官鸿胪，而乡之人复以书来请，遂追书之。

文山别集序 甲戌

《文山别集》者，宋丞相文山先生自述其勤王之所经历，后人因而采集之以成者也。其间所值险阻艰难，颠沛万状，非先生之述，固无从而尽知者。先生忠节盖宇宙，皆于是而有据。后之人因词考迹，感先生之大义，油然兴起其忠君爱国之心，固有泫然泣下，裂眦扼腕，思丧元首之无地者。是集之有益于臣道，岂小小哉！古之君子之忠于其君，求尽吾心焉以自慊而已，亦岂屑屑言之，以蕲知于世？然而仁人之心忠于其君，亦欲夫人之忠于其君也。忠于其君，则尽心焉已。欲夫人忠于其君，而思以吾之忠于其君者启其良心，固有人弗及知之者，非自言之，何由以及人乎？斯先生之所为自述，将以教世之忠也。当其时，仗节死义之士无不备载，亦因是以有传，是又与人为善者也。是集也，在先生之自尽，若嫌于蕲世之知；以先生之教人，则吾惟恐其知之不尽也！先生之自尽，若可以无传；以先生之与人为善，则吾惟恐其传之不远也！先生之裔孙，今太仆少卿公宗严，复刻是集而属某为之序。某之为庐陵也，公之族弟某尝以序谋，兹故不可得而辞。呜呼！当颠沛之心而不忘乎与人为善者，节之裕也；致自尽之心而欲人同归于善者，忠之推也；不以蕲知为嫌而行其教人之诚者，仁之笃也。象贤崇德，以章其先世之美之谓孝；明训述事，以广其及人之教之谓义。吾于是集之序，无愧辞耳矣！

赠周莹归省序 乙亥

　　永康周莹德纯尝学于应子元忠，既乃复见阳明子而请益。阳明子曰："子从应子之所来乎？"曰："然。""应子则何以教子？"曰："无他言也，惟日诲之以希圣希贤之学，毋溺于流俗。且曰：'斯吾所尝就正于阳明子者也。子而不吾信，则盍亲往焉？'莹是以不远千里而来谒。"曰："子之来也，犹有所未信乎？"曰："信之。"曰："信之而又来，何也？"曰："未得其方也。"阳明子曰："子既得其方矣。无所事于吾。"周生悚然有间，曰："先生以应子之故，望卒赐之教。"阳明子曰："子既得之矣。无所事于吾。"周生悚然而起，茫然有间，曰："莹愚，不得其方。先生毋乃以莹为戏，幸卒赐之教！"阳明子曰："子之自永康而来也，程几何？"曰："千里而遥。"曰："远矣。从舟乎？"曰："从舟，而又登陆也。"曰："劳矣。当兹六月，亦暑乎？"曰："途之暑特甚也。"曰："难矣。具资粮、从童仆乎？"曰："中途而仆病，乃舍贷而行。"曰："兹益难矣。"曰："子之来既远且劳，其难若此也，何不遂返而必来乎？将亦无有强子者乎？"曰："莹至于夫子之门，劳苦艰难，诚乐之。宁以是而遂返，又俟乎人之强之也乎？"曰："斯吾之所谓子之既得其方也。子之志，欲至于吾门也，则遂至于吾门，无假于人。子而志于圣贤之学，有不至于圣贤者乎？而假于人乎？子之舍舟从陆,捐仆贷粮,冒毒暑而来也,则又安所从受之方也?"生跃然起拜曰:"兹乃命之方也已!抑莹由于其方而迷于其说,必俟夫子之言而后跃如也,则何居?"阳明子曰:"子未睹乎爇石以求灰者乎?火力具足矣,乃得水而遂化。子归,就应子而足其火力焉,吾将储担石之水以俟子之再见。"

赠林典卿归省序 乙亥

林典卿与其弟游于大学,且归,辞于阳明子曰:"元叙尝闻立诚于夫子矣。今兹归,敢请益。"阳明子曰:"立诚。"典卿曰:"学固此乎?天地之大也,而星辰丽焉,日月明焉,四时行焉;引类而言之,不可穷也。人物之富也,而草木蕃焉,禽兽群焉中国夷狄分焉;引类而言之,不可尽也。夫古之学者,殚智虑,弊精力,而莫究其绪焉;靡昼夜,极年岁,而莫竟其说焉;析蚕丝,擢牛尾,而莫既其奥焉。而曰立诚,立诚尽之矣乎?"阳明子曰:"立诚尽之矣。夫诚,实理也。其在天地,则其丽焉者,则其明焉者,则其行焉者,则其引类而言之不可穷焉者,皆诚也;其在人物,则其蕃焉者,则其群焉者,则其分焉者,则其引类而言之不可尽焉者,皆诚也。是故殚智虑,弊精力,而莫究其绪也;靡昼夜,极年岁,而莫竟其说也;析蚕丝,擢牛尾,而莫既其奥也。夫诚,一而已矣,故不可复有所益。益之是为二也,二则伪,故诚不可益。不可益,故至诚无息。"典卿起拜曰:"吾今乃知夫子之教若是其要也!请终身事之,不敢复有所疑。"阳明子曰:"子归,有黄宗贤氏者、应元忠氏者、方与讲学于天台、雁荡之间,倘遇焉,其遂以吾言谂之。"

赠陆清伯归省序 乙亥

陆清伯澄归归安,与其友二三子论绎所学,赠处焉。二三子或曰:"清伯之学日进矣。始吾见清伯,其气扬扬然若浮云,其言滔滔然若流波;今而曰默默尔,曰慊慊尔,曰雍雍尔,曰休休尔;有大径庭焉。以是知其进也。"或曰:"清伯始见夫子,一月一至;既而旬一至;又既而五六日三四日而一至;又既而迁居于夫子之傍;后乃请于夫子扫庑下之室而旦暮侍焉。夫德莫淑于尊贤,学莫逌于亲师。故趋权门者日进于势,游市肆者日进于利。清伯于夫子之道日加亲附焉。吾未遑其他,即是,可以知其学之进也矣。"清伯曰:"有是哉?澄则以为日退也。澄闻夫子之教而茫然,已而歉然,忽耿然而疑,已而大疑焉,又闪然大骇,乃忽阆然若有睹也。当是时,则亦几有所益矣。自是且数月,盖悠焉游焉,业不加修焉,反而求焉,伥伥然,颓颓然,昏蔽扩而愈进,私累息而愈兴,众妄攻而愈固,如上滩之舟,屡失屡下,力挽而不能前,以为日退也。"明日,又辞于阳明子,二三子偕焉,各言其所以。阳明子曰:"其然乎!其然乎!谓己为日退者,进修之励,善日进矣。谓人为日进者,与人为善者,其善亦日进矣。虽然,谓己为日退也,而意阻焉,能无日退乎?谓人为日进也,而气歉焉,亦能无日退乎?斯又进退之机,吉凶之所由分也,可无慎乎!"

赠周以善归省序 乙亥

江山周以善究心格物致知之学有年矣,苦其难而不能有所进也。闻阳明子之说而异之，意其或有见也，就而问之。闻其说，戚然若有所省；归，求其故而不合，则迟疑旬日。又往闻其说，则又戚然若有所省；归，求其故而不合，则又迟疑者旬日。如是往复数月，求之既无所获，去之又弗能也，乃往告之以其故。阳明子曰："子未闻昔人之论弈乎？'弈之为数，小数也，不专心致志，则亦不可以得也。'今子入而闻吾之说，出而有鸿鹄之思焉，亦何怪乎勤而弗获矣？"于是退而斋洁，而以弟子之礼请。阳明子与之坐。盖默然良久，乃告之以立诚之说，耸然若仆而兴也。明日，又言之加密焉，证之以《大学》；明日，又言之加密焉，证之以《论》《孟》；明日，又言之加密焉，证之以《中庸》。乃跃然喜，避席而言曰："积今而后无疑于夫子之言；而后知圣贤之教若是其深切简易也；而后知所以格物致知以诚吾之身。吾喜焉，吾悔焉，十年之攻，徒以毙精神而乱吾之心术也，悲夫！积将以夫子之言告同志，俾及时从事于此，无若积之底于悔也。庶以报夫子之德，而无负于夫子之教！"居月余，告归。阳明子叙其言以遣之，使无忘于得之之难也。

赠郭善甫归省序 乙亥

郭子自黄来学，逾年而告归，曰："庆闻夫子立志之说，亦既知所从事矣。今兹将远去，敢请一言以为夙夜勖。"阳明子曰："君子之于学也，犹农夫之于田也，既善其嘉种矣，又深耕易耨，去其螟蟊，时其灌溉，早作而夜思，皇皇惟嘉种之是忧也，而后可望于有秋。夫志犹种也，学问思辨而笃行之，是耕耨灌溉以求于有秋也。志之弗端，是莨稗也。志端矣，而功之弗继，是五谷之弗熟，弗如莨稗也。吾尝见子之求嘉种矣，然犹惧其或荑稗也；见子之勤耕耨矣，然犹惧其荑稗之弗如也。夫农春种而秋成，时也。由志学而至于立，自春而徂夏也；由立而至于不惑，去夏而秋矣。已过其时，犹种之未定，不亦大可惧乎？过时之学，非人一己百，未之敢望，而犹或作辍焉，不亦大可哀乎？从吾游者众矣，虽开说之多，未有出于立志者。故吾于子之行，卒不能舍是而别有所说。子亦可以无疑于用力之方矣。"

赠郑德夫归省序 乙亥

西安郑德夫将学于阳明子，闻士大夫之议者以为禅学也，复已之。则与江山周以善者，姑就阳明子之门人而考其说，若非禅者也。则又姑与就阳明子，亲听其说焉。盖旬有九日，而后释然于阳明子之学非禅也，始具弟子之礼师事之。问于阳明子曰："释与儒孰异乎？"阳明子曰："子无求其异同于儒、释，求其是者而学焉可矣。"曰："是与非孰辨乎？"曰："子无求其是非于讲说，求诸心而安焉者是矣。"曰："心又何以能定是非乎？"曰："无是非之心，非人也。口之于甘苦也，与易牙同；目之于妍媸也，与离娄同；心之于是非也，与圣人同。其有昧焉者，其心之于道，不能如口之于味、目之于色之诚切也，然后私得而蔽之。子务立其诚而已。子惟虑夫心之于道，不能如口之于味、目之于色之诚切也，而何虑夫甘苦妍媸之无辩也乎？"曰："然则'五经'之所载、'四书'之所传，其皆无所用乎？"曰："孰为而无所用乎？是甘苦妍媸之所在也。使无诚心以求之，是谈味论色而已也，又孰从而得甘苦妍媸之真乎？"既而告归，请阳明子为书其说，遂书之。

紫阳书院集序 乙亥

豫章熊侯世芳之守徽也,既敷政其境内,乃大新紫阳书院以明朱子之学,萃七校之秀而躬教之。于是校士程曾氏采摭书院之兴废为集,而弁以白鹿之规,明政教也。来请予言以谂多士。夫为学之方,白鹿之规尽矣;警劝之道,熊侯之意勤矣;兴废之故,程生之集备矣。又奚以予言为乎?然予闻之:德有本而学有要,不于其本而泛焉以从事,高之而虚无,卑之而支离,终亦流荡失宗,劳而无得矣。是故君子之学,惟求得其心。虽至于位天地,育万物,未有出于吾心之外也。孟氏所谓"学问之道无他,求其放心而已矣"者,一言以蔽之。故博学者,学此者也;审问者,问此者也;慎思者,思此者也;明辩者,辩此者也;笃行者,行此者也。心外无事,心外无理,故心外无学。是故于父,子尽吾心之仁;于君,臣尽吾心之义;言吾心之忠信,行吾心之笃敬;惩心忿,窒心欲,迁心善,改心过;处事接物,无所往而非求尽吾心以自慊也。譬之植焉,心其根也;学也者,其培拥之者也,灌溉之者也,扶植而删锄之者也,无非有事于根焉耳矣。朱子白鹿之规,首之以五教之目,次之以为学之方,又次之以处事接物之要,若各为一事而不相蒙者。斯殆朱子平日之意,所谓"随事精察而力行之,庶几一旦贯通之妙也"欤?然而世之学者,往往遂失之支离琐屑,色庄外驰,而流入于口耳声利之习。岂朱子之教使然哉?故吾因诸士之请,而特原其本以相勖。庶几乎操存讲习之有要,亦所以发明朱子未尽之意也。

金坛县志序 乙亥

麻城刘君天和之尹金坛也,三月而政成。考邑之故而创志焉,曰:"于乎艰哉!吾欲观风气之所宜,民俗之所向,而无所证也,以诹于乡老,有遗听焉;吾欲观往昔之得失,民俗之急缓弛张,先后之无所稽也,以询于闾野,有遁情焉;吾欲观山川之条理,疆域之所际,道路井邑之往来聚散,制其经,适其变,而无所裁也;则以之辟荒秽,入林麓,有遗历焉。亦惟文献之未足也而尔已矣。呜呼!古君子之忠也,旧政以告于新尹,吾何以尽吾心哉?夫政,有时而或息焉;告,有时而或穷焉。书之册而世守之,斯其为告也,不亦远乎!"志成,使来请序。吾观之,秩然其有伦也,错然其有章也。天也,物之祖也;地也,物之妣也。故先之以天文,而次之以地理。地必有所产,故次之以食货;物产而事兴,故次之以官政;政行而齐之以礼,则教立,故次之以学校;学以兴贤,故次之以选举;贤兴而后才可论也,故次之以人物;人物必有所居,故次之以宫室;居必有所事,事穷则变,变则通,故次之以杂志终焉。呜呼!此岂独以志其邑之故,君子可以观政矣。夫经之天文,所以立其本也;纪之地理,所以顺其利也;参之食货,所以遂其养也;综之官政,所以均其施也;节之典礼,所以成其俗也;达之学校,所以新其德也;作之选举,所以用其才也;考之人物,所以辨其等也;修之宫室,所以安其居也;通之杂志,所以尽其变也。故本立而天道可睹矣;利顺而地道可因矣;养遂而民生可厚矣;施均而民政可平矣;俗成而民志可立矣;德新而民性可复矣;才用等辨而民治可久矣;居安尽变而民义不匮矣。修此十者以治,达之邦国天下可也,而况于邑乎?故曰:君子可以观政矣。

别梁日孚序 戊寅

圣人之道若大路，虽有跛鳖，行而不已，未有不至。而世之君子顾以为圣人之异于人，若彼其甚远也，其为功亦必若彼其甚难也；而浅易若此，岂其可及乎！则从而求之艰深恍惚，溺于支离，骛于虚高，率以为圣人之道必不可至，而甘于其质之所便，日以沦于污下。有从而求之者，竞相嗤讪，曰狂诞不自量者也。呜呼！其弊也亦岂一朝一夕之故哉！孟子云："徐行后长者谓之弟，疾行先长者谓之不弟。"夫徐行者，岂人所不能哉？所不为也。世之人不知咎其不为，而归咎于其不能，其亦不思而已矣。进士梁日孚携家谒选于京，过赣，停舟见予。始与之语，移时而别。明日又来，与之语，日昃而别。又明日又来，日入而未忍去。又明日则假馆而请受业焉。同舟之人强之北者开譬百端，日孚皆笑而不应。莫不嚣且异。其最亲爱者曰："子有万里之行，戒僮仆，聚资斧，具舟楫，又挈其家室，经营阅岁而始就道。行未数百里而中止，此不有大苦，必有大乐者乎？子亦可以语我乎？"日孚笑曰："吾今则有大苦，亦诚有大乐者，然未易以语子也。子见病狂丧心者乎？方其昏逸瞶乱，赴汤火，蹈荆棘，莫不恬然自信，以为是也。比遇良医，沃之以清泠之浆，而投之以神明之剂，始苏然以醒。告之以其向之所为，又始骇然以苦；示之以其所从归之途，又始欣然以喜，且恨遇斯人之晚也。彼病狂不复者反从而哂狷之，以为是变其常。今吾与子之事，亦何以异于此矣！"居无何，予以军旅之役出，而远日孚者且两月；谓日孚既去矣。及旋，而日孚居然以待！既以委其资斧于逆旅，归其家室于故乡，泊然而乐，若将终身焉。扣其学，日有所明而月有所异矣。然后益叹圣人之学，非夫自暴自弃，未有不可由之而至。而日孚出于流俗，殆孟子所谓"豪杰之士"者矣。复留余三月，其母使人来谓曰:"姑北行,以毕吾愿,然后从尔所好。"知日孚者亦交以是劝。日孚请曰:"焯焉能一日而去夫子!将复赴汤火,蹈荆棘矣!"予曰:"其然哉?子以圣人之道为有方体乎?为可拘之以时,限之以地乎?世未有既醒之人而复赴汤火,蹈荆棘者。子务醒其心,毋徒汤火荆棘之为惧!"日孚良久曰:"焯近之矣。圣人之道,求之于心,故不滞于事;出之以理,故不泥于物;根之以性,故不拘以时;动之以神,故不限以地。苟知此矣,焉往而非学也!奚必恒于夫子之门乎?焯请暂辞而北,疑而复求正。"予莞尔而笑曰:"近之矣!近之矣!"

大学古本序 戊寅

《大学》之要,诚意而已矣。诚意之功,格物而已矣。诚意之极,止至善而已矣。止至善之则,致知而已矣。正心,复其体也;修身,著其用也。以言乎己,谓之明德;以言乎人,谓之亲民;以言乎天地之间,则备矣。是故至善也者,心之本体也。动而后有不善,而本体之知,未尝不知也。意者,其动也。物者,其事也。致其本体之知,而动无不善。然非即其事而格之,则亦无以致其知。故致知者,诚意之本也。格物者,致知之实也。物格则知致意诚,而有以复其本体,是之谓止至善。圣人惧人之求之于外也,而反覆其辞。旧本析而圣人之意亡矣。是故不务于诚意而徒以格物者,谓之支;不事于格物而徒以诚意者,谓之虚;不本于致知而徒以格物诚意者,谓之妄。支与虚与妄,其于至善也远矣。合之以敬而益缀,补之以传而益离。吾惧学之日远于至善也,去分章而复旧本,傍为之什,以引其义。庶几复见圣人之心,而求之者有其要。噫!乃若致知,则存乎心；悟致知焉，尽矣。

礼记纂言序 庚辰

礼也者，理也；理也者，性也；性也者，命也。"维天之命，于穆不已"，而其在于人也谓之性；其粲然而条理也谓之礼；其纯然而粹善也谓之仁；其截然而裁制也谓之义；其昭然而明觉也谓之知；其浑然于其性也，则理一而已矣。故仁也者，礼之体也；义也者，礼之宜也；知也者，礼之通也。经礼三百，曲礼三千，无一而非仁也，无一而非性也。天叙天秩，圣人何心焉，盖无一而非命也。故克己复礼则谓之仁，穷理则尽性以至于命，尽性则动容周旋中礼矣。后之言礼者，吾惑焉。纷纭器数之争，而牵制刑名之末；穷年矻矻，弊精于祝史之糟粕，而忘其所谓"经纶天下之大经，立天下之大本"者。"礼云礼云，玉帛云乎！"而人之不仁也，其如礼何哉？故老庄之徒，外礼以言性，而谓礼为道德之衰，仁义之失，既已堕于空虚漭荡。而世儒之说，复外性以求礼，遂谓礼止于器数制度之间，而议拟仿像于影响形迹，以为天下之礼尽在是矣。故凡先王之礼，烟蒙灰散而卒以煨烬于天下，要亦未可专委罪于秦火者。僭不自度，尝欲取《礼记》之所载，揭其大经大本而疏其条理节目，庶几器道本末之一致。又惧其德之弗任，而时亦有所未及也。间尝为之说，曰："礼之于节文也，犹规矩之于方圆也。非方圆无以见规矩之用，非节文则亦无从而睹所谓礼矣然方圆者规矩之所出，而不可遂以方圆为规矩。故执规矩以为方圆，则方圆不可胜用。舍规矩以为方圆，而遂以方圆为之规矩，则规矩之用息矣。故规矩者，无一定之方圆；而方圆者，有一定之规矩。此学礼之要，盛德者之所以动容周旋而中也。"宋儒朱仲晦氏慨《礼经》之芜乱，尝欲考正而删定之，以《仪礼》为之经，《礼记》为之传，而其志竟亦弗就。其后吴幼清氏因而为《纂言》，亦不数数于朱说，而于先后轻重之间，固已多所发明。二子之见，其规条指画则既出于汉儒矣，其所谓"观其会通，以行其典礼之原"，则尚恨吾生之晚，而未及与闻之也。虽然，后圣而有作，则无所容言矣；后圣而未有作也，则如《纂言》者，固学礼者之箕裘筌蹄，而可以少之乎？姻友胡汝登忠信而好礼，其为宁国也，将以是而施之。刻《纂言》以敷其说，而属序于予。予将进汝登之道而推之于其本也，故为序之若此云。

象山文集序 庚辰

圣人之学，心学也。尧、舜、禹之相授受曰："人心惟危，道心惟微，惟精惟一，允执厥中。"此心学之源也。中也者，道心之谓也；道心精一之谓仁，所谓中也。孔孟之学，惟务求仁，盖精一之传也。而当时之弊，固已有外求之者，故子贡致疑于多学而识，而以博施济众为仁。夫子告之以一贯，而教以能近取譬，盖使之求诸其心也。迨于孟氏之时，墨氏之言仁至于摩顶放踵，而告子之徒又有"仁内义外"之说，心学大坏。孟子辟义外之说，而曰："仁，人心也。学问之道无他，求其放心而已矣。"又曰："仁义礼智，非由外铄我也，我固有之，弗思耳矣。"盖王道息而伯术行，功利之徒外假天理之近似以济其私，而以欺于人，曰：天理固如是，不知既无其心矣，而尚何有所谓天理者乎？自是而后，析心与理而为二，而精一之学亡。世儒之支离，外索于刑名器数之末，以求明其所谓物理者。而不知吾心即物理，初无假于外也。佛、老之空虚，遗弃其人伦事物之常，以求明其所谓吾心者，而不知物理即吾心，不可得而遗也。至宋周、程二子，始复追寻孔、颜之宗，而有"无极而太极"，"定之以仁义，中正而主静"之说；动亦定，静亦定，无内外，无将迎之论，庶几精一之旨矣。自是而后，有象山陆氏，虽其纯粹和平若不逮于二子，而简易直截，直有以接孟子之传。其议论开辟，时有异者，乃其气质意见之殊，而要其学之必求诸心，则一而已。故吾尝断以陆氏之学，孟氏之学也。而世之议者，以其尝与晦翁之有同异，而遂诋以为禅。夫禅之说，弃人伦，遗物理，而要其归极，不可以为天下国家。苟陆氏之学而果若是也，乃所以为禅也。今禅之说与陆氏之说，其书具存，学者苟取而观之，其是非同异，当有不待于辩说者。而顾一倡群和，剿说雷同，如矮人之观场，莫知悲笑之所自，岂非贵耳贱目，不得于言而勿求诸心者之过欤！夫是非同异，每起于人持胜心、便旧习而是己见。故胜心旧习之为患，贤者不免焉。抚守李茂元氏将重刊象山之文集，而请一言为之序，予何所容言哉？惟读先生之文者，务求诸心而无以旧习已见先焉，则糠秕精凿之美恶，入口而知之矣。

送南元善入觐序 乙酉

渭南南侯之守越也，越之敝数十年矣。巨奸元憝，窟据根盘，良牧相寻，未之能去；政积事殚，俗因隳靡。至是乃斩然剪剔而一新之，凶恶贪残，禁不得行；而狡伪淫侈，游惰苟安之徒，亦皆拂戾失常，有所不便。相与斐斐缉缉，构谗腾诽；城狐社鼠之奸，又从而党比翕张之，谤遂大行。士夫之为元善危者沮之，曰："谤甚矣，盍已诸？"元善如不闻也，而持之弥坚，行之弥决。且曰："民亦非无是非之心，而蔽昧若是，固学之不讲而教之不明也。吾宁无责而独以咎归于民？"则日至学宫，进诸生而作之以圣贤之志，启之以身心之学。士亦蔽于习染，哄然疑怪以骇，曰："是迂阔之谈，将废吾事！"则又相与斐斐缉缉，訾毁而诋议之。士夫之为元善危者沮之，曰："民之谤若火之始炎，士又从而膏之，孰能以无烬乎？盍遂已诸？"元善如不闻也，而持之弥坚，行之弥决。则及缉稽山书院，萃其秀颖，而日与之谆谆焉，亹亹焉，越月逾时，诚感而意孚。三学泊各邑之士亦渐以动，日有所觉而月有所悟矣。于是争相奋曰："吾乃今知圣贤之必可为矣！非侯之至，吾其已夫！侯真吾师也！"于是民之谤者亦渐消沮。其始犹曰："侯之于我，利害半；我之于侯，恩爱半。"至是惠洽泽流而政益便，相与悔曰："吾始不知侯之爱我也，而反以为殃我也；吾始不知侯之拯我也，而反以为劳我也；吾其无人之心乎！侯真吾之严父也，慈母也！"于是侯且入观，百姓惶惶请留，不得，相与谋之多士曰："吾去慈母，吾将安哺乎？吾去严父，吾将安恃乎？"士曰："吁嗟！维父与母，则生尔身；维侯我师，实生我心。吾宁可以一日而无吾师之临乎！"则相与假重于阳明子而乞留焉。阳明子曰："三年之观，大典也。侯焉可留乎？虽然，此在尔士尔民之心。夫承志而无违，子之善养也；离师友而不背，弟子之善学也。不然，虽居膝下而侍几杖，犹为不善养而操戈入室者也。奚必以留侯为哉！"众皆默然，良久，曰："公之言是也。"相顾逡巡而退。明日，复师生相率而来请曰："无以输吾之情，愿以公言致之于侯。庶侯之遄其来旋，而有以速诸生之化，慰吾民之延颈也。"

送闻人邦允序

闻人言邦允者，阳明子之表弟也，将之官闽之苍峡而请言。阳明子谓之曰："重矣，勿以进非科第而自轻；荣矣，勿以官卑而自慢。夫进非科第，则人之待之也易以轻，从而自轻者有矣；官卑，则人之待之也易以慢，从而自慢者有矣。夫科第以致身，而恃以为暴，是厉阶也；高位以行道，而遽以媒利，是盗资也，于吾何有哉？吾所谓重，吾有良贵焉耳，非矜与敖之谓也；吾所谓荣，吾职易举焉耳，非显与耀之谓也。夫以良贵为重，举职为荣，则夫人之轻与慢之也，亦于吾何有哉！行矣，吾何言！"

送别省吾林都宪序 戊子

嘉靖丁亥冬，守仁奉命视师思、田，省吾林君以广西右辖，实与有司。既思、田来格，谋所以缉绥之道，咸以为非得宽厚仁恕，德威素为诸夷所信服者父临而母鞠之，殆未可以强力诡计劫制于一时而能久于无变者也，则莫有逾于省吾者。遂以省吾之名上请，乞加宪职，委之重权，以留抚于兹土，盖一年二年而化洽心革，朝廷永可以无一方顾也乎！则又以为圣天子方侧席励精，求卓越之才，须更化善治，则如省吾之成德夙望，大臣且交章论荐，或者请未及上，而先已有隆委峻擢，恐未肯为区区两府之遗黎，淹岁月而借之以重也。疏去未逾月，而巡抚郧阳之命果下矣。当是时，八寨之猺积祸千里且数十年，方议进兵讨罪。省吾将率思、田报效之民以先之。报闻，众咸为省吾贺，且谓得免兵革驱驰之劳也。省吾曰："不然。当事而中辍之，仁者忍之乎？遇难而苟避之，义者为之乎？吾既身任其责,幸有改命,而亟去之,以为吾心,吾能如是哉?"遂弗停驱而往。冒暑雨,犯瘴毒,乘危破险,竟成八寨之伐而出。嗟乎!今世士夫计逐功名甚于市井刀锥之较,稍有患害可相连及,辄设机阱,立党援,以巧脱幸免;一不遂其私,瞋目攘臂以相抵捍钩摘,公然为之,曾不以为耻,而人亦莫有非之者。盖士风之衰薄,至于此而亦极矣!而省吾所存,独与时俗相反若是。古所谓托孤寄命,临大节而不可夺者,省吾有焉。正德初,某以武选郎抵逆瑾,逮锦衣狱;而省吾亦以大理评触时讳在系,相与讲《易》于桎梏之间者弥月,盖昼夜不怠,忘其身之为拘囚也。至是别已余二十年,而始复会于此。省吾貌益充,气益粹,议论益平实。而其孜孜讲学之心,则固如昔加恳切焉。公事之余,相与订旧闻而考新得。予自近年偶有见于良知之学,遂具以告于省吾;而省吾闻之,沛然若决江河,可谓平生之一快,无负于二十年之别也矣!今夫天下之不治,由于士风之衰薄;而士风之衰薄,由于学术之不明;学术之不明,由于无豪杰之士者为之倡焉耳。省吾忠信仁厚之质,得之于天者既与人殊,而其好学之心,又能老而不倦若此,其德之日以新而业之日以广也,何疑乎!自此而明学术,变士风,以成天下治,将不自省吾为之倡也乎!于省吾之别,庸书此以致切劚之意。若夫期望于声位之间,而系情于去留之际,是奚足为省吾道之哉!

高平县志序

《高平志》者,高平之山川、土田、风俗、物产无不志焉。曰高平,则其地之所有皆举之矣。《禹贡》《职方》之述,已不可尚。汉以来《地理郡国志》《方舆胜览》《山海经》之属，或略而多漏，或诞而不经，其间固已不能无憾。惟我朝之《一统志》，则其纲简于《禹贡》而无遗，其目详于《职方》而不冗。然其规模宏大阔略，实为天下万世而作，则王者事也。若夫州县之志，固又有司者之职，其亦可缓乎？弘治乙卯，慈溪杨君明甫令泽之高平。发号出令，民既悦服。乃行田野，进父老，询邑之故，将以修废举坠。而邑旧无志，无所于考。明甫慨然太息曰："此大阙，责在我。"遂广询博采，搜秘阙疑，旁援直据，辅之以己见，遵《一统志》凡例，总其要节，而属笔于司训李英，不逾月编成。于是繁剧纷沓之中，不见声色，而数千载散乱沦落之事，弃废磨灭之迹，灿然复完。明甫退然若无与也。邑之人十动容相庆，骇其昔所未闻者之忽睹，而喜其今所将泯者之复明也。走京师请予序。予惟高平即古长平，战国时秦白起攻赵，坑降卒四十万于此，至今天下冤之。故自为童子，即知有长平。慷慨好奇之士，思一至其地，以吊千古不平之恨而不可得。或时考图志以求其山川形势于仿佛间。予尝思睹其志，以为远莫致之，不谓其无有也。盖尝意论赵人以四十万俯首降秦，而秦卒坑之，了无哀恤顾忌，秦之毒虐，固已不容诛，而当时诸侯，其先亦自有以取此者。夫先王建国分野，皆有一定之规画经制。如今所谓志书之类者，以纪其山川之险夷，封疆之广狭，土田之饶瘠，贡赋之多寡，俗之所宜，地之所产，井然有方。俾有国者之子孙世守之，不得以己意有所增损取予，夫然后讲信修睦，各保其先世之所有，而不敢冒法制以相侵陵。战国之君，恶其害己，不得骋无厌之欲也，而皆去其籍。于是强陵弱，众暴寡，兼并僭窃，先王之法制荡然无考，而奸雄遂不复有所忌惮。故秦敢至于此。然则七国之亡，实由文献不足证，而先王之法制无存也。典籍图志之所关，其不大哉？今天下一统，皇化周流。州县之吏，不过具文书，计岁月，而以赘疣之物视图志。不知所以宜其民，因其俗，以兴滞补弊者，必于志焉是赖。则固王政之首务也。今夫一家，且必有谱，而后可齐，而况于州县。天下之大，州县之积也。州县无不治，则天下治矣。明甫之独能汲汲于此，其所见不亦远乎！明甫学博而才优，其为政廉明，毁淫祠，兴社学，敦伦厚俗，扶弱锄强，实皆可书之于志，以为后法。而明甫谦让不自有也。故予为序其略于此，使后之续志者考而书焉。

送李柳州序

柳州去京师七千余里，在五岭之南。岭南之州，大抵多卑湿瘴疠，其风土杂夷从，自昔与中原不类、唐、宋之世，地尽荒服。吏其土者，或未必尽皆以谴谪，而以谴谪至者居多。士之立朝，意气激轧，与时抵忤，不容于侪众，于是相与摈斥，必致之远地。故以谴谪而至者，或未必尽皆贤士君子，而贤士君子居多。予尝论贤士君子，于平时随事就功，要亦与人无异。至于处困约之乡，而志愈励，节益坚，然后心迹与时俗相去远甚。然则非必贤士君子而后至其地，至其地而后见贤士君子也。唐之时，柳宗元出为柳州刺史，刘蕡斥为柳州司户。蕡之忠义，既已不待言。宗元之出，始虽有以自取，及其至柳，而以礼教治民，砥砺奋发，卓然遂有闻于世。古人云："庸玉女于成也。"其不信已夫？自是寓游其地，若范祖禹、张廷坚、孙觌、高颖、刘洪道、胡梦昱辈，皆忠贤刚直之士，后先相继不绝。故柳虽非中土，至其地者，率多贤士。是以习与化移，而衣冠文物，蔚然为礼义之邦。我皇明重熙累洽，无间迩遐，世和时泰，瘴疠不兴。财货所出，尽于东南。于是遂为岭南甲郡，朝廷必择廉能以任之。则今日之柳州，固已非唐、宋之柳州，而今日之官其土者，岂惟非昔之比，其为重且专亦较然矣。弘治丙辰，柳州知府员缺，内江李君邦辅自地官正郎膺命以往。人皆以邦辅居地官十余年，绰有能声，为缙绅所称许，不当远去万里外。予于邦辅，知我也，亦岂不惜其远别？顾邦辅居地官上曹，著廉声，有能绩，徐速自如，优游荣乐之地，皆非人所甚难，人亦不甚为邦辅屈，不如其中之所存。今而间关数千里，处险僻难为之地，得以试其坚白于磨涅，则邦辅之节操志虑，庶几尽白于人人，而任重道远，真可以无负今日缙绅之期望，岂不美哉！夫所处冒艰险之名，而节操有相形之美，以不满人之望，加之以不自满之心，吾于邦辅之行，所以独欣然而私喜也。

送吕丕文先生少尹京丞序

昔萧望之为谏议大夫，天子以望之议论有余才，任宰相，将观以郡事。而望之坚欲拾遗左右，后竟出试三辅。至元帝之世，而望之遂称贤相焉。古之英君，其将任是人也，既已纳其言，又必考其行；将欲委以重，则必考其才。所以用无不当，而功无不成。若汉宣者，史称其综核名实，盖亦不为虚语矣。新昌吕公丕文，以礼科都给事中擢少尹南京兆。给事，谏官也。京兆，三辅之首也。以给事试京兆，是谏官试三辅也。是其先后名爵之偶同于望之，非徒以宠直道而开谠言，固亦微示其意于其间耳。吕公以纯笃之学，忠贞之行，自甲辰进士为谏官十余年。其所论于朝而建明者，何如也？致于上而替可否者，何如也？声光在人，公道在天下。圣天子询事考言，方欲致股肱之良，以希唐虞之盛，耳目之司，顾独不重哉？

然则公京兆之擢，固将以信其夙所言者于今日，而须其大用于他时也。其所以贤而试之，有符于汉宣之于望之。而其所将信而任之，则吾又知其决非彼若而已也。君行矣，既已审上意之所在，公卿大夫士倾耳维新之政，以券其所言，且谓日需其效以俟庸也，其得无念于斯行乎哉？学士谢公辈与公有同举同乡之好，饮以饯之。谓某也宜致以言。予惟君之文学政事，于平常既已信其必然，知言之弗能毫末加也。而超擢之荣，又不屑为时俗道。若夫名誉之美，期俟之盛，则固君之所宜副，而实诸公饮饯之情也。故比而序之以为赠。

卷四 记

兴国守胡孟登生像记 壬戌

弘治十年，胡公孟登以地官副郎谪贰兴国。越三年，擢知州事。公既久于其治，乃奸锄利植而民以大和。又明年壬戌，擢浙江按察司佥事以去。民既留公不可，则相率祀公之像，以报公德。而学宫之左有叠山祠以祀宋臣谢枋得者，旧矣。其士曰："合祀公像于是。呜呼！吾州违胡元之乱以入于皇朝，虽文风稍振，而陋习未除。士之登名科甲以显于四方者，相望如晨天之星，数不能以一二。盖至于今遂茫然绝响者，凡几科矣。自公之来，斩山斥地以恢学宫，洗垢摩钝以新士习，然后人知敦礼兴乐，而文采蔚然于湖、湘之间；荐于乡者，一岁而三人。盖夫子之道大明于兴国，实自公始。公之德惠，固无庸言；而化民成俗，于是为大。祀公于此，其宜哉；"民曰："不可。其为公别立一庙。公之未来也，吾民外苦于盗贼，内残于苛政；滨湖之民，死于鱼课者数千余家。自公之至，而盗不敢履兴国之界，民违猛虎鱼鳖之患，而始释戈而安寝，歌呼相慰，以嬉于里巷。公之惠泽，吾独不能出诸口耳。呜呼！公有大造于吾民，乃不能别立一庙而使并食于谢公，于吾心有未足也。"士曰："不然。公与谢公皆以迁谪而至吾州。谢公以文章节义为宋忠臣，而公之气概风声实相辉映。祀公于此，所以见公之庇吾民者，不独以其政事；而吾民之所以怀公于不忘者，又有在于长养恩恤之外也。其于尊严崇重，不滋为大乎？"于是其民相顾喜曰："果如是，我亦无所憾矣！然其谁纪诸石以传之？"士曰："公之经历四方也久矣，四方之人，其闻公之贤亦既有年矣。然而屡遭谗嫉，而未畅厥猷意，亦知公之深者难也。公尝令于余姚，以吾人之知公，则其人宜于公为悉。"乃走币数千里而来请于某，且告之故。某曰："是姚人之愿，不独兴国也。"公之去吾姚已二十余年，民之思公如其始去。每有自公而来者，必相与环聚，问公之起居饮食，及其履历之险夷，丰采状貌须发之苍白与否，退则相传告以为欣戚。以吾姚之思公，知兴国之为是举，亦其情之有不得已也。然公之始去吾姚，既尝有去思之碑以纪公德，今不可以重复其说。而兴国之绩，吾虽闻之甚详，然于其民为远，虽极意揄扬之，恐亦未足以当其心也。姑述其情记之辞，而诗以系之。公讳瀛，河南之罗山人，有文武长才，而方向于用。诗曰：于维胡公，允毅孔直，惟直不挠，以来兴国。惟此兴国，实荒有年；自公之来，辟为良田。寇乘于垣，死课于泽。公曰吁嗟，兹惟予谴！勤尔桑禾，谨尔室家。岁丰时和，民谣以歌。乃筑泮宫，教以礼让。弦诵诗书，溢于里巷。庶民谆谆，庶士彬彬。公亦欣欣，曰惟家人。维公我父，惟公我母；自公之去，夺我恃怙。维公之政，不专于宽；雨旸维若，时其燠寒。维公文武，亦周于艺；射御工力，展也不器。我拜公像，从我父兄；率我子弟，集于泮宫。父兄相谓，毋尔敢望。天子用公，训于四方。

新建预备仓记 癸亥

仓廪以储国用，而民之不给，亦于是乎取。故三代之时，上之人不必其尽输之官府，下之人不必其尽藏于私室。后世若常平义仓，盖犹有所以为民者，而先王之意亦既衰矣。及其大弊，而仓廪之蓄，遂邈然与民无复相关。其遇凶荒水旱，民饿莩相枕藉，苟上无赈贷之令，虽良有司亦坐守键闭，不敢发升合以拯其下；民之视其官廪如仇人之垒，无以事其刃为也。呜呼！仓廪之设，岂固如是也哉！绍兴之仓目如坻，大有之属凡三四区，中所积亦不下数十万。然而民之饥馁，稍不稔即无免焉。岁癸亥春，融风日作，星火宵陨。太守佟公曰："是旱征也，不可以无备。"既命民间积谷谨藏，则复鸠工度地，得旧太积库地于郡治之东，而建以为预备仓。于是四月不雨；至于八月，农工大坏，比室罄悬。民陆走数百里，转嘉、湖之粟以自疗。市火间作，贸迁无所居。公帅僚吏遍祷于山川社稷，乃八月己酉大雨洽旬，禾槁复颖。民始有十一之望，渐用苏息。公曰："呜呼！予所建，今兹之旱，虽诚无补，于后患其将有裨。"乃益遂厥营。九月丁卯工毕。凡为廪三面廿有六楹，约受谷十万几千斛。前为厅事，以司出纳；而以其无事时，则凡宾客部使之往来而无所寓者，又皆可以馆之于是。极南阻民居，限以高垣；东折为门，出之大衢。并门为屋廿有八楹，自南亘北，以居商旅之贸迁者，而月取其值，以实廪粟；又于其间区画而综理之。盖积三岁而可以有一年之备矣。二守钱君谓其僚曰："公之是举，其惠于民岂有穷乎！夫后之民食公之德而弗知其所自，是吾侪无以赞公于今日，而又以泯其绩于后也。"于是相率来属某以记。某曰："唯唯。夫悯灾而恤患，庇民之仁也；未患而预防，先事之知也；已患而不怠，临事之勇也；创今以图后，敷德之诚也。行一事而四善备焉，是而可以无纪也乎？某虽不文也，愿与执事而从事。"

平山书院记 癸亥

平山在酃陵之北三里，今杭郡守杨君温甫蚤岁尝读书其下。酃人之举进士者，自温甫之父金宪公始，而温甫承之。温甫既贵，建以为书院。曰："使吾乡之秀与吾杨氏之子弟诵读其间，翘翘焉相继而兴，以无亡吾先君之泽。"于是其乡多文士，而温甫之子晋，复学成有器识，将绍温甫而起。盖书院为有力焉。温甫始为秋官郎，予时实为僚左，相怀甚得也。温甫时时为予言："平山之胜，耸秀奇特，比于峨嵋。望之严厉壁削，若无所容，而其上乃宽衍平博。有老氏宫焉，殿阁魁杰伟丽，闻于天下；俯览大江，烟云杳霭；暇辄从朋侪往游，其间鸣湍绝壑，拂云千仞之木，阴翳亏蔽。书院当其麓，其高可以眺，其邃可以隐，其芳可以采，其清可以濯，其幽可以栖。吾因而望之以"含远"之楼，蛰之以"寒香"之坞，揭之以"秋芳"之亭，澄之以"洗月"之池，息之以"栖云"之窝；四时交变，风雪晦暝之朝，花月澄芬之夕，光景超忽，千态万状。而吾诵读于其间，盖冥然与世相忘；若将终身焉，而不知其他也。今吾汩没于簿书案牍，思平山之胜，而庶几梦寐焉，何可得耶！"既而某以病告归阳明，温甫寻亦出守杭郡。钱塘波涛之汹怪，西湖山水之秀丽，天下之言名胜者无过焉。噫！温甫之居是地，当无憾于平山耳矣。今年与温甫相见于杭，而亹亹于平山者犹昔也。吁，亦异矣！岂其沉溺于兹山，果有不能忘情也哉？温甫好学不倦，其为文章，追古人而并之。方其读书于平山也，优游自得，固将发为事业以显于世。及其施诸政事，沛然有余矣，则又益思致力于问学，而其间又自有不暇者。则其眷恋于兹山也，有以哉！温甫既已成己，则不能忘于成物，而建为书院以倡其乡人。处行义之时，则不能忘其随居之地，而拳拳于求其志者无穷已也。古人有言："成己，仁也；成物，知也。"温甫其仁且知者欤！又曰："隐居以求其志，行义以达其道。吾闻其语矣，未见其人也。"温甫殆其人也，非欤？温甫属予记，予未尝一至平山，而平山严严之气象，斩然壁立而不可犯者，固可想而知其不异于温甫之为人也。以温甫之语予者记之。

何陋轩记 戊辰

昔孔子欲居九夷，人以为陋。孔子曰："君子居之，何陋之有？"守仁以罪谪龙场。龙场，古夷蔡之外，于今为要绥，而习类尚因其故。人皆以予自上国往，将陋其地，弗能居也。而予处之旬月，安而乐之，求其所谓甚陋者而莫得。独其结题鸟言，山栖羝服，无轩裳宫室之观，文仪揖让之缛，然此犹淳庞质素之遗焉。盖古之时，法制未备，则有然矣，不得以为陋也。夫爱憎面背，乱白黝丹，浚奸穷黠，外良而中蝥，诸夏盖不免焉。若是而彬郁其容，宋甫鲁掖，折旋矩矱，将无为陋乎？夷之人乃不能此。其好言恶詈，直情率遂，则有矣。世徒以其言辞物采之眇而陋之，吾不谓然也。始予至，无室以止，居于丛棘之间，则郁也。迁于东峰，就石穴而居之，又阴以湿。龙场之民，老稚日来视，予喜不予陋，益予比。予尝圃于丛棘之右，民谓予之乐之也，相与伐木阁之材，就其地为轩以居予。予因而翳之以桧竹，莳之以卉药；列堂阶，辩室奥；琴编图史，讲诵游适之道略具。学士之来游者，亦稍稍而集于是。人之及吾轩者，若观于通都焉，而予亦忘予之居夷也。因名之曰"何陋"，以信孔子之言。嗟夫！诸夏之盛，其典章礼乐，历圣修而传之，夷不能有也，则谓之陋固宜。于后蔑道德而专法令，搜抉钩絷之术穷，而狡匿谲诈无所不至，浑朴尽矣。夷之民方若未琢之璞，未绳之木，虽粗砺顽梗，而椎斧尚有施也，安可以陋之？斯孔子所为欲居也欤？虽然，典章文物则亦胡可以无讲！今夷之俗，崇巫而事鬼，渎礼而任情，不中不节，卒未免于陋之名，则亦不讲于是耳。然此无损于其质也。诚有君子而居焉，其化之也盖易。而予非其人也，记之以俟来者。

君子亭记 戊辰

阳明子既为何陋轩，复因轩之前营，驾楹为亭，环植以竹，而名之曰"君子"。曰："竹有君子之道四焉：中虚而静，通而有间，有君子之德；外节而直，贯四时而柯叶无所改，有君子之操；应蛰而出，遇伏而隐，雨雪晦明无所不宜，有君子之时；清风时至，玉声珊然，中采齐而协肆夏，揖逊俯仰，若洙、泗群贤之交集，风止籁静，挺然特立，不挠不屈，若虞廷群后，端冕正笏而列于堂陛之侧，有君子之容。竹有是四者，而以'君子'名，不愧于其名；吾亭有竹焉，而因以竹名名，不愧于吾亭。"门人曰："夫子盖自道也。吾见夫子之居是亭也，持敬以直内，静虚而若愚，非君子之德乎？遇屯而不慑，处困而能亨，非君子之操乎？昔也行于朝，今也行于夷，顺应物而能当，虽守方而弗拘，非君子之时乎？其交翼翼，其处雍雍，意适而匪懈，气和而能恭，非君子之容乎？夫子盖谦于自名也，而假之竹。虽然，亦有所不容隐也。夫子之名其轩曰'何陋'，则固以自居矣。"阳明子曰："嘻！小子之言过矣，而又弗及。夫是四者何有于我哉？抑学而未能，则可云尔耳。昔者夫子不云乎？'汝为君子儒，无为小人儒'，吾之名亭也，则以竹也。人而嫌以君子自名也，将为小人之归矣，而可乎？小子识之！"

远俗亭记 戊辰

宪副毛公应奎，名其退食之所曰"远俗"。阳明子为之记曰：俗习与古道为消长。尘嚣溷浊之既远，则必高明清旷之是宅矣，此"远俗"之所由名也。然公以提学为职，又兼理夫狱讼军赋，则彼举业辞章，俗儒之学也；簿书期会，俗吏之务也；二者公皆不免焉。舍所事而曰"吾以远俗"，俗未远而旷官之责近矣。君子之行也，不远于微近纤曲，而盛德存焉，广业著焉。是故诵其诗，读其书，求古圣贤之心，以蓄其德而达诸用，则不远于举业辞章，而可以得古人之学，是远俗也已。公以处之，明以决之，宽以居之，恕以行之，则不远于簿书期会，而可以得古人之政，是远俗也已。苟其心之凡鄙猥琐，而徒闲散疏放之是托，以为"远俗"，其如远俗何哉！昔人有言："事之无害于义者，从俗可也。"君子岂轻于绝俗哉？然必曰无害于义，则其从之也，为不苟矣。是故苟同于俗以为通者，固非君子之行；必远于俗以求异者，尤非君子之心。

宾阳堂记 戊辰

传之堂东向曰："宾阳"，取《尧典》"寅宾出日"之义，志向也。宾日，义之职而传冒焉，传职宾宾，义以宾宾之寅而宾日，传以宾日之寅而宾宾也。不曰日乃阳之属，为日、为元、为善、为吉、为亨治，其于人也为君子，其义广矣备矣。内君子而外小人，为泰。曰："宾自外而内之传，将以宾君子而内之也。传以宾君子，而容有小人焉，则如之何？"曰："吾知以君子而宾之耳。吾以君子而宾之也，宾其甘为小人乎哉？"为宾日之歌，日出而歌之，宾至而歌之。歌曰：日出东方，再拜稽首，人曰予狂。匪日之寅，吾其怠荒。东方日出，稽首再拜，人曰予急。匪日之爱，吾其荒急。其翳其晴，其日惟霁；其煦其雾，其日惟雨。勿怵其煦，倏焉以雾；勿谓终翳，或时其晴，晴其光矣，其光熙熙。与尔偕作，与尔偕宜。倏其雾矣，或时以熙；或时以熙，孰知我悲！

玩易窝记 戊辰

阳明子之居夷也，穴山麓之窝而读《易》其间。始其未得也，仰而思焉，俯而疑焉，函六合，入无微，茫乎其无所指，孑乎其若株。其或得之也，沛兮其若决，了兮其若彻，菹淤出焉，精华入焉，若有相者而莫知其所以然。其得而玩之也，优然其休焉，充然其喜焉，油然其春生焉；精粗一：外内翕，视险若夷，而不知其夷之为厄也。于是阳明子抚几而叹曰："嗟乎！此古之君子所以甘囚奴，忘拘幽，而不知其老之将至也夫！吾知所以终吾身矣。"名其窝曰"玩易",而为之说曰：夫《易》,三才之道备焉。古之君子,居则观其象而玩其辞,动则观其变而玩其占。观象玩辞,三才之体立矣；观变玩占,三才之用行矣。体立,故存而神；用行,故动而化。神,故知周万物而无方；化,故范围天地而无迹。无方,则象辞基焉；无迹,则变占生焉。是故君子洗心而退藏于密,斋戒以神明其德也。盖昔者夫子尝韦编三绝焉。呜呼！假我数十年以学《易》,其亦可以无大过已夫！

东林书院记 癸酉

东林书院者,宋龟山杨先生讲学之所也。龟山没,其地化为僧区,而其学亦遂沦入于佛老训诂词章者且四百年。成化间,今少司徒泉斋邵先生始以举子复聚徒讲诵于其间。先生既仕而址复荒,属于邑之华氏。华氏,先生之门人也,以先生之故,仍让其地为书院,以昭先生之迹,而复龟山之旧。先生既已纪其废兴,则以记属之某。当是时,辽阳高君文豸方来令兹邑,闻其事,谓表明贤人君子之迹,以风励士习,此吾有司之责,而顾以勤诸生则何事？爰毕其所未备,而亦遣人来请。呜呼！物之废兴,亦决有成数者,而亦存乎其人。夫龟山没,使有若先生者相继讲明其间,龟山之学,邑之人将必有传,岂遂沦入于老佛词章而莫之知！求当时从龟山游不无人矣,使有如华氏者相继修葺之,纵其学未即明,其间必有因迹以求道者,则亦何至沦没于四百年之久！又使其时有司有若高君者,以风励士习为己任,书院将无因而圮,又何至化为浮屠之居而荡为草莽之野！是三者皆宜书之以训后。若夫龟山之学,得之程氏,以上接孔、孟,下启罗、李晦庵，其统绪相承，断无可疑。而世犹议其晚流于佛，此其趋向，毫厘之不容于无辨，先生必尝讲之精矣。先生乐易谦虚，德器溶然，不见其喜怒。人之悦而从之，若百川之趋海。论者以为有龟山之风，非有得于其学，宜弗能之。然而世之宗先生者，或以其文翰之上，或以其学术之邃，或以其政事之良；先生之心，其殆未以是足也。从先生游者，其以予言而深求先生之心，以先生之心而上求龟山之学，庶乎书院之复不为虚矣！书院在锡百渎之上，东望梅村二十里而遥，周太伯之所从逃也。方华氏之让地为院，乡之人与其同门之士争相趋事，若耻于后。太伯之遗风，尚有存焉，特世无若先生者以倡之耳！是亦不可以无书。

应天府重修儒学记 甲戌

应天，京兆也。其学为东南教本，国初以为太学。洪武辛酉，始改创焉；再修于正德之己酉。自是而后，浸以敝圮。正德壬申，府尹张公宗厚始议新之，未成而迁中丞以去。白公辅之相继为尹，乃克易朽兴颓，大完其所未备，而又自以俸余增置石栏若干楹于棂星门之外。于是府丞赵公时宪亦协心赞画，故数十年之废一旦修举，焕然改观。师模士气亦皆鼓动兴起，庙学一新。教授张云龙等与合学之士二百有若干人撰序二公之绩，征予文为记。予既不获辞，则谓之曰：多师多士，若知二公修学之为功矣，亦知自修其学以成二公之功者乎？夫立之师儒，区其斋庙，昭其仪物，具其廪庖，是有国者之立学也，而非士之立学也；缉其弊壤，新其圬墁，给其匮乏，警其怠弛，是有司者之修学也，而非士之修学也。士之学也，以学为圣贤。圣贤之学，心学也。道德以为之地，忠信以为之基，仁以为宅，义以为路，礼以为门，廉耻以为垣墙，"六经"以为户牖，四子以为阶梯。求之于心而无假于雕饰也，其功不亦简乎？措之于行而无所不该也，其用不亦大乎？三代之学皆此矣。我国家虽以科目取士，而立学之意，亦岂能与三代异！学之弗立，有国者之缺也；弗修焉，有司者之责也；立矣修矣，而居其地者弗立弗修，是师之咎，士之耻也。二公之修学，既尽有司之责矣，多师多士无亦相与自修其学，以远于咎耻者乎！无亦扩乃地，厚乃基，安乃宅，辟乃门户，固乃垣墙；学成而用，大之则以庇天下，次之则以庇一省一郡，小之则以庇其乡闾家族，庶亦无负于国家立学之意、有司修学之心哉！若乃旷安宅，舍正路，圮基壤垣，倚圣贤之门户以为奸，是学校之为萃渊薮也，则是朝廷立之而为士者倾之，有司修之而为士者毁之，亦独何心哉！应天为首善之地，豪杰俊伟，先后相望；其文采之炳蔚，科甲之盛多，乃其所素余，有不屑于言者。故吾因新学之举，嘉多师多士忻然有维新之志，而将进之以圣贤之学也。于是乎言。

重修六合县儒学记 乙亥

六合之学，敝久矣。师生因仍以苟岁月，有司者若无睹也，故废日甚。正德甲戌，县尹安福万廷程氏既和辑其民，始议拓而新之。维时教谕长兴徐丙氏来就圮舍，日夜砥新厥士，尹因谓曰："子为我造士而讲肄无所，斯吾责，何敢不力！顾兵荒之余，民不可重困，吾姑日积月累而徐图焉，其可乎？"民闻，相谓曰："学谕方急训吾子弟，无宁居；尹不忍困吾民，而躬苦节省，吾侪独坐视，非人也。"于是耆民李景荣首出百金以倡，从而应者相继，不终日聚金五百，以告尹。尹喜曰："吾民尚义若此，吾事不难办矣！然吾职务繁剧，孰可使以鸠吾事者乎？"学谕曰："尹为吾师生甚劳苦，父老奋义捐金，既费其财，又尽其力。而与一二僚，请无妨教事以敦。"民闻，相谓曰："尹不忍困吾民，学谕方急训吾子弟，又不忍吾劳，而身董之，吾侪独坐视，非人也。"于是耆民王彰、陈模首请任其役，从而应者十夫，以告尹。尹喜曰："吾民尚义如此，吾事不难办矣！"提学御史张君适至，闻其事而嘉之，众益趋以勤。十月辛卯，尹乃兴事，学谕经度规制以襄，训导某、典史某察其勤惰，稽其出纳。修大成殿，修两庑神厨；库前为戟门，又前为棂星门，又前为泮宫，坊皆以石；殿后为明伦堂，为东西斋，又后为尊经阁；明伦堂之左为三廨，以宅三师；前区三圃，圃前为名宦祠，又前为乡贤祠，又前为崇文仓；明伦堂之右为致斋所，又右为馔房，又右为射圃，而亭其圃之北，曰"观德"；致斋之外为宰牲所，又前为六号；凡为屋百九十有七楹。十二月丁巳，工告毕役，未逾时也。间闾之民尚或未知其兴作，闻而来聚观者，皆相顾喑愕，以为是何神速尔！是何井井尔，焕焕尔！庠生某撰考其事，来请予记。予曰：甚哉！诚之易以感民也。甚哉！民之易以诚感也。有司者赋民奉国，鞭笞累絷，不能得，则反仇视。今县尹学谕一言而民应之若响，使天下之为有司学职者咸若是，天下其有不治乎？此可以为天下之为有司学职者倡矣！民之爱其财与力，至争刀锥，靳举手投足，宁殆其身而不悔。今六合之民感其上之一言，捐数十百金，效力争先恐后。使天下之为民者咸若是，天下其有不治乎？此可以为天下之民倡矣！民之蔽于欲而厚于利，苟有以感之，然且不惮费己之财、劳己之力以赴上之所欲为；士秀于民而志于道，修其明德亲民之学，以应邦家之求，固不费财劳力而可能也。苟有以感之，有不翕然而兴者乎？吾闻徐谕之教六合，不数月而士习已为之一变。使由此日迁于高明广大，以洗俗学之陋，则夫兴起圣贤之学以为天下士之倡者,将又不在于六合之士邪!将又不在于六合之士邪!

观德亭记 戊寅

君子之于射也,内志正,外体直,持弓矢审固,而后可以言中。故古者射以观德。德也者,得之于其心也。君子之学,求以得之于其心,故君子之于射以存其心也。是故慄于其心者其动妄;荡于其心者其视浮;歉于其心者其气馁;忽于其心者其貌惰;傲于其心者其色矜;五者,心之不存也。不存也者,不学也。君子之学于射,以存其心也。是故心端则体正;心敬则容肃;心平则气舒;心专则视审;心通故时而理;心纯故让而恪;心宏故胜而不张,负而不驰;七者备而君子之德成。君子无所不用其学也,于射见之矣。故曰:为人君者以为君鹄;为人臣者以为臣鹄;为人父者以为父鹄;为人子者以为子鹄。射也者,射己之鹄也;鹄也者,心也;各射己之心也,各得其心而已。故曰:可以观德矣。作《观德亭记》。

重修文山祠记 戊寅

宋丞相文山文公之祠,旧在庐陵之富田。今螺川之有祠,实肇于我孝皇之朝,然亦因废为新,多缺陋而未称。正德戊寅,县令邵德容始恢其议于郡守伍文定,相与白诸巡抚、巡按、守巡诸司,皆以是为风化之所系也,争措财鸠工,图拓而新之。协守令之力,不再逾月而工萃。圮者完,隘者辟，遗者举，巍然焕然，不独庙貌之改观。而吉之人士奔走瞻叹，翕然益起其忠孝之心，则是举之有益于名教也诚大矣！使来请记。呜呼！公之忠，天下之达忠也。结椎异类，犹知敬慕，而况其乡之人乎！逆旅经行，犹存尸祝，而况其乡之士乎！凡有职守，皆知尊尚，而况其士之官乎！然而乡人之慕之也，三有司之崇尚之也，文公之没，今且三百年矣。吉士之以气节行义，后先炳耀，谓非闻公之风而兴不可也。然忠义之降，激而为气节；气节之弊，流而为客气。其上焉者，无所为而为，固公所谓成仁取义者矣。其次有所为矣，然犹其气之近于正者也。迨其弊也，遂有凭其愤戾粗鄙之气，以行其媢嫉褊骛之私；士流于矫拂，民入于健讼；人欲炽而天理灭，而犹自视以为气节。若是者容有之乎？则于公之道，非所谓操戈入室者欤？吾故备而论之，以勖夫兹乡之后进，使之去其偏以归于全，克其私以反于正，不愧于公而已矣。今巡抚暨诸有司之表励崇饰，固将以行其好德之心，振扬风教，《诗》所谓"民之秉彝，好是懿德"者也。人亦孰无是心？苟能充之，公之忠义在我矣，而又何羡乎！然而时之表励崇饰，有好其实而崇之者，有慕其名而崇之者，有假其迹而崇之者。忠义有诸己，思以喻诸人，因而表其祠宇，树之风声，是好其实者也。知其美而未能诚诸身，姑以修其祠宇，彰其事迹，是慕其名者也。饰之祠宇而坏之于其身。矫之文具而败之于其行；奸以掩其外，而袭以阱其中，是假其迹者也。若是者容有之乎？则于公之道，非所谓毁瓦画墁者欤？吾故备而论之，以勖夫后之官兹土者，使无徒慕其名而务求其实，毋徒修公之祠而务修公之行，不愧于公而已矣。某尝令兹邑，睹公祠之圮陋而未能恢，既有愧于诸有司；慨其风声气习之或弊，而未能讲去其偏，复有愧于诸人士。乐兹举之有成也，推其愧心之言而为之记。

亲民堂记 乙酉

南子元善之治越也,过阳明子而问政焉。阳明子曰:"政在亲民。"曰:"亲民何以乎?"曰:"在明明德。"曰:"明明德何以乎?"曰:"在亲民。"曰:"明德、亲民,一乎?"曰:"一也。明德者,天命之性,灵昭不昧,而万理之所从出也。人之于其父也,而莫不知孝焉;于其兄也,而莫不知弟焉;于凡事物之感,莫不有自然之明焉;是其灵昭之在人心,亘万古而无不同,无或昧者也,是故谓之明德。其或蔽焉,物欲也。明之者,去其物欲之蔽,以全其本体之明焉耳,非能有以增益之也。"曰:"何以在亲民乎?"曰:"德不可以徒明也。人之欲明其孝之德也;则必亲于其父,而后孝之德明矣;欲明其弟之德也,则必亲于其兄,而后弟之德明矣。君臣也,夫妇也,朋友也,皆然也。故明明德必在于亲民,而亲民乃所以明其明德也。故曰一也。"曰:"亲民以明其明德,修身焉可矣,而何家、国、天下之有乎?"曰:"人者,天地之心也;民者,对己之称也;曰民焉,则三才之道举矣。是故亲吾之父以及人之父,而天下之父子莫不亲矣;亲吾之兄以及人之兄,而天下之兄弟莫不亲矣。君臣也,夫妇也,朋友也,推而至于鸟兽草木也,而皆有以亲之,无非求尽吾心焉以自明其明德也。是之谓明明德于天下,是之谓家齐国治而天下平。"曰:"然则乌在其为止至善者乎?""昔之人固有欲明其明德矣,然或失之虚罔空寂,而无有乎家国天下之施者,是不知明明德之在于亲民,而二氏之流是矣;固有欲亲其民者矣,然或失之知谋权术,而无有乎仁爱恻怛之诚者,是不知亲民之所以明其明德,而五伯功利之徒是矣;是皆不知止于至善之过也。是故至善也者,明德亲民之极则也。天命之性,粹然至善。其灵昭不昧者,皆其至善之发见,是皆明德之本体,而所谓良知者也。至善之发见，是而是焉，非而非焉，固吾心天然自有之则，而不容有所拟议加损于其间也。有所拟议加损于其间，则是私意小智，而非至善之谓矣。人惟不知至善之在吾心，而用其私智以求之于外，是以昧其是非之则，至于横骛决裂，人欲肆而天理亡，明德亲民之学大乱于天下。故止至善之于明德亲民也，犹之规矩之于方圆也，尺度之于长短也，权衡之于轻重也。方圆而不止于规矩，爽其度矣；长短而不止于尺度，乖其制矣；轻重而不止于权衡，失其准矣；明德亲民而不止于至善，亡其则矣。夫是之谓大人之学。大人者，以天地万物为一体也。夫然，后能以天地万物为一体。"元善喟然而叹曰："甚哉！大人之学若是其易简也。吾乃今知天地万物之一体矣！吾乃今知天下之为一家、中国之为一人矣！'一夫不被其泽，若己推而内诸沟中'，伊尹其先得我心之同然乎！"于是名其莅政之堂曰"亲民"，而曰："吾以亲民为职者也，吾务亲吾之民以求明吾之明德也夫！"爰书其言于壁而为之记。

万松书院记 乙酉

万松书院在浙省南门外，当湖山之间。弘治初，参政周君近仁因废寺之址而改为之，庙貌规制略如学宫，延孔氏之裔以奉祀事。近年以来，有司相继缉理，地益以胜，然亦止为游观之所，而讲诵之道未备也。嘉靖乙酉，侍御潘君景哲奉命来巡，宪度丕肃，文风聿新。既简乡闱，收一省之贤而上之南宫矣，又以遗才之不能尽取为憾，思有以大成之。乃增修书院，益广楼居斋舍为三十六楹；具其器用，置赡田若干顷；揭白鹿之规，抡彦选俊，肆习其间，以倡列郡之士，而以属之提学佥事万君汝信。汝信曰："是固潮之责也。"藩臬诸君咸赞厥成，使知事严纲董其役，知府陈力、推官陈篪辈相协经理。阅月逾旬，工讫事举，乃来请言以记其事。惟我皇明，自国都至于郡邑咸建庙学，群士之秀，专官列职而教育之。其于学校之制，可谓详且备矣。而名区胜地，往往复有书院之设，何哉？所以匡翼夫学校之不逮也。夫三代之学，皆所以明人伦；今之学宫皆以"明伦"名堂，则其所以立学者，固未尝非三代意也。然自科举之业盛，士皆驰骛于记诵辞章，而功利得丧分惑其心，于是师之所教，弟子之所学者，遂不复知有明伦之意矣。怀世道之忧者思挽而复之，卒亦未知所措其力。譬之兵事，当玩弛偷惰之余，则必选将阅伍，更其号令旌旗，悬非格之赏以倡敢勇，然后士气可得而振也。今书院之设，固亦此类也欤？士之来集于此者，其必相与思之曰："既进我于学校矣，而复优我于是，何为乎？宁独以精吾之举业而已乎？便吾之进取而已乎？则学校之中，未尝不可以精吾之业。而进取之心，自吾所汲汲，非有待于人之从而趋之也。是必有进于是者矣。是固期我以古圣贤之学也。"古圣贤之学，明伦而已。尧、舜之相授受曰："人心惟危，道心惟微，惟精惟一，允执厥中"，斯明伦之学矣。道心也者，率性之谓也，人心则伪矣。不杂于人伪，率是道心而发之于用也，以言其情则为喜怒哀乐；以言其事则为中节之和，为三千三百经曲之礼；以言其伦则为父子之亲，君臣之义，夫妇之别，长幼之序，朋友之信；而三才之道尽此矣。舜使契为司徒以教天下者，教之以此也。是固天下古今圣愚之所同具，其或昧焉者，物欲蔽之。非其中之所有不备，而假求之于外者也。是固所谓不虑而知，其良知也；不学而能，其良能也。孩提之童，无不知爱其亲者也。孔子之圣，则曰所求乎子，以事父未能也。是明伦之学，孩提之童亦无不能；而及其至也，虽圣人有所不能尽也。人伦明于上，小民亲于下，家齐国治而天下平矣。是故明伦之外无学矣。外此而学者，谓之异端；非此而论者，谓之邪说；假此而行者，谓之伯术；饰此而言者，谓之文辞；背此而驰者，谓之功利之徒，乱世之政。虽今之举业，必自此而精之，而谓不愧于敷奏明试；虽今之仕进，必由此而施之，而后无忝于行义达道。斯固国家建道之初意，诸君缉书院以兴多士之盛心也，故为多士诵之。

重修浙江贡院记 乙酉

古之选士者，其才德行谊，皆论定于平日，而以时升之。故其时有司之待士，一惟忠信礼义，而无有乎防嫌逆诈之心也；士之应有司，一惟廉耻退让，而无有乎奔竞侥幸之图也。迨世下衰，科举之法兴而忠信廉耻之风薄。上之人不能无疑于其下，而防范日密，下之人不能无疑于其上，而鄙诈日生。于是乎至有搜检巡绰之事，而待之不能以礼矣；有糊名易书之制，而信之不能以诚矣。有志之士，未尝不叹惜于古道，而千数百年卒无以改，殆亦风气习染之所成，学术教化之所积，势有不可得而误焉者也。虽然，古人之法不可得而复矣，所以斟酌古人之意而默行之者，不犹有可尽乎？后世之法不可得而改矣，所以匡持后世之弊而善用之者，不犹有可为乎？有司之奉行，其识下者昧古之道，而益浚之以刻薄猥琐之意；其见高者鄙时之弊，而遂行之以忽慢苟且之心。是以陋者益陋而疏者愈疏，则亦未可专委咎于法也。若浙之诸君子之重修贡院，斯其有足以起予者矣。浙之贡院旧在城西，尝以隘迁于藩治之东北，而苟简尚仍其旧。乃嘉靖乙酉，复当大比，监察御史潘君仿实来监临，乃与诸司之长佐慎虑其事，而预图之。慨规制之弗备弗饰，相顾而言曰："凡政之施，孰有大于举贤才者,而可忽易之若是!夫兴居靡所而责以殚心厥事,人情有所不能矣。无亦休其启处,优其饩养,使人乐事劝忠,以各供其职,庶亦尽心求士之诚乎!慢令弛禁,使陷罔于非僻,而后摧辱之,其为狎侮士类,亦甚矣!无亦张其纪度,明其视听,使人不戒而肃,以全其廉耻,庶亦待士以礼之意乎!"于是新选秀堂而轩于其前,为三楹;新至公堂而轩于其前,为五楹;庖湢器用,无不备具。又拓明远楼,以为三楹,而上崇三檐,下疏三道。创石台于四隅,而各亭其上,以为眺望之所,其诸防闲之道靡不悉修。夫然后入而观焉,则森严洞达,供事者莫敢有轻忽慢易之心,而就试者自消其回邪非僻之念。盖不费财力而事修于旬月之间,不大声色而政令行肃,观向一新。若诸君者,诚可谓能求古人之意而默行之者矣,能匡后世之弊而善用之者矣。诸君之尽心,其可见者如此;至其妙运于心术之微,而务竭于得为之地,不可以尽见者,固将无所不用其极,可知也。是举也,其必有才德行谊之士如三代之英者,出以应诸君之求已乎!工讫,使来请记,辞不克而遂为书之。呜呼!天下之事,所以弊于今而不可复于古者,宁独科举为然乎!诚使求古人之意而默行善用之!皆如诸君今日之举焉,其于成天下之治也,何有哉!

浚河记 乙酉

越人以舟楫为舆马,滨河而廛者,皆巨室也。日规月筑,水道淤隘;畜泄既亡,旱潦频仍。商旅日争于途,至有斗而死者矣。南子乃决沮障,复旧防,去豪商之壅,削势家之侵。失利之徒,胥怨交谤,从而谣之曰:"南守瞿瞿,实破我庐;瞿瞿南守,使我奔走。"人曰:"吾守其厉民欤！何其谤者之多也？"阳明子曰："迟之！吾未闻以佚道使民，而或有怨之者也。"既而舟楫通利，行旅欢呼络绎。是秋大旱，江河龟坼，越之人收获输载如常。明年大水，民居免于垫溺。远近称忭，又从而歌之曰："相彼舟人矣，昔揭以曳矣，今歌以楫矣。旱之熇也，微南侯兮，吾其燋矣。霪其弥月矣；微南侯兮，吾其鱼鳖矣。我输我获矣。我游我息矣，长渠之活矣，维南侯之流泽矣。"人曰："信哉！阳明子之言：'未闻以佚道使民，而或有怨之者也。'"纪其事于石，以诏来者。

提牢厅壁题名记

京师，天下狱讼之所归也。天下之狱分听于刑部之十三司，而十三司之狱又并系于提牢厅。故提牢厅天下之狱皆在焉。狱之系，岁以万计。朝则皆自提牢厅而出，以分布于十三司。提牢者目识其状貌，手披其姓名，口询耳听，鱼贯而前，自辰及午而始毕。暮自十三司而归，自未及酉，其勤亦如之。固天下之至繁也。其间狱之已成者，分为六监。其轻若重而未成者，又自为六监。其桎梏之缓急，局钥之启闭，寒暑早夜之异防，饥渴疾病之殊养，其微至于箕帚刀锥，其贱至于涤垢除下，虽各司于六监之吏，而提牢者一不与知，即弊兴害作，执法者得以议拟于其后，又天下之至猥也。狱之重者入于死，其次亦皆徒流。夫以共工之罪恶，而舜姑以流之于幽州。则夫拘系于此，而其情之苟有未得者，又可以轻弃之于死地哉？是以虽其至繁至猥，而其势有不容于不身亲之者，是盖天下之至重也。旧制提牢月更主事一人，至是弘治庚申之十月，而予适来当事。夫予天下之至拙也，其平居无恙，一遇纷扰，且支离厌倦，不能酬酢，况兹多病之余，疲顿憔悴，又其平生至不可强之日。而每岁决狱，皆以十月下旬，人怀疑惧，多亦变故不测之虞，则又至不可为之时也。夫其天下之至繁也，至猥也，至重也，而又适当天下至拙之人，值其至不可强之日，与其至不可为之时，是亦岂非天下之至难也？以予之难，不敢忘昔之治于此者，将求私淑之。而厅壁旧无题名，搜诸故牒，则存者仅百一耳。大惧泯没，使昔人之善恶无所考征，而后来者益以畏难苟且，莫有所观感，于是乃悉取而书之厅壁。虽其既亡者不可复追，而将来者尚无穷已，则后贤犹将有可别择以为从违。而其间苟有天下之至拙加予者，亦得以取法明善，而免过愆，将不为无小补。然后知予之所以为此者，固亦推己及物之至情，自有不容于己也矣。弘治庚申十月望。

重修提牢厅司狱司记

弘治庚申七月，重修提牢厅工毕。又两越月，而司狱司成，于是余姚王守仁适以次来提督狱事，六监之吏皆来言曰："惟兹厅若司建自正统，破敝倾圮且二十年。其卑浅隘陋，则草创之制，无尤焉矣。是亦岂惟无以凛观瞻而严法制，将治事者风雨霜雪之不免，又何暇于职务之举而奸细之防哉？然兹部之制，修废补败，有主事一人以专其事，又坏不理，吾侪小人，无得而知之者。独惟拓隘以广，易朽以坚，则自吾刘公实始有是。吾侪目睹其成，而身享其逸，刘公之功不敢忘也。"又曰："六监之囚，其罪大恶极，何所不有，作孽造奸，吏数逢其殃，而民徒益其死。独禁防之不密哉？亦其间容有以生其心。自吾刘公，始出己意，创为木闲，令不苛而密，奸不弭而消，桎梏可驰，缧绁可无，吾侪得以安枕无事，而囚亦或免于法外之诛。则刘公之功，于是为大。小人事微而谋室，无能为也。敢以布于执事，实重图之。"于是守仁既无以御其情，又与刘公为同僚，嫌于私相美誉也，乃谓之曰："吾为尔记尔所言，书刘公之名姓，使承刘公之后者，益修刘公之职。继尔辈而居此者，亦无忘刘公之功。则于尔心其亦已矣。"皆应曰："是小人之愿也。"遂记之曰：刘君名琔，字廷美，江西鄱阳人也。由弘治癸丑进士，今为刑部四川司主事云。弘治庚申十月十九日。

稽山书院尊经阁记 乙酉

经，常道也。其在于天谓之命，其赋于人谓之性，其主于身谓之心。心也，性也，命也，一也。通人物，达四海，塞天地，亘古今，无有乎弗具，无有乎弗同，无有乎或变者也。是常道也，其应乎感也，则为恻隐，为羞恶，为辞让，为是非；其见于事也，则为父子之亲，为君臣之义，为夫妇之别，为长幼之序，为朋友之信。是恻隐也，羞恶也，辞让也，是非也；是亲也，义也，序也，别也，信也；一也。皆所谓心也，性也，命也。通人物，达四海，塞天地，亘古今，无有乎弗具，无有乎弗同，无有乎或变者也，是常道也。是常道也，以言其阴阳消息之行焉，则谓之《易》；以言其纪纲政事之施焉，则谓之《书》；以言其歌咏性情之发焉，则谓之《诗》；以言其条理节文之著焉，则谓之《礼》；以言其欣喜和平之生焉，则谓之《乐》；以言其诚伪邪正之辨焉，则谓之《春秋》。是阴阳消息之行也，以至于诚伪邪正之辨也，一也。皆所谓心也，性也，命也。通人物，达四海，塞天地，亘古今，无有乎弗具，无有乎弗同，无有乎或变者也，夫是之谓"六经"。"六经"者非他，吾心之常道也。故《易》也者，志吾心之阴阳消息者也；《书》也者，志吾心之纪纲政事者也；《诗》也者，志吾心之歌咏性情者也；《礼》也者，志吾心之条理节文者也；《乐》也者，志吾心之欣喜和平者也；春秋也者，志吾心之诚伪邪正者也。君子之于"六经"也，求之吾心之阴阳消息而时行焉，所以尊《易》也；求之吾心之纪纲政事而时施焉，所以尊《书》也；求之吾心之歌咏性情而时发焉，所以尊《诗》也；求之吾心之条理节文而时著焉，所以尊《礼》也；求之吾心之欣喜和平而时生焉，所以尊《乐》也；求之吾心之诚伪邪正而时辩焉，所以尊《春秋》也。盖昔者圣人之扶人极，忧后世，而述"六经"也，犹之富家者之父祖虑其产业库藏之积，其子孙者或至于遗忘散失，卒困穷而无以自全也，而记籍其家之所有以贻之，使之世守其产业库藏之积而享用焉，以免于困穷之患。故"六经"者，吾心之记籍也，而"六经"之实则具于吾心；犹之产业库藏之实积，种种色色，具存于其家。其记籍者，特名状数目而已。而世之学者，不知求"六经"之实于吾心，而徒考索于影响之间，牵制于文义之末，硁硁然以为是"六经"矣。是犹富家之子孙不务守视享用其产业库藏之实积，日遗忘散失，至于窭人丐夫，而犹嚣嚣然指其记籍曰："斯吾产业库藏之积也"，何以异于是！呜呼！"六经"之学，其不明于世，非一朝一夕之故矣。尚功利，崇邪说，是谓乱经；习训诂，传记诵，没溺于浅闻小见以涂天下之耳目，是谓侮经；侈淫辞，竞诡辩，饰奸心，盗行逐世，垄断而犹自以为通经，是谓贼经。若是者，是并其所谓记籍者而割裂弃毁之矣，宁复知所以为尊经也乎！越城旧有稽山书院，在卧龙西冈，荒废久矣。郡守渭南南君大吉既敷政于民，则慨然悼末学之支离，将进之以圣贤之道。于是使山阴令吴君瀛拓书院而一新之，又为尊经之阁于其后。曰："经正，则庶民兴；庶民兴，斯无邪慝矣。"阁成，请予一言以谂多士。予既不获辞，则为记之若是。呜呼！世之学者得吾说而求诸其心焉，其亦庶乎知所以为尊经也矣。

重修山阴县学记 乙酉

山阴之学，岁久弥敝。教谕汪君瀚辈以谋于县尹顾君铎而一新之，请所以诏士之言于予。时予方在疚，辞，未有以告也。已而顾君入为秋官郎，洛阳吴君瀛来代，复增其所未备而申前之请。昔予官留都，因京兆之请，记其学而尝有说焉。其大意以为朝廷之所以养士者不专于举业，而实望之以圣贤之学。今殿庑堂舍，拓而辑之；饩廪条教，具而察之者，是有司之修学也。求天下之广居安宅者而修诸其身焉，此为师、为弟子者之修学也。其时闻者皆惕然有省，然于凡所以为学之说，则犹未之及详。今请为吾越之士一言之。夫圣人之学，心学也。学以求尽其心而已。尧、舜、禹之相授受曰："人心惟危，道心惟微，惟精惟一，允执厥中。"道心者，率性之谓，而未杂于人。无声无臭，至微而显，诚之源也。人心，则杂于人而危矣，伪之端矣。见孺子之入井而恻隐，率性之道也；从而内交于其父母焉，要誉于乡党焉，则人心矣。饥而食，渴而饮，率性之道也；从而极滋味之美焉，恣口腹之饕焉，则人心矣。惟一者，一于道心也。惟精者，虑道心之不一，而或二之以人心也。道无不中，一于道心而不息，是谓"允执厥中"矣。一于道心，则存之无不中，而发之无不和。是故率是道心而发之于父子也无不亲；发之于君臣也无不义；发之于夫妇、长幼、朋友也无不别、无不序、无不信；是谓中节之和，天下之达道也。放四海而皆准，亘古今而不穷；天下之人同此心，同此性，同此达道也。舜使契为司徒而教以人伦，教之以此达道也。当是之时，人皆君子而比屋可封，盖教者惟以是为教，而学者惟以是为学也。圣人既没，心学晦而人伪行，功利、训诂、记诵辞章之徒纷沓而起，支离决裂，岁盛月新，相沿相袭，各是其非，人心日炽而不复知有道心之微。间有觉其纰缪而略知反本求源者，则又哄然指为禅学而群訾之。呜呼！心学何由而复明乎！夫禅之学与圣人之学，皆求尽其心也，亦相去毫厘耳。圣人之求尽其心也，以天地万物为一体也。吾之父子亲矣，而天下有未亲者焉，吾心未尽也；吾之君臣义矣，而天下有未义者焉，吾心未尽也；吾之夫妇别矣，长幼序矣，朋友信矣，而天下有未别、未序、未信者焉，吾心未尽也。吾之一家饱暖逸乐矣，而天下有未饱暖逸乐者焉，其能以亲乎？义乎？别、序、信乎？吾心未尽也；故于是有纪纲政事之设焉，有礼乐教化之施焉，凡以裁成辅相、成己成物，而求尽吾心焉耳。心尽而家以齐，国以治，天下以平。故圣人之学不出乎尽心。禅之学非不以心为说，然其意以为是达道也者，固吾之心也，吾惟不昧吾心于其中则亦已矣，而亦岂必屑屑于其外；其外有未当也，则亦岂必屑屑于其中。斯亦其所谓尽心者矣，而不知已陷于自私自利之偏。是以外人伦，遗事物，以之独善或能之，而要之不可以治家国天下。盖圣人之学无人己，无内外，一天地万物之为心；而禅之学起于自私自利，而未免于内外之分；斯其所以为异也。今之为心性之学者，而果外人伦，遗事物，则诚所谓禅矣；使其未尝外人伦，遗事物，而专以存心养性为事，则固圣门精一之学也，而可谓之禅乎哉！世之学者，承沿其举业词章之习以荒秽戕伐其心，既与圣人尽心之学相背而驰，日骛日远，莫知其所抵极矣。有以心性之说而招之来归者，则顾骇以为禅，而反仇雠视之，不亦大可哀乎！夫不自知其为非而以非人者，是旧习之为蔽，而未可遽以为罪也。有知其非者矣,藐然视人之非而不以告人者,自私者也。既告之矣,既知之矣,而犹冥然不以自反者,自弃者也。吾越多豪杰之士,其特然无所待而兴者,为不少矣,而亦容有蔽于旧习者乎?故吾因诸君之请而特为一言之。呜呼!吾岂特为吾越之士一言之而已乎?

从吾道人记 乙酉

海宁董萝石者,年六十有八矣,以能诗闻江湖间。与其乡之业诗者十数辈为诗社,旦夕操纸吟呜,相与求句字之工,至废寝食,遗生业。时俗共非笑之,不顾,以为是天下之至乐矣。嘉靖甲申春,萝石来游会稽,闻阳明子方与其徒讲学山中,以杖肩其瓢笠诗卷来访。入门,长揖上坐。阳明子异其气貌,且年老矣,礼敬之。又询知其为董萝石也,与之语连日夜。萝石辞弥谦,礼弥下,不觉其席之弥侧也。退,谓阳明子之徒何生秦曰:"吾见世之儒者支离琐屑,修饰边幅,为偶人之状;其下者贪饕争夺于富贵利欲之场;而尝不屑其所为,以为世岂真有所谓圣贤之学乎,直假道于是以求济其私耳!故遂笃志于诗,而放浪于山水。今吾闻夫子良知之说,而忽若大寐之得醒,然后知吾向之所为,日夜弊精劳力者,其与世之营营利禄之徒,特清浊之分,而其间不能以寸也。幸哉!吾非至于夫子之门,则几于虚此生矣。吾将北面夫子而终身焉,得无既老而有所不可乎?"秦起拜贺曰:"先生之年则老矣,先生之志何壮哉!"入以请于阳明子。阳明子喟然叹曰:"有是哉?吾未或见此翁也!虽然,齿长于我矣。师友一也,苟吾言之见信,奚必北面而后为礼乎?"萝石闻之,曰:"夫子殆以予诚之未积欤?"辞归两月,弃其瓢笠,持一缣而来。谓秦曰："此吾老妻之所织也。吾之诚积,若兹缕矣。夫子其许我乎?"秦人以请。阳明子曰："有是哉?吾未或见此翁也!今之后生晚进,苟知执笔为文辞,稍记习训诂,则已侈然自大,不复知有从师学问之事。见有或从师问学者,则哄然共非笑,指斥若怪物。翁以能诗训后进,从之游者遍于江湖,盖居然先辈矣。一旦闻予言,而弃去其数十年之成业如敝屣,遂求北面而屈礼焉,岂独今之时而未见,若人将古之记传所载,亦未多数也。夫君子之学,求以变化其气质焉尔。气质之难变者,以客气之为患,而不能以屈下于人,遂至自是自欺,饰非长敖,卒归于凶顽鄙倍。故凡世之为子而不能孝,为弟而不能敬,为臣而不能忠者,其始皆起于不能屈下,而客气之为患耳。苟惟理是从,而不难于屈下,则客气消而天理行。非天下之大勇,不足以与于此!则如萝石,固吾之师也。而吾岂足以师萝石乎?"萝石曰："甚哉!夫子之拒我也。吾不能以俟请矣。"入而强纳拜焉。阳明子固辞不获,则许之以师友之间。与之探禹穴,登炉峰,陟秦望,寻兰亭之遗迹,徜徉于云门、若耶、鉴湖、剡曲。萝石日有所闻,益充然有得,欣然乐而忘归也。其乡党之子弟亲友与其平日之为社者,或笑而非,或为诗而招之返,且曰："翁老矣,何乃自苦若是耶?"萝石笑曰："吾方幸逃于苦海,方知悯若之自苦也,顾以吾为苦耶?吾方扬鬐于渤海,而振羽于云霄之上,安能复投网罟而入樊笼乎?去矣,吾将从吾之所好!"遂自号曰："从吾道人"。阳明子闻之,叹曰:"卓哉萝石!'血气既衰,戒之在得'矣,孰能挺特奋发,而复若少年英锐者之为乎?真可谓之能'从吾所好'矣。世之人从其名之好也,而竞以相高;从其利之好也,而贪以相取;从其心意耳目之好也,而诈以相欺;亦皆自以为从吾所好矣。而岂知吾之所谓真吾者乎!夫吾之所谓真吾者,良知之谓也。父而慈焉,子而孝焉,吾良知所好也;不慈不孝焉,斯恶之矣。言而忠信焉，行而笃敬焉，吾良知所好也；不忠信焉，不笃敬焉，斯恶之矣。故夫名利物欲之好，私吾之好也；天下之所恶也；良知之好，真吾之好也，天下之所同好也。是故从私吾之好，则天下之人皆恶之矣，将心劳日拙而忧苦终身，是之谓物之役。从真吾之好，则天下之人皆好之矣，将家、国、天下，无所处而不当；富贵、贫贱、患难、夷狄，无入而不自得；斯之谓能从吾之所好也矣。夫子尝曰：'吾十有五而志于学'，是从吾之始也。'七十而从心所欲，不逾矩'，则从吾而化矣。萝石逾耳顺而始知从吾之学，毋自以为既晚也。充萝石之勇，其进于化也何有哉？呜呼！世之营营于物欲者，闻萝石之风，亦可以知所适从也乎！"

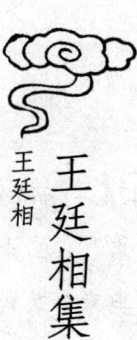

王廷相集

王廷相

导 读

王廷相（1474—1544），字子衡，号浚川，人称浚川先生，河南仪封人。他"幼有文名"，二十九岁中明朝进士后，开始做官，他一边做官，一边"究心国家典章时政机宜。……以正学术。"为了揭发宦官的黑暗弄权，他被人反咬一口，坐了牢，但没有证据证明他不法。出狱后，降级改叙；继续做官。为了替盗林木的百姓讲话，又被罚俸。他七十一岁死去。死前三年，还因"朋比阿党"的罪名，被赶出朝廷，"斥为民"。

《明史》说："廷相博学好议论，以经术称。于星历、舆图、乐律、河图、洛书及周、邵、程、张之书，皆有所论驳；然其说颇乖僻。"但是现在我们检查他的遗作，却发现"其说乖僻"中，有很多进步的言论。他对传统的、世俗的一些看法，有他独立的见解。他既反对程、朱、陆、王的理、气、太极、性、知、行等的思想，又反对董仲舒的天人思想，又反对邵雍的象数思想，又反对上行、灾异、鬼神、风水等迷信思想。他公然说："五行生克出自异端邪术，古今大惑莫甚于此。"公然说风水是"邪术惑世以愚民。……不孝之事莫大于此。"这种革命性的"乖僻"言论，是古今少有的。

慎 言

序

仲尼没而微言绝,异端起而正义凿,斯道以之芜杂,其所由来渐矣。非异端能杂之,诸儒自杂之也。故拟议过贪,则援取必广;性灵弗神,则诠择失精;由是旁涉九流,淫及纬术,卒使牵合傅会之妄,以迷乎圣人中庸之轨。故曰非异端能杂之,诸儒自杂之也。予自知道以来,仰观俯察,验幽核明,有会于心,即记于册,三十余年,言积数万。信阳无涯孟君见之曰:"乂守中正,不惑非道,此非'慎言其余'乎!"逐以《慎言》名之。类分为十三篇,附诸集,以藏于家。嗟乎!讲学以明道为先,论道以稽圣为至。斯文也,间于诸儒之论,虽鲜涉于刺辩,其于仲尼之道,则卫守之严,而不敢以异论杂之,盖确如也,知我罪我,其惟《春秋》。敢窃附于孔氏之徒云。

时嘉靖丁亥冬十二月望日,浚川王廷相序。

道体篇 凡二十七章

　　道体不可言无，生有有无。天地未判，元气混涵，清虚无间，造化之元机也。有虚即有气；虚不离气，气不离虚，无所始、无所终之妙也。不可知其所至，故曰太极；不可以为象，故曰太虚，非曰阴阳之外有极有虚也。二气感化，群象显设，天地万物所由以生也，非实体乎？是故即其象，可称曰有；及其化，可称曰无，而造化之元机，实未尝泯。故曰道体不可言无，生有有无。

　　有形亦是气，无形亦是气，道寓其中矣。有形，生气也；无形，元气也。元气无息，故道亦无息。是故无形者，道之氐也；有形者，道之显也。

　　山泽水土，气皆入乘之，造化之大宅也，故洪而育物。气乘之无息，故育物而无息，生而循化者，造化之小物也，与日俱销矣，气不得久而乘之也。尽化其初，气乃已。

　　天地之始，静而无扰，故气化行焉。化生之后，动而有匹，故种类相生焉。种类繁则气扰，而化生之机息矣。然有之者，肖翘之属也。

象者气之成，数者象之积。

气，物之原也；理，气之具也；器，气之成也。《易》曰形而上者为道，形而下者为器，然谓之形，以气言之矣。故曰神与性乃气所固有者，此也。

天者，太虚气化之先物也，地不得而并焉。天体成，则气化属之天矣；譬人化生之后，形自相禅也。是故太虚真阳之气感于太虚真阴之气，一化而为日、星、雷、电，一化而为月、云、雨、露，则水火之种具矣。有水火，则蒸结而土生焉。曰卤之成醝，炼水之成膏，可类测矣。土则地之道也，故地可以配天，不得以对天，谓天之生之也。有土，则物之生益众，而地之化益大。金木者，水火土之所出，化之最末者也。五行家谓金能生水，岂其然乎？岂其然乎？

木石之有火，母藏于子也。求其化始，曰，火宗也，星，火隅也，雷，火击也，皆能焚灼，此火之元气也。谓木能生火，是以子掩其母，非化理本然之序矣，大观造化者所不取焉。

木湿不燧，阴过阳也；木朽不燧，阳过阴也。火也者，阴阳得中之化与！

有太虚之气而后有天地，有天地而后有气化，有气化而后有牝牡，有牝牡而后有夫妇，有夫妇而后有父子，有父子而后有君臣，有君臣而后名教立焉。是故太虚者，性之本始也；天地者，性之先物也；夫妇、父子、君臣，性之后物也；礼义者，性之善也，治教之中也。

阴阳在形气，其义有四：以形言之，天地、男女、牝牡之类也；以气言之，寒暑、昼夜、呼吸之类也；总言之，凡属气者皆阳也，凡属形者皆阴也；极言之，凡有形体以至氤氲芬苍之气可象者皆阴也，所以变化、运动、升降、飞扬之不可见者皆阳也。

日曝湿而气生，阴从阳也；口呵石而水生，阳从阴也。

有聚气，有游气。游聚合，物以之而化。化则育，育则大，大则久，久则衰，衰则散，散则无，而游聚之本未尝息焉。

气通乎形而灵。人物之所以生，气机不息也；机坏则魂气散灭矣，恶乎灵！有附物而能者，亦乘其气机者也，顷亦散灭而已矣。故鬼者，归也，散灭之义也。子路问死，孔子曰："未知生，焉知死？"子贡问死而有知，孔子曰："赐也，尔终当自知之，未晚也。"夫仲尼圣者也，岂不能如后儒之辨乎？而终不言者，圣人之意可以识矣。

庄子曰"百昌皆生于土，皆归于土"，土者所以始万物而终万物也，得矣，而未尽焉。物有不生于土者矣，不如气焉。"出于机，入于机"，至矣哉！

天内外皆气，地中亦气，物虚实皆气，通极上下造化之实体也。是故虚受乎气，非能生气也。理载于气，非能始气也。世儒谓理能生气，即老氏道生天地矣；谓理可离气而论，是形性不相待而立，即佛氏以山河大地为病，而别有所谓真性矣，可乎？不可乎？由是，本然之性超乎形气之外，太极为理而生动静、阴阳，谬幽诬怪之论作矣。

气至而滋息，伸乎合一之妙也；气返而游散，归乎太虚之体也。是故气有聚散，无灭息。雨水之始，气化也；得火之炎，复蒸而为气。草木之生，气结也；得火之灼，复化而为烟。以形观之，若有有无之分矣，而气之出入于太虚者，初未尝减也。譬冰之于海矣，寒而为冰，聚也；融渐而为水，散也。其聚其散，冰固有有无也，而海之水无损焉。此气机开阖，有无、生死之说也，三才之实化极矣。

阴阳，气也；变化，机也。机则神，是天地者万物之大圆也。阴阳者，造化之橐钥也；水火土，阴阳之大用也。故气得土之郁而含，得水之润而滋，得火之燥而坚。气有翕聚，则形有萌蘖，而生化显矣。气有盛衰，则形有壮老，而始终著矣。

气得湿而化质，生物之涂也，百昌皆然矣。气之灵为魂，无质以附縻之则散，灯火离其膏木而光灭是矣。质之灵为魄，无气以流通之则死，手足不仁而为痿痹是矣。二者相须以为用，相待而一体也。精也者，质盛而凝气，与力同科也，质衰则疏弛，而精力减矣。神也者，气盛而摄质，与识同科也，气衰则虚弱，而神识困矣。是故气质合而凝者，生之所由得也；气质合而灵者，性之所由得也。

万物巨细柔刚各异其材，声色臭味各殊其性，阅千古而不变者，气种之有定也。人不肖其父，则肖其母，数世之后，必有与祖同其体貌者，气种之复其本也。

阴阳也者，气之体也。阖辟动静者，性之能也。屈伸相感者，机之由也。缊絪而化者，神之妙也。生生不息，衅衅如不得已者，命之自然也。

木有津液即血，畅发即气，心之坚强即骨，皮之柔润即肉，结实即精。石者土之结，金者石之精。五金之质异者，气之种殊也。是金木之生，与人物类也者。是故水火得阴阳之精，先万物成；昆虫草木金石，后天而化。谓金木匹水火而能生物，其探道化之不精者与！

有太虚之气，则有阴阳；有阴阳，则万物之种一本皆具。随气之美恶大小而受化，虽天之所得亦然也。阴阳之精，一化而为水火，再化而为土，万物莫不藉以生之，而其种则本于元气之固有，非水火土所得而专也。

上世论五行以材用，取其养民之义也，故曰天地之生财也，本不过五。圣人节五行，则治不荒。后世以五行论造化，戾于古人之论远矣，诞矣！水火土，似也；昆虫草木金石，厥生类也，假借于造化，何居？始也小儒异端凿之，终也大儒大贤信之，坏人心之正，乱"六经"之言，吾为仲尼嗟哉！

春夏阳渐达于上，火气薰蒸而远，水泉涌溢，土释而润泛，金气郁热，化石成矿，木发育而茂。秋冬阴渐盛于上，火气敛而近，水泉消涸而冰，土结燥而冻，金以石寒而不滋，水（木）气归根而凋落。此五行消息之大分，达人神圣之大观也。五行家假配四时，以论盛衰，谬矣。周衰，处士横议，邪说成俗，至于今由之，惜哉！

气者造化之本。有浑浑者，有生生者，皆道之体也。生则有灭，故有始有终；浑然者充塞宇宙，无迹无执，不见其始，安知其终？世儒止知气化而不知气本，皆于道远。

离气无道，离造化无道，离性情无道。

乾运篇 凡二十章

乾运之度，七政之躔，有常次也，故天之象数可得而推。风霆流行，变异突出，无机兆也，故天之神用不可得而测。

阴不离于阳，阳不离于阴，曰道。故阴阳之合，有宾主偏胜之义，而偏胜者恒主之，无非道之形体也。日阳精，星阳余，风阳激，雷阳奋，电阳泄，云阳乘；月阴精，辰阴余，雨阴施、雪如之，露阴结、霜如之，皆性之不得已而然也。故造化之道，阳不足，阴有余，而阴恒宗阳；阳一阴二，而阴恒含阳。

四时寒暑，其机由日之进退，气不得而专焉。日南至而寒甚，北至而暑甚，所积既深，不可骤变也。日出而苍凉，夜阴之积未遽消，光不甚于旁达也。日中而暄热，昼阳之积盛，光复炽于下射也。阴雨之气，虽夏亦寒；晴明之日，虽冬亦热，此不可以时拘者也。向阳多暖，背阴多寒；洼下春先，高峻雪积，此不可以南北大分拘者也。虽然，亦由日之气得行与否耳。斯皆变也，非常也。

风扬尘土于下，蒙雨自上而降，遇结而为霾。风之微不足以散雨，雨之微不足以敛尘，阴阳缓弱之气也夫。

雹之始，雨也，感于阴气之冽，故旋转凝结以渐而大尔。其阴阳之浊而不和者与！谓蜥蜴所为者，得乎哉？

阴遏乎阳，畜之极，转而为风。大遏则大吹，小遏则小吹。夏无巨风者，阳盛之极，阴不能以遏之也。阳伏于阴，发之暴，声而为雷。其声缓者，厥伏浅；其声迅者，厥伏固。冬而雷收其声者，阴盛之极，阳不得以发之也。时有之者，变也，非常也。

"雪之始，雨也，下遇寒气乃结。花必六出，何也？""气种之自然也。""草木枝干花叶，人耳目口鼻，物蹄角羽毛，胡为而然耶？""气各正其性命，不得已而然尔。""应阴数，有诸？"曰："傅会之拟矣！孰主宰为之？花萼亦有然者矣，四出、五出、六出同时而成，又奚应哉？"

人之世也近，天地之世也久，是故先者罔以审而稽也，后者难以俟而证也；惟迹与理，可以会通矣。山石之欹侧，古地之曾倾坠也。山有壑谷，水道之荡而日下也。地有平旷，水土之漫演也。高峻者日以剥，下平者日以益，江河日趋而下，咸势之不得已也夫！

"三垣、十二舍，经星终古不移，天亦有定体矣。"曰："浮气载之，宁无一之变动也乎？" 星之陨也，光气之溢也，本质未始穷也，陨而即灭也。天之辟至于今，经纬之象尽矣。陨而散灭者，光气之微者也。堕而为石，感地气而凝也，阴阳妙合之义也。上下飞流不齐者，陨之机各发于所向也，如迸激而喷也。

地气夜则郁达，故遇物而凝。清则氤氲，为霜，为露；浊则烟雾，为蒙，为木稼。日高而散，风冽而不凝者，阴化于阳之义也。

月食日，形体掩之也；日食月，暗虚射之也。日光正灼，积晕成蔽，故曰暗虚。观夫灯烛，上射黑焰，蔽光不照，足以知之。

天亦有定体，远不可测也。观恒星河汉终古不移，可以验之。七曜丽天，而非附天也，故自为运行。其动也，乘天之机也，虽迟速不齐，皆顺天。

日（月）中暗黑，非地影也，质有查滓，不受日光者尔。月行九道，势有高下东西。果由地形，则人之视之，如镜受物，影当变易。今随在无殊，是由月体，而匪外入也。月与日火皆外景，安能受物？

天乘夫气机，故运而有常；地窍于山川，故浮而不坠。砲之转于水，机在外也；匏之浮于水，空在内也。地，天内之物，无可倚之道。故曰天以机动，地以窍浮。

天体近极者高，远极者下。黄道横斜交络，故日行近极则光之被于人者久，故昼长夜短而气暑；远极则光之被于人者不久，故昼短夜长而气寒。行两极之中，则昼夜均而气清和。何也？日，大火也，近人则暑而远人则寒也。是故阴阳过盛，四时寒暑，咸日之进退主之。谓气自有升降，何待日远近乃成寒暑？谓地有四游，何人去极无有高下？

两仪未判，太虚固气也；天地既生，中虚亦气也，是天地万物不越乎气机聚散而已。是故太虚无形，气之本体，清通而不可为象也；太和氤氲，万物化醇，生生而不容以息也，其性命之本原乎！

天之运无已，故无度数，以日行所历之数为之。日行三百六十五日有余与天会，故天之度有三百六十五度四分度之一也。是日与度会为一日，与月会为一月，与天会为一岁。月之晦、朔、弦、望，历于日之义也。月会日而明尽，故曰晦；初离日而光苏，故曰朔；月与日相去四分天之一，如弓之张，故曰弦；月与日相去四分天之二，相对，故曰望。

向月熟摩其蛤，则水生，谓之方诸；向日熟摩其鉴，则火生，谓之夫遂。相去甚远，而相感甚速，精之至也。

"本乎天者，亲上"，谓气之属，云雾烟火之类，其气必腾上是也。"本乎地者，亲下"，谓质之属，土石水金之类，其质必下沉是也。

作圣篇 凡三十九章

作圣之涂，其要也二端而已矣：澄思寡欲，以致睿也；补过徙义，以日新也。卒以成之，曰诚。

事物沓至，惟有道者能御之，盖心虚而气和尔。心虚，无先物间之；气和，无客意挠之。无间故能公，无挠故能平，君子可以御天下矣。

圣人之辞简，其理浑；贤人之辞繁，其理辩。

"省其私，足以发"，明道之几也。"不迁怒，不贰过"，进德之涂也。"用之则行，舍之则藏"，动以时矣。"箪瓢陋巷，不改其乐"，纯乎天矣。是故颜子亚圣。

从容纯熟，与道吻合，化也。学至于化，大之迹泯矣，而曰"化而后能有其大"，何也？大，有迹也，犹有事于外也，在外犹有存亡也，安能保而有之？化则敛于精，贯于一矣，其出入由我也，故谓之有。

万物累天地，而天地不以为功，故化育不息。天地累圣人，而圣人以为己分，故穷达一道。

圣人志气如神，生质之美也；"精义入神"，尽性之极也。

明炳几先，有以围范天下之事而无遗，故"存神"。至诚尽性，有以普顺万物之情而不私，故"过化"。

圣人之道，贯彻上下。自洒扫应对，以至均平天下，其事理一也。自格物致知，以至精义入神，其学问一也。自悦亲信友，以至过化存神，其感应一也。故得其门者，会而极之；异其涂者，由之而不知也。古之人宁学圣人而未至，不欲以一善成名，予窃有慕焉耳。

天地无所不容，故大。圣人与物无较，故与天地同体。

大识者外伪不能累，大气者外侮不能动，大德者外物不能迁。

礼尚施报，圣人缘人情而为之也。圣人自处则不然，不妄施，施无不报；不望施，亦不望报，故太上贵德。

决择以真，其道乃淳矣；弘毅以安，其德乃天矣；变化以微，其几乃神矣。

圣人不以胜物为心，胜于道也，胜道为已也。故道胜者，物无不胜，不得已之道也。

天运不息，四时成而万物生；圣心纯一，纪纲植而万化行。故天德王德，天道王道。

"行异者，众则高矣，不足以明大；同俗者，众则悦矣，不足以明义。何也？"王子曰："求异，道不足也，非识之狭则性之偏累之，故离诡而不入圣。求同，志不足也，其累也怀利自全，故不能独立而合污。不入圣，安大？合污，安义？故曰'极高明而道中庸'，不贵于行异也；'君子和而不流'，不贵于同俗也。"

义方以别群宜，智圆以周众志，故圣人合道。

圣人弭事于未然，先几也，仁智之道深矣。其次，几动而图之，得失半也。征于声色者，下也，亦末之也已。

程子曰："孔子所遇而安，无所择焉。自子路观孔子，孔子为不恭。自孔子观吾辈，吾辈便隘。"嗟乎！此圣贤气象所由分也。使安于隘终，岂敢望圣哉？学者能求无所择而安者处之，亦庶几矣。

"行一不义，杀一不辜，得天下而不为"，非有死而后已之志不能也，盖纯于仁者矣。

天下之变故，其聚也不可纪，其散也不可一，其来也不可豫，其去也不可逐，其显设也不可迹，其倚伏也不可究。执一德、守一隅者御之，所不达者广矣。閵厄遝至，几于日中冥蔀矣。惟圣人之道术不固挈于一，而参之，而衡之，而交午之，而翕张之，而迟速之，而橐括之，譬百川委委各至于海也，济务长功，安有穷已？故曰"非天下之至神，其孰能与于此？"

颜子近圣人之资，孟子近圣人之才，仲尼兼之而敦粹。

仁者，与物贯通而无间者也。"万物并育而不相害，道并行而不相悖"，天地之仁也；"老者安之，朋友信之，少者怀之"，圣人之仁也。故物各得其所，谓之仁。

圣人，道德之宗正，仁义礼乐之宰摄，世固不获见之矣。其次莫如得亚圣者，契道之真，以命令于一世焉。其次莫如得大贤，严于守道，不惑于异端九流，以乱道真焉。下此，随波徇俗、私智害正者，纯疵交葛，吾不知其裨于道也。

忠恕，夫子之道也。以忠恕而应天下之事，无不各得其分，故曰"一以贯之"。

随所处而安，曰"安土"；随所事而安，曰"乐天"。仲尼居鲁缝掖，居宋章甫，安土之谓也；见阳货，见南子，乐天之谓也。

人心之灵，贯彻上下，其微妙也，通极于鬼神；其广远也，周匝于六合。一有所不知，不足谓之尽性。命则天道发育万物者，人不得而与焉；然其情状变化，不能逃吾所感之通，故圣人"穷理尽性以至于命"。

或曰："万物化于帝则而不知，何也？"曰："欲其知，则非化矣。圣人不伐功，不归德，不以心语人，行于不得已之区，宅于无所利之涂，不知天下暗而移、忽而变矣，夫谁其知之？此之谓神几。"

道无定在，故圣人因时：尧舜以禅授，汤武以征伐，太甲、成王以继序。道无穷尽，故圣人有不能：尧舜之事有羲轩未能行者，三代之事有尧舜未能行者。

大人治国，周于智而达于几：视之近若不足，施之远则有余；即之一若不及，参之万则适均。下士治国，求快于目前，而远则有遗；骋志于一偏，而周则或缺，见小而几迷也。

君子修道由己，穷达则付之天。穷达有幸不幸焉，皆天也。人有知不知焉，皆人也。君子守道，不务求知于人，亦不务求知于君，亦曰求尽臣道之实而已矣。是故"上不怨天，下不尤人"。

圣人之心未尝忘天下，仁也。耳闻目击，不忍民之失所也，故随其所遇，尽心力而为之。舍之则藏，道不合而即去，然亦无固必矣。沮溺之徒则自私，墨翟之徒则失己，要皆固执于一隅也。

圣人心有是神，则触处洞然，故曰"声入心通"。圣人心有是理，则随感而应，故曰"左右逢原"。

人能体大舜"有天下不与"之心，则举世之利益不足动矣。人能体大舜"善与人同"之心，则一己之智能不足恃矣。

人与天地、鬼神、万物，一气也。气一则理一，其大小、幽明、通塞之不齐者，分之殊耳。知分殊，当求其理之一；知理一，当求其分之殊。故圣人与天地合其德，与鬼神合其吉凶，与万物合其情性，能同体故尔。

或问生，曰："气机也；"问死，曰："气机也。"孰机之？曰："大化呼吸之尔。物不求化而化至，故物生而不感；化不为物而物成，故化存而不任。不任者，顺而应，无意而游，澹而和乐者也，天之道也。是故圣人之于物也，无喜、无怒、无好、无怨、无得、无丧、无智、无功。"

顺事者，无滞者也；知时者，应机者也，故圣哲如神。

能有为者，才也；权自由者，位也；事会几者，时也。三者失其一，皆不能以有为，故圣人得位而犹俟时。

上世之士，修道于己，求自善尔，无意无为也，故多逊。中古以往，操德秉道，将以恬仕。后世以文词恬，以言貌柔顺恬，益陋矣。惟恐其失之，夫安望逊？无怪乎君子赞隐逸矣。

"敬以直内，义以方外"，见圣人无私智之扰；"不识不知，顺帝之则"，见圣人循自然之天。

无我者，圣学之极致也。学之始，在克己寡欲而已矣。寡之又寡，以至于无，则能大同于人而不有己矣。虽天地之度，不过如此。

问成性篇 凡二十四章

　　问成性，王子曰："人之生也，性禀不齐，圣人取其性之善者以立教，而后善恶准焉。故循其教而行者，皆天性之至善也。极精一执中之功则成矣，成则无适而非善也，故曰'成性存存，道义之门'。"

　　情荡则性昏，性昏则事迷，迷而不复，则躁激骄吝之心滋矣，由灵根之不美也。庄子曰"嗜欲深者天机浅"，亦善言性者与！

　　未形之前，不可得而言矣，谓之至善，何所据而论？既形之后，方有所谓性矣，谓恶非性具，何所从而来？程子曰"恶亦不可不谓之性"，得之矣。

　　性者缘乎生者也，道者缘乎性者也，教者缘乎道者也。圣人缘生民而为治，修其性之善者以立教，名教立而善恶准焉。是故敦于教者，人之善者也；戾于教者，人之恶者也。为恶之才能，善者亦具之；为善之才能，恶者亦具之。然而不为者，一习于名教，一循乎情欲也。夫性之善者，固不俟乎教而治矣；其性之恶者，方其未有教也，各任其情以为爱憎，由之相戕相贼胥此以出，世道恶乎治！圣人恶乎不忧！故取其性之可以相生、相安、相久而有益于治者，以教后世，而仁义礼智定焉。背于此者，则恶之名立矣。故无生则性不见，无名教则善恶无准。

识灵于内，性之质；情交于物，性之象。仁义中正，所由成之道也。

性之本然，吾从大舜焉。"人心惟危，道心惟微"而已；并其才而言之，吾从仲尼焉，"性相近也，习相远也"而已。恻隐之心，怵惕于情之可怛；羞恶之心，泚颡于事之可愧，孟子良心之端也，即舜之道心也。"口之于味，耳之于声，目之于色，鼻之于嗅，四肢之于安逸"，孟子天性之欲也，即舜之人心也。由是观之，二者圣愚之所同赋也，不谓相近乎？由人心而辟焉，愚不肖同归也；由道心而精焉，圣贤同涂也，不为相远乎？夫是道之拟议也，会准于三才，参合于万物，圣人复起，不易吾言矣！

道化未立，我固知民之多夫人心也。道心亦与生而固有，观夫虎之负子、乌之反哺、鸡之呼食、豺之祭兽，可知矣。道化既立，我固知民之多夫道心也。人心亦与生而恒存，观夫饮食男女人所同欲、贫贱夭病人所同恶，可知矣。谓物欲蔽之，非其本性，然则贫贱夭病人所愿乎哉？

父子兄弟，天性之亲也，仁也；君臣朋友，人道之宜也，义也；夫妇齐体而易气，介乎其间者也。同育而承宗者，仁也；犹可以离之者，义也。故曰"立人之道，曰仁与义。"

五伦、五常不相配：君臣、朋友，义也；父子、兄弟，仁也；夫妇恩义，仁义兼也；礼，所以节此也；智，所以知此也；信，所以实此也。

仁者，天之性也；义者，道之宜也。

存乎体者，气之机也，故息不已焉；存乎气者，神之用也，故性有灵焉。体坏则机息，机息则气灭，气灭则神返。神也返矣，于性何有焉！

或问："人心静未感物之时可以验性善，然乎？"曰："否。大舜孔子，吾能保其善矣，盗跖阳虎，吾未敢以为然。何也？发于外者，皆氐乎中者也。此物何从而来哉？又假孰为之乎？谓跖也、虎也心静而能善，则动而为恶，又何变之遽？夫静也，但恶之象未形尔，恶之根乎中者自若也，感即恶矣。诸儒以静而验性善者，类以圣贤成性体之也。以己而不以众，非通议矣。"

或曰："子以生之理释性，不亦异诸儒乎？"曰："诸儒避告子之说，止以理言性，使性之实不明于天下，而分辨于后世，亦夫人启之也。"曰："子何以异？"曰："吾有所据焉尔。《易》曰'穷理尽性'，谓尽理可乎？《孝经》曰'毁不灭性'，谓不灭理可乎？明道《定性书》之云，谓定理可乎？故曰气之灵能而生之理也。仁义礼智，性所成之名而已矣。"

天者，言乎其冒物也。帝者，言乎其宰化也。神者，言乎化机之不可测也。性者，言乎其生之主也，精气合而灵，不可离而二之者也。命者，言乎其赋之非由我者也，造化神而章物，莫之为而顺者也。天道者，言乎运化之自然，四时行，百物生，乾乾而不息者也。圣人者，言乎人道之至也，穷理尽性至命，以合天之神者也。

气附于形而称有，故阳以阴为体；形资于气而称生，故阴以阳为宗。性者，阴阳之神理，生于形气而妙乎形气者也。观夫心志好恶，魂魄起灭，精矣。相待而神，是故两在则三有，一亡则三灭。

耳目开，而视听生矣；魂魄拘，而思识生矣。万物之情，其入我也，以耳目之灵；其契我也，以魂魄之精。耳目虚，物无不入；魂魄之精有言，盖有不受之物矣。不受也者，逆于性者是已。

耳听，目视，口言，鼻嗅，心通，天性也。目格于听，耳格于视，口格于嗅，鼻格于言，器局而不能以相通也。解悟者心，注于听则视不审，注于视则听不详，注于言则嗅不的，注于嗅则言不成，神一而不可以二之也。

气不可为天地之中，人可为天地之中，以人受二气之冲和也，与万物殊矣。性不可为人之中，善可为人之中，气有偏驳，而善则性之中和者也。是故目之于色，耳之于声，鼻之于臭，口之于味，四肢之于安逸，孟子不谓之性，以其气故也；刚善柔善，周子必欲中焉而止，以其过故也。

天地之化，人生之性，中焉而已。过阴过阳则不和而成育，过柔过刚则不和而成道。故化之太和者，天地之中也；性之至善者，人道之中也。故曰"惟精惟一，允执厥中"，求止于至善而已矣。

君子行仁必主于义，则事无不宜而仁矣。仁无义以持之，或固于不忍之爱，而反以失其仁，故君子任道不任情。

气神而精灵，魂阳而魄阴也。神发而识之远者，气之清也；灵感而记之久者，精之纯也，此魂魄之性，生之道也。气衰不足以载魄，形坏不足以凝魂，此精神之离，死之道也。

"造化生人，古今异乎？"曰："天赋相近，何太远哉？习性之日殊尔。古也朴，今也日文；古也直，今也日巧。神凿而灵散也久矣，鸟巢之卵，焉得探而取之？'六经'之教，救其习之日降而已矣。"

圣愚之性，皆天赋也。气纯者纯，气浊者浊，非天固殊之也，人自遇之也。圣人治天下，必欲民性至善而顺治，故立教以导之，使其风俗同而好尚一，虽不尽善，而为恶者亦鲜矣。

人之性，纯而已；天之道，诚而已。"维天之命，于穆不已，于乎不显，文王之德之纯"，此天人合一之道，故曰"知性斯知天"。

见闻篇 凡三十四章

见闻梏其识者多矣,其大有三:怪诞梏中正之识,牵合傅会梏至诚之识,笃守先哲梏自得之识。三识梏而圣人之道离矣。故君子之学,游心于造化之上,体究乎万物之实,求中正至诚之理而执之。闻也、见也、先哲也,参伍之而已矣。

饬怪类独行也,足以哗众;养交类孚世也,足以市誉,有道者恒耻之,亦要诸守道自信得矣。是故诚积而众服,道广而朋来。

具神明之性者,学道之本也。天不畀之以神明,命也。天与之神矣,而不学以充之,是自弃者也;学矣,袭谬踵陋,不能致精以合天人,是挈明入昧也。二者皆负于天者也,是以君子咎之;寡神识而限于命者,君子弗咎也。

或问:"义集矣而气不充,有是乎?"王子曰:"否。凡以气之馁者,皆理之不直者也。义集则直矣,而何不充之有?"曰:"有不敢为者,何也?"曰:"盖有之矣,其不明诸道而慑于利害者尔,要皆鄙夫之心为之。君子之于道也,精于人物之理,达于天地造化之秘,而无不明;

明则进退取舍、死生祸福咸有一定之拟，加之义集而气充，所谓'介如石'者有之矣，安有利害之恐以动其中乎？安有鄙吝自私之心而反自蚀其气乎？故明道者养气之助，气充者明道之成。"

事物之实核于见，信传闻者惑；事理之精契于思，凭记问者粗；事机之妙得于行，徒讲说者浅。孔门之学，多闻有择，多见而识也；思不废学，学不废思也；文犹乎人，而歉躬行之未得也。后之儒者，任耳而弃目，任载籍而弃心灵，任讲说而略行事，无怪乎驳杂日长而蔽其涂矣。

学道而寡通变，则无顺施之政；为政而离经术，不过徇俗之才，此道学、政术歧而二涂矣。故学求适用，而政自道出，则几也。物各得其分谓之仁，事适其宜谓之义，周群伦之情谓之智，真实以御物谓之诚。是道也，学之能裕于己，则礼乐刑政一以贯之而无不可施矣，此孔孟之学术也。

世之学者所入之涂二：颖敏者易解悟，每暗合于道，故以性为宗，以学为资；笃厚者待资藉，始会通于道，故以学为宗，以纯为资。由所造异，故常相诋焉，皆非也。孔子曰："默而识之，学而不厌，何有于我？"于己也不有焉，又何诋人也欤？

梦，思也、缘也，咸心之迹也。梦较胜否，斯骄吝之心未灭已；梦较利，斯忮求之心未灭已。

古人之学也尊师，故道德之成也足以裕己而成化。今之人于友不亲焉，况师乎！无怪乎道德之不古若也。或曰："'六经'周孔典籍，炳也。"曰："此其大法也，其权衡之妙，不可传者与！其人俱往矣，不可得而亲炙矣，此惟默契道体者能之。其次莫如得师友，得也者于道也什九，不得也者于道也什一。"

学有记诵而能言其义者，施之治事犹捍格焉，与道二故也。情思而能言者，由乎中出矣，行犹有滞焉者，物之变极未尽也。践履之熟而能言者，内外之契周而参伍之变神。言无不实矣，可以宰世，可以议道，可以训远。

或问学，曰："明理而躬行之。"请益，曰："改过。"请益，曰："坚其志，勿急其效，虽作圣可也。"

学博而后可约，事历而后知要，性纯熟而后安礼。故圣人教人，讲学、力行并举，积久而要其成焉。故道非浅迫者所可议也。

义然后可以语命，不义则畔道矣，得也谓之道幸，丧也谓之道诛。命云乎哉？命云乎哉？

务高远而乏实践之仁，其弊也狂；务执古而无泛观之智，其弊也迂。狂，则精实之学可以救之；迂，则达变之学可以救之。

义理明，天下无难处之事，固也；缓不能断，弱不能振，亦明而不能行矣。是故穷理、养才与气，不可偏一也。穷理在致知之精，养才气在行义之熟。

学者于道，贵精心以察之，验诸天人，参诸事会，务得其实而行之，所谓自得也已。使不运吾之权度，逐逐焉惟前言之是信，几于拾果核而啖之者也，能知味也乎哉？

虚明者，能求万物之情也已；公忠者，能正万物之实也已。虚无物淆，故明；忠无物挠，故公。虚明也者，智之体也；公忠也者，仁之用也。是故明王修之，则天德而致治；人臣修之，以王道而辅运；学者修之，和礼义而安身。

静，生之质也，非动弗灵；动，生之德也，非静弗养。圣人知乎此，精之于人事，和之于天性，顺之于德义，其机若谋，其成若符，其适若休。常之谓天道，纯之谓大德，是谓与神合机，非求于动而能若是哉？世之人知求养而不知求灵,致虚守静,离物以培其根,而不知察于事会;是故淡而无味,静而愈寂,出恍入惚,无据无门,于道奚存乎?谚有之曰:"土闭不活,不蕲而埆;水闭不流,不蕲而溲。"言灵之不入也。

学者欲要名于俗而求异于常,未有不淫于邪说而陷于异流者。阴阳家之足以知天也,五行家之足以知命也,术数家之足以知人也,皆圣道之蟊贼也。世之惑也久矣,安得推明孔氏之徒而与之共学乎!

人有一事不合于义,则受累于一事,即非浩然之气矣。

"不见可欲,使心不乱",大贤以下之事也。

昏塞故狭小,虚明故广大。

人心澹然无欲,故外物不足以动其心,物不能动其心则事简,事简则心澄,心澄则神,故"感而遂通天下之故"。是故无欲者,作圣之要也。

耳目之闻见,善用之足以广其心,不善用之适以狭其心。其广与狭之分,相去不远焉,在究其理之有无而已矣。

学者于贫贱富贵不动其心,死生祸福不变其守,则天下之事无不可为矣。

义以御事,有守有权。守者恒自得,于事也多迷焉;权者恒济事,于己也多迷焉。故不失己而济者,义权之上者也;不然,不如守而已矣。

心为道主,未有不能养心而能合道者,未有不能寡欲而心得养者。

道无二本,心之理一故也。事变万殊,圣人乃时措。

气,有以恐惧而胜者,畏法者也;有以义理而胜者,乐天者也。

《易》即时措之道,随时变易,无有穷已,故曰"生生之谓易"。

"感而遂通"者,能"达之天下";"知几其神"者,能"退藏于密"。

贪欲者、众恶之本,寡欲者、众善之基。

静而无动则滞，动而无静则扰，皆不可久，此道筌也，知此而后谓之见道。天动而不息，其大体则静，观于星辰可知已；地静而有常，其大体则动，观于流泉可知已：

动静者，合内外而一之道也。心未有寂而不感者，理未有感而不应者，故静为本体而动为发用。理之分备而心之妙全，皆神化之不得已也。圣人主静，先其本体养之云尔。"感而遂通"，"左右逢原"，则静为有用，非固恶夫动也。世儒以动为客感而惟重乎静，是静是而动非，静为我真而动为客假，以内外为二，近佛氏之禅以厌外矣。

潜心篇 凡四十三章

　　潜心积虑，以求精微；随事体察，以验会通；优游涵养，以致自得。苦急则不相契而入，旷荡则过高而无实。学者之大病。

　　无事而主敬，涵养于静也，有内外交致之力；整齐严肃，正衣冠，尊瞻视，以一其外；冲淡虚明，无非僻纷扰之思，以一其内，由之不愧于屋漏矣。此学道入门第一义也。

　　"持其志"者，存其心而不放也；"无暴其气"者，视听言动以礼而不任情也。心存，则所发者自不肆；气不暴，则所守者愈固。此内外一致之道，故曰交相养。

　　人心当思时则思，不思时则冲静而闲淡，故心气可以完养。或曰："心不能使之不思。"曰："涵养主一之功未深固尔。苟未深固，则淆乱而不清，岂独思扰于昼？而梦亦纷扰于夜矣。深固，则渊静而贞定，无事乎绝圣弃智，而思虑可以使之伏矣，然非始学者之物也。"

　　无忿懥、好乐、忧患、恐惧，此不偏之中，圣人养心之学也。未能至此则本淆，故当致中。喜怒哀乐，各当其节，是谓不戾之和，圣人顺应之学也。未能至此则道离，故当致和。

格物者，正物也，物各得其当然之实，则正矣，物物而能正之，知岂有不至乎？知至则见理真切，心无苟且妄动之患，意岂有不诚乎？意诚则心之存主皆善而无恶，邪僻偏倚之病亡矣，心岂有不正乎？学造于心正，道之大本立矣，而家，而国，而天下，以此推之可也。

言以示道，心之华也；貌以表心，道之舆也。故动容出辞不背理者，心之不忘，德之有将尔。然惟纯则安。

过而不改者贼其心，不肖之常也。

人心有物，则以所物为主，应者非其物，则不相得矣，不戾于道者几希！故曰"与其是内而非外，不如内外之两忘"，盖欲其湛然虚静也已。

戒妄言，远厉色，去游思，脱漫习。

或问："养气助长之害如之何？"曰："义集生气，则心无愧怍，无往而不可行。

义未至而徒盛其气焉，危行不足以明道，激论不足以成德，外阻挠而中消悔者多矣，不几于害气乎哉？"

自得之学，可以终身用之；记闻而有得者，衰则忘之矣，不出于心悟故也，故君子之学贵于深造实养，以致其自得焉。

广识未必皆当，而思之自得者真；泛讲未必吻合，而习之纯熟者妙。是故君子之学，博于外而尤贵精于内；讨诸理而尤贵达于事。

心理贵涵蓄，久之可以会通冥契。何也？心之神，敛而存、荡而亡者也。有所得而固存之，日见其充积也；有所闻而固蓄之，日见其畅达也。故"中心藏之，何日忘之"，由于不言。道听涂说，谓之弃德。

幽独之地，心能澹然不系于物，可以寡欲而养神也。穷理致思，非物事之应也，能致如应之诚，可以体物而养心也。物交于前，顺理而应，无意无必，不惟利事也，可以养性矣。物交之后，有得有失，安于所值，而喜愠不蒙焉，不惟明道也，可以养德矣。

人心如椟，虚则容，实则否。道义者，心之天理也，知之必践之，以为宝而椟之；戾乎道义者，心之私欲也，知之且禁之，以为砂砾而弃之，椟之未盈，犹足容也，故私欲之感或可以乘隙而入；至于天理充满，无少亏欠，匮盈而无隙可乘矣，夫安能容？故学者当蓄德以实其心。

或问闻道，曰："非言语也。"得道，曰："非见闻也。达于事而会于心，斯谓之闻；养于中而畅于外，斯谓之得。"

淳厚者，学道之基也；轻躁者，其天机必浅，学也安望其至道？故变其质而后可以言学。

学之大要有三：父子、君臣、夫妇、兄弟、朋友，存乎性义焉；动静云为、起居食息，存乎礼则焉；进退取舍、死生祸福，存乎义命焉，学成而道全矣。圣人尽性弘道，亦不过此。

目可以施其明，何物不视乎？耳可以施其聪，何物不听乎？心体虚明广大，何所不能知而度之乎？故事物之不闻见者，耳目未尝施其聪明也；事理之有未知者，心未尝致思而度之也。故知之精由于思，行之察亦由于思。

义所当为，勇以为之，择善固执之义也。以为众所不为而止，流也，流则贼于性；以为学之未及而止，画也，画则贼于德。

思之精，习之熟，不息焉，可以会通于道；一之，可以入神。

君子之学，博文强记，以为资藉也；审问明辩，以求会同也；精思研究，以致自得也，三者尽而致知之道得矣。深省密察，以审善恶之几也；笃行实践，以守义理之中也；改过徙义，以极道德之实也，三者尽而力行之道得矣。由是而理有未明，道有未极，非其才之罪也，卤莽邪僻害之也。是故君子主敬以养心，精义以体道。

明道莫善于致知，体道莫先于涵养。求其极，有内外交致之道。不徒讲究以为知也，而人事酬应得其妙焉，斯致知之实地也；不徒静涵以为养也，而言行检制中其则焉，实致养之熟涂也。

天下之事，习之久而有得者，安焉。为学而不契于道，未有不以存心养性为桎梏者。是故颜见孔子之卓而欲罢不能焉，契而有得故尔。

上者师心，其次师师。孔子闻而知之，师心也；无常师，师师也。无所不师，故其道莫逾。

未有应也，"戒慎乎其所不睹，恐惧乎其所不闻"；既有应也，"非礼勿亲，非礼勿听，非礼勿言，非礼勿动"：如此而已矣。

必从格物致知始，则无凭虚泛妄之私；必从洒扫应对始，则无过高躐等之病。上达则存乎熟矣。

"夫何以谓存养？"曰："心未涉于事也，虚而无物，明而有觉，恐恐焉若或汩之也。""夫何以谓省察？"曰："事几方蒙于念也，义则行之，不义则否，履冰其慎也，恐一念不义，蹈于小人之途也。"曰："存省善矣，亦有不可行者，何也？"曰："或时势之殊，始而穷理未至也，能中止以改图，亦不害其为善。故曰：'善无常主'，此既事体量之学也。"

学有变其气质之功，则性善可学而至；不然，徒事乎口耳讲论之习，终不足以入圣。

文中子曰："不杂学，故明。"

"程子曰：'有意坐忘，便是坐驰'，何如？"曰："此为有意求静者言之也。""然则静不可求乎？"曰："求则不静矣，故曰'坐驰'。""然则何以静？"曰："主敬之纯，可以与此。静有二：有境静,有心静。酬酢已,境静也,心之思犹在,不思则心静矣。""然则心以思为主何谓也?"曰:"在应事可也。谓静以思为主,此儒之自苦者尔。有感则思,无感则不思,亦足以养神,何胶于思而为之?"曰:"不几于异端之虚静乎?"曰:"异端之学无物,静而寂,寂而灭;吾儒之学有主,静而感,感而应,静而不思何害?《易》曰'无思也,无为也,感而遂通天下之故',然则仲尼几异端乎?"

或问易简之道,曰:"《易》之神理也,大舜孔子之卓涂也,畴其能之?"请学诸,曰:"广大之能精微也,高明之能中庸也,可以与此焉。"请所从事,曰:"知其所不得不为与其所不屑为,于是乎得之。不屑为而致力,名曰贪侈,由骄矜之心害之也,庸人之扰扰不与焉;所当为而不力,名曰苟简,由怠肆之心害之也,庄老之无为不与焉。"

养性以成其德,应事而合乎道,斯可谓学问矣。气质弗变,而迷谬于人事之实,虽记闻广博,词藻越众,而圣哲不取焉。

古人之学,内外一道,达于治绩者,即其学术之蕴;修于文词者,即其操行之余。今之儒者,学与事恒二之,故讲性者有不能变其质矣;论命者有不知要于义矣;修仁义者,功利之媒矣;明经术者,刑法之资矣,皆蔽也。故习于己而不能达于事者,谓之腐儒,厥罪小;援圣假经而循利于时者,谓之俗儒,厥罪大。

古之学也,为道;今之学也,为文。古之学也,精于"六经";今之学也,博于百氏。百氏未尝无所取也,驳而惑人尔。君子欲大于学,求之"六经"孔孟足矣;学能言之,足以传矣。百氏之言,文有余而道不足,反之身心之益,悠哉浅乎!况言不及道者耶?况离圣而淫于异端耶?

济务者,才必明于道;修道者,德必崇于礼。

事理之常,顺以应之,得吾心之乐也易;事势之变,预以图之,释吾心之忧也难。

不练事者安达治几？务文词者安知治道？

读书虽多，性偏执而嗜胜，遇时得位，必乱天下，较之清谈祸世者酷矣！

交际退逊，非降志也；横逆自反，非畏人也；守道而完德，与乐天为徒者也。故能澄之不清，挠之不浊。

欲得于外，则相济相赞；不利于物，则相构相戕，此天下日嚣也。圣人不以利致穷，不以物累生，故澹然永宁。

人一受元气以生，天地之美无不备具，故知至于道，行极于德，谓之完人，足以答天矣。利达者形之影，风之声也，虽不至，实至矣，故君子贵修。

御民篇 凡三十一章

御民以道不以术，守我之正而感服不计焉，付得失于民尔。术不可久，民不可愚，虽暂得之，终必失之，民以我非诚也，故圣人王道。

法久必弊，弊必变，变所以救弊也。或曰："法无不弊，变亦弊。"曰："然可坐视哉？权其利害多寡，变其太甚可也。"曰："变有要乎？"曰："渐。春不见其生而日长，秋不见其杀而日枯，渐之义也至矣哉！"

圣人置天下于安平，莫先于植纲纪。何谓纲纪？居重以驭轻，督内以制外，柔夷以绥夏也。是故有六官率属焉，有省道敷政焉，有郡县分治焉，有王使廉察焉，有边镇防御焉，有羁縻之夷捍蔽焉。六者总之为纲，维之为纪，封建不行，势不容已之道也。王都重则外制，边镇固则内安。羁縻之夷，以不治治之，"天子有道，守在四夷"也。

权所以运国势，纪纲所以系国脉，人才所以主国命。故国之不亡者三：权不下移，国不亡；纪纲不堕，国不亡；不用小人长国，国不亡。

三皇无为，顺民也。五帝有为矣，易简而不矜功，若无为也。三代变革，不得已也。秦汉以还，有为而为之，不缪于道者犹可观也。呜呼！天下之势，变而不可返之道也，先王之治迹顾可返之哉？故圣人守道以御时，因势以求治。

弗通于时而泥古，斯困溺于法制者也，迂；谋近小而昧远图，斯困溺于功利者也，陋。二者皆暗于道者也，谓之识局。

物各得其所之谓大同。大同者，化之极也。百姓日用而不知，是谓安常。安常者，神之至也。

圣王神道设教，所以辅政也。其弊也，渎于鬼神而淫于感应。《礼》曰"刚毅犯人（神）妨于政，鬼神过节妨于政"，言失鬼神之中也。后世之鬼神亵而不敬，惑而诬，皆妨政教也夫！

安天下不失丘民之心，固矣，而贤智在位、豪杰得所，尤其所急焉。夫是人也，一世之标准也，王者能尽畜而有之，则天下之势在我；不幸而有乱逆者，皆愚谬之夫尔，愚谬安足成事？故乱天下者，才智之雄也。是以圣王知之养之，学校罗之，科目录之，才艺廪之，史胥拔之，山泽之隐而不得其所者寡矣。

有边鄙必有争，承平久必有逆贼，生齿繁必有妖民。鬼方之役，边也；淮西之役，逆也；黄巾之役，妖也。三者，势之所必至者乎！武以戒备，不可已之政也。鄙谈兵者，迂不振者乎！销兵者，愚乎！徐偃王身行仁义，来朝者三十二国，可以伯矣；武备不修，楚灭之。宋襄公以仁义行师，不擒二毛，诸侯服矣；威不振众，楚执之。由是观之，迂懦之论不足以立国也明矣。后世犹有安于承平而不讲者，不达于治忽之几者也。是故兵也者，危道也，非得已者也，可以威也，不可以黩也；可以戒也，不可以去也。

仁义、礼乐，维世之纲；风教、君师，作人之本。君师植风教者也，风教达礼乐者也，礼乐敷仁义者也，仁义者君师之心也，八者具而和平之治成矣，虽谓之尧舜可也。

或问："术以发奸，可为乎？"王子曰："吾何美于是？'廓然而大公，物来而顺应'，至矣。奸者、回者、僻者、恶者、伏而恐者，苟不至吾前焉，吾何求为之？甚矣，术数之为心害也！彼不自发而术以发之，彼曰我杀之也；自发之者，彼以天之杀之也，何神吾术而杀人为哉？鉏箭钩钜，聚怨之媒也，恶足神？"

有世功者世爵禄，功薄也者滥矣。爵滥则在位者不得人，禄滥则取于民者过厚。是故《春秋》讥世卿，不独曰蔽贤而已矣。

圣王慎内修，戎狄徽障，御之而已。风不可使侈，俗不可使奸，政不可使峻，民不可使激；风侈则犯礼，犯礼则俗奸；俗奸则玩法，玩法则政峻，政峻则民怨，民怨则激乱。乱出于民怨，伤其本者矣，谁复戴之？秦一世是也；民犹有思者，虽失之，犹得之，汉光（武）是也。故曰：蝎之蠹木，病自内也；蟯蚘之啄人，人不可避也。

茹毛饮血，不若五谷之火熟也；缀羽被卉，不若衣裳之适体也；巢居穴处，不若宫室之安居也；标枝野鹿，不若礼义之雍容也。珍食华腊，五谷之蠹也；锦绮文縠，衣裳之贼也；璚宇雕墙，宫室之蛊也；繁文苛政，礼义之邪也。是故治化未适也，圣人忧之于始；治化既漓也，圣人忧之于终。

事势有轻重，为政有几宜。必俟大有更革而后可救其积弊者，重也；渐次而变亦可以返其未极者，轻也。施之失其宜，未有不养患而激乱者。要之贵察于几。

人非乐天之心不能制情于道，故莫不有欲；欲则贪侈，贪侈则僭，僭则乱。圣人以礼防天下使民各安其分而不争，是故或役或承，或亢或卑，或宠或夺，或泰或约，一受其正，奔命执分而无外慕，心定故也。是谓天下齐一、久安长治之道乎！失其防者反之。

治安之国，其事简，其赋轻，其政平，其气和，其民乐，灾异足以警寇贼，奸宄无衅以起，夷狄仰其治而顺化，而祥瑞不与焉。危乱之国，其事繁，其赋重，其政僻以淫，其气乖，其民畏以怨，祥瑞适以肆寇贼，奸宄窃发，夷狄乘其敝而扰，而灾异不与焉。

辩上下，定民志，不可无礼；风霆流行，天命不测，不可无鬼神。然而繁仪文则渎礼，求感应则渎神。渎礼则民大困，困极则诈矣；渎神则民大骇，骇久则诬矣，非圣人设教之本始也。后世事神，用礼之过也。是故"敬鬼神而远之"，以礼之实而治国，使忠朴有余而不弥于文，仲尼之道，隐也久矣。

有圣人而后名教立。定之以天命则妄心灭，定之以礼义则遂心亡，定之以法制则纵心阻。故名教者治世之要也。

人心、道心，皆天赋也。人惟循人心而行，则智者、力者、众者无不得其欲矣，愚而寡弱者必困穷不遂者矣。岂惟是哉？循而遂之，灭天性，亡愧耻，恣杀害，与禽兽等矣，是以圣人忧之。自其道心者，定之以仁义，齐之以礼乐，禁之以刑法，而名教立焉。由是智愚、强弱、众寡，各安其分而不争，其人心之堤防乎！

善继政者因之，故有所损益而民不骇，有所变革而民相信。突然大变、掎挈于势而为之者，昧道也，乱道也，儒之迫者乎！

或曰："以自然治天下可乎？"王子曰："此庄老之政也。天下可以自然治，羲轩尧舜为之矣。民无统主，则强食弱也，众暴寡也，智死愚也；极也必反之，相戕相贼，报覆相寻，民之获其生者寡矣。是故任其自然者，乱之道也。美色，人情之所欲也，强而众且智者得之。货利，人情之所欲也，强而众且智者得之。安逸，人情之所欲也，强而众且智者得之。得之则乐，失之则苦人情安得宴然而不争乎？安能皆如老庄之徒，淡然无欲乎？安不至于乱乎？故曰极也必反之，反之者，求报也。圣人之生于时，安得不为天下求安？故仁义道德之修，非徒为己也，将以化人也；礼乐法制之设，不徒治人也，亦以安己也，势之所必然者也，谓圣人得已乎？夫法以治之，而犹有意外之奸，况荡然自由乎？云自然者，谬幽之说也。"

或曰："法可常守乎？"王子曰："常则弊。""弊何以救之？"曰："以道。""尧舜三王之法制不可行于今乎？"曰："圣人且难之。尧舜与贤，三代传其子矣。尧舜以禅受，汤武以征伐矣。唐虞建官惟百，夏商倍之，而周又倍之矣。唐虞典刑惟象，三代五刑之属至于三千矣。唐虞夏后封功建德，商周及其同姓矣。夫圣人岂不欲相守哉？时变势殊而政弊，奸人乘弊趋利，治斯害矣。圣人缘人情而救之，安得不求变？故变者所以救其不能行也，虽圣人安能违其时势而恒守之乎？""敢问何谓缘人情而救之？"曰："独不见廪之未穴、栋之未蠹乎？斯即法之未弊也。无所败于治，何救之为？及其久也，隙焉，则虫鼠乘之矣，乘之则廪与栋败矣。苟犹是廪与栋焉，虽固塞之，必固穿之，故曰塞鼠者所以坏壁也。不若易廪与栋，而绝其穴蠹之由生。"曰："圣人神明，其弊安滋？"曰："弊也者，积久而势成也。狸居室而鼯亡，圣人之谓也。天下恒有圣人也哉？安能使不至于啮蠹乎？是故法者，拟定而不可通者也，久而弊生；道者，随时济变以取乎中者也，万世无弊。君子之治天下也，不贵同其迹，而贵于得圣人之心；不贵泥厥法，而贵于合圣人之道。诚得圣人之心与道施之，虽不揖逊封建，亦可以垂衣而治矣。泥法而守其迹，未有不为虫鼠乐趋之地也。"

天下顺治在民富，天下和静在民乐，天下兴行在民趋于正。上节俭，则寡取于民而富矣；上简易，则动于民者寡而乐矣；上稽道于圣，则民不惑于异术而趋于正矣。

圣王敬天不泥天，以人事足以胜之也，故奸宄无以乘其惑；庸主不慢天则泥天，而应天之实无闻也，故奸宄得以藉其变。

正大广远，以之立法；公平明恕，以之用法。不正则戾道，不大则用小，不广则偏于一，不远则所施不久。公平则人服，用明则情得，用恕则法行而物感，要终之仁也。

世之平也，安静中和之士皆足以有为，缓急有用；苟无俊杰焉，诡特不羁之才亦可也。或曰："诡特无行，不可！"曰："时急其所长也，顾御之有道焉尔。德也岂悉求于众人哉？震之以敦大之气，入之以诚信之操，则受变于我而才无不效矣。"

三皇草衣木食，人曰："时也。"王子曰："圣人俭以顺俗也。"尧舜茅茨土阶，人曰："时也。"王子曰："圣人俭不务饰也，此天下之大乐也；今之时，政繁矣，风侈矣，民劳矣，财困矣，生促矣，天下之大灾也。上之人乃不思而返之，其胥溺之道乎！舍是而欲有为，其为治也亦外矣。"

圣人为治，豫调夫国势之机。机伏而不可见者，议之若未然，举之若无所事。一失厥会，轻者浮，重者压，强者甚，弱者微，事去而不可为矣。故执古者失于时宜，徇俗者蔽于因陋，守法者惮于更革，举不足以论机也。通照远观，其惟神识之士乎！

人主震威怒以操制臣下，则谏正之言有不能入，此治乱之大几也。

小宗篇 凡二十三章

　　小宗之法，尊祖也。尊祖于上，所以合族于下。其纪有三：公庙以达孝思，仁也；公田以给婚嫁，义也；公会以齿长幼，礼也。三者行而族纪矣，族纪则治。孟子曰"人人亲其亲，长其长，而天下平"，此之谓也。

　　或问孝。曰："理世之首务。君子能尽孝亲之道，则众善集而群邪亡。始也，一乡信之；大也，天下化之。"曰："请事。"曰："虞舜尊亲为大，曾子养志为至，孔子以色为难，兹孝之大节也。"曰："非富贵不足以尽之乎？"曰："玉粲锦衣而爱敬未至，如亲之乐何？心敬辞婉而容色愉愉，虽疏食水饮，欢也。君子亦贵乎悦亲而已。富贵者，所遇之时，非由乎我者也，孰能必得之？庶人之孝，勤四体而通神明，岂必藉轩冕哉？"

　　利欲昏智，败义，丧仁。

　　"不学而达于政，有诸？"曰："世未有不学而能者也。学之术二：曰致知，曰履事，兼之者上也。察于圣途，谙于往范，博文之力也；练于群情，达于事几，体事之功也。然而师心独见，暗与道合，亦有不博文者也。虽然，精于仁义之术，优入尧舜之域，必知行兼举者能之矣。"

不患其无才，患其无学；不患其不任，患其不忠；不患其无功，患其无志。

强率害质直，诡随害融达。

朱子曰："迁善当如风之速，改过当如雷之决。"

果尽其生之道也，虽死亦可矣；果适于义之当也，虽死亦可矣。

功业者，圣贤之所有事也。志不立，不足以成；志具矣，不会于时焉，亦末如之何也已。是故君子修志俟时，而无意无必焉。强以趋时，不契于几，不见道者之常尔，如时义何哉？功不足言，而志已顿衄矣。是故君子以修道责之己，以行道俟夫时，以成功归之天。

或曰："诵诗读书有所发明矣，而不能施于治，何哉？"曰："参伍之未当也。"曰："当矣。"曰："体验之未至也。"曰："至矣。"曰："时之未会也。"曰："会矣。"曰："权之不由也。"曰："由矣。"曰："此以上难言也，其我之得于天者未尽至乎！是故性之识有三，其属于人亦有三：得颖悟者，神之识多；得敏达者，精之识多；得记忆者，魄之识多。三者惟圣人能全之，其次颖而敏者上也，世亦不可多得矣。故颖而能记者，时或不断焉；敏而能记者，时或不中焉。况记忆之性多，而颖敏寡者乎？无怪乎不能施之矣。兹非命也夫！"

智略而能守正，贵盛而能遗权，功高而能退晦，三者明哲所以自保也。

行过高者，易竦动于众；事执古者，不受变于俗。之二人也，才气高迈、志虑坚定者，皆可能之，故悦慕者众矣。中行之士，非道明德立、动与天合不能焉，世亦寡矣；寡则厥神不传矣，夫又谁契而慕之？

儒有习俗以为训者，其支裔肤浅于道者也；诡圣以为论者，其索隐凿荒于道者也。二者，非不要于造化性命之涂也，离于正大自然之实远矣。是故公普而不私，雅大而不僻，准之造化，证之性命，炳炳然使民无惑焉，斯圣人之徒也。

练事之知，行乃中几；讲论之知，行尚有疑。何也？知，在我者也；几，在事者也。譬久于操舟者，风水之故审矣，焉往而不利涉？彼徒讲于操舟之术者，未涉江湖，而已不胜其恐矣，安有所济之哉？盖风水者，几之会也，非可以讲而预者也。故程子曰："得而后动与虑而后动异。"

命于道德，会于礼乐，化乎上下而不知所由，此之谓圣臣矣。守道正躬，不为物劫，可以托孤寄命者，此之谓淳臣矣。顺度慎行，才以济物，谦谦而不居者，此之谓名臣矣。论不亢情，和不失物，惴焉随其时者，此之谓具臣矣。

"君之望乎臣者，欲利其国也。有二臣于此，一死义而社稷亡，一忍生而社稷存，将孰从诸？"曰："臣之事君也，尽其心力而已矣。力可以存社稷，孰轻死焉？不然，则忍心以要功利者矣。事无成而名隳，又其如殉哉！"

道，常也。非常者，异象而干顺，寡见而骇众，故怪之；亦二气钩胚也，知道者亦常之。是故岐角山趾，赤发绿睛，人之生亦有然者矣。角端体甲，牛尾马蹄，物之生亦有然者矣。老槐生火，久血成磷，积冰育蚕，结石藏龟，变化不可测也。夔罔两，龙罔象，鸟毕方，井贯年，常理不可执也，故世俗骇之。夫阴阳之化杳无定端，有常气而禅者，有间气而化者，一人之世，不得以概睹也。惟圣人神明，通宇宙而观物，斯独见而不眩惑矣。故曰知道者亦常之。

道不行不去，贪而害仁；及乱不能死，害义；能死，亦害智，何也？始而不能决其去也。孔子"危邦不入，乱邦不居"，先几也，殉道也，保身也，古之全德神矣夫！

"《礼》云：'东宫西宫，辟子之私，不足则资，有余亦归之于宗'，何也？"王子曰："礼有分异之义，家有别居之道。东宫、西宫、南宫、北宫，居异也。夫妇内外之礼严，浑居则渎伦伤礼，有不能保，故异宫而居，礼也。财用则同，仁也。子弟有余则归之于宗，不足则资之于宗，不得专主以私独也。后世之异居，并其资产而割裂矣，古人统宗之义，其亡乎！其亡乎！"

"内不失贞，外不殊俗，如之何？"曰："不能兼也。同俗则失贞，和而不同可也。""乱世如之何？"曰："圣人有道焉，亦不污于俗。"

东极之民侥，南极之民谲，西极之民戾，北极之民悍，中土之民和，非民性殊于四极也，习于圣人之教然也。蛮夷者，封疆土俗限之也；圣人之教可达，孰谓异吾民哉？

事虽易，而以难处之，未有不治之变；患虽远，而以近处之，未有不及之谋。此所谓至慎，此所谓先几。

显者、示以晦之理则闷；浅者，动以深之机则迷；愚者，诏以智之谋则惑。人各有至，不可强也。

保傅篇 凡四十三章

《礼·保傅篇》曰：太子"孩提，三公三少讲明仁孝礼义，以导习之。逐去邪人，不使见恶行。比选天下端士，孝弟闲博，有道术者，以辅翼之，使之与太子居处出入。故太子乃日见正事，闻正言，行正道。"盖左右正则太子正，太子正而天下定矣，此三代所以有道之长也。嗟乎！后世人主于太子非不教也，不循乎三代之遗法矣。师保之官非不设也，不惟其道术者有之矣。左右之人非不比选也，不得与之居处而出入矣。深宫秘禁，妇人与嬉游也；亵狎燕闲，奄竖与诱掖也。彼人也，安有仁孝礼义以默化之哉？习与性成，不骄淫狂荡，则鄙亵惰慢。由是闻正言，若侏儒之乱耳，见正人若芒刺之在背，是岂天下之福也哉？人主乃不思而反之，何耶？近世太子有以文词书艺称者，不亦君子之教乎？嗟乎！彼善于妇寺之养者也，谓天下之本在兹乎？《文王世子》曰："三王教世子，必以礼乐。乐所以修于内也，礼所以修于外也。礼乐交错于中，形发（发形）于外，是故其成也怿，恭敬而温文。"夫恭敬而温文，谓文词书艺而已乎？

兵者，不得已而用之者也。能算亦有损，况无算乎？能胜亦有损，况不胜乎？故势犹有可图者，自治以全之可也。《书》曰"舞干羽于两阶，有苗来格"，此之谓也。

王者谦则君臣和，卿大夫谦则国政和，国政和则民安，故和者治之门。问谦，曰："不自大。不自大则不矜，不矜则不自任，不自任则情平，情平则和。"问谦之繇，曰："无欲。"无欲之繇，曰："内足。"

好问好察，舜不自智；立贤无方，汤不任类。不自智则协众情，不任类则无私人。众情协则政平，私人无则贤用。

农困则庾虚，庾虚则兵疲，兹用可忧矣。善渔者不泄泽，善田者不竭卉，畜其利者深矣。农困，国之大疹也，乃不思而忧之，作无益，崇土木，耗货财，是谓剥本。

征于国之危乱者，亦观其臣民之风俗尔。附权死党、奸度罔上之臣作，则淫比矣，淫比者篡。要结宾客、藏匿亡命之民作，则淫朋矣，淫朋者盗。盗之势在下，犹可为也；篡之势在上，非大力不能反，难矣哉！

周天子之大夫监于诸侯之国，曰三监；汉天子置诸侯王相，由内以制外，通其隐蔽之势也。

皇极之建，其大有五：一曰清心志，二曰定纪纲，三曰正礼教，四曰求贤才，五曰核名实。心志清则不惑于非道，而极之本立矣；纪纲定则维制固，而国之势奠矣；礼教正则常道兴，而俗尚不惑于邪矣；贤哲用则职任得人，而治化溥矣；名实核则上下不罔，而苟且欺蔽之风远矣。

"韩魏之六国，不足以敌秦而亡于秦；陈涉之六国，反以之灭秦，何也？"曰："六国者，所世有也。世有者，必欲曲保之，其得失重，故自守之虑，常十之八九。其势也，卒至于澌亡而已。陈涉之六国，本非所有者，以秦之人攻秦也，其得失轻，故横行足以乱秦，势盛足以亡秦。传曰：'以瓦砾注者巧，以黄金注者昏。'不直曰六国无谋，秦人之无道也"。

人主之权，不在宰相则在外戚，不在外戚则在近习，出此入彼之道也。圣帝明王，世不常有，精勤万几，无懈者难。诚如是，未有不托诸人以求自逸者，夫权安得而不移？惟贤者视君犹亲，亲国犹家，兢兢焉日恐其偾也，故君逸而国亦治。斯人也，周召是已，世亦鲜矣乎！匪其人，不亦危哉！是故慎任人之选，杜窃权之渐，遗厥孙谋，其庶几乎！

都会之形胜，关中幽燕上也。劲兵之区，莫如北鄙，阻关塞之险，易于制虏，南面以临天下，百蛮不足服也。关中天府四塞，亦足以控制戎虏，惜转漕之艰耳。故曰上泽路平而晋阳孤，唐邓服而荆襄慑，淮阳顺而吴越可以坐制，分据而主之之势也。巴蜀天险自守之区，故未乱先变，既乱后平，圣王每不急之，以为囊中物也。夫尧舜三王，天与明德，无思不服，形势不足言也，况所据复得其地者乎？下此者，未有不藉其势者也。故形胜者，三之缓，七之急也。

"立后从周何谓也？"曰："殷人嫡子死，立嫡子之母弟；周人嫡子死，立嫡孙。《春秋传》曰'质家亲亲，先立弟；文家尊尊，先立孙'，是也。""文王立发，微子立衍，孔子乃曰立孙，此又何谓也？"曰："文王立发，遵时制也；微子立衍，守祖道也。立孙，周道也，故孔子从周。"曰："后世不可易乎？"曰："立嫡所以重宗一统，消觊觎而绝后变，万世不易之道也。故无嫡子，立嫡孙；无嫡孙，立嫡曾孙；无嫡曾孙，立嫡孙之弟，先支后庶可也。无则上求嫡子之弟立之，无嫡弟而后及庶弟焉。由是而行，人伦正，天理公，而天下万世觊觎非分之心绝矣。"曰："有嫡而立庶者何也？"曰："此乱世之道，启争端者也，不可以为训也。"

或问持盈之要，曰："苞桑之戒，投艰之忧，心日兢兢也。"曰：

"请从事。"曰:"崇节俭,禁侈逾,为天下养财;敦教化,尚气节,为天下养义;谨关塞,择将才,为天下养兵。"

清明之朝,其臣多廉;浊乱之朝,其臣多贪,势使然也。一人而遽变者,奸巧自植,与时浮沉也。防民植教,安于斯人望之? 其不变者何也? 以道自持,不以时之清浊异己之操者也。古谓拔俗而立,其斯人之俦乎!

"主少国疑,功高望隆之臣将何居?"曰:"求贤圣之臣,协恭以夹辅之,终其身不怠可也。然惟伊尹周公孔明之志则能之;不然,势极必篡,六朝之得国皆然也。""然则禅非乎?"曰:"世无尧舜,不可言禅。何也? 非有圣人之德、有天下不与之心也。夫以桀纣之恶,汤武犹惭德矣,夫孰为信之哉? 所忌者以谋败之,异己者以法殄之,通国非王人也。威震势逼,乘其孤弱而取之。君子曰:其文,禅也;其实,皆篡也。"

"幼君暗政,奸雄持权,君子之仕当何如?"曰:"圣宪有之:'危邦不入,乱邦不居。'""贵戚重臣,义均休戚,当何如?"曰:"扶颠持危,不避艰险,尽心尽力,以死自誓可也。"

世道之高下,时势之变,不容已者乎! 圣贤汲汲,随时以道救之,又恶能已乎? 尧舜揖让,若无与于己焉。二帝已往,一道也。禹之传子,惧圣贤不恒有,启乱也,斯又一道也。汤则放桀矣,犹惭而让贤,若自失焉;武王代商,则任之矣,伐暴救民,犹若不得已焉者。下此有意矣,自私盛也。争夺篡弑,不仁之甚者乎! 嗟乎! "六经"安得而不修述乎? 君臣父子之义,安得而不正乎? 圣贤汲汲之心可以识矣。

统一华夷者,谓之大统者也,然有正有变焉。居中国而统及四夷,顺也,正也,三代、汉、唐、本朝是也。入中国而统及四夷,逆也,非变乎? 元是也。统中国不尽,而与夷狄并长,谓之小正统可也,宋是已。春秋吴楚长盟中国，其所由来远矣，圣人虽夷之，终不能没其主诸侯也。元也，虽以变统例之，亦不能废其大统天下之实矣。有分统不相君臣者，三国南北朝是已。有先一统而后分裂于夷狄者，东晋是已，有君臣之旧焉，宜以正统之大终之。

三皇之民静以乐，五帝之民安以遂，上无欲而事简也。三王之民勤而不失其所，事虽烦而圣人之政仁也。春秋战国之民苦而不适其生，王政衰而兵赋酷也。汉唐宋之民劳而不倦，武帝南宋，近战国矣。高孝应兵，不得已也；武帝穷兵四夷，何为也哉？是故事简，则用夫民者寡；不得已而后用兵，则民之乐生也多。圣人仁天下之政，斯二端而已矣。

帝王之得天下，天地之大义存焉。尧舜禹之揖让，巍乎其不可及矣。汤武之放伐，顺乎天而应乎人，君臣之际终有愧焉。汉高帝、我太祖以布衣因乱而取之，无愧焉者。高帝犹曰秦之亭长也，我太祖复中国于夷狄，盖邈乎无以尚之。唐太宗假义而终取之，又商周之不若也。其余，篡夺而已矣。

天下有不可返之势，故有不可为之时。机在人也，圣贤且奈何哉？孟子之道不得行于战国，岂皆齐梁之君之罪哉？亦其势然尔。当是时，秦为富强之国，其民勇于战斗，视山东之国，不啻什之二矣。六国之合从，亦岂其势之得已哉？使为秦者休兵自绌，修德睦邻，与天下之民乐生，则六国之君亦得以修德行仁，养民求贤，乘时以自治矣。然而秦不如是也，恃其兵力，日蚕食乎三晋荆楚之域。攻己国也，不得不以兵应之；攻与国也，不得不以兵应之。秦人一出，而六国之人皆动。当是时也，民求免于死亡困苦，不可得矣。虽有圣王不忍之心，仁义之政，安所从而施之？故曰势之不可为也。然则为六国计，当奈何？亦曰养民任贤，效死勿去，听命于天而已矣。

"王纲解弛,天下崩离,君子之处当何如?"曰:"非持危拨乱之才不足返也,非至诚大公之心不足服也,不如逊而避之。""避之不得,当何如?"曰:"不为祸始,不为道屈。吊民伐暴,以俟其时,则不始于祸矣;君臣父子,不犯其义,则不屈于道矣。"

"田不可井者三:山谷之坎壤,不可以方制,雍冀梁益荆扬之区,平野之可井者能几何哉?一也。大河大陆之区,沟会具而水不潴,二也。一夫百亩,夺富人之田者多矣,三也。圣人不作无益,顺其治而缘人之情,求归于治而已矣。必言可井者,迂儒之慕古也。势终不能,徒生扰攘尔。"曰:"天下初定,乘其势而为之,不亦可乎?"曰:"战争方已,务休民也。上虽易姓受命,而民之业自若也。夺而井之,实生怨激乱,仁智者之所不为也。""然则当如何?"曰:"阡陌开,兼并生。抑豪、稽籍、正租之法善也。占田有限,所以抑也;疆界有书,所以稽也;租税有常,所以正也。抑则农之业普,稽则田之隐寡,正则贫之食足。官民之利,贫富之愿,由之而可均也,不亦善乎哉?"

或问封建,王子曰:"圣人在位,封建可也,郡县亦可也。"曰:"圣人不常有,请以法守之。"曰:"诸侯权力足乱,汉诸王可睹矣。狄入邢、卫,邻国自保,恬不相恤,非齐桓夫孰拯之?亦可睹矣。王纪弛而争雄,民日涂炭,七国之际可睹矣。较民苦乐之多寡,郡县之民得什之七。凡治,图民之安也。民苦之分多,封建何为哉?"曰:"三代御世之良法也。"曰:"三分有二,周之得商也久矣,成康再世而诸侯不王,言天子权主之大善得乎?上无明王,统之不易,乌能如郡县之眕哉?唐之方镇犹逆命自强,况封建乎?有天下欲图民之安而治之易,虽不封建可也。""儒恶秦郡县,私也。"(王)子曰:"势也,非秦也。虽一人之私也,天下之民利之,则天下之公也。秦之蔑德不与焉。"

"祭祀感格之道何如？"曰："难言也。"曰："祖考，精气一也；天地、山川、鬼神，元气一也。气一将无不通乎？"曰："难言也。夫人之致祭，其礼委委容容，其物芬芬烝烝，夫惟类若人者，然后能感而享之。吾未知天地、山川之果类人否乎？吾未知鬼神、祖考之犹具体而能饮食否乎？焉能恶（思）而知之？"曰："圣人谨祭之为何？"曰："报本追远，仰功酬德，先王仁孝之诚，且因之以立教也。故祭祀之道，惟圣人能知之，能言之；其余诈己之心以诈人，非愚则诬而已。"

"北虏之难治何也"曰："势也。不值五谷必畜牛羊，畜牛羊必就水草，是无恒居可依也。人不咸有畜，其贫者以射猎治生，是艺骑所由精也。无恒居，则不惮于转徙；艺骑精，故易于为窃；食不足以养，故易以轻生，故曰势也。西南诸夷，碉砦为居；西域诸国，城郭土著，非要功于夷，则终世安顺，亦势也。是故圣王有作，必治其城郭，修其生理，使其各有定所可依，定业可恋。久而安，安而成俗，自无转徙窃发之患矣。此华夷之利，大造之仁也。"

君臣，天地之大义；节义，生人之大闲。守死者，仁人也，义士也；否则乱臣也，贼子也。重臣、亲臣、近臣死于义，远臣死于职守，无辞也。盖此为我君，彼即为我仇矣，安不死？先仕而今不仕者，能晦其名焉，不死亦可也，以不当君之事也。不得遁焉者，亦宜死之，龚胜是也。被举而名达于君者，死于义可也，避而不仕亦可也。名之不达者，与庶民同也，守义不仕亦可也，虽仕亦可也。盖以名分渐微，其责渐轻故尔。

莽操懿裕，乘时欺孤而取之，其篡窃之雄乎！挟武功以镇众者，亦能伪定乎一世。莽坐而饬诈，适以灭其身而已。宋祖之于周，推其类，均也；延其祚者，周微也，施政之术异也。

占之王者以节俭率天下，故国之经费必会而计之，量入为出，岁率以为常焉。岁久而赢余积，虽有旱干水溢，民无菜色，政之至也。宾客、丧祭、衣服、饮膳有常用，弗益也。百官之禄，戎赋之输，有常制，弗变也。不以非道施惠也，不以蔑功行赏也，不以无名兴役也，不以黩武动众也，故天下化于俭素而乐于简静，侈丽亡而僭逾绝矣。是谓上下贵约，德之至也。夫农轩简用，土毛之税可足矣；尧汤有储，水旱之沴可免矣，其约德之征乎！榷铁算缗，鬻爵赎禁，后王之秕政也，其侈心之为乎！敛愈横而用愈急，国非其国也宜哉。

酒蘖害谷，罗绮害丝，华腊珍食害味，雕楹刻桷害木，综之害货财，耗天下。圣王为民储富，必严令以禁之。曰："甲令具而俗日侈，何也？"曰："习俗久而上下慢也。等威之壤在兹乎！民之穷在兹乎！以为不足计也，故慢之。甲令在而民不知禁者，由上之自慢始也。故圣王躬行节俭而近习化，近习化而近臣化，近臣化而天下不化者未之有也。罚金、没官之令，待顽淫者可也。"

左右蒙固，君德不造之端也。何以故？才智所及，不诗（暗）于蒙者之外，所见狭也。虽有圣人，足以成主德者，无因而至焉。故蒙之日深，而德之日远也。尧舜求贤如不及，盖不以左右之常为足恃也已。

"北虏入统中国，祚无百年，果天运乎？"曰："非也，政俗使然尔。圣人制礼乐，所以辨上下，正伦理也，故民俗安义而敬上。圣人立刑政，所以严纪纲而振偷玩也，故民俗守法而忠上。三代所以有道之长，赖是物矣，谓虏能然乎？"曰："元世祖英武宽仁，用夏变夷，佐以姚刘诸贤，何亦若是？"曰："三代之政，纯王之道也。世祖建学明伦矣，闺门之中，宁免烝报之丑乎？胡僧讲法，宁免男女渎乱乎？何以使民兴行？世祖制官立政矣，南人北人之分，宁免以私示天下乎？钱谷岁课屡增，宁免以货困天下乎？使民何以兴义？立国规模，其大节不纯如此，贻厥后昆浅矣。是故风俗荡而廉耻乖，法纪纵而贪残极。久之，民不知义而凌犯之事作矣。国非其国，何尤？"

"古人之言曰：植遗腹，朝委裘而天下不乱也，有诸？"曰："当是时也，天下可谓无君矣，徒恃先王之法与泽焉尔。国无君，非外戚乘之，则内奄窃之，势所必至。大奸不能以法制，大恶不可以德感，无所往而非乱阶矣。天下者，祖宗之天下也，必欲永而保之，岂无长贤乎？举而嗣之，天命永昌。遗腹之私，乱之道也。"

鸿荒之初，未有圣人，皆夷狄也；未有名教，皆禽兽也。

三公从道，邦乃恒保；三公竞志，乃偾邦事。

威福劫民，是曰权臣；德惠媚民，是曰盗臣。玩习之久，民不知其君，成篡窃矣。

"世道日文，帝王之所尚乎？"王子曰："非然也，势日趋尔。蕢桴土鼓，而金石丝竹作焉；陶匏扫地，而玉瓒崇坛起焉；茅茨土阶，而琼宫瑶台兴焉，此不期而至者也，非日趋之势乎？文过其质，则政烦礼渎而民苦，此天下日楛也，反其质可也。礼求其实意，仪文度数可略矣；物求其实用，浮华侈费可黜矣；政求其实体，弥条苛贯可省矣。"或曰："中古圣人之遗法也。"曰："文乎！文乎！后世日趋于极敝而不可为者乎！能反古质，以从先进，是谓探本。执今之文，而欲天下之民乐生，是执火而求凉也，得乎哉？"

五尸，太古之朴也，虽周公未之有改。六尸旅酬，礼烦而神亵矣。不如祀主，幽严而淳直。

子欲聚世族，立小宗法，五世一分。祭分而三年一合祭，一合会，虽百世犹聚也。

程伯子曰："人贤不肖、国家治乱，不可言命。"言系于人事修否尔。

天道君德有相值者，有不相值者，皆常道也。尧汤水旱，不相值也；舜之凤仪，周之凤鸣，适相值也。言其德，后世有作，皆弗可及也。

古之先王敬天事神，小心率众，不敢自命，敬而远之，其义直，故君子由之。后世矫天假神，若影响酬酢，其道诬，故君子正之。

唐棣问福善祸淫如何，程子曰："此理之自然，善则有福，淫则有祸。"曰："天福祸之乎？"曰："理即天道也。《书》云'皇天震怒'，将有人在上怒之乎？盖理应如此耳。""善恶之报不直者何也？"曰："幸不幸也。"此善言天道者矣。

五行篇 凡二十九章

"五行分俪四时，厥义何如？"王子曰："纬人私智强合，非圣人实正之论也。五行之气，浑于太虚，何日无之？既曰春木矣，季土矣，何水火土金，日轮次而仍在？不几于自为矛盾乎？若曰日逢甲乙，木气独生矣，其水火金土将归何所？不几于诞而害义乎？气无灭绝之理，又非逊避而然，故曰纬人私智强合，非圣人实正之论也。"

天，一也，天下之国何啻千百，譬父之于子，虽有才不才，厥爱惟均也。天象之变，皆为中国之君谴告之，偏矣。以为千百国皆应之，而国君行政之善恶，又未必一日月而均齐也。参之中正普大之道，茫然未之有合。荡于私数，戾于圣心，必自灾异之学始。

曰祛淫祀也，而渎鬼神之感应；曰击妖道也，而信天人之休咎，是启源而欲塞流矣，得乎？曰：可以动人主之趋善也。嗟乎！是则然矣。君有邪心，不务格而正之；君有僻政，不务谏而反之，乃假不可知者而恐惧之，是舍本而务末也。久而无应，将自丧其术，何善之能趋？几于佛氏之愚人矣。是故圣人通于性命之本，立于中正之涂，虽以神道设教也，尊天地而不渎，敬鬼神而远之，守经正物，不饰妖诞，则风俗同而百家息矣。

董子论高庙灾，曰去诸侯；高原（园）便殿灾，曰去大臣。嗟乎！诬天人甚矣。黜百家，尊仲尼，何有哉，是谓累德，不直累学也。

周公曰"履霜坚冰至"，仲尼曰"若由也，不得其死然"，孟子曰"死矣！盆成括"，圣贤之前知也。倡推测之术者，其纬说乎！其异端乎！恫而愚，可悯焉！英雄欺人焉，不仁之甚者矣。

萍实、商羊，附会于圣人也。若然，彼童子之前知矣，仲尼何与焉？

圣人治世，"其鬼不神"，非鬼之不能神也，经正而法严也。正则邪说不兴，严则妖道罔作，鄙儒诐术屏迹，若没焉耳矣。

妖祥，人也；论者由物，惑矣。父慈子孝，君仁臣忠，兄友弟恭，夫和妇顺，虽山崩川竭，不足以为殃。父子逆而君臣离，人道乖而彝伦斁，嬖幸得志而贤哲退抑，虽凤鸟庆云，不足以救其危乱之祸。何也？国家之兴替，人事之善否也。是故责人敬天者其道昌，弃人诬天者其道亡。

圣人之知来，知其理也。吉凶祸福之至，亦有不直于理者，圣人所不知也。故推测之术，圣人不贵。

天地道化不齐，故数有奇耦之变，自然之则也。太极也，君也，父也，不可以二者也；天地也，阴阳也，牝牡也，昼夜也，不可以三者也。三才不可以四，四时不可以五，五行不可以六。故曰："物之不齐，物之情也"。夔一足，人两足，蟾蜍三足，马四足，蜘蛛六足，蟹八足，蝍蛆四十足，蚿百足，是岂物之所能为哉？一天之道也。邵子于天地人物之道，必以四而分之，胶固矣，异于造化万有不齐之性，戾于圣人物各付物之心，牵合傅会，举一而废百者矣。

或问："治世之有灾渗，君德不协于天而谴告之乎？"曰："非然也。乱世之有瑞，夫又谁感格之？是故尧有水，汤有旱，天地之道适然尔，尧、汤奈何哉？天定胜人者，此也。尧尽治水之政，虽九年之波而民罔鱼鳖；汤修救荒之政，虽七年之亢而野无饿莩。人定亦能胜天者此也，水旱何为乎哉？故国家之有灾渗，要之君臣德政足以胜之，上也。何也？天道悠而难知，人事近而易见。凡国家危乱者，咸政之不修，民之失所，上之失职也，孰见天帝诃诋乎哉？孰见天帝震怒乎哉？此应天以实不以诬者，尧、汤自修之意也。《书》曰：'我不敢知曰有殷受天命，惟有历年；我不敢知曰不其延，惟不敬厥德，乃早坠厥命。'可谓善言天道者矣。"

雨旸时若，风霆流行，天地之德化也。世有风雷之师，云雨之巫，是人握其权矣；土主木偶，行祷求应，是鬼司其机矣，然乎？儒者假借而罔正于道，伤造化之大伦，邪诬之俗，谁其责哉？

淫僻于阴阳者，必厚诬天道；傅会于五行者，必莹惑主听。

"祸福有所由主乎？"曰："'积善之家，必有余庆；积不善之家，必有余殃'，人事之相感招也，而鬼神不与焉。"曰："福善祸淫非与？"曰："比干剖心，盗跖老死，子谓天摄物耶？残贼暴虐，人切愤之，而祸卒被焉者，人道之不容已者也。非人力也，故归之天尔。善之得福亦如是。干、跖幸不幸尔，非常道也。"

或问："天开于子，地辟于丑，人生于寅，必待一万八百年，有诸？"王子曰："生成固有序矣，数何拘若是？又何齐若是？岂非以十二辰之数而强附之耶？地辟，物即生之，陆也草木昆虫，水也蛟螭鱼鳖，人亦类也，与俱生矣。盖气化之不容已如此，安能若是久乎？自尧至于兹止三千余年尔，今视之亦甚远。曰万八百年物始生焉，谓实理然乎哉？"

天地之生物，势不得不然也，天何心哉？强食弱，大贼小，智残愚，物之势不得不然也，天又何心哉？世儒曰，天地生物为人耳，嗟乎！斯其昧也已。五谷似也；断肠裂腹之草，亦将食人乎？鸡豚似也；蚖蜿蝮蝎之属，亦将为人乎？夫人之食夫物，固曰天之为夫人之生之也，然则虎狼攫人而食，谓天为虎狼生人可乎？蔽于近小而不致大观也矣。

"圣人之行难符，下守贤人之矩可乎？"曰："中人以下，可以免过也，非通议矣；久而蔽焉，局也已。"曰："由贤入圣，何局？"曰："独不见水中之鳞乎？曲港之渎，其生条条尔；洞庭彭蠡之渊，有横江者矣；横海之鲲，化而蔽天，不亦愈可骇哉！又独不见檠栝之木乎？小屈之则小就，大屈之则大就。成也不可以反，反则折矣，势也。圣人固不易得矣，亚圣大贤之材质，世安可谓无也哉？以圣人不可易及，必守贤人之矩，习与性成，气象殊涂，能脱故习而超以上达，吾见亦鲜矣。不几于弃亚圣大贤之人乎哉？不几于废圣人之德业乎哉？故曰蔽焉，局也已。"

圣人之为学，博文约礼，求其中而执之。圣人之立心，正义明道，无所为而为之。圣人之应事，主之以义而由之以诚，终也得失要于命焉。夫斯道也，何简易若诸！何要若诸！史迁曰"博而寡要，劳而少功"，盖不得其门而入者也，宜乎清净无为，以"黄""老"先"六经"焉。

草木之枝干花叶，各有定形，以有定种故也，受气殊矣乎？土以为质，水以为液，火以为运，而生枝干花叶，随在各足也，一本故尔。枝干自柔而坚，自细而大，自疏而密，与花叶之生荣凋谢，均有变也。《观物》云："木之枝干乃土石之所成，故不变；花叶乃水火之所成，故多变。"是以土生枝干，而水火生花叶也，然乎？求之实理，滞而不通，误矣。

《礼运》曰："播五行于四时，而后月生也，是以三五而盈，三五而缺。"嗟乎！月之生与月之盈缺，由于日之远近为之，与五行之播何涉乎？以其实言之，日月往来，乃成四时；今曰"而后月生"，是四时生月矣，可乎？五行家之谬论类如此。

"五位相得而各有合"，此自天地五十有五之数言之也。"五位"，天地奇耦各五也。"相得"者，言阴阳相得，其数参合也；不相得，则数不合矣。如一与四得，三与二得，五与十得，则合为天之数；七与八得，九与六得，则合成地之数，通计为数五十有五焉。此天地五位之数，各有自然之合如此。说《易》者，以甲乙木、丙丁火之类为"相得"，以甲与己合、乙与庚合之类为"有合"，盖出星命术士之论矣，岂不为圣经之辱乎？

孔颖达曰："万物成形，以微著为渐；五行先后，亦以微著为次。以水最微为一，火渐著为二。"此附会《洪范》之说也。五行之性，火有气而无质，当作最先；水有质而不结，次之；土有体而不坚，再次之；木体坚而易化，再次之；金体固而不铄，当以为终。虽五行生成先后之序，亦不外此。孔氏之说背矣。

老子之道，以自然为宗，以无为为用，故曰"以百姓为刍狗"，任其自为也。吾见其强凌弱，众暴寡，憭然而不平矣，而况夷狄之侵轶乎？又曰"绝圣弃智，民利百倍"。夫民生之利，累世圣智之人遗之也；若然，则尧忧得舜，舜忧得禹，其志亦荒矣，可乎？有为者，圣人之甚不得已也；必欲无为以任其民，大乱之道也。故老子之道，以之治身则保生，以之治国则长乱。

老氏无为，正欲有为，故其道奸；佛氏有见，实无所见，故（其）道愚。

《大禹谟》曰："政在养民，水、火、金、木、土、谷惟修。"言六者能修治之，使遂民用，则养生之具备矣。堤防祛害，灌溉通利，水行地中，则水政修矣。出火纳火，钻燧改火，昆虫示蛰，不以火田，则火政修矣。裒蹄泉货，铁冶鼓铸，金政修矣。山林有禁，取木有戒，斧斤时入，木政修矣。画井限田，正疆别涂，高城深池，土政修矣。教民稼穑，播艺百谷，谷政修矣。六政既修，则民用皆足，王者生养万民之功成矣。解《书》者曰："水克火，火克金，金克木，木克土，而生五谷。或相制以泄其过，或相助以补其不足。"其后世术士算命之谈乎！于六府之政之修何所取义？遂使圣经正大纯雅之义，暗蚀于纬说之传会，孰谓儒者之无异端乎？

虚者气之本，故虚空即气；质者气之成，故天地万物有生。生者，"精气为物"，聚也；死者，"游魂为变"，归也。归者，返其本之谓也。返本，复入虚空矣。佛氏老庄之徒见其然，乃以虚空、返本、无为为义，而欲弃人事之实，谬矣。嗟乎！有生则生之事作，彼佛氏、老庄，父子、君臣、夫妇、朋友之交际能离之乎？饮食、衣服、居室之养能离之乎？不然，是生也为死之道者也，夫岂不谬！古之圣人非不知其然也，以生之事当尽而万物之故当治，故仁义、礼乐兴焉。其虚空返本之义圣人则禁之，恐惑乱乎世矣。

"古有自善之士，葆形而全生，绝类而远引，何如？"王子曰："天靡日，四时灭景；地靡海，百川大侵；人靡圣，万物大戾，夫奚宰而平之？故弃世而全形者，庄周、庚桑氏之流，大乱天下者也。""然则圣人不贵生乎？"曰："圣人心乎无欲，政乎简易，德乎俭素，全生之术若揭诸日月矣。此尧、舜所以无为而难老也，曾何私私然离人而自全之？"

养心性，正彝伦，以成其德，此切问近思之实，孔、孟之真传也。恤茕独，谨灾患，劝农积谷，修德怀远，此养民利国之实，尧、舜之遗政也。暗儒过高，讲究玄远，学失其学，治失其治，涂蔽后世大矣。

元气者，天地万物之宗统。有元气则有生，有生则道显。故气也者，道之体也；道也者，气之具也。以道能生气者，虚实颠越，老庄之谬谈也。儒者袭其故智而不察，非昏罔则固蔽，乌足以识道！

君子篇 凡四十八章

君子有微言，无谬言；有辩言，无赘言。探道于精，曰微；迷道于幽罔以惑世，曰谬；析理以明道，曰辨；道无所赖以明而漫言之，曰赘。

仁义、礼乐，圣王固世之道也，虽寡近功而有远效，世非有桀、纣之恶，犹存也。秦人弃礼义而尚功利，虽速得之，必速失之。

君子之事上也，婉言讽谏，非以避祸也，欲其顺而信之也；直言正谏，非以要名也，欲其警而听之也。是故于心不欺皆曰忠，于道能明皆曰义。

圣人之言有尽，圣人之道无穷。圣人处其时事也，不可以有加矣；时变势殊，圣人应之则反是，是故圣人执道不执事。然则圣人有未言未行者，当以道求之可也。

大人公于物，小人务适己。大人得位，以其性治天下，故天下治；小人得位，亦以其性治天下，故天下乱。

死合天理之谓仁，死尽人道之谓义。比干剖心，申蒯断臂，弘演纳肝，豫让吞炭，要诸仁义之涂，岂徒然哉？彼苟免者，生也倏忽，延命几何？一息之差，万世之谬，既失忠贞之节，终抱忸怩之耻，生也无颜，气也不扬，与死何殊哉！

小人奸巧能移人，观其貌也恭，究其心也贼；听其言也正，察其行也螫；乘其时，谄谀便佞，无所不至，故反覆难保。

"君子仕必受禄，是为利禄动乎？"曰："非然也，仕以行义。圣贤之学，将以济物也。仕而受禄，义也。畔于道而仕，非其时而仕，曰苟仕。苟仕则害义矣，非贪禄而何哉？"

君子仁厚，不谤物。谤之由兴，小人情也，虽圣人不免焉。处谤之道，逊顺以俟其明而已矣。"赤舄几几"，周公盖得之。

小人有才，鲜不为恶。"与其得小人，不若得愚人"诚哉是言也。

君子于贤之进也，若有助于己也而喜之；于贤之退也，若己有所失也而惜之。小人反是，于其进也，若将轧乎己也而沮抑之；于其退也，若己之自得也而幸之。吁！夫人也亦知夫贤之进退无损益于己也，而犹如是焉，要之，鄙心为之尔。

君子能达人之情而归诸道。处以形迹，适以致浅也；求以亲悦，适以致鄙也。故澹而有常，敬而有礼，得之矣。小人之望于人也异于是，然持己有道，亦卒不得犯义焉。

智计者，中立者也，犹恋滞矣。明哲者，几先者也，即裁割矣。恋矣，危也宁不及之？已断割矣，又乌以罹之？故君子之智贵果。

自有能以骄人之不能，即无能已；自有德以骄人之不德，即无德已。道极于参化育，亦夫人所性而有者，而何骄之为？况一二才德，以贪天之力者乎？是故"如有周公才美，其余不足观也。"

过刚则暴而不详，不如和平致审之合宜；过明则察而多疑，不如物来顺应之为智。过刚虽善，亦失中矣，况恶乎？过察虽正，亦出于有意之私矣，况邪乎？是故君子之学，刚不贵暴，明不贵察。

君子基德而常其心，窒欲而不懈其情，故能处危惧之地。

君子不位而荣，道备也；不富而充，德修也。其次以名为荣，以文章为富，然自待亦末也已。

君子见人之过，必求其善焉；小人反是，况其过乎？

气貌可以观德，役使可以观政。

言辞支遁者，其诚困；色貌变饰者，其诚矫；心气乖戾者，其诚乱；事物伏匿者，其诚偷。是故君子直言辞，正色貌，平心气，明事情。斯诚也，可以考己，可以观人矣。

小人平居，意气安和，言辞柔顺，使人不觉而亲之；及其临利害也，畔道亡义，虽亲不知也，况他人乎？世岂有叛道亡义而无终败者？败必及其党，是以君子必慎其所与也。

人无天地普大之心，则限而不能通，偏而不能公，不足以宰天下之事，亦不足以议天下之道。

事合乎道，有义存焉；利害之不由我，有命存焉。君子明于义，故不沮情于合道之事；安于命，故不动心于利害之交。孔子主于司城贞子而不苟于脱难，辞弥子瑕而不苟于得卿，安于义命云尔。

君子贵知命。知命则不疾时，不疾时则不尤人。不遘于时，裕如也，惟履道义者能之。

习识害性，习性害道，善学者必察于旧习之非。大儒变之，小儒反晓之；圣人作之，众人乃疑之。其道也，揭于中正之涂，非可晓、可疑也，要于习性固之也。夫人之生也，刍豢稻粱之味未尝入其口腹也，则夫菽藿之味以为至足矣。今夫学者不辨于中正之道，非智浅而识寡也，要于习性固之也。鲁祀爰居，翔而不食，言鸟之食不习乎人也。

义与死有相轻重之时，君子审之。舍生取义无难也，死而善于义者难。是故微子去辛纣之乱，不害其仁；子路赴孔悝之难，卒伤其义。

祸患迫身，圣人未尝不动心焉，付之命而已矣；其次则怨悔，其次求苟免尔。

或问君子之乐，曰："顺理而行，随寓而安，无得无丧，以道御之，何不乐？"曰："所由乐？"曰："穷理尽性，通之天人，斯得矣。"曰："人何以寡乐？"曰："得于内斯轻乎其外也，重于外斯失乎其内也。夫人也既重于外也，则夫利害祸福、穷通得丧日交于前，而劳心以图之，忧且不及矣，而况于乐乎？"

材不胜于任，取其卑散焉，智者之自量也；道不胜于时，逊而避之，贤者之守身也。"用之则行，舍之则藏"，安于所遇，而要诸礼义者，圣人之体道也。昧昧焉挟其才以趋，惴焉惟恐其失之，终以丧其守而已。其于守也丧焉，于道也何有？

乡愿同流合污，虽不弑君，亦不死节，故贼德。

宠辱不惊，君子不直曰以道御之也。广大之度，物亦不能动之。小人得志则如狂，器小焉耳矣。

君子不辞乎福，而能知足也；不去乎利，而能知义也。故随寓而安，有天下而不与也，其道至矣乎！

五行生克之说，始而谶纬托经，求信其术；终而儒者援纬，以附于经，此天下之惑固蔽而不可解矣。

古人之学，先以义理养其心，"志于道，据于德，依于仁"是也；复以礼乐养其体，声音养耳，彩色养目，舞蹈养血脉，威仪养动作是也。内外交养，德性乃成。由是动合天则，而与道为一矣。今人外无所养，而气之粗鄙者多；内无所养，而心之和顺者寡，无怪乎圣贤之不多见矣。未有不通明造化物理而可以治人者，未有不公溥用贤而可以作宰相者。

人主用贤，要之在图治；君子为学，要之在具夫济世之资而已。不然，虽言语文辞与典、谟、雅、颂相匹，要为驰骛于末，终不足以系天下安危之轻重。

人知道，然后可以论诚；行义，然后可以论命。

离气无性。气外有本然之性，诸儒拟议之过也。

正道湮塞，邪说横行，多由于在上之势致之。汉光武好图谶，故当时纬候之流，顺风趣附，遂使道之所妄，强以为真；命之所无，的以为有。郑兴、贾逵以扶同贵显，桓谭、尹敏以乖忤沦弃。嗟乎！贵贱穷通之际，守义秉道、坚而不回者几何人哉？中人小生慑于时威，孰能违之，而况寡超明之鉴者乎？卒使天下后世诡圣不经，奸政坏俗，厥谁之咎哉？

性与道合则为善，性与道乖则为恶。是故性出于气而主乎气，道出于性而约乎性。

"程子曰：'待人有道，不疑而已。'孔子犹欲以先觉为贤，然则不疑未能尽耶？"曰："不疑足矣。觉而疑之，与逆诈、亿不信，均一损德也。觉而反己，以弭外侵，乃得之。疑则益其怨，况自为心害乎？"

"君子成人之美"，天道也，故光大正直；小人坏人之善，鬼道也，故阴险谗邪。

迂儒强执，不识古今之宜；鄙儒依阿，不顾国家之计；俗儒浅陋，不达治忽之机，皆不堪委任。

探察意外者，蔽生之端；虚朗自照者，明出之度。

圣人酌时审义，自命出处；余人则随世，各安其所逢，外诱之厄，不照者多矣。

诚以当大任，义以御万事，无欲以清心志，宰相之职尽矣。

不直截语道，而穿凿以求通，其蔽于成心乎！不普照于道，而强执以求辩，其蔽于私心乎！此二心者，学道之大病也。虽然，祛其偏倚，则私心可亡。学至于成心，则习识坚固，吝其旧学而不舍，虽贤者犹不能辩其惑，而况愚不肖之无识乎？故习识害道。

非吾性分所有，皆外物已。君子尊德性，故得丧重乎内，重乎内，则善日长；小人恣情欲，故得丧重乎外，重乎外，则恶日长。是故观人者，观其所重，而君子小人可知矣。

文王篇 凡十八章

"'文王既没，文不在兹乎'，孔子何以文为？"王子曰："夫文也者，道之器、实之华也。'六经'之所陈者，皆实行之著，无非道之所寓矣。故无文则不足以昭示来世，而圣蕴莫之睹。《尚书》，政也；《易》，神也；《诗》，性情也；《春秋》，法也；《礼》，教也，圣人之蕴，不于斯可睹乎？是故学于'六经'而能行之则为实，反而能言之则为华，斯于圣蕴几矣。是文也者，道也，非徒言也。此仲尼之慕于文王者也。"

《洪范》，经世之大法也。五行者，六府之义也，其利民之生不可已者乎！谓之"行"者，流通而为世用也。此汩陈焉，生无所赖矣，大法安所施乎？故五行修治于地平之时，而九畴以锡禹也。谓之"天"者，神之也。五行举其体用，示民用也，非五行家之说也。五事，示人君当修德也；八政，国有所事，示当举也；五纪，示民时当授也；皇极，君当建极，为民之则也；三德，示君当以经权驭臣也；稽疑，神道设教也，其所由来远矣；庶征，示君德当验之天也；五福六极，示民之休戚，由君政之臧否也。嗟乎！由是举之，治世之要其备矣乎！五行利民，八畴之本，言民用足而后政可兴也。首之者，其箕子之心乎！通贯诸畴，传以休咎，汉儒邪诬之论乎！后儒信之，习染之深乎！吾为箕子嗟嗟焉！

变质成性，观《书》之逊学；善善恶恶，观《诗》之无邪；礼严而法恕，观《春秋》之公；安天地，遂人物，观《礼》之敬；妙感应，成变化，观《易》之神。神也者，学之极致也夫！

冢宰以九式之职论王之用度，非有制也，用以养人主之心。

河出图，洛出书，羲皇因之以画卦，若曰本于天地之神理也；西狩获麟，孔子绝笔于《春秋》，若曰符此天地之文明也。故《图》《书》者，圣人以之为始；麟者，圣人以之为终。《洛书》以《易》言。

《易》者，圣人教民之书也；筮者，神其道，民信也。善者吉，不善凶，理自然也。苟不善焉，筮之何益？势有所轧，时不可为也。时不我与，为之何益？谓之"利贞""贞吉""贞凶""贞厉"，微乎深哉！决疑而已，得乎？

或问礼乐，曰："序也，和也，舍是不足以成化矣。钟鼓、琴瑟、干戚、羽籥、笾豆、簠簋、玉帛、牲醴，礼乐之物也，待其人者也，非本也。"曰："先王礼乐成化之象何如？"曰："大道之隐也久矣，予恶乎以见之？窃尝考之矣，礼行而志定，尊卑、上下、亲疏、贵贱各安其常分而不乱，诸侯四夷安其职而守疆土。其极也，阴阳顺轨而天地位焉；乐行而情达，君臣和于朝，卿大夫和于位，群士和于职，庶人和于野，盗贼奸宄不兴，而夷狄安于四鄙；四时平而万物亨焉。吁！此尧舜三王之大物也，予恶乎以见之？"

《国风》，王化之大率也。《七月》，培养之深乎！《二南》，发越之盛乎！周人德之所由远矣哉！《小雅》，西周之典礼也，成王周公之盛，久矣而不可复也。振振乎，其民之思乎！漆漆乎，民之怨不可释乎！幽厉愧于继述矣。《大雅》，西周之纪纲也，其三王之极治乎！终之以妇人、奄人、小人焉，言纪纲之所由坏也。夫斯人也，近君而善惑者也，示纪纲之坏自近始也。《周颂》，受命之所自乎！其道熙熙，其德穆穆，其功丕丕，其化荡荡，仰之而愈高也，远之而愈亲也，其文武之圣泽乎！商之德业，悠悠大哉！成汤圣智，武丁不嗛焉。虽遇五伯之专、七雄之横，不能乘其弱也，其一代之全盛乎！鲁侵王颂，且僭乐焉，伯禽之荒也，宜若可刊矣。其要，仲尼之义乎！

"六经"之道，仲尼删述焉，博而有要，闳而愈精，施之天下，中庸广远，万世不可易也。《礼》亡而《记》作。说者曰汉儒驳集，不可据信，是则然矣；要善用之，亦不害其为学也。非子赣之问，我也不知仲尼之祭之无容也；非宾牟贾之问，我也不知武王之《武》迟且久也。

古之乐也朴，今之乐也文；古之乐也淡，今之乐也淫，日趋于变然也。咏叹淫液，《大武》已悦之矣，郑卫安得而不繁乎？天魔羽衣，安得而不靡嫚乎？尧舜之不能蒉桴土鼓，即三代之不能《咸·韶》也，后世之乐宜乎日下。虽然，圣有作者，可以反之。节淫哇，平焦杀，本人心安静之气，调之以中和之律，亦可以和神祇，衎幽明矣。

乐也者，存乎道者也。抑扬节奏之妙，存乎聪明而为之也；安静和畅之体，存乎实德而象之也。两阶之干羽，前徒之倒戈，揖逊之雍容，驷伐之猛厉，不俟观乎《韶·武》而知之矣，故道之所由行，而乐之所由成也。

"《春秋》书灾异而不言事应，圣人之微其辞乎？"曰："据时书事，可以见物理之变尔；谈灾应则多诬，圣人不诬人，孰谓其辞之微？

或问："《礼》曰'同姓从宗合族属，异姓主名理际会'，从母为绝属族父之妻，当从族父之际会乎？"王子曰：《礼》非是之谓也，谓小宗五世之内言之也。其曰'其夫属乎父道者，妻皆母道也；其夫属乎子道者，妻皆妇道也'，谓本宗九族之属论也。盖异姓之女来嫁我者，其在彼党岂无亲属尊卑之别乎？使从其外之亲，则法乱而名乖，非道也。是故皆从吾之族而理之，其际会在父道者，皆母名也；在子道者，皆妇名也，异姓之亲皆掩之。由是观之，宗法之理内者，不亦斩然乎？六世亲尽，在族父无服矣。其际会之名，与庸姓一间耳，不得以疏属夺母骨肉之亲也。从母之服，安可以际会掩之？

母党不二服，重所自出也。为继母党，袒免以丧之可也；为前母之党亦如之，义不可已也。母出，犹为其党服，以母子无绝道也。

"继母持父服终，去随亲子，比之继母嫁何如？"曰："嫁则义绝。去就亲子，亦人情也，况持父服既终，于夫无绝道，其继子安得以绝待之乎？"曰："何以服？"曰："生子以嫁母期，继子以如母三年可也。"曰："何以葬？"曰："先夫义绝，穴不得同也。反而附于后夫，礼也。亲子必欲配父，是干礼犯义，自污其亲者也。"

《易》《书》《诗》《仪礼》《春秋》《论语》，圣人之纯也，万世人道之衡准乎！孟子、荀子持仲尼之论，明仁义者也。孟之言也，闳大高明，其究也近圣；荀之言也，芜衍无绪，其究也离诡。关、洛之学似孟子，程伯子淳粹高明，从容于道，其论得圣人之中正，上也。闽越之学，笃信先哲，美矣；而泛探博取，诠择未真，要之犹有可议，次也。

"尧以二女妻舜，达礼乎？圣人何安之？"王子曰："鸿荒之世，犹夫禽兽也。唐虞之际，男女有别，而礼制尚阔也。殷人五世之外许婚，周人娶妇而侄娣往媵，以今观之，犯礼伤教甚矣！当时圣人不以为非，安于时制之常故尔。是故男女之道，在古尚疏，于今为密，礼缘仁义以渐而美者也。以是望于尧舜者，谓之不知时。"

作乐者，才识聪明则无节奏之乱，心性和平则无声调之戾。《韶·武》之所以尽美，由此道也。故七音和调、节奏中度者，在人不在乐，在声不在辞。

鲁两生篇 凡二十八章

"鲁两生不行何如？"王子曰："其志高，其见迂。"曰："何谓也？"曰："汉承秦敝，礼乐崩委，非其时也；叔孙生琐琐希世，非其人也。拒而不与，孰如其高？礼乐者，齐世之具，我制之，民化之，通百王而不易者也。一旦缺礼乐，则民不肖之心生；不肖之心生，弑父与君，无不为也，故有国者不可迟而俟者也。必积德百年而后兴，则圣人之没也久矣，不亦迂乎哉？"

《正蒙》，横渠之实学也。致知本于精思，力行本于守礼；精思故达天而不疑，守礼故知化而有渐。

颜子"在陋巷，不改其乐"；孔子"疏食饮水，乐在其中"。颜子问为邦，孔子告以四代礼乐；门人未尝有告之者，此所谓"惟我与尔有是夫"也。

孔子微服过宋，"素患难行乎患难"也。人不可测，权吾身吾道之轻重尔，故微服。天之意，夫子则知之，故曰"桓魋其如予何？"

扣马而谏，全君臣之义；前徒倒戈者，不害其为吊民伐罪之师。"象喜亦喜"，乐兄弟之天；"罪人斯得"者，不失其为"赤舄几几"之德。是故伯夷大舜常道也，武王周公变也。义有轻重，圣人取其义之大者，以为天下安，故武王周公亦不害其常焉。孟子曰："诸侯危社稷，则变置。"夫一国之主，臣下可得而易置之，义之重在社稷尔。

"文王事商，武王伐纣，其心若是班乎？"王子曰："君臣之际要诸义，圣人之心要之安。无所逃而乐天者，安于义者也；起而吊伐以康世者，义之变例也。变则骇于常也，焉得安？由是而安，非人之本心也。是安与否，文、武之所由判也。德之所以至者在是乎！善之所未尽者在是乎！乌得而班诸？"曰："天与之，人归之，文王于斯时也，亦岂得而辞？"曰："吾不为，天孰与乎？吾不行，人孰归乎？商之子孙千亿，天尽绝之耶？微子、箕子非圣贤之才耶？殷墟之民岂尽顽耶？故君之义云尔，斯文王之心也。是故窃负而逃，三让而遁，扣马谏伐以服事殷者，吾则服其道而敬其心；'汤、武革命，顺乎天而应乎人'者，吾则嘉其功而取其志。曰其道一者，吾未之知也。"

周公负扆，以天下之重在己也。二叔以殷叛，危国；义当诛也。东征自当其难，恐他人非心也，亦非力也。制礼作乐，求太平也。归政而犹留之，不以天下为无事，慎终也。武王成王之际，非公焉，周之业岌岌乎不可为矣。

管仲，五伯之盛者也。以救世言，孔子不得不与其功；以学道言，孟子不得不鄙其志。

伯姬适宋而三国往媵，《春秋》讥之。犹夫国君也，管仲三归，甚矣！内嬖六女，姑姊妹不嫁，桓也，孰为正之？《书》曰"后德惟臣，不德惟臣"，信哉！

孔明出师祁山，拔众而归，不忍赤子被忠义之祸也。江黄远不能庇，齐桓贪而受之，二国之灭，桓致之也，焉得仁？

乘其机者易为功。机无可乘，虽圣人且难之。季孙叔孙之强，权力自由，非孟氏之班也。仲由倡隳都之议，盖为三家强干弱枝之谋，不独计公室云尔。南蒯侯犯负固以叛，此乘其所恶而恶之，故郈费不言而隳。公敛处父方藉强固以败阳虎，而孟孙以为功矣，安得信而从之？鲁虽致兵，且奈何哉？郕之弗隳，机不由也。

或问："严君平、庞德公、郑子贞、苏云卿，隐者乎？"曰"真隐也。""何名闻于世？"曰："行成矣，足以及物矣，身虽逊避，闻乌得辞。""王孺仲、郭林宗何如？"曰："霸也耻其子之鄙，泰也交于晋申，心或未之忘者与？"

"或言许仲平仕元非义也，然乎？"曰："吾闻之君子云：忘君事仇，非义也；以夷变夏，非道也，仲平有一于是乎？世为金人，长于元域，久矣隔绝于宋也，无君臣之分矣。守孔孟之道，崇程朱之学，中原伦义赖之不隳，厥功伟哉！不能尽变其俗者，势不能也，非心也。一发千钧之力，非可以成败论者。谓之非义，可乎？且夫元主中国，皆其臣也，遁而不为用，得乎哉？不能遁而死，于义何居？蔽于大道之观也已。仲尼圣者也，于道为至，不沮抑于子西，仲尼其变荆楚乎？仲平之出处可以观矣。吴幼清，宋贡士也，国亡而仕元，不于故君之义有乖乎？贷而不之非，何哉？"

古之大臣有国不有己，人之论己也，则曰"彼心之为国也，于我奚仇？"是与非不计焉；斯人之果贤，亦因其才而用之。语曰"其心休休，保我子孙黎民"，其斯人与！范文正之再用，吕祖（相）以天下之议已也，取其悔过可矣。休休之臣，要亦终有愧焉者。

方逊学忠之过者与！要亦自激之甚致之。忘身殉国一也，从容就死，不其善耶？激而至于覆宗，义固得矣，如仁孝何哉？轻重失宜，圣人岂为之？文山国亡被执，数年而后就死，人孰非之哉？

"狄梁公事周何如？"曰："犯义。君臣之义，间不容发，非可待者也。"曰："返中宗非功乎？"曰："幸也。使庐陵未复而公死，武曌不改以狂图，公将为唐臣乎哉？"

"温公变熙宁之法何如？"曰："恶其人并疾其法，亦甚矣！介甫固执者也，法岂无可取者乎？顾役以便江南，保甲以省兵费，经义以崇经学，存之以益治可也，因之以明至公亦可也。识不达其几，卒使绍圣以为口实，惜哉！"

"白圭治生之术然乎？"曰："趋时射利，丹也货之徒也。治生者，养生也，非富其货者也。颜子负郭之田十亩、郊外之田三十亩，曰'回可以自给矣'，此治生者也。趋时射利，丹也货之徒也。"

"申鸣赵苞徐庶，敌执其亲同也，而处之异，何如？"曰："白公国贼，鸣主兵者，义不得周于亲也。庶周旋玄德，非迫大难，可以去而全母也。鲜卑寇钞，非争城危主之敌也，苞遽进战何居？缓战以图生其母可也。"

沈约人伦师表，史氏之妄言也。袖中之诏，其篡贼之尤乎！君臣，人道之大伦，利己而祸主，表乎？贼乎？涕泣于文惠之婢，其良心之发乎！怀情不露，虽衍亦疑之矣。惜乎丁公之诛不加也！

"蹇、夏、二杨诸公何如？"曰："法语有之，天下宁无魏公之忠亮，不可无君臣之义。"

"于肃愍何如？"曰："子独不见楚人执宋襄，宋人立目夷乎？楚谓宋人曰：'不与而国，乃杀而君。'宋人曰：'赖社稷之灵，吾国已有君矣。'"曰："不几于弃襄公乎？"曰："时也社稷为重，君为轻。国有政,不可一日弗摄,置君以摄之,大计也,可以与权矣。"曰:"目夷终不取之何如?"曰:"斯人也,非乘时徼利者,贤矣。惜乎肃愍之不遇目夷也,命矣夫!"

或问周文襄,曰:"济务达变,南服之纪焉。""计储而民思之不置,何也?"曰:"弘羊榷利,刘晏通商,皆取无入有、以民益国者,民不兴怨足矣。公也,以税之赢余充民之他赋,上杜科扰之害,下享安业之乐,民乌乎不悦之?及稽羡余之刻也,括而归之官,民之他赋自供也,又乌乎不思之?"

或问薛文清,曰:"潜心圣贤,急于践履,纯儒也。""《读书录》何如?"曰:"信者之循辙也,阐所未发者鲜矣。"

或问陈克庵,曰:"节行振世。"罗一峰,曰:"学术卫道。""请折诸圣。"曰:"由士贤充之也,'仁为己任,死而后已'者乎!由彝正充之也,'行一不义,杀一不辜,得天下而不为'者乎!"

欧阳永叔欲自儗韩子,故以韩儗孟子。嗟乎!孔、孟志在天下后世,先自治而治人者也。退之悠悠戏弄,然乎?谓《佛骨表》近之,兹谏官之疏尔;谓《原道》近之,兹文字之偶合尔,可以概之哉?是故论人者当本之实学,儗人者当核于素履。

"骊姬潛,太子申生知之乎?"曰:"谋久,国人已危之,太子乌乎不知?士蔿、狐突欲其逃矣;裘之偏、珙之缺,示之以不全矣;太子亦曰,'蝎潛焉避之',太子恶乎不知?"曰:"知之何及于殆?"曰:"夫智之为用也,摄物裁变,酌中成德,虽大难可图也。吾闻之,寡智而专于仁,则不忍为溺爱,不违为阿顺,执义为小廉,守谅为曲信,大患远图则迟贰而不决,太子之谓也,安不及于殆?让以悦亲之心,逃以成亲之慈,远以纾己之危,泰伯之至德也,太子恶足以知之?遁也全父子之亲,孰与守死而陷父于灭子之不仁？生而明之，恐伤其心，孰与死而彰其嬖内之恶？"君子曰："太子恭也，恭而愚。"

"杨王孙裸葬，君子谓之犯礼，何如？"王子曰："犹未也。庄周给乌鸢之食，则荡然矣。夫生已不返矣，葬之备不备何益？圣人岂无周之心哉？而必尽其礼者，治世之道也。故礼所以约其仁也，约其义也，约其忠与孝也。忠孝仁义，所以约天下之心也。是故仁孝之俗成，则人恻怛而不遗其亲；忠义之俗成，则人激烈而不忘其君。由之，万物乐天而生，正命而死，圣人之道术不亦神乎？恶乎过于礼者，风俗之敝，僭侈之所贼也，治其太甚可也。矫之而灭礼，是恶骈而刖指，不亦伤乎哉？故圣人俭不弃礼。"

雅 述

序

　　夫自轩、尧御宇，人纪肇立，道启醇源，教隆贞轨。继而三代迭兴，茂建中和，彬彬文质，衍百世而可行。仲尼有见于此，乃述帝王仁义礼乐之道，以垂宪后世，而谓之经。经者，常道也，可常以范世者也，故由之则治，迷之则危，去之则乱，确乎可守而不可畔也。然世邈风漓，异端窃起，而老、佛清净无为之论出，世乃为之大惑；由是百氏九流，纷纭杂遝，各竞所长，而"六经"中正淳雅之道荒矣。虽宋儒极力诋辩，以挽返洙泗之风，而才性有限，不能拔出流俗；亦未免沾带泥苴，使人不得清澄宣朗以睹孔门之景，良可恨矣！余不自量，每于读书之暇，其于天道人事，变化几宜，诸所拟议有不符于圣者，时置一论，以求合道真。积久成卷，分为上下二篇，名曰《雅述》，谓述其中正经常足以治世者云尔。嗟乎！心同则见同，见同则道合。人生灵明不齐，智思差别，以故见道悬殊，不能统一，况积世偏驳之论先已秽浊乎玄府，虽的示以道之真诠，亦将捍格而不入矣。欲人人相信，不亦艰哉！要俟诸后圣焉耳矣。

　　　　嘉靖十七年四月朔日，仪封王廷相子衡父自序。

上　篇

　　"六经"者，道之所寓，故仲尼取以训世；《八索》《九丘》《连山》《归藏》，非不古也，道不足以训，仲尼则弃之，故后世无闻。

　　刑法者，圣王甚不得已之政也，故曰弼教。修德靖民，圣人岂不欲之？而戾教者，则毒良矣，非刑法何以齐之？不为刑辟，庄老矫世之谬谈也。

　　不择义而广涉杂陋，不明圣而务偕时俗，不守经而奇尚纬略，秦汉以来，俗儒寡识，援邪阿世，害道甚矣。南宋诸儒，讲明道学，沿习既久，亦所不免，道实日蔽，嗟哉！

　　人事祸福得失，有功无功，皆不能逆定。惟有守道正己，竭尽心力，听命于天，为可恃尔。此中仍有智以应变一节，然亦不得畔道。

　　大率臣得亲信于君，输心无隐，使君灼见我之底里，此最为急要。处事之际，却贵慎默，不露形迹。《书》曰："尔有嘉谋嘉猷，则入告尔后于内，尔乃顺之于外曰：斯谋斯猷，惟我后之德。"此所谓慎默也，特一端尔。

圣人为治，"三年有成"，又曰"必世而后仁"，何耶？言三年之内，国事定而功业可立也；若要教化大行，仁义浃洽，上下相安，礼乐四达而不倍，必须积累一世之久而后能。此孔子酌治之至拟。后之人，德慧术智不及于圣人，又不自量，而以岁月浅近期其效，万无一成。及有贤智者当事，规画粗定，而为之君者又无优游宽裕之心，以俟其自化，亦以岁月责其成功；当时无识浅迫之人，亦皆不知功不可速致，又从而喧议过望，以訾其无为。卒使贤智之术格于速望，不得顺施以收必世之效，良可叹也！

或问："一行何以'大衍'名历？"王子曰："假《易》以重其历尔，其实于《易》无当也。《易》卦不言数，惟《大传》有'大衍之数五十'之说，盖以蓍求卦之数也。筮数横，以四取；历数纵，以顺算。挂扐分揲，义惟取象；日月五星，数皆实衍，其大节迥异如此，而以'大衍'名历，非假托而何哉？夫《易》乃人为，历由天度；天运有常，《易》道变易。以天就人，是谓颠越；以常就变，安能符契？得卦由数，吉凶在卦而不在数，又况吉凶本之人事乎？得天由数，离合在天而不在数，又况离合出于数外乎？是数者，求卦、求天之死法具耳。学者不探其原，弃理以从数，执数以明义，于事无实，于道有乖，殊失圣人之旨矣。"

儒者贵识义理，贵识治要。识义理则父子君臣之道不亏，识治要则兴衰成败之机不迷。

儒者以虚静清冲养心，此固不可无者，若不于义理、德性、人事，著实处养之，亦徒然无益于学矣。故清心静坐不足以至道，言不以实养也。

未事而忧劳，图治之大几，古昔圣王皆然矣。事迫而后忧，鲜无不及之咎。然尚有系人心、回天命者在，故曰"生于忧患。"

民苦思乱，乱久思治，治则思休，乃理势必至之期也。汉惠高后之际,奚有先王经国之谋以施诸世?而天下晏然,刑罚罕用;直以海内脱战争之苦,遂生养之计,故上下药于休静耳。由是观之,有国者恶用苦民为哉?

桀、纣谓之独夫,言众叛亲离,不与为君也。人主非有桀、纣之恶,民必不忍弃之。虽有强力广谋,以侥幸非义,必不能得。汉季二袁是也。《易》曰:"天之所助者顺,人之所助者信,履信思顺,自天祐之。"曹操知之,乃挟天子以令诸侯,是假之也;假之而犹胜之,况倾心王室,顺天信人,其功业所就,又岂可量乎?

学者始而用功,必须立(主)敬存诚以持其志,而后有进;久而纯熟,动静与道为一,则诚敬不待养而自存,志亦不待于持而自定矣。程子论持志曰"只此便是私,"此言亦过高,或恐非先生之言。儒者遂以主敬存诚以持其志为有意,而贬修治之学,殊失"下学上达"之义,近禅氏之虚静矣。

冲漠无朕,万象森然已具,此静而未感也,人心与造化之体皆然。使无外感,何有于动?故动者缘外而起者也。应在静也,机在外也。已应矣,静自如故,谓动以扰静则可,谓动生于静则不可,而况静生于动乎?

感应之机无端,故动静无常,皆性之不得已而然也。

心有以本体言者,"心之官则思"与夫"心统性情"是也;有以运用言者,"出入无时,莫知其乡"与夫"收其放心"是也。乃不可一概论者,执其一义则固矣。大率心与性情,其景象定位亦自别,说心便沾形体景象,说性便沾人生虚灵景象,说情便沾应物于外景象,位虽不同,其实一贯之道也。学者当察其义之所主,得矣。

四时行、百物生,可以观天;动作行事,可以观圣人。内蕴不可知,而发外者可以概睹。天除却四时行、百物生,圣人除却动作行事,则其道隐矣，将何以为知天、知圣之具？儒者好高，乃谓以动作语言求圣人为末，过矣。孔子欲无言，以门人因言求道，恐堕于言语之学而不践诸实行也，故曰"天何言哉"，观天之运行生育则知天矣。其意以为门人何事求诸予言，观予之行事则道在是矣。今乃以圣人言语并其动作而为末焉，其亦不思甚矣。推此意也，真欲枯禅白坐以见性乎？

世变有渐，若寒暑然，非寒而突暑、暑而突寒也。圣人拯变于未然，在平其势而已矣；平其势，在理其人情而已矣。故将怨者则德之，将涣者则萃之，将昂者则抑之，此圣人先几之神也。悠悠坐视，养乱焉耳矣。

人有生，则心性具焉；有心性，则道理出焉，故曰"率性之谓道"。然必养而充之，体而行之，则道存而理得，斯谓之"尽心、尽性"。是乃在我之物，死生不可离者，故曰"虽大行不加，虽穷居不损。"自余皆身外物耳，君子虽得之，而不以为有无焉。

拯救衰弊之机，日见乎事，惟智者明之，仁者体之，勇者行之。不智则暗而不达，不仁则无闵忧之心，不勇则懦而无气，机虽日发乎前，不过悠悠坐视而已，此国事所以日不可为也。故用人贵先达德。

天地之先，元气而已矣。元气之上无物，故元气为道之本。

薛文清云："《中庸》言明善，不言明性，善即性也。"愚谓性道有善有不善，故用明；使皆善而无恶，何用明为？圣人又何强为修道以立教哉？自世之人观之，善者常一二，不善者常千百；行事合道者常一二，不合道者常千百。昭昭虽勉于德行，而惰于冥冥者不可胜计。读书知道者犹知廉耻而不为非，其余嗜利小人，行奸侥幸，而无所不为矣。故谓人心皆善者，非圣人大观真实之论，而宋儒极力论赞，以号召乎天下，惑矣。

心者，栖神之舍；神者，知识之本；思者，神识之妙用也。自圣人以下，必待此而后知。故神者在内之灵，见闻者在外之资。物理不见不闻，虽圣哲亦不能索而知之。使婴儿孩提之时，即闭之幽室，不接物焉；长而出之，则日用之物不能辨矣，而况天地之高远，鬼神之幽冥，天下古今事变，杳无端倪，可得而知之乎？夫神性虽灵，必藉见闻思虑而知；积知之久，以类贯通，而上天下地，入于至细至精，而无不达矣，虽至圣莫不由此。孔子曰："盖有不知而作之者，我无是也。多闻，择其善者而从之；多见而识之，知之次也。"孟子亦曰："心之官则思，思则得之，不思则不得也。"周子亦曰："思则睿，睿作圣。"夫圣贤之所以为知者，不过思与见闻之会而已。世之儒者乃曰思虑见闻为有知，不足为知之至，别出德性之知为无知，以为大知。嗟乎！其禅乎！不思甚矣。殊不知思与见闻必由吾心之神，此内外相须之自然也；德性之知，其不为幽闭之孩提者几希矣。禅学之惑人每如此。

婴儿在胞中自能饮食，出胞时便能视听，此天性之知，神化之不容已者。自余因习而知，因悟而知，因过而知，因疑而知，皆人道之知也。父母兄弟之亲，亦积习稔熟然耳。何以故？使父母生之孩提，而乞诸他人养之，长而惟知所养者为亲耳；涂而遇诸父母，视之则常人焉耳，可以侮、可以詈也，此可谓天性之知乎？由父子之亲观之，则诸凡万物、万事之知，皆因习、因悟、因过、因疑而然，人也，非天也。近世儒者务为好高之论，别出德行之知，以为知之至，而浅博学、审问、慎思、明辩之知为不足，而不知圣人虽生知，惟性善、近道二者而已，其因习、因悟、因过、因疑之知，与人大同，况礼乐名物，古今事变，亦必待学而后知哉？

孔子曰："博学于文，约之以礼。"孟子曰："博学而详说之，将以反说约也。"盖博粗而约精，博无定而约执其要，博有过不及而约适中也。此为学、为道千古心法。世儒教人曰：在约而不在博。嗟乎！博恶乎杂者斯可矣；博而正，何害约？不自博而出，则单寡而不能以折中，执一而不能于时措，其不远于圣者几希！

性生于气，万物皆然。宋儒只为强成孟子性善之说，故离气而论性，使性之实不明于后世，而起诸儒之纷辩，是谁之过哉？明道先生曰："性即气，气即性，生之谓也。"又曰："论性不论气，不备；论气不论性，不明。二之，便不是。"又曰："恶亦不可不谓之性。"此三言者，于性极为明尽。而后之学者，梏于朱子本然、气质二性之说，而不致思，悲哉！

诸儒于体魄、魂气，皆云两物，又谓魄附于体，魂附于气。此即气外有神、气外有性之论。以愚言之，殊不然。体魄、魂气，一贯之道也。体之灵为魄，气之灵为魂。有体即有魄，有气即有魂。非气体之外别有魂魄来附之也。且气在则生而有神，故体之魄亦灵；气散则神去，体虽在而魄亦不灵矣。是神气者又体魄之主，岂非一贯之道乎？知魂魄之道，则神与性可知矣。

朱子答江德功"性相近"之问，曰"性之在人，岂得以'相近'而为言"，是以孔子之论为非矣。此乃泥于性善之说，遂畔于圣人而不顾矣。后人少有异于先儒之论，无识者便谓之狂，何耶？

格物之解，程、朱皆训"至"字。程子则曰"格物而至于物"，此重叠不成文义；朱子则曰"穷至事物之理"，是"至"字上又添出一"穷"字，圣人之言直截，决不如此。不如训以"正"字，直截明当，义亦疏通，既无屋上架屋之烦，亦无言外补添之扰。

知觉者，心之用；虚灵者，心之体。故心无窒塞则随物感通，因事省悟而能觉。是觉者智之原，而思虑察处以合乎道者智之德也。宋儒乃以觉为仁，终非本色。但智之为性，统明万善，心体苟无昏昧，于仁（则）觉其所以为仁，于义则觉其所以为义，而于众善无不有觉。独以觉为仁,偏矣。

童蒙无先入之杂,以正导之而无不顺受,故《易》可以养其正性,此作圣之功。壮大者已成驳僻之习,虽以正导,彼以先入之见为然,将固结而不可解矣,夫安能变之正?故养正当于蒙。

《坤》六二"直方大,不习无不利。"直,不委曲;方,不宛转。二道易入于偏小,然必宽广而大,则动无不中矣。中者应物之善道,故于事物之来,虽未经习学,持是道而行,亦无不利矣。

"君子学以聚之",博极其实也;"问以辩之",求约于中也;"宽以居之",广大自守也;"仁以行之",公恕应物也。

《大禹谟》曰:"德惟善政,政在养民,水、火、金、木、土、谷惟修,正德、利用、厚生惟和。"谓之"正德"者,率循礼义而彝伦攸叙,即"衣食足而后知礼义"也;谓之"利用"者,养生送死皆有所赖而无憾也;谓之"厚生"者,各得尽其寿命而无艰难、冻馁、夭瘥之苦也。盖惟六府之能修,则自然三事之惟和,故曰"地平天成,六府、三事允治"。慈湖杨氏以六府为养民,三事为教民,而以利用、厚生皆有正德,误矣。

先内以操外,此谓之动心,动心不可有;由外以触内,此谓之应心,应心不可无。非不可无,不能无也。鉴之明,不索照也,来者应之矣;能应矣,未尝留迹焉。《易》曰"无思也,无为也",动心何有乎?"感而遂通天下之故",固应心之不能无也。喜怒者,由外触者也。过于喜则荡,过于怒则激,心气之失其平,非善养者也。惟圣人虚心以应物,而淡然平中焉。故万事万物,以理顺应,而无定情,于迹也何有?是故虚则公,公则不为己有,不为己有则不见其迹。

天之体在外者,不可究测;在内者,可以数推理度。以日进退为寒暑,以日出没为昼夜,以极星为主定南北。天体之外,运有南北东西,则不可得而知。

　　君子与小人同朝，则小人常胜。何以故？君子唯义是嗜，故守道而不渝；存心仁恕，故与物而不害；不与人私竞，有所竞者，公家之事耳，非求利己焉；故一不得意于人，则奉身而退，而小人乃得志矣。小人唯利是嗜，故犯义而不耻；存心妒忌，故隐忍以害物；好为谄媚以取悦于上，故有不得于人，则合党以交诟，而君子遂受屈矣。自古尽然，唐之牛、李，宋元祐、绍圣之际，可以睹矣。是故人主为国远图，当急于君子、小人之辨。或曰："世之人嗜利者多而守道者少，如小人众而君子寡何？"曰："此在转枢之机得其道耳。世之人岂固欲为小人哉？中人之可以上下者，逢其时而变耳。使君子得君信任而在高位，则引拔者皆君子；其中人从时而变，亦皆君子之流矣。故曰'舜有天下，选于众，举皋陶，不仁者远'，此之谓也。此转枢之得其道也。"

　　能知富贵功业非吾身之常，憎爱哀乐皆外感之迹，则泰宇静定，随处皆足自修，而听于天者在其中矣。

　　天之气有善有恶，观四时风雨、霾雾、霜雹之会，与夫寒暑、毒厉、瘴疫之偏，可睹矣。况人之生本于父母精血之萎，与天地之气又隔一层。世儒曰人禀天气，故有善而无恶，近于不知本始。

　　改局面，新纪纲，期月可也；政宣流而无滞，人安和而向化，非三年则不能。盖虽圣人在位，其酌时顺事必年久而后议拟定、效验集也。《舜典》"三载考绩，三载黜陟幽明"，亦此。

　　"三重"有圣人之德，非"愚而自用"也。在天子之位，非"贱而自专"也；用当世之所宜，非"生今反古"也。此谓之"寡过"。

　　程子曰："古者，卜筮将以决疑也。今之卜筮则不然，计其命之穷通，校其身之达否而已矣。"噫，亦惑矣！

传孔子之道者，曾子、子思、孟子，以三子皆有书也。颜子几于圣人。以《论语》所载观之，真得仲尼之道者，颜子一人而已。

生也、性也、道也，皆天命也，无教则不能成。老庄任其自然，大乱之道乎！

彼犯我也是，则吾自反不暇；彼犯我也非是，则其过在彼。此颜子所以不校。

"温"和而不暴戾，"良"善而不险狠，"恭"敬而不惎肆，"俭"约而不多欲，谦"让"而不好胜，此圣人之盛德也。学能体之，则于人也无往而不感矣，又何以他学为哉？

今之人，行有害于义理，则安然处之而不悔；事有损于富贵，则终日戚戚而不乐。

"毋意"，不先有意向；"毋必"，不期必成事；"毋固"，不固执必行；"毋我"，不求利己。

天下无一物能动其心，则无一物宅于心。死生大矣，顺而不计；有天下不与，又不足云也。无一物宅于心，则虚、则明、则正、则公、则和，研虑处物，罔非顺应矣。

君上节俭，则取于民者寡，故民蓄积富足，乐以养生，有事则邻里亲戚守望相助，孰肯舍其安逸而他适？人君侈费无度，常赋不充，必至加敛暴征，则民之蓄积耗而生计微，生计微则家贫无所恋爱矣。以无所恋爱之心，加之以贪官狡吏之摧楚，其不舍其邑里耕桑而去者几希矣！去则流离失业，因极为盗，势所必至，此黄巾、红巾之患所由起也。

宰辅须要识道晓事，烛治乱安危之机，具斡旋通变之才者，方有济救匡益之功。徒取夫无用文艺之名，以置诸裁割庶政之位，倘际夫危疑强硬之变，必不出因循委靡之图。何也？无远机长睹，徒快于目前事，即有达才,亦乖次无绪矣。所谓文人靡靡,不闲经世,其此之谓矣。

老庄谓道生天地,宋儒谓天地之先只有此理,此乃改易面目立论耳,与老庄之旨何殊?愚谓天地未生,只有元气,元气具,则造化人物之道理即此而在,故元气之上无物、无道、无理。

高谈往迹,远于事情,此书生之迂阔;致饰弥文,罔益实政,此庸人之扰攘。一则寡神识于通变,一则务虚名而多事,要于道化相远。

志不存乎天下者,不可以言用;学不本之经术者,不可以言治;政不要之安民者,不可以言仁。

圣王不作,治安之道不兴;圣贤弗庸,治乱之机弗察。故逞兵力,好货财,崇土木,嗜祥瑞,轻民命,而祸变危亡之灾稔矣。

《易》虽有数,圣人不论数而论理,要诸尽人事耳,故曰"得其义则象数在其中"。自邵子以数论天地人物之变,弃人为而尚定命,以故后学论数纷纭,废置人事,别为异端,害道甚矣。

《礼》言"丧三年不祭,惟天地社稷,为越绋而行事。"谓之越绋,尚在殡宫也。斯时也,衰斩苴恶,擗痛荼毒,安能改致齐敬,以严祭事?虽天地社稷,礼不可废,亦可以摄而行之也。吉凶异道,丧祭异情,越绋而行,情实顿变,于诚有碍,不如摄也。

"慎终追远",程子曰"不止为丧祭",何也?盖人能慎终,则有始有卒;人能追远,则无遐遗,皆厚之道也。岂不感人?

"桓魋其如予何?"孔子知天;"微服过宋",孔子知人。"知及,仁守,庄莅,礼动",不止为政,凡有所作,始终不可缺一。

善人虽资性美好,若不循守圣人已行之迹,亦不能入圣人之室,言人当贵学也。

灌地以降神,凡祭皆先如此。灌后,礼度各别。鲁僭天子之祭,灌后皆非所宜行，故孔子曰："禘自既灌而往，吾不欲观之。"

"殷因于夏礼，周因于殷礼"，言制当代之礼皆因袭前代已然之迹为之也。其中未免犹有损益。今取二代之礼观之，何者是损处，何者是益处，皆可知之。则继周而王者，虽千万世之礼，不过如此而已矣。注恐未善。

立法者，圣人也。法久必敝，势也。使圣人在，亦必救而更张之。非救法也，所以救社稷也。执先王成宪，谓不可改，且以恐人者，乱道也，奸人也。由夫斯人之徒也，其如社稷何？宋神宗、荆公，后世议之不置，何也？曰：彼以财利言，非救弊也。变之迫，非以渐也。

风雨者，万物生成之助也；寒暖者，万物生杀之候也。物理亦有不然者，不可执一论也。雨在春虽能生物，过多亦能杀物。诸物至秋成实，雨固无益，诸麦诸菜亦藉雨而生，安谓秋雨枯物？风春则展，秋则落，物理自展自落耳；松、桧、桂、柏凌冬苍郁，秋风能落之乎？由是观之，皆由物理，匪风而然。

日有南北之躔，故阴阳有寒暑。然寒而暖，暖而暑，暑而凉，凉而寒，其所由来渐矣，非寒与暑会于一朝也。若曰二气旋转块圠，以胜负为寒暑，谓之阴阳必争，是以二气各相逞力拒斗，负者退而胜者主，非因日进退自然之数矣，然乎？今观大寒之时，暑气灭尽无遗，大暑之时，寒气闭藏无迹，如参伐大辰，了不相接，安得并立相激而斗？其谓阴阳必争，人禀其气，故人性上人，非独谈理未的，尤见气性不化。

文以阐道，道阐而文实，"六经"所载皆然也。晋、宋以往，竞尚浮华，刻意俳丽，刘勰极矣。至唐韩、柳虽稍变其习，而体裁犹文。道止一二，文已千百，谓之阐道，眇乎微矣！今之言者曰：宋儒兴而古之文废，以其人无美恶，皆欲合道传志，故考实而无人，抽华而无文。嗟乎！岂其然哉？夫人有蹈道之言，有见道之言，安论性行一轨？言而不欲合道传志，将何为邪？故知文士之言靡而寡用。

七曜之躔，绕极外方，一昼一夜，旋转一周。近极则日躔当天体之高度，故昼日照三面而北面不照；远极则日躔当天体之低度，故昼日照南面而三面不照。所不照者，非日不历也，日远而低，人自不见耳。或曰："近极昼夜之度宜过短，而远极之度宜过长，似也。何冬夏日度皆百刻？"曰："天体虽有远近高低，运行一周，远近举皆一周，管于枢故耳。观日近极之时，则影移之迟，远极之时，则影移之速，可测矣。如蚁在磨盘，一在边，一在近脐，虽有内外远近，皆磨一周而同至，安得刻候不同，此盖天之术所以难算，必至于失传；而混天之法笼同浑取，反能行之后世而无议也。使万世之下有神解之士出，必以吾之论为当而取之矣。今曰北者至阴之地，阳之根窟，故日照三面而北方不照，此据人所及见为论，非天道之本真。且日月随极而转，夜不于北而何往？使极之下无人则已，有则必见日之环照而无夜矣。北方有国，日落煮羊髀，未熟而日已出。由此观之，彼国之日亦有北照者矣。其谓北方至阴为阳之根窟，故日不照北，殊为穿凿，论失精到。

"元亨利贞"，《易》谓大通而利正也。孔子解《易》曰："元者，善之长；亨者，嘉之会；利者，义之和；贞者，事之干。"盖赞四字之德，即今之训诂耳。其曰"体仁足以长人，嘉会足以合体，利物足以和义，贞固足以干事。"盖示学者效德之义也，而何有于"元亨利贞"即人性之仁义礼智哉？况贞固干事，于智之义绝远，儒者论《易》，乃以私意而附会之，无怪乎圣经之日芜也。

老子之道，以退为主，而惟欲利己，及其蔽也害治。是故得其静修者，为方士之解形；得其吝啬者，为晏、墨之苦俭；得其容忍者，为申、韩之刑名；得其离圣去智者，为庄、列之放达；得其不敢先事者，为持两端之奸；得其善为保持者，为避难之巧；得其和同而不绝俗者，为顽钝之鄙夫。夫是道也，其始也未尝不曰可以治天下，终也反以之坏天下。道慎乎哉！道慎乎哉！

"何谓大衍？"曰："天地之数五十有五，圣人立揲蓍之法，去其零五之小数，以五十之大数衍之，故曰大衍。""其用四十有九，虚其一而不用，何也？"曰："用全数，则分之皆二十五之阳数，非天地阴阳之法象矣，故去一而用四十有九。去一，若太极也。四十九而中分之，阴阳之象数全矣。故曰'不用而用以之生，非数而数以之成'者是也。""王弼曰：'不先言天地之数五十有五，而先言大衍之数五十者，明大衍包天地之数，而非天地之数生大衍也。'此其义何如？"曰："非也。古之圣人，有所制作，必取法象。故包义立揲蓍之法，取天地奇耦之大数而衍之，故曰'所以成变化而行鬼神'者，以出于天地自然之数然也。夫大衍者，以衍天地之大数为名也。名既出于天地之数，非天地生之而何哉？况大五之外，犹有小五，皆天地之正数也。大衍止包五十，尚余其五，安得谓包天地之数乎？"

君子于老、庄，不求同术而取其同理者，亦可矣。程子谓太极未有象数，惟一气尔，此论精实，出于宋儒风气之外矣。薛文清以老庄之流非之，吁嗟乎！太极果不出于气，则生天地、生人物，何所从而来哉？所谓"习矣不察，终身由之而不知"者，此之谓也。

天者，太极已形也，形则象数具而八卦章矣。先于天者，太虚之气尔，无形也，无象与数也，故曰太极。伏义之画，谓无象数得乎哉？"命之'先天'何居？"或曰"仲尼已言之"，曰："《乾文之（之文）言》，天与人相后先也，逾远矣。"

任事者，臣也；恭己而南面者，君也，亦无为而已矣。播厥百谷，稷也；刊山浚川，禹也；听平五刑，皋陶也；荡荡难名，尧则享其圣。运筹决胜，良也；战胜攻取，信也；镇国抚民，何也；汉屈群策，高帝则享其智。

治弊而救之，中道而已矣。循而不知省，不及者也；矫之而甚，太过者也。过与不及，皆致乱。惟中合道，故治可久。老子，矫俗救弊之过者也，故类于不知道。

古之士大夫以公朝为心，故主于益国，而不以胜其职为务。今之人各竞其所职，争之道也。惟贤者能推心于国，有裨大猷，舍己从人，自胜之私不留焉。

鬼神一道，皆气之灵也，不可分阴阳魂魄。神乃阴阳之所为，鬼亦阴阳之所为；无魂气则鬼神灭，魂气散则魄不灵，直是一道。

静，寂而未感也；动，感而遂通也，皆性之体也。圣人养静以虚，故中心无物，圣人慎动以直，故顺理而应，此皆性学之不得已者。后儒独言主静以立本，而略于慎动，遂使孔子克己复礼之学不行，而后生小子以静为性真，动为性妄，流于禅静空虚而不自知，悲哉！

古圣智之人，虽任直道而行，亦酌乎时措之宜，盖明哲自处，保身为重耳。是故仲尼居乱国而无虞，箕子遭恶主而获免。后人不量时势而进，卒至以身尝祸，虽徽赫赫之名，终失大雅之度矣。

人主宽仁则易于从谏，刚明则易于自用。遇从谏之主而政有大戾，当责之臣；遇自用之主而政有大戾，不可独责之臣。何以故？自用者，必欲行己之志而后已，岂独人主，人臣亦然，虽有劝谏，亦未之入矣。况刚明之主，威严尤重，言之不惟不听，而反以得祸。冒祸而行者，世亦鲜矣。故敢谏之臣常二三，而贪生保禄之臣常千百，又安能救其偏戾而返之正哉？故曰不可独责之臣。

干将、莫邪始出于型，不足以截茸草而割败肉；及砥砺其锋锷而淬制其神灵，则断蛟龙，剸犀象，如碎薵粉。夫人之生也，使无圣人修道之教、君子变质之学，而惟循其性焉，则礼乐之节无闻，伦义之宜罔知，虽禀上智之资，亦寡陋而无能矣，况其下者乎？儒者不重圣人修道立教之功，不论与孔子言性背驰与否，乃曰孟子之言性善有功于圣门，是弃仲尼而尊孟子矣。况孟子亦自有言不善之性者，舍之而独以性善为名，何哉。

颜回食埃，谓之贪污可乎？盗跖分少，谓之清廉可乎？事有疑似，不可不辩。

圣贤经世立法，不止为一时之私计，所以修人纪，垂道范，与万世共功。

比干死，箕子、微子不死。孔父、仇牧死，晏婴不死。龚胜死，扬雄不死。

文中子曰"性者五常之本"，盖性一也，因感而动为五，是五常皆性为之也。若曰"性即是理"，则无感、无动、无应，一死局耳，细验性真，终不相似，而文中子之见当为优。荀悦曰"情意心志皆性动之别名"，言动则性有机发之义，若曰理，安能动乎？宋儒之见当为误。

管子曰："礼义廉耻，是谓四维，四维不张，国乃灭亡。"贾谊引此以孰崇汉世风俗。今迹其所甚恶者，不过指摘秦俗父子妇姑之陋，及夫民间剽劫诈伪之盗而已。此等愚谬之民，不知学问礼义，安知廉耻？谊犹责其君臣乖乱，致使社稷为墟。由今观之，岂直民间四维丧失，为之士大夫者，刻忍而不仁，淫荡而蔑德，贪利而忘义，骄横而犯礼，鄙陋之风肆行于上，机巧剽劫尤甚于民，恬然安之，不以为异，风行草偃，上下相效，四维安望其能张耶？识治君子，不可不为之虑。

天地之间，一气生生，而常，而变，万有不齐，故气一则理一，气万则理万。世儒专言理一而遗万,偏矣。天有天之理,地有地之理,人有人之理,物有物之理,幽有幽之理,明有明之理,各各差别。统而言之,皆气之化,大德敦厚,本始一源也;分而言之,气有百昌,小德川流,各正性命也。若曰天乃天,吾心亦天;神乃神,吾心亦神,以之取喻可矣;即以人为天、为神,则小大非伦,灵明各异,征诸实理,恐终不相类矣。

元气即道体。有虚即有气,有气即有道。气有变化,是道有变化。气即道,道即气,不得以离合论者。或谓气有变,道一而不变,是道自道,气自气,歧然二物,非一贯之妙也。且夫道莫大于天地之化,日月星辰有薄食彗孛,雷霆风雨有震击飘忽,山川海渎有崩亏竭溢,草木昆虫有荣枯生化,群然变而不常矣,况人事之盛衰得丧,杳无定端,乃谓道一而不变,得乎?气有常有不常,则道有变有不变,一而不变,不足以该之也。为此说者,庄老之绪余也,谓之实体,岂其然乎?

朱子与吴茂实书云:"近来自觉向时功夫止是讲论文义,以为积集义理,久当自有得力处,却于日用功夫全少点检。诸友往往亦只如此做功夫,所以多不得力。今方深省而痛惩之,亦愿与诸同志勉焉,幸老兄遍以告之也。陆子寿兄弟近日议论与前大不同,却方要理会讲学,其徒有曹立之、万正淳者来相见,气象皆尽好,却是先于性情持守上用力。此意自好,但不合自主张太过,又要得省发觉悟,故流于怪异耳。"观此则知文公先生亦曾悔悟自己偏于讲论文义之非,子静先生亦非不曾讲学者,但其门人无识,各竞门户之胜,自相排诋,遂致二先生有支离、禅定之异。后学不能深察详考,随声附和,眇无会通之见,崇朱者以讲论为真诠,守陆者以禅定为要轨,终身畔于圣人之学而不自知,由之各相沿习,误天下后学,至于今尚然。

杨恽致日食之咎,可乎?张温应大臣之气,可乎?中台星折,委之张华，可乎？太白食月，属之曹爽，可乎？邪术之为世害，岂一日之故哉？

《三五历纪》云："混沌未分，状如鸡子；溟涬始芽，蒙鸿滋萌；岁在摄提，元气肇始。"此论俱非精到。天地未分，元气浑沌而已；天地既辟，乃元气化成，始如鸡子也。今言混沌状如鸡子，是颠越矣。天地初分，人尚未生，而云岁在摄提，孰见而传，孰论而纪？天形圆转，真始难图。今言岁在摄提，元气肇始，岂非无据之诞说乎？

《列子》曰："太易者，未见气也；太初者，气之始也；太始者，形之始也；太素者，质之始也。"此语甚有病，非知道者之见。天地未形，惟有太空，空即太虚，冲然元气。气不离虚，虚不离气，天地日月万形之种，皆备于内，一氤氲萌蘖而万有成质矣。是气也者乃太虚固有之物，无所有而来，无所从而去者。今曰"未见气"，是太虚有无气之时矣。又曰"气之始"，是气复有所自出矣，其然，岂其然乎？元气之上无物，不可知其所自，故曰太极；不可以象名状，故曰太虚耳。

太极者，道化至极之名，无象无数，而天地万物莫不由之以生，实混沌未判之气也，故曰元气。儒者曰"太极散而为万物，万物各具一太极"，斯言误矣。何也？元气化为万物，万物各受元气而生，有美恶，有偏全，或人或物，或大或小，万万不齐，谓之各得太极一气则可，谓之各具一太极则不可。太极，元气混全之称，万物不过各具一支耳；虽水火大化犹涉一偏，而况于人物乎？

《中庸》曰："天命之谓性，率性之谓道。"是性由于生，道由于性，明且著矣。但人生禀不齐，性有善否，道有是非，各任其性行之，不足以平治天下，故圣人忧之，修道以立教而为生民准，使善者有所持循而入，不善者有所惩戒而变，此裁成辅相之大猷也。若曰人性皆善而无恶，圣人岂不能如老庄守清净、任自然乎？何苦于谆谆修道以垂训？宋儒寡精鉴，昧神解，梏于性善之说而不知辩，世儒又复持守旧辙，曲为论赞，岂不大误后世？

天地人之道有至正至实之体，不可得而益，亦不可得而损。但自开辟以来，有诬罔而行者，有假托而行者，世代云远，踵谬习陋，迷而弗察者众矣。予欲矫正上古质朴之见，祛除后世谬悠之习，眇乎无以翼之者，将俟诸后圣焉耳矣！

孟子之言性善，乃性之正者也，而不正之性未尝不在。观其言曰"口之于味，目之于色，耳之于声，鼻之于臭，四肢之于安逸，性也，有命焉，君子不谓性也"，亦以此性为非，岂非不正之性乎？是性之善与不善，人皆具之矣。宋儒乃直以性善立论，而遗其所谓不正之说，岂非惑乎？意难尊信孟子，不知反为孟子之累。

礼俭则质朴寡饰，而真诚之意存；礼奢则繁文缛节，而虚枵之象见。况俭自生简，简则易治；奢必生僭，僭则易乱。故俭为礼之本，司国礼者不可不慎。

卫辄有国，诸儒以嫡孙承重之法言之，以为有可以得国之理，此于大伦大义有害。蒯聩得罪于父而出奔，非父已没也；况有罪，非有危于社稷而法不容返者，只是当时主国计者，无有识道理之人，且仓卒之时，便要国有主君，故不得不立辄耳。又当时出公年纪之长少、知识之能否，与夫主国之臣利其便己与否，皆未可知。古今如此等事，谬处者甚多，不独卫辄也。或曰灵公命之，虽然，夷、齐岂无父命乎？然皆逃而去之。使出公有识如夷、齐兄弟，不肯自立，则当时之臣亦未敢如何，必请庄公而立之，则父子君臣之义自然不至有伤。仲尼曰"必也正名"，卫之君臣不得为无罪矣。

朱子答蔡季通云："人之有生，性与气合而已。即其已合而析言之，则性主于理而无形，气主于形而有质。"即此数言，见先生论性辟头就差。人具形、气而后性出焉，今曰"性与气合"，是性别是一物，不从气出，人有生之后各相来附合耳，此理然乎？人有生气则性存，无生气则性灭矣，一贯之道，不可离而论者也。如耳之能听，目之能视，心之能思，皆耳、目、心之固有者；无耳目、无心，则视听与思尚能存乎？又谓主理故公而无不善，有质故私而或不善。且以圣人之性亦自形气而出，其所发未尝有人欲之私，但以圣人之形气纯粹，故其性无不善耳；众人形气驳杂，故其性多不善耳，此性之大体如此。万世之下，有圣人生焉，亦不易此论矣。而先生乃以本然、气质分而二之，殊不可晓。且舜之戒禹而以人心、道心言者，亦以形、性为一统论，非形自形而性自性也。谓之人心者，自其情欲之发言之也；谓之道心者，自其道德之发言之也。二者，人性所必具者。但道心非气禀清明者则不能全，故曰"道心惟微"，言此心甚微眇而发见不多也；人心则循情逐物，易于流荡，故曰"惟危"，言此心动以人欲，多致凶咎也。人能加精一、执中之功，使道心虽微，扩充其端而日长；人心虽危，择其可者行之而日安，则动无不善，圣贤之域可以驯致。此养性之实学，作圣之极功也。

　　横渠谓"心宁静于此，一向定叠，目前纵有何事，亦不恤也"，此似欠会通。心固贵静定，目前之事有不得不动而应者，虽细小之感，亦当起而应之，所谓常静、常应是也。《易》曰"无思也，无为也，感而遂通天下之故"，岂有事至目前而不恤者耶？若然，类禅定而无应矣，于道也奚益？

　　子在川上，见水之逝，昼夜不息，乃发为叹，意岂独在水哉？天道、人事、物理，往而不返，流而不息，皆在其中，不过因水以发端耳。

　　欲多涂：好功、好名、好文章、好安逸、好诸非性分者皆是也，不直好富贵耳。夫有所好，神志不得清泰，必动心于得失之际，岂不累于所好哉？

刘安世论内降曰："人主或有请求难以面折，但以其奏付之外庭，若大臣守法而不回，则私谒虽多而无患。"虽然，有是大臣可矣；使依阿曲承者处之，则君臣胥失，政涉秕缪。故君德当以刚而决其私，臣道宜以正而执其法。

心乃体道应事之主，故程子曰："古人之学，惟务养性情，其他则不学。"虽然，君子欲有为于天下，明经术、察物理、知古今、达事变，亦不可不讲习，但有先后缓急之序耳。

"人生而静，天之性也；感于物而动，性之欲也"此非圣人语。静属天性，动亦天性，但常人之性动以物者多，不能尽皆天耳。今曰动乃性之欲，然则圣人之动亦皆欲而非天邪？此论似为偏颇。圣人之言彻上彻下，旁通无滞，必不如此。且性者，合内外而一之道也。动以天理者，静必有理以主之；动以人欲者，静必有欲以基之。静为天性，而动即逐于人欲，是内外心迹不相合一矣，天下岂有是理！圣人德性养成，无欲无为，至虚至一，静亦以天，动亦以天，物来应之而已，夫何有欲以将迎于外？若曰性动于欲，此在常人则然矣。

水在下，地在上，若浮乘然。气激于虚，泉涌而上，即地下之水，非别有生化者。人之脉，出自涌泉，而升于百会，可推矣。阴乘乎阳，云升而雨，即地水之气，非别有种子者。人之液，郁热于中，汗沥于外，可推矣。由是观之，地上地下，而云而雨，一贯之道也，但有升降变化之殊耳。东流者即上涌者，上涌者即地下者，地下者即东流者。上涌无穷，故东流亦无穷耳。观此则升云无穷，降雨无穷，亦可推矣。"然则有消散乎？"曰："有之，微乎微耳，水之大势大机无与焉。谓沃焦釜，乃出妄度。""海何不溢？"曰："地下皆水，四海会通，地浮水面，有何满溢？"

人、物之生于造化，一而已矣。无大小，无灵蠢，无寿夭，各随气之所禀而为生，此天地之化所以无心而为公也，故曰"各正性命"。但人灵于物，其智力机巧足以尽万物而制之，或驱逐而远避，或拘系而役使，或戕杀而肉食，天之意岂欲如是哉？物势之自然耳。故强凌弱，众暴寡，智戕愚，通万物而皆然，虽天亦无如之何矣！

有德之人，心诚辞直，正颜厉色，不作伪饰，以为心害。"巧言令色"，害心之德，岂不"鲜仁"？

守道者，可以信义相期。嗜利之人，惟知利己，少有亏损其所欲，则乖变遂作，难保其弗改于义图矣。是故君子取交，观其义利之素，可以决其得失之归。

虚而灵者为魂，神之至也；实而觉者为魄，精之至也，百体皆会焉。邵子曰："心之灵曰神，胆之灵曰魂，脾之灵曰魄，肾之灵曰精。"分析破碎，殊乖至理。

人臣患得患失之心根于中，则于人主之前论事不阿谀则逢迎，恐逆鳞而获罪矣。不论是非，一切顺从，岂不坏国家之事？虽圣明之主能受尽言，亦被其蒙蔽，安望有弼违辅养之功？始也为君德之蛊，终也为社稷之贼。

维持国命，在纪纲修举。使君臣志气委靡，无振奋激烈之图，必一概苟且了事，此纪纲之日蛊也。久久习成，不免奸雄窃机以乘之矣。晋之中叶，强臣悍将居外承制，废置自由，天子徒拥虚器于上。唐之末造，方镇据地逆命，虽奉正朔，实于列国无异。国势至此，纪纲绝矣。动为厉阶，莫敢谁何，虽欲不亡，岂可得乎？

得时得位，圣人亦所欲也，为行道之资耳。圣人俟命焉，不苟得也；余人不奔竞以求，则谀佞而恬，可鄙也！是岂纯王之道也哉？故曰有可以得天下之道，而无取天下之心，乃可与言王矣。然非有道者不能也。

喜怒哀乐其理在物；所以喜怒哀乐其情在我，合内外而一之道也。在物者，感我之机；在我者，应物之实。不可执以为物，亦不可执以为我，故内外合而言之，方为道真。

博学，是于古今常变、因革、治乱、幽明、上下之道无不究极也；非不论其是非邪正，兼收而博取之。故古人之学谓之该博，后人之学不过博杂而已。观其纬说异端无不遵信，九流百氏罔知抉择，循世俗之浅见，以为夸多斗靡之资，岂非惑欤？南宋诸儒择焉不精，至今为世大惑，以此。

为学不先治心养性，决无入处。性情苟不合道，则百行皆失中庸之度矣。故学者当先养心性。

张横渠云："读书以维持此心，一时放下则一时德性有懈。"此与维摩诘数念珠何异？学者贵收养其心，不令放纵耳，何必用书以为维持之具？但能操在纯熟，则心有定向，不待持之而无不存矣。

古人有身教焉，今人惟恃言语而已矣，学者安望其有得？近世复有以清心、静坐、解悟教人者，求诸养理、德性、人事之实，则茫然不达，此又言语之不如也。

天地之道，惟其悠久，故能成物；圣王"久于其道，而天下化成"，一而已矣。欲速见小以为治，便非天地王道气象。

儒者动以心为至虚至明之物，此亦自其上智之人论之可也。心拘于气，人有至死不能尽虚尽明者，不可一概论也。以是人也而责之复初，亦迂矣。

君子有不必计于心者，有终身不可不计于心者。世间万事，变化起伏，浮沉得失，转盼之间，尽为陈迹，浮云散灭，何与太空？但当随寓而安，不足置之胸臆以汩乱神明可也，此不必计于心者也。孟子曰"夭寿不贰，修身以俟之"，此守道尽性，死而后已之事也，虽造次颠沛，一时不可违者，故仲由结缨，曾子易箦，至终其身不倦，此不可不计于心者也。

"天地之相磨，虚空与有物之相推，而风于是焉生，执之而不可得也，逐之而不可及也。"又云："力生于所激，而不自为力，故不劳；形生于所遇，而不自为形，故不穷。"此东坡论风之所由。盖谓天地，物也，相磨则相推也；天地之间乃虚空也，故曰"虚空与有物之相推，而风于是乎生"。"执之而不可得"者，无形也；"逐之而不可及"者，力迅也。"生于所激"，因天之动也，曾何自力而作劳？激以动气，气满两间，随寓皆然也，曾何自形而有穷？此于风之理，似为有得。但春多东风，夏多南风，秋多西风，冬多北风，与夫冬春多大而累日不息，夏秋多小而暂时即已，则犹有说耳。

佛氏之道为己之性命，故禅悟生死之说，耽寂静胜之士多好之，然于世道终无益也，圣人之道为天下国家，故道德、仁义、礼乐、刑法并用，是以人道清平，宇宙奠安，通万世而可行。世无君长则已，有则必取孔子之道以为生民准，何也？有益于治云尔。佛氏精神性命之微，与夫止观定慧之习，亦未尝无可取者，故上智之士始知而好之。但世之人，上智者常二三，中人以下者当千百，是佛氏之道，化及物者其分常少，而不能化者其分常多。且人皆清净禅定，世道孰与拯救，斯于人道也何益？惟孔子之道，虚心寡欲，定静安虑，道德率民，刑法齐物，以之治己则性命修和，以之治人则纲纪画一，与佛氏一偏之学迥矣悬隔。但圣道浑浑，无门户科条，儒者无精义入神之学以超入于圣室，猝闻禅伯清净定慧之说，未有不骇心诧魄，欣欣然入于其中矣，可胜叹哉！

存养在未有思虑之前，省察在事机方蒙之际。《大学》：心有所忿懥，有所好乐，有所恐惧，有所忧患，则皆不得其正，是教人静而存养之功也。能如是，则中虚而一物不存，可以立廓然大公之体矣。《论语》："非礼勿视，非礼勿听，非礼勿言，非礼勿动"，以克去己私，是教人动而省察之功也。能如是，则己克而一私不行，可以妙物来顺应之用矣。圣人养心慎动之学莫大于此，学者当并体而躬行之，则圣人体用一源之域可以循造矣。

圣人之学有养、有为，合动静而一之；非学顾如是，乃造化人物之道会其极，诣厥成，自不能不如是尔。周子倡为"主静立人极"之说，误矣。夫动静交养，厥道乃成；主于静则道涉一偏，有阴无阳，有养无施，何人极之能立？缘此，后学小生专务静坐理会，流于禅氏而不自知，皆先生启之也。嗟嗟！立言者，可不慎乎哉！

学校之礼乐、官府之刑法，皆圣人修道之具也，故囿于中者，则变其性而移其习，由之为善则安，为恶则愧，久矣，民之会于道也，虽王者相代，易姓受命，而此道之在人心者生生相继，未尝一日泯灭。圣人修道之功，被于人心者，大哉远矣！世儒动以人性皆善为出于自然，而不论圣人修道立教之功所致，暗矣而不达于道术者也。

道学虽明于宋儒，而孔子高明广大之度反以之晦，过化存神之妙无由而传，乃世道幸中之不幸也。孔子之道与太虚同量，与天地同体，不竞气上人，不植立门户，不泥惑流俗，宋儒有是哉？率性缘识，守而不化；圣规神矩，日与之远，无怪乎旁行多歧，诡伪百出，日异乎孔子之学矣。

圣人之心虚，故喜怒哀乐不存于中；圣人之心灵，故喜怒哀乐各中其节。是喜怒哀乐因事而有者也；惟中本无，故事已即已，虚如常焉。程子曰"圣人情顺万事而无情"，以此。

下 篇

上古之乐，词章简约，声调平淡，以是在乐之声不能尽用，故曰"有遗音者矣"，言不能尽用其音也。今之雅调犹近之；俗部则词繁声数，淫沃焦杀，备极声腔矣，尚安有所谓遗音者哉？观今之琴曲，吟揉引绰，无所不极，岂独郑卫乃为可放？

吴宰嚭私于越，句践灭吴而诛嚭，谓其不忠于主而与己比周也，此与汉高诛丁公同。然则卖国于敌者，可以三思乎哉！

史氏列传称儒者之学，不曰"兼综风角、河图、七纬"，则曰"善风角、星算、六日七分"；不曰"好学博古，善天文、阴阳之术"，则曰"该博经史，兼通内纬"。夫既非图谶、驳正阴阳矣，而复为此等词以奇之，岂非诲邪耶？故曰史氏无识。

古人论小学，如农圃、医卜、历象、干支之类，非谓八岁入小学也；若然，所谓诸侯贡其小学之异者，移于天子之小学，亦八岁之童稚乎？愚尝谓小学，所学之小者，即农圃等事也，故诸侯每岁贡之，入于天子之小学，盖术艺之精者也，非所谓小子之学也。大学，所学之大者，即诗书、礼乐、修身、齐家、治国、平天下之道，故六乡三岁大比，宾兴贤能，而进于天子之大学，盖德行道艺之纯者也，非所谓大人之学也。若学其大，则自八岁以至十五，其学非有二本。后世乃将小学、大学，以年岁大小歧而二之，殊非古人之义，此不可不辩。

问宋景荧惑退舍，曰："五纬进退有定度，时适其退耳。"反风禾起，曰："风一日数变，亦适风变耳，皆常理也。"

北虏生生之资，仰给畜牧，续毛饮湩，以为衣食，各安土风，狃习劳事，不见纷华异物而迁，故家给人足，戎备完整。历代以来，雄者便能虎视四方，金太祖元世祖是也。中国风俗之敝，季运之际，奢侈无度，财用损耗，人情偷惰，民穷盗起，遂至兵事不振。吁！可畏哉！有天下者，宜存远计。

古者四十始仕，经历多，涵养深，识见精，义理纯，天下之事可以数计而运之掌。以若人而御国，其于治也何有？今之士类以文辞举之，少年德性未成，义养未至，利害可以怵，疑似可以惑，虽才质有为，取败多矣，此谓之罔材。

"龟山宣和之出何如？"曰："拨乱反正，扶颠持危，非大圣之力不可，下此者当俟时量己。宣和事势去矣，况权不自由乎？谓之伤暗。"

北辰乃天体之中，观极星不动而众星四面旋绕，可知。中国在天之南，日月之光有限，故光照之处则为昼，光不到处则为夜。明亦以次而明，暗亦以次而暗，非在一处而天下皆明也；然亦常常在天，非入地下。其远日而寒，近日而暑，四方无不然矣。在极之南，则北多寒而南多暑；在极之北，则北多暑而南多寒；在极之东，则东多暑而西多寒；在极之西，则西多暑而东多寒，无疑矣。何也？极不运转，日有常次，以南而推三方，其理一尔。至于日之正午，杳无定端，各从得明得暗之中，以为午位。如闽广午末，梁州午正，印度午初，以西之国尚在巳卯，西北之国日光未出，虽有迟早，同是一日耳。寒暑四时无少差别，以日进退之度同也。但人以眼所及见处为论，而不推及所不见者，故谓日入地下尔，其实不然。古以《周髀》之法论天，言天如覆盖，日月绕盖缘而行，正合予之所论，惜乎其法今不传也。觚竹、北户，北向日也。

外戚侵政，衰世之渐；奄宦擅权，亡国之本。斯人也，蔑公道，无远识，快情志，喜势利，便于私家而不顾伤其国计，利于私人而不顾戕其邦本。祸乱之由，莫大于此，有天下者慎哉！

诸葛孔明云："来敏乱群，过于孔文举。"夫君子立人之朝，视其群何如耳。使群皆正人，固不可乱以阻格；使当邪人之群，为孔文举，不亦可乎？操畜无汉之心，裁制异己，而文举以正相刺，论议日广，遂被操害。明哲保身之智，在文举则失之。秉正直之论，而不附于邪人之党，此融之所以为汉纯臣也。诸葛公谓之乱群，几于失言。

两汉举贤良文学对策，盖即举其贤而又取其言，以观其才，即成周以德行、道艺兴贤之遗意也。其举孝廉，则取其德行而不察其谋论，则人虽纯行，无推行政事之才，亦无益于国矣。故左雄谓："郡国孝廉，古之贡士，出则宁民，宣协风教，若其面墙，则无所施用"；况多庸鄙之流，以权势而得？故假诸生试家法，文吏课笺奏之法，以革谬妄滥竽，以补察廉、举孝之不及。虽未如贤良对策之盛，抑本末兼备，不徒块然孝廉矣。今之选举，不问其人品德行何如，徒以文章合格而举之，无怪其入仕之狼狈也。诚能于既仕之后，再设贤良、孝廉、政事异等，合为一科，敕抚、按官会布、按二司，公同荐之于上，则人才未必无所感激，而邪行污辱之流或亦可以少息，虽成周乡举、里选，亦不过是矣。

朱子称张南轩不惑于阴阳、卜筮，奉其亲以葬，苟有地焉，无适而不可也，天下之决者何以过之？及先生自处，则阴阳、卜筮、风水、星命无不信感，岂贤者之见亦有未能拔乎流俗者耶？亦各有攸见耶？吾于钦夫则敬服之矣。

"星陨如雨"，予尝疑之。今嘉靖十二年十月七日夜半，众星陨落，真如雨点，至晓不绝，始知《春秋》所书"夜中星陨如雨"当作如似之义，而左氏乃谓星"与雨偕"，盖亦揣度之言，不曾亲见，而不敢谓星之落真如雨也。然则学者未见其实迹，而以意度解书者，可以省矣。所陨者，星之光气，星之体实未陨也。

突厥岁侵无已，宇文士及请避寇迁樊、邓，而群臣多赞行者，独太宗不肯，言能假数年，愿取可汗以报，卒灭而臣之。由此观之，虽当兴王之时，未尝无为亡国之计者，在君上听之何如耳。周公虽营东都洛邑，其居仍在镐京；至平王有犬戎之变，必不得已而后迁。若无大故，轻致迁徙，是自拔根本，动摇人心，虽中才之人不肯为，而况圣贤乎？景泰初徐有贞迁都之说，亦士及之流也，几于败国家。

梦之说二：有感于魄识者，有感于思念者。何谓魄识之感？五脏百骸皆具知觉，故气清而畅则天游，肥滞而浊则身欲飞扬也而复堕；心豁净则游广漠之野，心烦迫则局蹐冥窔；而迷蛇之扰我也以带系，雷之震于耳也以鼓人；饥则取，饱则与；热则火，寒则水。推此类也，五脏魄识之感著矣。何谓思念之感？道非至人，思扰莫能绝也，故首尾一事，在未寐之前则为思，既寐之后即为梦，是梦即思也，思即梦也。凡旧之所履、昼之所为，入梦也则为缘习之感；凡未尝所见、未尝所闻，入梦也则为因衍之感。谈怪变而鬼神罔象作，见台榭而天阙王宫至，歼蟾蜍也以踏茄之误，遇女子也以瘗骼之恩，反覆变化，忽鱼忽人，寐觉两忘，梦中说梦。推此类也，人心思念之感著矣。夫梦中之事即世中之事也，缘象比类，岂无偶合？要之涣漫无据，靡兆我者多矣。《祭义》曰："众生必有死，死必归土，此谓之鬼。骨肉敝于下，阴为野土；其气发扬于上，为昭明，焄蒿凄怆，此百物之精，神之著也。"故曰"视之而不见，听之而不闻。"有所闻见者，必附于物形而后著，非附于物则不能也。若夫山都木客，魅魑魍魉，罔象之类，及猿狐之精，皆有形体，与人差异耳，世皆以此为鬼，误矣。上古之时，山川草木未尽开辟，此等物类与人相近，亦能来游人间，与人交接；盖此类视人则不如，视禽兽则又觉灵明也。今去鸿荒日远，深山大泽开辟无余，人尽居之，虽犀象龙蛇，避人为害，日益远去，况此类尤灵于物者而不避之耶？人不多见，遂以为鬼神，习矣而不察者也。

《吕氏·月令》乃牵合傅会之书，柳子厚论之详矣。"聘名士，礼贤者"，何时不可？独于季春之月何居？"令奄尹，申宫令"，"谨房室必重闭，省妇事勿得淫"，四时皆不可不谨者，何独于仲秋（冬）之月行之？季夏之月，"不可以合诸侯，起兵动众"，时有乱民敌国之变，将止而不举耶？孟冬之月，"命太史衅龟策占兆，审卦吉凶"，使他时有大疑大事，将不得占邪？故曰：有俟时而行之者，敬授人事者也；有不俟时而行之者，此类是也，不可以概拟也。尝谓《月令》之书，出于《夏小正》，成于周《时训解》，其日次、星中、柬风解冻之类，皆以天时授民事，与《夏小正》义同，至当而不可易者。其反时令，则有大水、寒气、寇戎来、征夫多、沉阴、淫雨早降、兵革并起之类，即《时训解》所谓"风不解冻，号令不行；獭不祭鱼，时多盗贼；鹰不化鸠，寇戎数起"之类是也，此皆术士灾应诬罔之论，非圣人之所拟。其谓"日早乙，帝太皞，神勾芒，其虫麟，其音角，其数八，其味酸，其臭膻，天子居青阳左个，乘鸾辂，载青旗，衣青衣，服苍玉"等类，无非牵合傅会之义。说者谓其采三代之文而为之，不无古意，其所许亦浅矣。君子讲学，在辩其义理是非而已，古与不古，又乌足论？柳子谓瞽史之语，非出于圣人，予以为至论。

《广陵散》慢其商弦；与宫同音，言臣将夺君也。王陵都督扬州，谋立荆王彪。毋丘俭、文钦、诸葛诞前后相继为扬州都督，咸有匡复魏室之谋，皆为司马懿父子所杀。叔夜以扬州故广陵之地，故名其曲焉。《广陵散》，言魏氏散亡自广陵始也。

宋太祖既定天下，鲁之学者始稍稍自奋。白袍举子，大裙长绅，杂出戎马介士之间。父老见而相指以喜曰："此曹出，天下太平矣！"盖以兵戈扰攘，民生难保，且人厌乱离，又思念承平之旧，见士人物色，意即悦而安之矣。此足以见儒者兴起，实太平之具也。

德行在己，君子亦要其自修无歉而已；官秩在人，崇卑惟存乎际遇如何耳，于我何与？张玄素孙伏伽在隋皆令史。太宗对群臣，尝问玄素曰："卿在隋何官？"对曰："县尉。"又问未为尉前时，曰："流外。"玄素以为辱，出阁殆不能步，色如死灰。伏伽尝于广座中自陈往事，一无所隐。况于对君之际，叙其素履，又何辱之有？嗟乎！此可以占二公之识量矣。

连嵩卿寄朱文公书云："廖子晦言天地之性即我之性，岂有死而遽亡之理？"因引《大全集》中尧舜托生之语为证。朱子与方伯谟云："渠诸人未有以折之，伯谟可与克明各下一语，便中见喻。"今亦不见伯谟如何答此。但《易》曰"精气为物，游魂为变"，魂而能游，是即死而不亡矣。尧舜托生，虽无稽考，人生而犹记其前身者，世间往往有之；是死而神气不灭，亦不可诬，但不能人人尽如是耳。

律吕九分为寸，只是要简易易算，与三分损益相合，即十寸之尺匀为九寸，非除却一寸，止用九也。蔡氏《律吕新书》以十分为寸，则大万大千，碎琐奇零，必有空隙不齐之数，难以定律矣。

鸿荒之先，人与禽兽等，蚩蚩共居，丕丕并游，至与物合而不知择，故精气杂揉，有马人、犬人之异象。是以人入兽群不乱，鸟巢之卵可探而得。久而爱恶情盛，各利所生，人择其人相匹，遂与禽兽日远，而禽兽见之惊且疑矣。又久而人道日利，其类日广，禽兽日被其害，渐微而渐远矣。中古之时，犹有蛇龙犀象，遍于中国；今山泽开治，尽为民居，而毒虫猛兽之类灭其迹，岂非势所必至乎哉？

赵充国将四万骑，屯缘边九郡，匈奴闻之引去。九郡：五原，今灵州以西之地是也。朔方，今华马池以东是也。云中，今大同。代郡，今蔚州、广昌、灵丘之地。雁门，今朔州、马邑。定襄，今定襄。北平，今永平、昌黎。上谷，今宣府、居庸、昌平。渔阳，今蓟州、平谷。乃北边六大镇，几四千里，戍卒二十余万，虏人往往入寇，至不能敌；而充国将四万而分布之，使匈奴畏服而引去，岂非将在智勇、卒在精而不在多耶？

《家语》载曾子耘瓜，误斩其根，曾晰建大杖以击其背。曾子仆地，不知人事，良久而苏，起进曰："大人用力教参，得无疾乎？"乃退，援琴而歌，使知体康。孔子闻而怒。愚谓此皆非实。误斩瓜根，厥过甚细，何至遽建大杖，击至仆地，殊非浴沂气象。小误即受大杖几死，亦非启手足者之所忍。以二贤素履度之，有亦不至杖，杖亦不为受，受则成父之过，不直伤体也。

或问："豺祭兽、獭祭鱼、鹰祭鸟然乎？"曰："非也。时鸟、兽、鱼多，食不可尽，故狼籍陈之如祭耳。彼物也，岂知祭其祖先？若曰祭兽、鱼、鸟之先，以其类而祭之，尤为不通。此出上古质朴之见，后人弗察而信之，过矣。上古无义理之事，后世因仍不改者甚多，不独此。"

邪术异端，祸人国家多矣，惟天文谶纬为祸尤甚。世有等不上不下之人，略知文义，专务驳杂，以惑愚俗，每遇灾祥，即有窃议。幸君臣政化清平，无衅而起。但稍有颓隳，以侵纪纲，而庸愚之徒旳然信之，遂生异谋，结扇窃发，纵事无成，亦能始祸，有国者不可不预为之计也。北虏占太白以寇中国，亦此。

正统己巳之变，兵部征各省兵入御虏。时天下承平日久，军政弛缓，逃故不清，徒具尺籍，应者无几。当时大臣建议，设立民壮，以备仓卒，法古兵出于农之义，三时在野力田，一时入城讲武，若有征调，即同正军。此举独出汉、唐、宋发募刺配之上，又阴蓄重兵于天下，一时卒用，旬日可集。但岁月积久，其法浸坏；人不拣选，委弱备数者有之；籍无定名，户人轮役者有之；人无定户，均徭流编者有之；甚至徭银在官，顾觅游手者有之：此皆有司之失政也。提撕整顿，使复旧贯可也。而后生末学，不达前人至计远虑，睹目前役占之苦，便欲从而罢之，为休息民隐，是以国家大计等为儿戏喜怒。呼！何其浅哉！

吕才《阴阳书序》举论禄命、地理、择日之谬，大贤之识鉴也，而后世谓之儒者反泥之，何哉？其论禄命云："长平坑卒，未闻尽犯三刑；南阳贵人，岂必俱当六合？同年同禄而贵贱悬殊，共命共胎而寿夭各异。"其论葬法云："古之葬者，皆于国都之北，兆域有常处，是不择地也。今葬书以为子孙富贵、贫贱、寿夭皆因卜葬所致，可乎？楚子文为令尹而三已，柳下惠为士师而三黜，计其丘陇未尝改移，亦何所关耶？"其论择日云："按礼，天子、诸侯、大夫葬有月数，是古人不择年月也。《春秋》九月丁巳，葬定公；雨，不克葬；戊午日下昃，乃克葬，是不择日也。郑葬简公，司墓之室当路，毁之，则日中而窆，子产不毁，是不择时也。"嗟乎，其论正矣哉！而儒者反为鄙俗惑之，安足以言学？

丘琼台杂著云："宣德正统初，一时贤相，比称三杨"，韪矣。当其时,南交叛逆,轩龙易位,敕使旁午,频泛西洋,曾无一语。权归常侍,远征麓川,兵连祸结,极于土木之大变,谁实启之?盖举其关系国体之大者未能尽如此,其贤可知矣。

程子云:"葬须为坎室乃安。若悬棺直下,便以土实之。虚土易抵凹,四面流水必趋土虚处,棺椁虽坚,恐不能胜许多土头,有失'比化者无使土侵肤'之义。"此诚有之。在雍冀山阜之域,土高而坚,可为坎室;若大陆大野土疏之区,江南闽越水浅土薄之地,则不可能。纵砌砖石成室,终为水壑,不如筑为灰鬲,万无一失也。予葬先君,始为灰鬲,心亦未敢必其坚久;及葬先母夫人,前后争三十年,开圹视之,已坚如石,击之有声,用锹镵削,分毫不能入,始知灰鬲有益亡者,又非坎室可得而同矣。

唐太宗命高士廉撰《士族志》,廉仍以崔卢为首,太宗不许,止取今日官职高,不作等级,此两失之:以旧族为重者,失于不辩凡庸,门第衰微而下品陋劣,偃仰自高;以今官职为重者,失于摧抑贤哲,乱争之世而勇力尊显,道德居下。以之劝表风俗,皆未为得。夫圣贤不系世类,而梼杌不才,出自望族,何姓氏之必可崇?不如以有书契之世为始,皆以受姓之初为先后而志之,不惟于序姓为得,亦不致贤哲退抑,陋劣高视,庶于劝戒风俗自(有)补。

唐初授民田,有田有租;迄后法弊,民得转易而有田矣。多少不等,贫富不齐,田主逃亡,靡所考稽,安得犹以国初授田之法税之?故杨炎变为两税,所谓"户无主、客,以见居为籍;人无丁、中,以贫富为差"是也。田不过割,则主、客难别;不论贫富,则丁、中不分,安得不变?后世有谓唐租、庸、调法变而取民之制坏者,盖不究其始末事体而漫言者也。

探物及源，厥论乃真。儒云仓庚鸣春，非有使之，厥气自动，若于春无与焉。嘻！此半涂之论尔。非春，仓庚蛰矣；非日至而北，时寒矣；非天之运，日蔑以附矣。故知天运日，日生春，春鸣仓庚，此谓真实。天之运，气机也，机不可测，故君子不论。

秦桧主和金之议，欲害岳武穆以罢北伐之师，乃发金牌十二次止还之。说者曰：将在阃外，君命有所不受，武穆于斯时，能奋然讨虏，克复旧京，清平河朔，功成而请罪，亦无不可者，何至退顺入朝，遂死人手乎？愚乃不然之。人臣之能成事，虽出于己之才力，实藉人君之权，以鼓动于众耳。苟不受命，是为逆上，逆上不臣，不臣则我之行事无君上之权矣，又安得鼓动乎众人也哉？不但不能动众，兵，危事也；逆，大恶也，孰肯蹈恶履危以速祸乎？人且将图我矣。元扩廓帖木儿，诏以其兵肃清江淮，分其所部之兵以讨川陕、山东之贼，而捍拒不受诏，于是属将貊高关保等皆叛而倒戈共攻之。夫将士且不与我矣，尚安得御敌？忠智俱失，较诸武穆顺事安命以听于君，相去霄渊矣。君子曰：成其忠则智得，武穆盖有之。

《列子》曰："天倾西北，日月星辰就焉；地不满东南，百川水潦归焉。"此非大观之见也。天左旋，处其中顺之，故日月星辰，南面视之则自东而西，北面视之则自西而东。北极居中，日月星辰四面旋绕，非就下也，远不可见也。日月星辰恒在天也，人远而不及见，如入地下耳。《论衡》曰："日不入地，譬人把火，夜行平地，去人十里，火光藏矣，非灭也。"此语甚真。昆仑山地中极高之所，故山南之水皆入南海，山东之水皆入东海，山西之水入西海，山北之水入北海，此《西域记》之论。中国当昆仑之东，故江、淮、河、汉皆入东海，而云"地不满东南"者，知其委而不知其源者也。

日有蚀之，可算而知，历之常也。鼓于朝，牲于社，救之也。救不救，日无损焉。然而犹为之者，抑阴扶阳之义云耳。以为灾变者，郎颛、李寻之俦，诬天人甚矣！

　　或问养生炼气之道，曰："养生者节制之常也，炼气则术也。何以言之？人生元气所禀，各有长短。自有知以来，为贪爱侵剥，暴戾蠹蚀，故长者短，短者促，不得尽天年而终。是以圣智之人有养生之论，大要不出少思虑，寡嗜欲，节饮食，慎起居，顺时候，和气体，利关节而已矣。能由是而行，则大气不能致伤而诸疾不作，可以尽其天畀元始之气而以寿终矣。使非有节，安能如是？故曰节制之常。至于炼气之术，亦有至理。大抵造化之妙，阴阳配合而道化生焉。人之得生，本诸精气，呼吸升降之间，而运动往来无滞。故吸则气升，遂以意引之，注于极上；呼则气降，遂以意引之，注于极下。久之，极上则髓海盈溢，遍达于诸骸；极下则气海充满，透彻于诸脉，此亦造化自然之机发如此。使非阴阳得类配合，虚无之气虽能升降流转，亦不成化；故曰'偏阳不生，孤阴不育'，又曰'一阴一阳之谓道'是已。""然则气无形质，何以交化？"曰："气以虚通，类同则感，譬之磁石引针，隔关潜达；灯头有烟，火光自趋，天机自然，非由人耳。是道也，自下而上，由上而下，往来运转，如环无端，与天符合，故曰'观天之道，执天之行，盗天之机'，岂非术乎？""服食之法何如？"曰："《参同契》《龙虎经》《石函记》皆已言之，盖疏达腠理，坚固体质之义也。'虱处头而黑，麝食柏而香，颈处汉而瘿，齿居晋而黄'，乃所食之气，蒸性炼形，故不期而变，此亦至理存也。但伏炼金石，反以戕生矣。"

　　雨雪者，云气所化；人之气亦能化液，故闭息伏气，可以不食，龟以吞气而寿，即此。今之医动以补阴滋阴为益血之妙方，不知血必藉气而后生，乃为真血；其水谷药味之所渗入者，非元气之精也。血必待气而后运，使补之有余，则阴胜于阳，久之，阳不胜阴，气不能运血，留滞脉理，而诸热诸疡之病作矣。故古之养生者只以调气为先，使阳为一身之主摄而阴自生化，真异乎世医之见矣。

康节《先天图》乃挨排阴阳卦画为之，但知《易》者皆可能也，何有精造玄诣寓其间？细推六十四卦，皆各自据卦义为说，复相对待为次，与图了无相涉；未有图之先，《易》道不见其不明而少，图既出之后，《易》道不见其益明而多。朱子乃的然信之，遂牵强附入《系辞》，岂非惑耶？濂溪《太极》之论，本乎"《易》有太极"而言，非杜撰也，但着一"无"字稍异耳！盖卓乎先天之义，造化之本，虽天地、日月、四时犹在其后。朱子乃曰《太极》不如《先天》之大，何耶？据《先天图》论之，有阴阳，有天地，有四时，有象数，皆太极已形之余，而谓之"先天"，何居？义不符名，率然标取，学者迷而不察，岂不可衷！或曰图乃方士炼气之术，托《易》而作，与《参同契》类，无乃其然乎！

众形皆化于气，气纯一则不化，气偏胜则一化而尽，交胜则交化，杂揉则屡化而转，精灵则化神矣，不得已之道也。鹰化为鸠，鸠复化鹰；田鼠化鴽，鴽复化鼠；兔以潦而化鳖，鳖以旱而化兔；鹠化为鹞，鹞化布谷，布谷复为鹠；鱼卵之化蝗，蝗子之化鱼，阴阳以时相胜，故交化也。雀入海为蛤，雉入淮为蜃，腐草为萤，老韭为莞，男化为女，女化为男，阴阳偏胜，故一化而灭，不复再化。蛣蜣为复育，复育为蝉，蝉之子为绿蠓；粪壤为蛴螬，蛴螬为土蛹，土蛹为蝴蝶；松脂为茯苓，茯苓为虎珀，阴阳杂揉，故屡化而极。狸化好女，猿化老人，人化为仙，精气蕴灵，机入于神也。

山川林薮、岩洞岛泽，气所郁积，靡不含灵。人有魂魄知觉，物有变幻精怪，虽肖翘之微、蠕动之蠢，皆契阴阳妙合之道，况天得元气之全且大，而其神灵有不尤异者乎？但人物细伙，与天相去远甚，譬诸蜣蜋在人，不能尽摄耳。责以善恶赏罚之应，固不能一一尽然矣。《抱朴子》曰"体大纲疏，不必机发而应"，亦求其实理而不得者之云也。

古云磐石之宗，天下服其强，以历世观之，殆不尽然矣。周室大封同姓，岂不欲强？及其所以祸周者，则秦、楚、韩、魏之国也。汉人监周，异姓不得王，及其所以祸汉者，非外戚之亲，则州牧之将矣。魏人监汉，忌兄弟之属，无藩屏之固，及所以祸魏者，任事之权臣也。晋宋监魏，藩辅必置至亲，乃致兄弟逼疑，自相残灭，究其所以祸二代者，皆握兵之悍帅也。唐人监此，宗室之亲聚于都下，封而不任，卒之乱唐者，方镇之兵也。宋人监此，收诸将之权，宗人遍于天下，眇无事权，若得矣，迹其所以祸宋者，乃漠北之虏耳。嗟乎！天下之变，常出于意料之所不及；天下之势，每重于积习之所不察。故经理天下者，调其大略，取诸利分之多者，可以法矣。多历年所，必有偏重，在识其几兆，预以反之耳；不然，疏虑浅谋，而寡先几预待之见，终不能以寿国家之命。

人之德性聪明和厚者，本非小人之俦。但有欲者必贪贿，背道者必固宠于人；异己者必愧，愧必忌，忌必绝之，不欲与之共事，形迹判然，即成小人之归矣。然终非其本心也，事势之必至者也，可不慎乎哉！

从祀孔庭者，为其有功于斯道也。七十子不论其功与否，并皆祀之，此开元议礼者之无识也。见于经者，十哲之外犹有议焉，况姓名不著于当时，事迹无闻于方册，而俨然享祀，于义何居？又况公伯僚、叔孙武叔毁仲尼者乎？秉礼者，此当置议可也。七十子之次，历代推以从祀者，又三十余人焉，亦取其羽翼圣经之功故耳。虽然，必其道德不叛于仲尼之门而后可。今观马融附梁冀，代草以诬忠良之死，虽能传经，人则邪类矣。

扬雄贪生保禄，不耻事莽；吴澄为宋贡士，忍心事元，此皆干犯名教，戾夫君臣之义，非圣人之徒也。韩愈刻意文词，戏弄自居，本非有道之士，乃以窃附程朱之列，不相类合。邵子假四时定局，作《先天图》以明《易》，皆非《易》中所有之本旨；排甲子死数，作《经世书》，以明天人之究，殊非天道人事之自然，此实异端，窃附儒者。观二程与之居洛二十余年，未尝与之言学，可知矣。今融、雄与澄并皆除黜，而韩、邵尚存，此足以暗道真，尤不可不置议者也。

扬雄《反骚》云："溷渔父之铺歠兮，洁沐浴以振衣；弃由聃之所珍兮，跖彭咸之所遗。"此以明哲保身责原也。胶柱而不时措于道，其雄之谓乎！在平世君臣之时，或不得行其志，或被谗贼构陷，先几而退，此义之当也。原之时，何时耶？宗国危阽，义不可去，怀沙虽过，近比干之仁矣。雄不达此，独以保身为哲，而不论其时义之可否，是故贼莽篡窃，君臣颠覆，犹强颜于朝列而不耻，与禽兽失其群主，终死而不俪于他类者，不如矣，岂非臣道之大乱乎？犹曰"明哲煌煌，旁烛无疆"，其所旁烛可知矣。

孟子"金声玉振"，谓击钟以宣其声于始，继而琴瑟、箫笙、埙篪、人歌并举，继而击磬以收其音于终，此以一字之声之始终论之也。一曲之中，字字之始终皆如是也。字各不同，而音亦不同，故曰"集大成"，故曰"始终条理"，盖以编锺、编磬言之也。若曰奏乐之前，先击镈钟以宣其声；乐作之成，后击特磬以收其韵，安有条理可言？况于乐曲眇无相涉乎？又况镈钟、特磬古无是器乎？宋儒不精致思，解书多类此。

古今流通国用者有五，银、钱、布帛、谷、钞是也，然莫不有弊焉，皆小人窃利以败法耳。钞楮易以销烂，不可久行，开创之始，百物耗散，权而行之可也；用银市易小物不便，况和铜作假，农被奸欺；布帛久则日就纰薄，又不可尺寸而裂；谷粟久则伪为湿润，又有负载之难，皆不堪充资，是弃有用于无用矣。惟钱，随多寡俱便于市物，用虽久不易于毁坏，通工易物，惟此为便。但日久法驰，贪利之徒，私自鼓铸，或铅铁伪为，甚至轻薄不成肉好、周郭、文字之制，而但具形象，可以风飘水浮，钱法之弊莫甚于此。夫泉货者，济物通变，人主所以权天下者也，今乃使奸人操其权而坏其制，是窃人主制世之具以自私矣，岂盛世之所宜有乎？严盗铸之法，重伪钱之禁，所不可已者也。然欲止私为于下，必先定规制于上。官不惜铜爱工，轻重适中，额以五铢。钱至五铢，则铜价过本，铸之无利，谁复为之？此官府清本之大法也。更能守其禁制，使铅铁轻薄之钱不行，则人主制世之权孰复能窃之哉？"今之制钱不异五铢，宋之旧钱充满天下，而私铸恶伪日甚，何也？"曰："利之所在，奸必趋之，官法漫涣，弊乃日滋耳。古谓纠察不精，无所发觉，虽有悬金致赏之名，竟无报获酬与之实，岂非以是乎哉？"

稽古典、谟、诰、训，尧舜禹汤君臣之所施措者，无非致治之实，如"平章百姓""敬授人时""慎徽五典""播时百谷""六府、三事允治"是已；其君臣之所告诫讲学者，亦无非为治之实，如"惟精惟一，允执厥中""懋昭大德，建中于民""与治同道罔不兴，与乱同道罔不亡""监于先王成宪，其永无愆"是已。晋永嘉之后，谢鲲王澄旷达虚诞之风污被时流，而朝士大夫竞相祖习，以为高致，其于上古君臣致治之实，荡然隳败，一迹不存。当时虽有卞壶奏欲黜屏浮伪，以登豪贤，为镇安社稷、维植纪纲之谋，乃为王导庾亮抑沮而止。卒之王敦苏峻桓玄父子相继作逆，使晋室陵夷，羯胡云扰，是谁之过哉？近世好高迂腐之儒，不知国家养贤育才将以辅治，乃倡为讲求良知、体认天理之说，使后生小子澄心白坐，聚首虚谈，终岁嚣嚣于心性之玄幽；求之兴道致治之术、达权应变之机，则暗然而不知。以是学也，用是人也，以之当天下国家之任，卒遇非常变故之来，气无素养，事非素练，心动色变，举措仓皇，其不误人家国之事者几希矣！此于南宋以来儒者泛讲之学又下一等。为社稷计者不及时而止之，待其日长月盛，天下尽迷，则救时经世之儒灭其迹矣。谁主张是？谁纲维是？边镇梗而不能制，四夷强而不能御，盗贼横而不能灭，奸权肆而不敢犯，祸乱纷沓，谁为厉阶？主盟世道者不可不加之虑矣。

今国家大可忧者有二，及今时犹可为，久则人心不易改，事势不易回，用力多而成功难矣。何也？今之所急者，莫急于宗室繁衍而禄粮不足以给，莫急于边备废弛而士卒日以骄悍。二者，其不可为之势已形兆矣。幸纪纲未坏，当事之臣犹得以藉手，若能达于事机，处置适宜，足以服其心而顺其事，则宗室可安，边防可固，人心复古，如反掌耳；不然，日益不为，势积变成，岂不大可忧乎？夫宗室之所仰给者，皆百姓之供需也；百姓之供需，皆其田地之所出也。田税有定，而宗室之生育无已，祖宗时一人者，迄今有千人者矣；今之千人，数年之后，倍千人矣；岂惟千人，将倍数千人矣。今各省田额禄粮，已有十万、二十万、三十万不及宗室支数者矣；若再倍千人，公家将何所处？况数倍千人乎？今宗室蕃育之府，有一岁支二季、三季者矣；有未及年分而先卖票领者矣；有奔走市廛，交易物货者矣；有强暴恃势而抢骗平人财物者矣；有为饥困所迫而忍为盗贼者矣。夫民间税粮有限，宗室所用无穷，欲人人取足，万无是理。既无禄食，则饥困必至。饥困之极，谁不求生？廉耻丧而污伪生，良心灭而奸宄作，将何所不为乎？及今朝廷固执旧法，不为善变之谋，其所食禄粮又非神运鬼输之可得，是坐视宗室之困而致变也，可乎？夫边镇者，内地之藩篱。边镇固则内地安，古今不易之道也。今之各边，自甘肃戕害抚臣之后，有大同五堡军士之变矣，再有马升杨林钩引北虏之变矣，继有辽东绑打巡抚之变矣，蔑视典宪，转相效尤，观其不道之状，即唐藩镇恃强梗化之机也。夫奸宄之兴，不在于末流势不可为之日，而在于势已形见，上下因循，不以为异之际；国家危乱之祸，不成于尾大不掉，无所措手之时，而成于机事萌动，苟且目前，眇不知远大之图之始。且夫人心之所趋向，事势山之变更。今各边军士骄悍不逞，屡屡如此，司国政者又往往苟且侥幸，暂图一时息灭，而无长虑却顾、万世燕翼之谋。积习之久，量度朝廷处置大率不过如此，不逞之心日益坚固，违抗主将，挟制抚臣，狎侮号令，不征不战，将无所不至。况边镇粮草时常告乏，假此为衅，人心易摇，由之倡乱，势所必有。兴言及此，岂不大可忧乎？嗟乎！斯二者，方今燎眉剥肤之患也，主张国计者乌可不加之虑哉？

有元始之气，则天地之幻化不能离；有明觉之性，则人生之幻识不能离，不得已之道也。佛氏欲遣离幻心，必须灭性；性灭幻离，若复有觉，亦即是幻，况未必觉耶？能离自生之幻矣，能使天地离幻化耶？说经十二部，佛之幻识甚矣，而欲使众生解离，有是乎？

佛氏教人任持自性。持自性者，执自己之本性也。言一切众生皆有本觉，谓本性之灵觉处，虽流转六道、受种种身，而此觉性不曾失灭，故以此为真性、为圆觉。其有生而能解识者，为众生悟入知见皆从觉性生出，故云圆觉生出菩提、涅槃及波罗蜜。菩提，觉也，无法不知之义。涅槃，圆寂也，谓觉性既圆，无法不寂也。波罗，彼岸也；蜜，到也，言到彼岸也。谓离生死此岸，度烦恼中流，到涅槃彼岸，永归寂灭，不生不死也。由此观之，佛氏之大旨尽矣。儒者不达性气一贯之道，无不浸浸然入于其中。朱子谓本然之性超乎形气之外，其实自佛氏本性灵觉而来，谓非依傍异端，得乎？大抵性生于气，离而二之，必不可得。佛氏养修真气，虽离形而不散，故其性亦离形而不灭，以有气即有性耳。佛氏既不达此，儒者遂以性气分而为二，误天下后世之学深矣哉！

帷裳如缁布裳，帷，明衣有前后裳不辟之类是也。此等裳，皆属幅障之。不为辟积者，非帷裳，必为辟积以杀之矣。如朝、祭、丧服，深衣，长衣，皆每幅三袧，自阔而狭，即谓之"杀"。《论语注》未是。

郭璞以鸠斗占吉凶。亦何必鸠？凡物皆可占矣。吉凶，人事之常；斗噪，物性之感，皆实事也。彼此相轸，岂无偶中？中即神矣。予亦往往得之，但不为信。

唐征南诏，四十万人无一人回；宋征安南，三十万人止二万余人回。邀功远夷，残害生灵，谬谋忍心，不达南北风气，可为殷鉴矣。

高崇文在长武城练卒五千，常若寇至；及讨刘辟，卯时宣命，辰时出师，将卒之志素定，械器军资素备故耳。其终赫然成功，非偶然也。今也，寇至而始整兵，兵举而始集饷，何异临渴掘井？《诗》云："迨天之未阴雨，彻彼桑土，绸缪牖户。"君臣及时修治之勤、无怠无荒之志，不可不深致计如崇文也。崇文，杜黄裳所举，宰相不可不知人，信夫！

韩昌黎《平淮西碑》归功宪宗及裴中丞，故铺叙诸将四集，此亦事体当如此。使当时再起一段议论，专序李愬之功，其文亦自奇，亦足以厌服众人之心而塞其口，惜乎其不然。此文字与事实欠酌量也。说者谓其抑遏掩没，则失昌黎之心矣。

晏婴之于齐，陈氏厚施盗国而不能以谋止，崔氏弑君而不能以义死，犹俯颜居位，栖栖依人，其乡愿之流乎！

"六天"之说，出于《春秋》纬《文曜钩》等书，而郑玄信之。唐《显庆礼》犹著"六天"之说，礼部尚书许敬宗与礼官议黜之；而宋之儒者犹持"六天"以惑后世，有愧于敬宗多矣。

文中子《元经》："建兴二年正月乙（己）巳，黑雾五日。辛未，日殒于地。又三日相承，自西而东。"《薛收传》曰："黑雾着人衣如墨，连夜，凡五日而止。曰殒者，日不殒也，有妖物象日之形坠于地尔。三日相承，亦妖气映日，而人昧之有三焉。五年正月庚子，三日并照，虹霓弥天地，皆妖也。天晴即无之。"自今言之，乃日溢光气陨于地，即星陨之类也。三日相承、并照，即日光映之耳。薛氏解经，宋之诸儒依妄附诬，当在下风矣。

晋义熙十一年八月，荧惑不见，八十余日，复出东井。魏太史奏："荧惑在匏瓜中，忽亡不知何在，于法当入危亡之国。"魏主嗣召名儒数人，与太史议荧惑所诣。崔浩曰："《春秋传》神降于莘，以其至之日推知其物。今荧惑之亡，在庚午、辛未二日之间，庚午主秦，辛为西夷，荧惑其入秦乎！"后八十余日，果出东井，留守钩已，襄之乃去。夫五星行度有定算，不应忽亡不知所在，皆星史之失职也。浩长于乾象，诡言以神其术耳。

周景王时，大夫宾起见雄鸡自断其尾。刘向以为知妖，王子朝宾起之祸。夫子朝，景王之爱子也。王与宾起因田于北山，以田猎之众杀适子之党而立之。以庶杀适，以天道律之，自有可死之理，而何待雄鸡断尾兆之耶？向谓鸡妖之应，则诬。

"夺伯氏骈邑三百，饭疏食，没齿无怨言"，此盖管仲相桓公为政时，伯氏有罪而夺其邑，用法之当，有以深服伯氏之心，故贫贱终身而不怨也；非所谓夺以与仲也。若仲有之，虽公亦怨矣。

"礼为旧君有服"者，义之不可已也。乐毅奔赵，赵王与之谋伐燕，毅瞿然曰："臣燕故臣也。昔之事燕，犹今之事王也。异日以罪而适他国，不敢谋王之奴隶，况其子孙乎？毅敢辞。"君子曰：毅义而有礼，可以师后臣矣。

《王制》曰:"古者以周尺八尺为步,今以周尺六尺四寸为步。"说者谓《王制》乃文帝命博士诸生所作,其所谓古者,自周以前之谓也;所谓今者,汉儒自谓当时也。此论见周尺短而汉尺长,周步阔而汉步狭也。按许氏《说文》曰:"咫,八寸,周尺也。"言周人所制之尺,比汉人之尺,止有八寸耳。盖其尺所制亦是十寸,但比今尺短二寸也。何以言之?古者以周尺八尺为步,在今尺则八八六十四寸,是得汉尺六尺四寸也。今以周尺六尺四寸为步,在汉尺则六八四尺八寸,又四八三寸二分,是得今尺五尺一寸二分也。周尺八尺,得今尺六尺四寸,犹有二尺,得二八一尺六寸。以前六尺四寸,并后一尺六寸,通计之,其数得八尺。以一丈得八尺,则一尺得八寸矣。诸儒谓周尺六寸四分者,是不深考明辩,止据《王制》六尺四寸为步之说误之也。

汉诸侯夺国,子孙诏复其家,亦有官号,如阳陵公乘、长陵士伍、长陵不更、长安官首、临沂公士、云阳上造、肥如大夫、茂陵公大夫、高宛簪袅、郦阳秉铎、梁都官大夫、安陵五大夫等类。今观之,如公乘、公大夫、公士、上造、大夫、官首、官大夫、五大夫、簪袅、不更、秉铎、士伍,皆官爵之名也。其长安、阳陵、平陵、茂陵、长陵,皆内所属;其云阳、高宛、郦阳、肥如、梁都、临沂皆在外属,盖就其便受职尔。诏复其家者,盖世世无所与其徭税,奉其公家之役也。诸侯以罪夺国,而犹待其子孙如此。有爵则不失其官,无役则不比于民,亦可谓报功之仁矣。

裴頠茂才远识,岂不明哲?身为外戚之属,每有除拜,未尝不殷勤固让。然而终不能免者,以恋滞中立,不能一决于退故耳。故忧时者贵果于几。

上古惟有九韵:东、冬,一也;江、阳,二也;支、微、齐、鱼、灰、佳，三也；真、文、侵，四也；寒、先、元、删、覃、盐、咸，五也；郊、萧、豪，六也；歌、麻，七也；庚、青、蒸，八也；尤，九也。其间庚叶阳、东叶阳之类亦甚多，可见古人取韵甚宽。自沈约《四声韵》出，唐人科举，用以校士，而声韵遂拘。后之学者，不深致考，以为至当，守之不疑，殊可鄙叹！夫韵古莫如《诗》，韵正亦莫如《诗》。今考之《商颂·玄鸟篇》："帝命不违，至于汤齐，汤降不迟，圣敬日跻，昭假迟迟，上帝是祗，帝命式于九围"，是支、微、齐同韵矣。《商颂·殷武篇》："赫赫厥声，濯濯厥灵，寿考且宁，以保我后生"；《小雅·斯干篇》："殖殖其庭，有觉其楹，哙哙其正，哕哕其冥，君子攸宁"，是清、青同韵矣。《商颂·殷武篇》："陟彼景山，松柏丸丸，是断是迁，方斫是虔，松桷有梴，旅楹有闲，寝成孔安"；《大雅·皇矣篇》："临冲闲闲，崇墉言言，执讯连连，攸馘安安"，是寒、删、元、先同韵矣。《大雅·公刘篇》："维玉及瑶，鞞琫容刀"；《板篇》："我虽异事，及尔同僚，我即尔谋，听我嚣嚣，先民有言，询于刍荛"；《小雅·鸿雁篇》："鸿雁于飞，鸣鸣嗷嗷，维此哲人，谓我劬劳，维彼愚人，谓我宣骄"，是萧、郊、豪同韵矣。《大雅·灵台篇》："于论鼓钟，于乐辟雍，鼍鼓逢逢，蒙瞍奏公"，是东、冬同韵矣。似此者，不可枚举。学者乃是沈约而弃古诗，乃曰冬、东反切自是不同。夫反切在人为之耳，以东之反切加于冬，又何不可？若以中原之音，则冬、东安有参差？以江左之音，冬、东安得无异？今以江左冬、农二音呼之，绝不成音，即有声无字之类可也，而强加反切以傅会之，亦何背谬之甚如此！

呆老禅师与张天觉论元祐人材，因问温公如何，张曰："大贤也。"呆曰："然则相公在台谏时如何论他？"张曰："公便不会。只是后生时死急要官做，故如此。"嗟乎！台谏之职，将以论不贤也。知其贤而反论之，是何为心哉？其天理人道灭也甚矣！官禄安得晏然而享乎？

冬雪六出，春雪五出，言自小说家。予每遇春雪，以袖承花观之，并皆六出，不知此说何所凭据。《小雅》："螟蛉有子，果赢负之。"《诗笺》云："土蜂负桑虫入木孔中，七日而化为其子。"予田居时，年年取土蜂之窠验之，每作完一窠，先生一子在底，如蜂蜜一点，却将桑上青虫及草上花知蛛衔入窠内填满。数日后其子即成形而生，即以次食前所蓄青虫知蛛，食尽则成一蛹，数日即蜕而为蜂，啮孔而出。累年观之，无不皆然。杨子曰："螟蠕之子殪，而逢果赢，祝之曰：类我，类我，久则肖之。"亦以螟蠕化果赢也。所谓类我、类我，乃始而衔泥作窠之声，亦非衔青虫之时，安得谓之祝？始知古人未尝观物，踵讹立论者多矣。"无稽之言勿信"，其此类乎！

经星东方七宿曰苍龙，其象如龙，有角有亢，有心有尾，皆取象龙身。六月火盛之时，正当南方，故氐、房、心三宿谓之大火，又谓之鹑火。若曰人心属火，故名火为心，然氐、房亦火矣，岂独心哉？是不达心星原始立名之义。或曰王灵官即心星，尤为下附鄙术矣。

或曰木人见漆则瘵。世之木人多矣而瘵者间有之，不木而瘵者亦有之；父木而子不木，其瘵则同，何耶？又曰猫见寅人，则衔其儿而徙其窠。且人同类而处，非一家人，不知其谁寅虎；顾猫焉得而知之？使一家三两皆为寅属，其猫不养子耶？寅人见之徙其子，非寅人见之亦徙，此又何耶？子鼠、丑牛，假相配合，本由俗论，何足构心？

雷，说者曰阴遏乎阳，不得出而暴裂者，此近理也。求其声之仿佛，迅而急者似矣；其缓漫而大，殷殷呼呼，引长而不绝者，皆不似焉。若曰阴阳搏击之声，此尤无谓。阴阳气也，安得搏击成声如此？余尝疑其为物之所为，乘云雨之时而出，或构而交，或争而斗，但非人间可得而见者。

近岁华阴、舞阳二县，麟生于野，厥声雷鸣，厥口吐火，火即电也，物诚有然者矣。今以雷之声度之，迅者如激怒之声，大者如狼斗之声，小而引长，呼呼不绝者，平息之声也。古谓神龙能大能小，既雨则返其精灵于下土而藏之，人亦不得而知之。或者乃龙之类所为乎？惜不知龙能声雷口火如彼麟否也。或别是一物乎？

郑大水，龙斗于洧渊，国人请为禜焉，子产弗许曰："我斗，龙不我觌也；龙斗，我独何觌？禳之，则彼其室也。吾无求于龙，龙亦无求于我。"乃止。裨灶言于子产曰："宋、卫陈、郑将同日火，若我用瓘斝玉瓒，郑必不火。"子产弗与。次年夏五月，宋、卫、陈、蔡（郑）皆火。裨灶曰："不用吾言，郑又将火。"郑人请用之，子产不可曰："天道远，人道迩，非所及也；何以知之？灶焉知天道？是亦多言矣，岂不或信。"遂不与，亦不复火。明于人之道者，不惑于非类，子产其有之。

《礼》曰："食枣、桃、李，弗致于核。瓜祭上环，食中，弃所操。"《论语》曰："虽疏食、菜羹、瓜，祭必齐如也。"二"瓜祭"一义，谓食瓜时，以瓜祭也。"祭上环"，祭其首也；"弃所操"，手执处也，所食者在中也。《论语》当以"瓜"字断为上句，"祭必齐如也"为下句。

伊耆氏始为蜡祭。蜡者，索也，岁十二月，合聚万物而索飨之也。共神八类：一曰先啬，先啬者，始辩百谷之种者。二曰司啬，因先啬之种而启稼事者，《经》曰"主先啬而祭司啬"是也。三曰百种，百谷之种也，《经》曰"祭百种以报啬"是也。四曰先农，古之教民农事者。五曰邮、表、畷，邮、邮亭，表、田畔，畷、田畔可止处，皆田官督劝农事之地，《经》曰"飨农及邮、表、畷"是也。六曰猫、虎，田鼠、田豕皆能害稼，猫、虎能食而除之，《经》曰"迎猫，为其食田鼠也；迎虎，为其食田豕也"是也。七曰坊，坊所以障水。八曰水庸，庸、沟也，所以受水，亦以泄水。二者皆农事之备，《经》曰"祭坊与水庸"是也。《礼注》以昆虫为一而落百种，不知经之昆虫乃祝词耳。以昆虫居一，则亦当以草木为一也，可乎？

《周礼》荒政十二，除盗在末，凶年乏食，多为饥寒所迫耳，故利民、裕民先之。散利，贷种与食也；薄征，轻赋税也；缓刑，宽刑罚也；弛力，息繇役也；舍禁，山泽无禁也；去讥，关市不讥察也；眚礼，杀吉礼也；杀哀，节凶礼也；蕃乐，彻乐弛县也；多昏，杀礼而多嫁娶也；索鬼神，为凶年祈祷也；除盗贼，安良民也。盖年谷不登，苟不先加赈恤之政，安责其不变而为盗？利之而后除之，若曰可以生矣，不竣（俊）而后杀之也。

夏至北斗与日相近，故终夜常明。夏至日近北极，子时望北天，如天之将晓。此可以明《周髀》盖天之术。

《四术周髀宗序》曰："汉成帝时，学者问盖天，扬雄曰：'盖哉，未几也。'问浑天，曰：'洛下闳为之，鲜于妄人度之，耿中丞相之，几乎莫之息矣。'此言盖差而浑密也。盖器测影而造，用之日久，不同于祖，故云'未几也'。浑器量天而作，乾坤大象隐见难辩，故曰'几乎'。是时太史令尹咸穷研暑盖，易古周法，雄乃见之，以为难也。自昔周公定影王城，至汉朝，盖器一改焉。浑天覆观，以《云（灵）宪》为文；盖天仰观，以《周髀》为法。覆仰虽殊，大归是一。古之人制者，所表天效玄象。芳以浑算精微，术几万首，故约本为之省要，凡述二篇，合六法，名《四术周髀宗》。"惜乎今不见其书也！

《春秋》之义，母以子贵，故成风称夫人；先君之庙不得配食，故考仲子之宫。尊其称号，则罔极之情申；别考其宫，则严祢之义重，自天子达于士可也。

谢灵运，朝廷唯以文义处之，不以应实相许。故曰"长卿辞赋，终于文园；灵运文才，不以应实"，亦用人之当然也。

鹤山云："禹顺五行之性治水，先从北方用功，次东，次南，次西，乃终于雍。"此大不然。禹治江、淮、河、汉，皆自西而东，先疏其上源而后及其下流也。如导河自积石，至于龙门，至华阴，东下砥柱，及孟津、洛汭，至于大邳，北过至于大陆，播为九河，入于海。导漾自嶓冢，东流为汉，又东为沧浪之水，过三澨，至于大别，南入于江。岷山导江，东别为沱，又东至于澧，过九江，至于东陵，东为中江，入于海。导淮自桐柏，东会于泗、沂，入于海。皆自西而东，顺其就下之势。凡此非有所谓顺其五行之性，自北而东，而南，而西也。以泗渎次第言之，则又先河、次汉、次江，皆自北而南；导济、导淮，亦自北而南；导渭、导洙，自西而东，亦与所谓五行之性不合。盖缘《洪范》首论五行，故纬儒附会于禹治水耳。不知禹平水土，而后五行之利得以足用于民，乃《洪范》之大义。鹤山大儒，而亦信此附会之说，殊不可晓。

《雅言》云："鱼阴类，从阳而上，二阳时伏在水底，三阳而鱼上负冰，四阳、五阳则浮在水面。"愚谓此物理之必然者。冬月水上冷而下暖，故鱼潜于水底。正月以往，日渐近北，水面渐暖，故鱼陟水上，冰未解而鱼已上，如负冰然；谓之陟者，始升也。至三月愈暖，鱼则出游而浮于水面矣。岂独鱼为然，万物皆然也。蛰鸟、蛰兽，冬藏而春见，蚯蚓冬结而春鸣，鸿雁秋南而春北。惟人也亦然，冬则塞向瑾户，深藏以避其寒；春则露处野游，毕出以趁其暖。由是观之，皆性之不得已而然者。曰阴类随阳而上，近于小儒牵合之论，非大观造化之见矣。

古之宗法，死者皆以代附于宗子之庙。惟宗子得以主其祭，支子皆不得祭。虽为大夫，亦以上牲祭于宗子之家。盖重嫡一宗，其法之严如此。"然则支子出仕于外，不得与祭于家，将即废祭享乎？"曰："不可也。以义而起祭之礼也。""然则主不得奉之以行，如朱文公用牌子，不判其前后，不为陷中，匦之以行，可乎？"曰："牌子则有定，如二主矣。干于宗法，非礼也。不如以楮如主书之，祭已而焚之可也。"

程子居洛，里人素慕之。其动也，无漫游；其貌也，可一见而知。董五经有闻矣，故曰"先生之来，消息甚大"，谓静而前知，近禅氏之觉矣，其然乎？

卫叔武立，致返卫侯，卫侯乃终杀之，无害于义乎？曰：甚哉！叔武之无见也。名分之际，间不容发。礼别嫌疑，君臣尤甚。若他人立，恐卫侯之不得返也，故已立之，其意善矣，势则涉于嫌矣。已既已立之，即君也，人乌知立之人致卫侯之返之也？惜乎心迹不如宋目夷之能明也，故篡之愬易行也，卫侯之听易入也。君子曰：叔武之忠也，忠而愚。

纬书多以三字为名，如《考灵曜》《尚书》、《元命苞》《春秋》、《援神契》《孝经》、《含元（文）嘉》《礼》、《乾凿度》《易》、《佐助期》《春秋》、《坤灵图》《易》、《运斗枢》《春秋》、《通卦验》《易》、《文耀钩》《春秋》、《感积（精）符》《春秋》、《含神雾》《诗》，皆异端邪术之流，假托圣经，以售邪诬之说，其罪可诛也。其书今虽不存，而类书引用尚多，终惑后学。

《礼》云："大夫祭五祀，岁遍。"训者以户、灶、中溜、门、井为五。按《月令》云："孟春祀户，祭先脾；孟夏祀灶，祭先肺；季夏祀中溜，祭先心；孟秋祀门，祭（先）肝；孟冬祀行，祭先肾。"言行不及井，《祭法》五祀亦言国行而无井，惟《白虎通》有井，故汉、魏、晋以来，五祀皆以井居一，至今为然。学者以《祭法·月令》为古典可据，而疑井非。以今观之，先王之所以兴祀者，凡以报其功德而已。门、户资以出入，中溜资以居处，灶、井资以养生。是井较之行，于人尤切，似宜常祀。行于出行时举之，义各当矣。《生民篇》有"取羝以軷"之文，似尤有说。

周公诛管蔡，季友鸩公子牙，而圣人不以杀兄累之，缘社稷君臣之义，不得私其亲也。

卜式牧羊肥息，武帝善之，式曰："非独羊，治民亦犹是。以时起居，恶者辄去之，勿令败群。"嗟乎！岂独民哉？君子任人于国，众贤治之而不足，一不肖坏之而有余，岂独民哉？

田蚡宠盛，窦婴之客尽转而事蚡，惟灌夫独不去。霍去病贵甚，而卫青之客去而事霍，独任安不肯去。义哉！豪矣乎！

汉之神君，其形不可见，但闻其言，言与人音等；居室帏帐中，因巫为主人关通饮食所欲；时去，则若风肃然；其言也，世俗所知，亦无余味者，即今之灵哥也。盖深山大泽，罔两、狐、猿之属，物之精怪，来游人间者也。世恒有之，非神鬼也。荀氏谓神君之类，以为鬼神仿佛在于人间，言语音声，为精神之异，盖不达其实矣。

梁武帝时犹有汲冢玉律，宋苍梧王时已钻为横吹，此足以见律管无孔，止一声尔。

蔡邕铜仑，其上以银错识之曰："黄钟之管，长九寸，空围九分，容秬黍千有二百。"按仑，量名也，法黄钟之管，空径三黍，长九十黍，稠累而计之，得一千二百黍。盖律长仑短，律狭仑阔，只取容千二百黍耳。

律管空中，皆径三围九，但长短有差，其声自不同尔。孟康各有径围分寸之殊，谬矣。

周濂溪之子曰环溪元翁者，与苏黄诸公学佛谈禅，尽坏其家学。欧文忠之子棐，与僧讲法，失其父风。苏东坡之子过，父事梁师成，变乃翁之节。韩棱不谄权贵,其孙演则党附梁冀。人之不肖,亦不系于世类如此。

巧者不过习者之门,言习熟自能巧也。故精义入神,效于熟与纯。

《论衡》曰:"才能之士,随世驱驰;节操之人,守隘进窘。驱驰日以巧,进窘日以拙,非才智不及,狎习异也。"由是言之,艰难险阻备尝其味,民情物理谙练无遗者,其能经世之士乎!岩居野处,未达于时势,不闲于治机者,宜乎芒然无所下手矣。

古者"登高能赋,山川能祭(说),师旅能誓,丧死(纪)能诔,作器能铭,则可以为大夫",言其因物骋辞,性灵无拥(壅)者也。此特指其文词一艺言之,要诸大夫之实,在先德行、政事耳。

温峤为刘琨左长史,见琨忠节;后峤削平苏峻,功在社稷,亦昆有以启之。可见人不可不与贤者相处。

地理风水之术,三代以上原无是论,观《周礼》族葬皆于北郭之外,可知矣。后世如唐吕才,宋程子、司马公、张南轩皆以为谬而不信,独朱子酷以为然。《葬书》曰"乘生气也",儒者皆以为有理。且夫死者气已散为清风,体已化为枯腐,于生者何所相涉?而谓其福荫于子孙,岂非荒忽缪悠无著之言乎?况若子若孙,有富有贫,有贵有贱,或寿或夭,或善或恶,各各不同;若曰善地,子孙皆被其荫可也,而何不同若是?岂非人各自性自立乎?若以为风水能致人福禄,则世间人事皆可以弃置不为;农者不论天时耕耨,商者不论贵贱美恶,工者不论习熟工巧,士者不论讲学摘词,一惟听于风水,以俟其自至可也;然而能之乎?且世之术士又以子平星数范围《皇极》,论人贵贱、寿夭,是人之生一也,而所摄以为生若是其多,俗人小儒既信乎此,又信乎彼,伥伥贸贸,渺无定向,不过贪慕富贵之心使之然耳。惟风水之害,使人盗葬强瘗,斗争诉讼,死亡罪戾,无处无之,岂非遗祸于世乎?崇信以为人望,文公大儒,不得辞其责矣。

儒者曰：天地间万形皆有敝，惟理独不朽，此殆类痴言也。理无形质，安得而朽？以其情实论之，揖让之后为放伐，放伐之后为篡夺；井田坏而阡陌成，封建罢而郡县设。行于前者不能行于后，宜于古者不能宜于今，理因时致宜，逝者皆刍狗矣，不亦朽敝乎哉？

邵子云：“天依乎地，地附乎天，天地自相依附。”愚谓地附乎天则可，天依乎地则不可。何也？天乘气机，自能运，自能立，非藉乎地者；况地在天内，势不能为天之系属乎？释家谓风轮能持水轮，水轮能持大地，此论甚真，胜于邵子矣；但言风轮而不及天，为未尽耳。今以理揆，天行健疾，有刚风生焉，故能承水不泄；地有洞虚之气，水不能入，故浮而不沉，观瓶盎倒浮水上可知也。天之转动，气机为之也。虚空即气，气即机，故曰天运以气，地浮以虚。

人心中不著一物，则虚明，则静定；有物，则逐于物而心扰矣。《大学》所谓人有所忿懥、恐惧、好乐、忧患则不得其正是也。释氏之虚静亦是盗得此意思，但吾儒虚静其心，为应事作主，非释氏专为己身而然。程子曰：“无内外，无将迎，动亦定，静亦定，廓然而大公，物来而顺应。”岂禅伯虚静而不欲交物者乎？

太祖平定天下之后，以北平建都可以控制胡虏，以问庭臣，此圣人高出万世之见也。而翰林修撰鲍频对曰：“胡主起自沙漠，立国在燕，今百年，地气天运已尽，不可因也。”岂非风水之说乎？今都燕百五十年，天下太平如一日，则地气天运已尽之说，敢为欺罔，可以诛矣。

或曰：“危乱之来，在正人心。”王子曰：“危乱乃积势而然。治不遽治，乱不遽乱，渐致之也。斯时也，人心为积势夺者多矣。曹氏之于汉，司马氏之于魏，可睹矣。苟会于乱，虽孔、孟其如之何？故曰：“危邦不入，乱邦不居。”夫危乱有几，预见而能返之，使人心固结而不变，此善致治者也。势已抵于危乱，非素负节义、才足拨乱者不能返。及变而始正人心，儒之迂者乎！

世儒曰"静而寂然，惟是一理，感而遂通，乃散为万事"，误矣。寂然不动之时，万理皆会于心，此谓之一心则可，谓之一理则不可；一理安可以应万事？盖万事有万事之理，静皆具于一心，动而有感，乃随事顺理而应，故曰"左右逢原"者此也。感之不同、应之不同，可推矣。

世儒论复性。夫圣人纯粹灵明，性之原本未尝污坏，何复之有？下愚驳浊昏暗，本初之性原未虚灵，何所归复？要诸取论中人之性差近之耳。统以复性为学问之术，滞矣而不通于众也。

《中庸》"喜怒哀乐未发谓之中"，言君子平时有存养慎独之功，故未发而能中尔，非通论众人皆如是也。世儒乃谓人人未发皆能中焉，非矣。夫心性之于应事，如形之影、声之响，有诸此必见于彼矣。众人未发而能中，宜皆发而中节矣；何世之人喜非所喜，怒非所怒，哀忘其哀，乐淫其乐，发不中节者常千百乎？时有一二中节者，非天之赋性中和，必素达养性之学者；不然，既中矣，何呼吸出入之顷而内外心迹辄尔顿异、不相关涉如此乎？圣人又何切切教人致中和乎？由是观之，乃强于立言矣。强言无实谓之妄。妄言害道，且以惑世，贤者病之矣。

"《泰》之九二'朋亡'，《咸》之九三'朋从尔思'。圣人欲其亡而不欲其思，何也？"王子曰："朋，所亲也，弃疏远而昵比亲近，则非广大之度。心有所感，惟朋从是思，则非至公之道，失人心，乖治几，莫大于此。道未光大，不足以尽其致思之实。"

家藏集

刻齐民要术序

《齐民要术》者，后魏贾思勰所著也。其书，播植五谷，畜字六扰，区灌蓏蔬，栽树果实，条贯时宜，靡不该载，大抵训农裕国之术，君子所以仁育天下者。以代远文湮，后莫篡述，故农政寡稽尔！侍御钧阳马公直卿按治湖湘，获古善本阅之，喟然曰："此王政之实也。"乃命刻梓范民。书成，方伯蒋君景明以序问予曰："益国者，富民其要术也；富民者，农事其先务也；教农者，有司之实政也；稽术者，为政之大纲也。斯侍御公之志乎！盍述之？"浚川子曰："嗟乎！君子惠民之政五，而立政之本则存乎农。制礼乐者敷教，严法令者明刑，比什伍者治兵，核勤力者课工，劝耕桑者督农。使农事不修，则稼穑灭裂；稼穑灭裂，则刍粟减输；刍粟减输，则廪庾虚耗。由之，子弟寡赖而教不率矣，诡伪日滋而刑罚滥矣，馈饷弗给而兵戍不振矣，贸易不通而农夫失资矣。故曰惠民之政五，而立政之本则存乎农。是故教农者，有司之实政也。

"嗟乎！人有言之，作者其圣，述者其贤。刋耒耜，画井疆，教稼穑，开蚕织，使民脱茹毛饮血、缀羽被卉之陋者，非圣人神明作利万世者乎？时树艺，谨牧圉，戒窳惰，抑侈费，不有后贤政术之修，则圣人利世之泽浅矣，而不可恃也。故作之者犹缔构其室者也，述之者犹修治敝漏以衍其室者也。要之，作述之功虽殊，重农本而悲民穷，圣贤仁以施政之心则一尔矣。然则侍御公之贤，将不在斯乎？"或曰："仲尼不学农圃，非欤？"浚川子曰："非是之谓也。学，所以求仁义者也；政，则驱民而行之，使沾被吾之仁义者也。《传》亦有之，五亩树桑，百亩授田，使老稚无饥寒，非必先王之自力也；施于有政，使之自养耳。必农圃而后为政，则许行并耕而食，尧、舜、禹、稷当在下风矣，可乎哉？"

华阳稿序

浚川子游于蜀者三年,得所著诗文杂说几三百余首,萃为帙而橐之。门人问曰:"群品效材,万象呈美,何若是多?子将以言示于世耶?饬旨摘辞,归综于道,何若是严?子将以贤示于世耶?"浚川子不答。门人退而思之,三日而再见,曰:"感于天机,万物皆入吾之会,虽言之而非溢言耶?存乎道符,言也举不畔其则,恐淆乱于外,而卓守其贞耶?夫子殆不得已而言,非乎?"浚川子不答。门人退而思之,又三日而再见,曰:"得之矣。云之生于山,气机也。升于太空,其象为峰峦,为水波,为白衣,为彩锦,为人物,为花卉,其变也,云何尝以意而为之?龙之乘乎云也,自适其性尔,感而为雨,泽彼下土,不几于神乎?使曰龙之致之,虽问之龙,龙亦不知。夫子之为文,以是求之,可乎?"浚川子辗然而笑曰:"有是哉!"蜀,古华阳国,因以命其稿,志寓也。

近海集序

赣榆去海止数里，一往返，不崇朝而达，可谓近矣。予以正德甲戌春，谪丞于此；丙子夏，转宁国。二年间，望洋大观者屡矣，岂非吾生一伟游乎？夫海有潮汐、岛溆、洲渚之胜，有霞彩日华、蜃气之变，有珊瑚水碧、骊珠蚌胎之宝，有蛟龙鲸鳌、鹜鸧鹄鹤之育，盖不可尽称也，莫不入吾吟咏，而效其助。其蓬莱、方丈、扶桑、灵槎、瑶草、羽人之属，虽非真有，亦足以寄兴于超旷。凡以使我忘夫弃斥之琐尾而乐于尘垢之外者，非兹乎哉？故题其集曰《近海》，标予之乐于海者如此也。

嗟乎！内有所乐，然后可以托于物而乐之；彼人也方且忧愁而戚促，将视海为穷荒魑魅之所而不堪矣，夫焉得取而乐之？是故钟鼓管籥之音一也，乐者闻之则畅其和，忧者闻之则益其悲。由是而观，则予之乐于海者，谓以海之故哉？

石龙集序

浚川子曰：余读《石龙集》，知黄子学有三尚，而为文之妙不与存焉。何谓三尚？明道、稽政、志在天下是也。明道而不切于政，则空寂而无实用；稽政而不本于道，则陋劣而非经术；不足以通天下之情，亦不足以协万物之宜，其为志也，得其偏隅而迷其综括，欲周天下之变难矣，故君子不之尚。黄子之学则异于是。自其见于集者言之，有义命之顺适，有天人之契合，有良知之求，有功利之祛，有无欲之澄静，有养心之澹泊，有慎独克己之造，有精一执中之纯，如羿之照的，扁之照疾，谓于道有不明乎哉？其论治也，提纪纲，达经权，弘礼乐，酌刑赏，核治忽，计安危，严君子小人之辩，契恤民弭乱之术，无不中其几宜而准其剂量，谓于政有不稽乎哉？夫道明则仁义由，德性成，学术正，风教端矣；政稽则皇极建，治化流，民物遂，社稷奠矣。学具乎此，得时而行，必举海宇而覆冒之，非志存于天下万物者能之乎？由是观之，殆于圣贤之所立几矣。良以先生忠信诚确之心若天性之自然，宗社生民之念将至死而后已，故其见诸文者，非道德之发越，必政事之会通矣。

夫今之人刻意模古，修辞非不美也。文华而义劣，言繁而蔑实，道德政事，寡所涉载，将于世奚益？谓不有歉于斯文也哉？嗟乎！有意于为文者，志专于文，虽裁制衍丽，而其气常塞，组绘雕刻之迹，君子病之矣。无意于为文者，志专于道，虽平易疏淡，而其理常畅，云之变化，湍之喷激，窅无定象可以执索，其文之至矣乎！黄子之文，当以无意求之可也。故曰学有三尚，而为文之妙不与存焉。

与薛君采 二首之二

周贡士来，备知近日起居，甚慰。

诸生多从讲学，此儒者第一事。但近世学者之弊有二：一则徒为泛然讲说，一则务为虚静以守其心，皆不于实践处用功，人事上体验。往往遇事之来，徒讲说者，多失时措之宜，盖事变无穷，讲论不能尽故也；徒守心者，茫无作用之妙，盖虚寂寡实，事机不能熟故也。

孟子曰："君子深造之以道，欲其自得之也。自得之则居之安，居之安则资之深，资之深则取之左右逢原"，此万世学道者之筌蹄也。然谓之"自得"，非契会于身心者不能。谓之"深造"，岂徒泛为讲说，虚守其心，而不于事会以求之哉？谓之"左右逢原"，非实体诸己，恶能有如是妙应？故曰讲得一事即行一事，行得一事即知一事，所谓真知矣。

徒讲而不行，则遇事终有眩惑。如人知越在南，必亲至越而后知越之故，江山、风土、道路、城域可以指掌而说，与不至越而想像以言越者大不侔矣。故曰："知至至之，可与几也；知终终之，可与存义也"，其此之谓乎！

晚宋以来徒为讲说，近世学者崇好虚静，皆于道有害，此不可发后学矣。如何？如何？时事不及言，惟亮之。

与范师舜

迩者获奉教论,甚荷启益。其云以力行之精熟为知之真,尤所相契。孔门博文约礼一时并进,但知、行有先后之序尔,非谓博文于数十年之久,义理始明,而后约礼以行之也。大抵孔门凡言为学,便有习事在内;非如近世儒者惟以讲论为学,而力行居十之一,故其所知皆陈迹定版,而寡因时自得之妙。虽天赋之神灵不齐,亦偏滞于讲说,而不于人事之内以求知之过也。细读《论孟》,当见此义。今将平日杂论为学数十条请教,倘有畔于义理之当者,望更教之,幸甚!

答许廷纶

春初令亲至蜀，辱教翰，兼以《图》《书》、太极等论，启发良多，感感。其辩太极、无极，甚善，真足以破千古之迷。但一例据《易》以准造化，恐亦有未然者，恨不得与执事细讲耳。

愚尝窃议《河图》《洛书》经纬之论，与夫五行先天之学，皆出于异端穿凿傅会之私，儒者不宜据以解经，实乱仲尼之道，故时有私论笔之于书。今摘数十章与造化、《图》《书》、太极相发明者奉上，间有与执事之意不合者，望教之，幸甚！

大抵近世学者无精思体验之自得，一切务以诡随为事。其视先儒之言，皆万世不刊之定论，不惟遵守之笃，且随声附和，改换面目，以为见道；致使编籍繁衍，浸淫于异端之学而不自知，反而证之于"六经"仲尼之道，日相背驰，岂不大可哀耶！

愚自知道以始，日有所得，论述不忍置，今积数万言，未尝出一以示人，惧夫习染稔熟之心见之，骇听而以为狂矣。执事谓言一出口，必将群嗤而共斥之，是也。于今乃知孟子之辩诚有不得已焉者。尚何言哉！惟执事教之！

答何粹夫 二首

一

迩者蒙示《阴阳》《律吕管见》，多先儒所未发之旨，教我多矣。但所谕人死魂升为阳而能神，则不敢奉教。

阴阳终竟不能相离。凡以为神者，皆阴阳之妙用也，故曰"阴阳不测之谓神"。人死魂升，乃阴阳之精离其糟粕也，不可谓独阳而无阴。

大抵阴阳，论至极精处，气虽无形，而氤氲焄蒿之象即阴，其动荡飞扬之妙即阳，如火之附物然，无物则火不见是也。故人死魂升而能神者，此也。执事乃离绝阴阳为两物，但恐阳无所附著，不能自为形体耳。望再思之。下略。

二

上略。迩者杏东以兄《造化论》九章见示，甚善！甚善！但有一两处有疑者，敢缘质之，可乎？

如阳有知、阴无知、观风则知天之说，仆实所未喻。凡有知者，性也，性则阴阳妙合者也。执事既曰阳无形矣，又不丽于阴矣，何从而能知？风者，今亦不知从何而来，其大要不过二说：一曰天之动转为之，如橐籥之吹嘘、摇箑之往来然；一曰太阳之气为阴气之所郁闭，激而荡者也，阴不郁闭，亦不作风。今曰观风则知天，是以天为风之类矣。天果只此风气，然则三垣、十二舍，经星河汉，终古不移，恐非风气能载之矣。

大抵执事论阴阳，觉得太离绝。仆尝谓天地未判之前只有一气而已。一气中即有阴阳，如能动荡处便是阳，其葱苍湲礴之可象处便是阴，二者离之不可得。以造化之始物尚不可离如此，则其余为造化之所生者，如天地，如万物之属，不得离可知矣。如天能运转，阳也；其附缀星辰河汉处，阴也。日光炎灼处，阳也；其中闪铄之精，则阴也。月之体，阴也；其受日光处，则阳也。火，阳也；本无形，必附于木石而后形，无木石则无火矣，是阳何尝离阴乎？水之始，云气也；得火之化而为液，无火则气而不水矣，是阴何尝离阳乎？非不可离，不得离也。故曰"一阴一阳之谓道"，言离之非道也。

至于诸儒所论天为阳、地为阴，日为阳、月为阴，火为阳、水为阴等类，盖就其所得之分多者而名之耳。即执事所谓"火虽行于地而其盛在天，水虽行于天而其盛在地"，盖各从其类之云也。阴阳何尝离而为（二）物乎？

至于《太极图经世书》二条，足以破其穿凿附会之谬，惜不得与执事细论也。

《正蒙》"太虚不得不聚而为万物，万物不得不散而为太虚"，此自完好。为其续以离明得施、不得施之说，则自为滞碍，亦不可以此而弃其至论也。如何？如何？

才说起，便作长语如此，又不得尽其意，安得不思一会晤耶？仆近日有一书，如《正蒙》《法言》之类，孟望之以《慎言》名之，匆匆不得缮书一帙请教，嗣后便寄上也。

与王孔昭

王子充《洪范》非《洛书》之辩，足以解千古之昧，后学之指南也；但《河图》以数言，犹不脱孔刘诸人之见，为未尽尔。盖《河图·洛书》，圣人系《易》之辞也，与《洪范》何以相涉？况自一至九，亦衍数之常事也，何待于《洛书》而后能之？谬于附会甚矣。其曰"圣人则之"者，以余论之，盖《图书》之形象有类卦画，故羲皇仿其象而画为八卦，以示民占筮耳，即仓颉因鸟迹马趾以作字之义也，安有如汉儒之论乎？谬于附会甚矣。其"天一地二"章，亦不过举阴阳奇耦之数，以明大衍之法象同于天地自然之数，非出于人为焉尔，岂有所谓本于《河图》之数之义？至于"天一生水"之说，乃纬书之谬论，而引之以解经，可乎？况此章大义，总论揲蓍，而五行金木之论当置之何所乎？所谓谬于附会者类如此。

子充虽以《洛书》非《洪范》，而不知《河图》不必以数言；虽能掊击汉之诸儒，而不能正紫阳夫子之惑于旧论，故曰犹不脱刘孔诸人之见，为未尽尔。梅溪《乾象策问》，此其易见者。天文家有天地二盘之论，自地盘言之，角、亢属辰分，氐、房、心属卯分，尾、箕属寅分，故曰东方之宿。以次而旋，北、西、南可知。其曰苍龙，以其象类龙也，如角即龙角，亢即龙项，氐、房、心即龙腹，尾即龙尾是也。朱鸟、白虎、玄武，皆以其象尔。自其天盘言之，列宿皆南面而望，以定中星，正四时。鸟正南为春，火正南为夏，虚正南为秋，昴正南为冬，于地盘方向无与焉。子产曰："天道远，人道迩。"天文之学，知其象位躔次足矣；休咎纬术非圣人意也，勿惑泥之。

文字枯而不畅，诗兴思冲淡，惜宋人格调尔。试以三百篇为骨格，取材于《离骚》、汉魏晋宋四代，当自有得也。行边匆匆，不能尽所欲言。

答吴宿威太守

自松江判袂,积有岁年,回想旧履,杳然陈迹。仆须发斑皤,已成老翁,兄可知矣。夫形骸我所自有,尚不能保其元始,而为造化任情老少如此,则夫人事升沈穷达,又焉足计?又焉足计?此外惟有保啬神精,以尽年龄为要务耳。

往年兄曾讲黄白之术。仆曰:"寡欲冥心,以颐寿算,此自实理。炼铅养砂,以变金石,道殊不然。"当时兄意以仆未达。今日所造,果诚何如?风足有便,勿吝相示可也。倘鼎中有灵,当为兄输此一筹。下略。

与徐都阃溥

得三月书,知建昌风土、安好无恙,甚慰。所寄遁甲书,读之虽不能晓其曲折所以之故,大抵时日孤虚旺相之论,即孟子所谓天时者矣。盖举事已有定谋,假此以安众志之术耳。古之用兵如神者多藉此,实非由之而能致胜。使赵括选日提兵,仍不免坑卒之厄;孙武漫尔陈师,亦能成攸馘之功。故曰"周以甲子日而兴,纣以甲子日而亡。"盖在人事,而不在时日也。苟惑泥于此而废自修,非所望于智者也。何如?何如?将寒,冀多爱!

答何粹夫论五行书

廷相顿首柏斋先生执事：昨承谕以五行之说，旧与仆同，今所见与仆异。窃料执事之意，似以为今是而昨非矣。以仆观之，执事可谓中于世俗之惑，反迷真而舍其故智，将为不善变者也。

何以故？甲乙丙丁、子丑寅卯，大挠作此以纪岁月日时，非有所谓甲乙属木、子亥属水之说；然亦偶尔定之，即以当年为甲子岁，仲冬为甲子月，冬至为甲子日，半夜为甲子时耳。不知经历几千百岁，后人乃以五行分配之，此半涂立论，无所本始，不待智者而后知矣。执事乃信然从之，岂非不胜于世俗之哓哓者，而遂为此无稽之论，以附会于仲尼之道乎？迷真而舍其故智，非耶？

且夫五行之气，无则已矣；有之，则一日之内，无不会体俱在。安有今日为木，明日为火，又明日为土、为金、为水乎？何春止为木，夏止为火，秋止为金，冬止为水乎？何土惟王于四季，而余月土气即绝灭乎？执事试再思之，此理然耶，否耶？此论是耶，非耶？大观真识之儒，不惑世俗鄙谬之论者，皆足以辩之矣。不意明达物理如执事，推明孔子之道如执事，而反自失其真如此，使仆无复望于斯世之儒，岂不为可叹哉！

执事曰："但世之言五行，亦有奇中者，故不耐何信之"，遂为说曰："如人本无姓名也，苟定其姓与名焉，他人呼之，必从而应之。气本无金、木、水、火、土之名也，今人一定其名，则其气随而应之，谓气有神应然矣。"嗟乎！执事之迷何至此极也！仆意执事欲附会于世俗之论而不得，强为此以自解也，不自知其陷于怪谬诬妄之归矣。

夫人也，气成形体而具神识者也，故呼其名而能应之。不知五行之气亦有形体，如人之知识否耶？依附草木，人言啸梁，如鬼物之作祟否耶？不知甲乙之日，木之神气主之，而水土金木（火）之气遂能退避相逊耶？抑有所管辖分定而不敢越其职耶？不知人定其名，彼何以自知其为金、为木、为水、为火、为土，而即顺应耶？此恐决不能然矣。

执事所谓世之言五行亦有奇中者，此何足异哉？盖多言而能中耳。仆尝谓不用五行，亦能奇中。试以士人举进士者十人，仆据其文学、体貌而悬断之，指某曰后日官至某官，中间履历，平顺坎险，随意而道；指某曰何如何如，指某曰何如何如，他日验之，必有三四中者，且亦有一二奇中者。何也？此皆仕人之所必有者。若以为白日飞升，则无能验之矣。不中者，人不传之矣；中者，必传之以为神。然则假五行而奇中者，何以异此？

大抵神道设教，古圣人卜筮之微意也，然于大道无所暗蚀。至于五行星命范围皇极等术，足以坏乱仲尼纯正之道，不可一日容之以惑世（可）也。执事必欲求通其说而附会之，何其迷之至此极也！望再虚心思之，勿为索隐之过，幸甚！幸甚！

与彭宪长论学书

顿首水崖先生：昨奉执事高论，虽近善谑，实寓正义。今者细绎之，教仆多矣，恐非知仆之心也；乃披沥闻见，再为陈说，惟加听，幸幸！

昔刘知几读两《汉书》，怪前书不当有《古今人物表》，怪后书不为更始立纪，当时闻者以为轻议前哲；及见张衡、范晔集，亦以二史为非，始知流俗之士难与言道。执事高明广远，暗合道契，仆恒以意师之，故有所得辄为论辩，虽龃龉枘凿，不相为计，若窅然神灵之交故尔；不然，亦终日默坐谈琐末而已，尚安至是哉？

嗟乎！"六经"删述，仲尼所以启万世也。其为道也，范围乎造化，经纶乎名理，中正以为常，变通而不执，智者不能辩，博者不能少也。若以近世儒者跻而并之，仆恐言也寡所会，道也寡所一，有不胜其伦拟者矣。何也？体道之妙由于识，具识之至谓之圣，是故圣人所以为道之宗也；下此者，神灵未澄，识鉴或滓，虽力学深久，取舍抉择之间或亦未免支离局促，参之圣轨而不尽合矣。故曰"苟不至德，至道不凝焉"，谓非其人故也。

慨自战国先秦，上无圣帝明王祛邪卫道，立民之常，故九流异端之学纷然并作，以惑愚蒙汉兴，诸儒鄙俗，复寡神鉴，虽有董子之纯，推明孔氏，以罢黜百家为任，惜非命世之才之识，亦不能拔本塞源，使仲尼之道独昭日星之天也；况自泥于五行灾异之术，已畔出于圣人之蹊径矣，又安以号召正论于斯人乎哉？虽然，附会牵合之论犹未炽也。下逮唐、宋，甚矣！惑气运者因之以盗国，信谶纬者因之以行刑，泥风水者弃亲以谋利，尚术数星命者凭虚妄想而弃人事之实。嗟乎！天下何其嚣嚣也！为之儒者方且靡然从之，恬不为怪，不直身自行之，又附会其说以训经著论，俾后之学者少而习之，长而行之，老而安之，不知无是理而为邪，岂不大可哀邪！故曰圣经以诸儒而明，亦以诸儒而晦，谓附会牵合之私也。推其本，识鉴诠择未真害之尔。故仆拳拳时加辩白，实有以见夫援邪附儒、乱道之正故焉。盖"六经"仲尼之道，嘉谷也；异端邪说，莨莠也。嘉谷待种而难植，莨莠不种而易茂，譬圣道中庸，而异端怪诞幽玄易以惑人也。使不揭其乱道之实以排斥之，百世之后，迷其本源，邪正同途，仲尼之道将与巫史、异端同祖宗、并赏罚也，岂不大可惧乎！故于儒者之论，合于圣者，即圣人也，则信而守之；戾于圣者，即异学也，则辩而正之，斯善学道者也。若夫人者，舍置古人之善，昧昧焉炫其私智，摘其疵而议之，斯轻躁迫切之徒，非忠厚之道也。若曰出于先儒之言皆可以笃信而守之，此又委琐浅陋，无以发挥圣人之蕴者尔，夫何足与议于道哉！齐客有善为鸡鸣者，函关之鸡闻之皆鸣，不知其非真也。学者于道，不运在我心思之神以为抉择取舍之本，而惟先儒之言是信，其不为函关之鸡者几希矣！

嗟乎！古今人一也，后之视今，即今之视昔尔。颜子居春秋之世，萧然一布韦也，其视重华协帝之舜得时行道，何啻霄壤？颜子则曰："舜何人也，予何人也，有为者亦若是。"当时之人亦未必以舜许之，而后世之论乃曰颜子优于汤、武。夫汤、武之上即尧、舜，曰优，则颜即舜之俦矣，而何有于古今乎哉！若曰天下之理，先儒言之皆善而尽，但习以守之可也，是不知道无终穷，忽忽孟浪之徒尔，谓之诬道；若曰后世之人必不能及于古之儒者，是不知造化生人，古今一轨，中人以下以己而论量天下者也，谓之诬人。是皆流俗积习，贵耳贱目，任书籍而不任心灵者也，亦何望于圣人大方之域也哉？望终教之，幸甚！幸甚！

答薛君采论性书

承驳究鄙论,足仞友益,多谢!多谢!然有不得不嗣言者,望再救正,幸幸!

甚矣,性理之难言也!惟大圣上智,会人理,达天道,乃可宗而信之;余者知思弗神,诠择未精,影响前人,傅会成论,自汉以来,此等儒者甚多。故余惟协于仲尼之论者,乃取以为道;否则必以论正之,虽不举其谁何,而义则切至矣。今君采之谈性也,一惟主于伊川,岂以先生之论苞萝造化,会通宇宙,凡见于言者尽合妙道,皆当守而信之,不须疑乎?则余当不复更言矣;不然,脱去载籍,从吾心灵,以仰观俯察,恐亦各有所得,俟后圣于千载之下,不但已也。夫论道当严,仁不让师。伊川,吾党之先师也,岂不能如他人依附余论以取同道之誉?但反求吾心,实有一二不可强同者,故别加论列,以求吾道之是;其协圣合天、精义入神之旨,则固遵而信之矣。古人有言曰"宁为忠臣,不作谀仆",其此之谓乎!

请以来谕绎之:"伊川曰:'阴阳者,气也;所以阴阳者,道也。'

未尝即以理为气。"嗟乎！此大节之不合者也。余尝以为元气之上无物，有元气即有元神，有元神即能运行而为阴阳，有阴阳则天地万物之性理备矣；非元气之外又有物以主宰之也。今曰"所以阴阳者，道也"，夫道也者，空虚无着之名也。何以能动静而为阴阳？

又曰"气化终古不忒，必有主宰其间者"，不知所谓主宰者是何物事？有形色耶？有机轴耶？抑《纬书》所云十二神人弄丸耶？不然，几于谈虚驾空无着之论矣。老子曰："道生天地"亦同此论，皆过矣！皆过矣！

又曰："'生之谓性'，程子取之，盖指气禀而言耳，其推本天命之性，则卒归于孟子性善之说。"嗟乎！人有二性，此宋儒之大惑也。夫性，生之理也。明道先生亦有定性之旨矣，盖谓心性静定而后能应事尔。若只以理为性，则谓之定理矣，可乎哉？余以为人物之性无非气质所为者，离气言性，则性无处所，与虚同归；离性言气，则气非生动，与死同途；是性与气相资，而有不得相离者也。但主于气质，则性必有恶，而孟子性善之说不通矣。故又强出本然之性之论，超乎形气之外而不杂，以傅会于性善之旨，使孔子之论反为下乘，可乎哉？不思性之善者，莫有过于圣人，而其性亦惟具于气质之中，但其气之所禀清明淳粹，与众人异，故其性之所成，纯善而无恶耳，又何有超出也哉？圣人之性既不离乎气质，众人可知矣。气有清浊粹驳，则性安得无善恶之杂？故曰"惟上智与下愚不移"。是性也者，乃气之生理，一本之道也。信如诸儒之论，则气自为气，性自为性，形、性二本，不相待而立矣。韩子所谓"今之言性者杂佛、老而言"者是也。君采试再思之，然乎？否乎？

程子以性为理，余思之累年，不相契入，故尝以大《易》"穷理尽性"以证其性、理不可以为一，《孝经》"毁不灭性"以见古人论性类出于气，固不敢以己私意自别于先儒矣。尝试拟议，言性不得离气，言善恶不得离道，故曰性与道合则为善，性与道乖则为恶，性出乎气而主乎气，道出于性而约乎性，此余自以为的然之理也。或曰：人既为恶矣，反之而羞愧之心生焉，是人性本善而无恶也。嗟乎！此圣人修道立教之功所致也。凡人之性成于习，圣人教以率之，法以治之，天下古今之风以善为归、以恶为禁，久矣。以从善而为贤也，任其情而为恶者，则必为小人之流，静言思之，安得无愧悔乎？此惟中人可上可下者有之。下愚昏瞽，不惟行之而不愧悔，且文饰矣，此孔子所谓"不移"也。君采请更思之，然乎？否乎？仲尼曰："成性存存，道义之门"，伊尹曰："兹乃不义，习与性成"，是善恶皆性为之矣。古圣会通之见，自是至理，亦何必过于立异，务与孟子同也哉？

又曰："天命之性则有善而无恶，以生为性，则人性之恶果天命之恶乎？天命有恶，何以命有德而讨有罪？君子遏恶扬善，亦非所以顺天休命也。"嗟乎！斯言近迂矣。性果出于气质，其得浊驳而生者，自禀夫为恶之具，非天与之而何哉？故曰"天命之谓性"。然缘教而修，亦可变其气质而为善，苟习于恶，方与善日远矣。今曰天命之性有善而无恶，不知命在何所？若不离乎气质之中，安得言有善而无恶？君采以天之生人生物，果天意为之乎？抑和气自生自长如蛲蛔之生于人乎？谓之天命者，本诸气所从出言之也，非人能之也，故曰天也。命德讨罪，圣人命之讨之也，以天言者，示其理之当命当讨，出于至公，非一己之私也，乃天亦何尝谆谆命之乎？古圣人以天立教，其家法相传如此，当然以为真，非君采聪灵之素矣。

喜怒哀乐未发不足为中，余今亦疑之，君采之论诚是，但余所谓圣愚一贯者，以其性未发皆不可得而知其中也。今曰众人乱于情而害其性，私意万端，乍起乍灭，未有能造未发之域者，是愚人未发必不能中矣。《中庸》曰"喜怒哀乐未发谓之中"，余以为在圣人则然，在愚人则不能然，向之所疑，正以是耳。故曰无景象可知其为中，以其圣愚一贯也。今曰"此心未发之时本自中正"，望再示本自中正之象，以解余之惑。夫中者，无过不及之谓也。惟圣人履道达顺，允执厥中，涵养精一，是以此心未发之时一中自如，及其应事，无不中节矣。其余贤不肖，智愚，非太过则不及，虽积学累业，尚不能一有所得于中，安得先此未发而能中乎？若曰人心未发皆有天然之中，何至应事便至迷瞀偏倚？此则体用支离，内外心迹判然不照，非理之所有也。若以此章上二节，君子能尽存养省察之功，则喜怒哀乐未发之前可谓之中，似亦理得；不然，通圣愚而论之，则其理不通矣。嗟乎！理无穷尽者也，心有通塞者也。坟记之载，非吾心灵之会悟也；先人之言，梏吾神识之自得也。由是言之，道之拟议，安得同归而一辙乎？惟自信以俟后圣可矣。

昔者仲尼论性，固已备至而无遗矣，乃孟子则舍之而言善；宋儒参伍人性而不合，乃复标本然之论于气质之上，遂使孔子之言视孟子反为疏漏，岂不畔于圣人之中正乎？君采试思而度之，人性果一道耶？二道耶？此宇宙间之大差，非小小文义得失而已也。且夫扬子云、韩昌黎、胡五峰诸贤，岂未读孟氏之书乎？而复拳拳著论以昭世者，诚以性善之说不足以尽天人之实蕴矣。使守仲尼之旧，则后学又何事此之纷纷乎？望虚心观理，无使葛藤挂乎旧见，斯正大真实之域可入，而傅会支离畔圣之说自不扰乎心灵矣。倘犹不相契，望更来覆，幸幸！

与郭价夫论寒暑第二书

廷相顿首价夫先生执事：仆始闻之古人曰：阴阳升降，一岁寒暑之候，信而守之，不复疑矣。顷年以来，仰观俯察，考见日躔之次，远极而寒，近极而暑；又知所谓升降者，非无待而然，若有所驱迫不得已之势，故为说曰：四时寒暑，其机由日之进退，气不得而专焉。盖寒暑者气之用，日进退以成寒暑者气之机，非曰专以日故而离绝于阴阳也。

执事曰："寒暑之运，乃二气自为之，日不得与"，仆实惑之。谓二气能自为之，何不脱然自为运行？胡乃远日而冬，近日而夏，中于日而春秋，如影之随形、响之应声，略不相背乎？此儒者之学在所必讲、所必致思，而不可徒然习矣而不察者也。

尝考之历家矣，其曰日躔某次立春，某次立秋，某次大寒，某次大暑，如持左偘，不爽毫厘，岂非日有进退而气之在两间者为所驱而变耶？何也？日，真火也，阳之精也。太虚之中，冲然皆气，上为日火所烁，则蒸然而暖，地气亦由此而达，故日进北极而暑生焉。及夫立秋之后，日渐南退，暑亦渐消，太虚清冽之气日渐以盛，故日至牵牛而寒生焉。历家所谓"天气上升，地气下降，闭塞而成冬"者，此之谓也。

今执事曰："日者众阳之宗，阳气会于日，故炎；阳气日升，地气日进，阴寒之气上逼于天，故不能炎。"信如此，则普天之下同此一气，热则同热，寒则同寒可矣。何天地之中，向南偏热，向北偏寒？又何至南有不识霜雪之人，北有不消冰寒之地？此其故何耶？不过日之行有远近，气有及不及之殊耳。故曰四时寒暑，其机由〔日〕之进退，气不得而专焉者，此也。

执事又曰："日次极中而春秋矣，何春生而秋杀？"此理之易见，在所不必疑者。何也？日躔极中，春秋以分。使日恒居此，则气恒清和；惟其有渐南渐北之殊，故为寒暑而成生杀耳。且夫天地生意原无一时休息，谓春生秋杀，举其大略，亦非至论。谓春专生，何二月藘草死，三月荞麦黄，春不亦杀物耶？谓秋专杀，何八月种菘，九月种麦，秋不亦生物耶？谓冬乃闭塞，何井中有气，地上有野马，绷缊而雪霰降？不谓阴阳之和而然与？此足验二气流行，生物不休，但日远生寒，故致物有生杀耳。此皆前人未之辩者。

执事又曰："阳用事则日进而北，阴用事则日退而南。"由是言之，则日之进退不惟不能主乎寒暑，亦且不能自主，而惟统于阴阳耳。日果如此，则大寒大暑之机非日之所得与，无疑矣，而又何辩？果然耶？否耶？君子必有能辩之者。

仆为是说，抑岂厌常喜新，立异好变，以求胜夫古之儒耶？但造化真实之迹，见其有必然者耳，故不得不与执事辩之。虽然，执事才一人也，进而论之十人，皆如执事焉；犹未也。又进而论之百人、千人、万人焉，百人、千人、万人皆如执事焉，则一世可知已；犹未也，又进而俟后世之君子，使后之君子皆如执事焉，则仆之狂惑信矣。安知百人、千人、万人，后世之君子，不有与仆同者乎？又安知执事仰观俯察，数年之后，不即与仆同乎？此固于执事不能已于拳拳也。

望再加思绎，嗣诲，恳恳！廷相再拜。

策 问 三十五首（选三首）

一

问：有宋晦庵朱子、象山陆子，皆以道学倡鸣于时。其始也，有相异之嫌；其终也，有道合之雅。今二先生遗文炳炳，可指其所以先异后同之实言之乎？说者曰：朱子之论，教人为学之常；陆子之论，高才独得之妙。陆之学，其弊也卤莽灭裂，而不能尽致知之功；朱之学，其弊也颓惰委靡，而无以收力行之效。盖言学二子者，其流有偏重不举之失矣。果然乎？抑所入之途虽异，而所造之域则同乎？夫学者，所以学圣人者也。合二子之道而一之，将近圣人之轨与？请言其用力之序。

四

问：汉儒修经术，宋儒明道学，孔、孟以往，此其最正者也，然亦有达于治理之实效与？夫君子之学所以为政，而国家之养士亦欲其辅佐以经世也。徒习之而不能推之，谓之学道也何居？今二代史籍炳炳，诸儒学道用世之迹，皆可稽而知也。通经而能达于治，修道而能适于用者谁耶？夫今学校之士，皆修经术而明道德者，其平居何以致力，临政何以施措，必有一定之学以窃附于古人，不徒曰举业文词而已也。愿以所得者陈之，毋诿曰学尚不逮。

五

问：格物，《大学》之首事，非通于性命之故，达于天人之化者，不可以易而窥测也。诸士积学待叩久矣，试以物理疑而未释者议之，可乎？天之运，何以机之？地之浮，何以载之？月之光，何以盈缺？山之石，何以欹侧？经星在天，何以不移？海纳百川，何以不溢？吹律何以回暖？悬炭何以测候？夫遂何以得火？方诸何以得水？龟何以知来？猩何以知往？蜥蜴何以为雹？虹霓何以饮涧？何鼠化为鴐，而鴐复为鼠？何蛣螂化蝉，而蝉不复为蛣螂？何木焚之而不灰？何草无风而自摇？何金之有辟寒？何水之有温泉？何蜉蝣朝生而暮死？何休留夜明而昼昏？蠲忿忘忧，其感应也何故？引针拾芥，其情性也何居？是皆耳目所及，非骋思于六合之外者，不可习矣而不察也。请据其理之实论之。

太极辩

太极之说，始于"《易》有太极"之论。推极造化之源，不可名言，故曰太极。求其实，即天地未判之前，太始浑沌清虚之气是也。虚不离气，气不离虚；气载乎理，理出于气，一贯而不可离绝言之者也，故有元气即有元道。

南宋以来，独以理言太极而恶涉于气，如曰"未有天地，毕竟是有此理"；如曰"源头只有此理，立乎二气五行万物之先"；如曰"当时元无一物，只有此理，便会动静生阴阳"；如曰"才有天地万物之理，便有天地万物之气"。嗟乎！支离颠倒，岂其然耶？万理皆出于气，无悬空独立之理。造化自有入无，自无为有，此气常在，未尝澌灭。所谓太极，不于天地未判之气主之而谁主之耶？故未判，则理存于太虚；既判，则理载于天地，程子所谓"冲漠无朕，万象森然已具"，正此谓耳。若谓只有此理便会能动静生阴阳，尤其不通之论！理，虚而无着者也。动静者气本之感也，阴阳者气之名义也。理无机发，何以能动静？理虚无象，阴阳何由从理中出？此论皆窒碍不通，率易无当，可谓过矣。嗟乎！元气之外无太极，阴阳之外无气。以元气之上不可意象求，故曰太极；以天地万物未形，浑沦冲虚，不可以名义别，故曰元气；以天地万物既形，有清浊、牝牡、屈伸、往来之象，故曰阴阳。三者，一物也，亦一道也，但有先后之序耳。不言气而言理，是否形而取影，得乎？

或曰：论太极以气，出于庄列，不可据也。嗟乎！是何言哉？儒者之为学，归于明道而已。使论得乎道真，虽纬说稗官，亦可从信，况庄列乎？使于道有背驰，虽程朱之论，亦可以正而救之。斯言也，何论道不广若是！阳虎何如人也？孟子亦取其"为富不仁"之言，况其余乎？诸儒中惟邵子太极已见气之论独为有得；其余摩揣未真，如鲍鲁斋专以理论太极，尤其附和不思之甚者。夫万物之生，气为理之本，理乃气之载，所谓有元气则有动静，有天地则有化育，有父子则有慈孝，有耳目则有聪明是也。非大观造化，默契道体者，恶足以识之？

五行辩

《禹贡》言六府,《洪范》言五行,其义一也。谓此五者流行于天地之中,切于民用,不可一日而缺。治天下国家,其政所宜先者,如沟隧灌溉,水政也;昆虫未蛰不以火田,钻燧改火,火政也;井田疆理,土政也;鼓铸陶冶,金政也;仲冬斩阳木,仲夏斩阴木,木政也。水土平而后五行之政修,五行之政修而后庶政可举。是五行者,王政之根本,不然则民用有缺。民用既缺,则民生不遂,虽有庶政,安得顺而施之?古之圣人,其论五行之义,如此而已。

自夫圣王之政衰,而异端之术起,始有以五行分配十二支于四时者矣,始有以五行配五脏六腑者矣,始有以五行名星纬者矣,始有以五行论造化生人物者矣。斯皆假合傅会,迷乱至道,遂使后之儒者援纬附经,拟议造化;其随声附和者,浸淫为怪诞之谈而不知其非。嗟乎!后世何其嚚嚚也!

且夫水、火、土,天地之大化也;金、木者,三物之所自生,与人物所同出者也,安可与之相配?地辟矣,人物即生之。金石之质必积久而后结，吾恐其生之必后于人物矣。谓金之气生人，得乎哉？且夫天地之间无非气之所为者，其性其种已各具于太始之先矣。金有金之种，木有木之种，人有人之种，物有物之种，各各完具，不相假借。五行家曰：人一身具五行，故曰五行生人。尝观于木矣，津液，血，水也；钻燧，气，火也；皮之柔，肉，土也；心之坚，骨，金也；又何异于人哉？然则谓人生木，不亦可乎？

此义也，惟张子《正蒙》乃独得之。其曰："阳陷于阴为水，附于阴为火"；"木、金者，土之华实也，其性有水火之杂。故木，水渍则生，火然而不离，盖得土之浮华于水火之交也。金得火之精于火之燥，得水之精于水之濡，故水火相持而不害，烁之反流而不耗，盖得土之精实于水、火之际也。"由是观之，金、木者，岂非水、火、土之所生乎？

然则周子"五气顺布，四时行焉"，非与？曰：此惑于五行家之说而为言也。何以言之？日有进退，乃成寒暑；寒暑平分，乃成四时，于五气之布何与焉？其曰春木、夏火、秋金、冬水，皆假合之论。土无所归，配于四季，其谬妄尤甚焉。何也？土之气在天地之内，何日不然，何处不有，何止流行于季月？何季月之晦尚存，而孟月之朔即灭？其灭也归于何所？其来也孰为命之？圣人精义之学，决不如是。

然则"天一生水"之说何如？曰：此纬书之辞，而儒者援以入经也。何以言之？水、火者，阴阳始化之妙物也。故一化而为火，日是也；再化而为水，雨露是也。今曰"天一生水，地二生火，"戾于造化本然之妙，可乎？夫有地即有土矣，何至天五方言生土？若曰天地以造化言，尚未有土矣，何天三生木，地四生金，将附于何所乎？其抵牾不合又如此。

朱子曰"五行之序，木为之始，水为之终，而土为之中"，何如？曰：此以四时流行之气论五行也。又曰"水一、木三、土五，皆阳之生数；火二、金四，皆阴之生数"，何如？曰：此以天地奇偶之数论五行也。又曰"天地生物，先轻清以及重浊。水、火二物在五行最为轻清，金、木次之，土最重浊"，此论何如？曰：此出《太极图》，所谓"阳变阴合，而生水、火、木、金、土"也。前二说出纬书假合之论，后说虽出周子，俱非造化本然之序矣。

且夫天地之初，惟有阴阳二气而已。阳则化火，阴则化水。水之渣滓便结成地。渣滓成地，即土也。金、木乃土中所生。五行本然先后之序如此。后之学者乃不于是而求之，怪怪然惟五行家是信，亦何不思之甚哉！

或曰五行以气言，非论其质也。曰：吾已言之矣。天地之先，气种各具于元气，不独五行而已也。

汉儒河图洛书辩

传曰"《河图》《洛书》相为经纬，八卦、九章相为表里"，何如？曰：此汉儒附会《易系》之论也。谓之图者，如图像然也；谓之书者，如文书然也。孔安国曰："《河图》者，伏羲王天下时，龙马出河，背上有旋毛如星点，伏羲遂则其文以画八卦；《洛书》者，禹治水时，神龟出洛，背上之坼文如字画，禹遂因而第之，以成九类，故《易系》曰：'河出图，洛出书，圣人则之。'"自今论之，当洪荒之时，未有书契，圣人见此神异之物，遂因而则效之，以画八卦。《河图》之旋毛，今亦不见的为何如；以龟文言之，诚与卦画相类。伏羲作卦，固本于圣神之智，而犹必则于此者，意以八卦之画出于天地所示自然之文，其实圣人神道设教之义也。汉儒不达乎此，乃以伏羲画卦为本于《河图》之文，大禹衍畴为则于《洛书》之数，遂有相为经纬表里之说。嗟乎！岂其然耶？

《易》曰："河出图，洛出书，圣人则之"，仲尼系《易》之辞也，安得旁及《洪范》？且夫一二三四五六七八九十，衍数之常也，岂惟圣人能之？凡人之知数者皆可能之矣，又何神妙之有？《书》曰："天乃锡禹洪范九畴"者，谓水土平而五行之政可修，五行之政修而治天下之庶政可举，故于地平天成之时，天乃锡禹大法。曰"天"者，神之也。又何用龟文而后为天锡耶？若曰"一、五行，二、五事"至"六极"六十五字为《洛书》之本文，如班固之说，是天必先刻书于龟背而后使之出见者也。此理有耶？否耶？不待智者而后能辩矣。此牵合傅会之大者一也。

《易》曰："天一地二，天三地四，天五地六，天七地八，天九地十"，解者曰：仲尼发明《河图》之数也。嗟乎！何其言之易耶？自今论之，天，阳也，故数一三五七九；地，阴也，故数二四六八十。此章专论揲蓍之义，故先言天地奇耦之数五十有五，圣人立揲，用大衍之五十，以见揲蓍之数法象于天地奇耦自然之数，与下文"象四时"、"象闰"、"象三才"、"象两仪"、"象期之日"、"象万物"同一义也，而于《河图》之数，何所相涉乎？此牵合傅会之大者二也。

蔡氏曰："《河图》数偶，偶者对待，故《易》本二气；《洛书》数奇，奇者流行，故《范》本五行。"此尤不然也。何以明之？伏羲之作《易》也，造端于阴阳二画而已，故曰"《易》有太极，是生两仪，两仪生四象，四象生八卦"，先后自然之序，有非人力强为排比者。今曰因《河图》之数以作《易》，是不从太极以为《易》，缘图之对偶而然矣，岂不于仲尼"《易》有太极"之论乖戾乎？况"天一地二"之辞，为作《易》后立揲而言，非作《易》之始事，而何以取图为哉？此牵合傅会之大者三也。

嗟乎！《易》文本无《河图》之辞，而解者果于附入；《洪范》本无《洛书》之字，而传者强为援取。遂使圣经本旨尽晦，与夫五行术数谶纬之家同一流派，岂不为圣经之辱哉？其所谓经纬表里，虚中总实，三同二异，象圆象方，诬谬之言，皆不足与之辩矣。

横渠理气辩

张子曰:"太虚不能无气,气不能不聚而为万物,万物不能不散而为太虚;循是出入,皆不得已而然也。""气之为物,散入无形,适得吾体;聚而有象,不失吾常。""聚亦吾体,散亦吾体。知死之不亡者,可与言性矣。"横渠此论阐造化之秘,明人性之源,开示后学之功大矣。而朱子独不以为然,乃论而非之,今请辩其惑:

朱子曰:"性者,理而已矣,不可以聚散言;其聚而生、散而死者,气而已矣。所谓精神魂魄、有知有觉者,皆气所为也,故聚则有,散则无。若理则初不为聚散而有无也。"由是言之,则性与气原是二物,气虽有存亡,而性之在气外者卓然自立,不以气之聚散而为存亡也。嗟乎!其不然也甚矣!且夫仁义礼智,儒者之所谓性也。自今论之,如出于心之爱为仁,出于心之宜为义,出于心之敬为礼,出于心之知为智,皆人之知觉运动为之而后成也。苟无人焉,则无心矣;无心,则仁义礼智出于何所乎?故有生则有性可言,无生则性灭矣,安得取而言之?是性之有无,缘于气之聚散。若曰超然于形气之外,不以聚散而为有无,即佛氏所谓"四大之外，别有真性"矣，岂非谬幽之论乎？此不待智者而后知也。精神魂魄，气也，人之生也；仁义礼智，性也，生之理也；知觉运动，灵也，性之才也。三物者，一贯之道也。故论性也不可以离气，论气也不得以遗性，此仲尼相近、习远之大旨也。又曰："气之已散者，既散而无有矣，其根于理而日生者，则固浩然而无穷。"吁！此言也，窥测造化之不尽者矣。何以言之？气，游于虚者也；理，生于气者也。气虽有散，仍在两间，不能灭也，故曰"万物不能不散而为太虚"。理根于气，不能独存也，故曰"神与性皆气所固有"。若曰气根于理而生，不知理是何物，有何种子，便能生气？不然，不几于谈虚驾空之论乎？今为之改曰，气之已散者既归于太虚之体矣，其氤氲相感而日生者则固浩然而（无）穷，张子所谓死而不亡者如此；造化之生息，人性之有无，又何以外于是而他求也哉？

阳月阴月辩

董仲舒答鲍敞曰："天地之气，阴阳相半，和气周回，朝夕不息。阳德用事则和气皆阳，建巳之月是也，故谓之正阳之月；阴德用事则和气皆阴，建亥之月是也，故谓之正阴之月。"愚谓阴阳相得，气乃和畅，单阳孤阴，二气偏颇，安得为和？日自星纪以往，其道北行，至五月而极；自鹑首以往，其道南行，至十一月而极。此以之论寒暑往来则可，论二气则不可。何以故？二气之在两间，氤氲相荡，无日无之，观夫云雨霜雪之泽，草木百菱之生，可测矣。时而资寒暑之势，过分则有之，实未尝阳尽而阴始生，阴尽而阳始生，亦未尝纯阴而无阳，纯阳而无阴也。以为纯阳而无阴，则阴匿于何所？以为阴尽而阳始生，则阳从何而来？为此说者，不过傅会《易》卦爻数以立义耳。求诸阴阳实理之迹，殊不相符。

且夫一月之内，必有雨雪霜露之感，使非阴阳之和，安能有此？参之纯阳纯阴，其理未通。仲舒无以解此，又曰："纯阴纯阳月中，但有未至前一日当之，倘有雨雪之泽，即为妖气不正。"嗟乎！是何任意放言，诬罔造化之实，至此极耶？使前后连日雨雪不绝，将为和乎？将为妖乎？将前后为和而中一日为妖乎？穿凿背理，害道之甚，乃至于此！

然则阴阳实理果何如？曰：山川出云，雨雪乃作，阴阳和畅，机理自足，无冬夏也。日行南北，乃成寒暑，阴阳在中，势有过分，无灭息也。以是求之，乃为真识。阳月阴月，论涉偏颇，殊非至道。

石龙书院学辩

　　石龙书院者，久庵黄子与其徒讲学之所也，浚川子乃为《学辩》遗之。

　　嗟乎！仲尼之教，万世衡准，自夫异端起而洙泗之道离，世儒凿而"六经"之术晦，天下始嚣嚣然莫知谁何矣。是故有为虚静以养心者，终日端坐，块然枯守其形而立，曰学之宁静致远在此矣；有为泛讲以求知者，研究载籍，日从事乎清虚之谈，曰学之物格知至在此矣。浚川子曰：斯人也空寂寡实，门径偏颇，非禅定则支离，畔于仲尼之轨远矣！何以故？清心志，祛烦扰，学之造端固不可无者，然必有事焉而后可。《中庸》曰："致中和，天地位焉，万物育焉。"中和而曰致，岂虚静其心性者可以概之哉？夫心固虚灵，而应者必藉视听聪明，会于人事，而后灵能长焉。赤子生而幽闭之，不接习于人间，壮而出之，不辨牛马矣，而况君臣、父子、夫妇、长幼、朋友之节度乎？而况万事万物几微变化，不可以常理执乎？彼徒虚静其心者何以异此？传经讨业，致知固其先务矣，然必体察于事会而后为知之真。《易》曰："知至至之，可与几也；知终终之，可与存义也。"然谓之至之，终之，亦非泛然讲说可以尽之矣。世有闭户而学操舟之术者，何以舵、何以招、何以橹、何以帆、何以引篙，乃罔不讲而预也；及夫出而试诸山溪之滥，大者风水夺其能，次者滩漩汩其智，其不缘而败者几希！何也？风水之险，必熟其机者然后能审而应之，虚讲而臆度不足以擅其功（工）矣。夫山溪且尔，而况江河之澎汹、海洋之渺茫乎？彼徒泛讲而无实历者何以异此？

或者曰："即如是，乃无邦国天下之责者，终不可习而能之乎？"浚川子曰：不然。君子不有身与家乎？学能修其道于身，通其治于家，于是乎举而措之，身即人也，家即国也，挈小而施之大，动无不准矣。何也？理可以会通，事可以类推，智可以旁解，此穷神知化之妙用也。彼徒务虚寂、事讲说，而不能习与性成者，夫安能与于斯？

黄子志于圣贤经世之学者，余来南都，每得闻其议论，接其行事，窃见其心之广大，有天地变化、草木蕃育之象；知之精至，有日月有明、容光必照之体，盖非世儒空寂寡实之学可以乱其凝定之性者。则夫余之所不以为然者，先生亦不以之诲人矣。乃述此，请揭之院壁，以为蒙引，使后生来学脱其禅定支离之习，乃自石龙书院始。

石龙书院学辩

石龙书院者，久庵黄子与其徒讲学之所也，浚川子乃为《学辩》遗之。

嗟乎！仲尼之教，万世衡准，自夫异端起而洙泗之道离，世儒凿而"六经"之术晦，天下始嚣嚣然莫知谁何矣。是故有为虚静以养心者，终日端坐，块然枯守其形而立，曰学之宁静致远在此矣；有为泛讲以求知者，研究载籍，日从事乎清虚之谈，曰学之物格知至在此矣。浚川子曰：斯人也空寂寡实，门径偏颇，非禅定则支离，畔于仲尼之轨远矣！何以故？清心志，祛烦扰，学之造端固不可无者，然必有事焉而后可。《中庸》曰："致中和，天地位焉，万物育焉。"中和而曰致，岂虚静其心性者可以概之哉？夫心固虚灵，而应者必藉视听聪明，会于人事，而后灵能长焉。赤子生而幽闭之，不接习于人间，壮而出之，不辨牛马矣，而况君臣、父子、夫妇、长幼、朋友之节度乎？而况万事万物几微变化，不可以常理执乎？彼徒虚静其心者何以异此？传经讨业，致知固其先务矣，然必体察于事会而后为知之真。《易》曰："知至至之，可与几也；知终终之，可与存义也。"然谓之至之，终之，亦非泛然讲说可以尽之矣。世有闭户而学操舟之术者，何以舵、何以招、何以橹、何以帆、何以引篙，乃罔不讲而预也；及夫出而试诸山溪之滥，大者风水夺其能，次者滩漩汩其智，其不缘而败者几希！何也？风水之险，必熟其机者然后能审而应之，虚讲而臆度不足以擅其功（工）矣。夫山溪且尔，而况江河之澎汹、海洋之渺茫乎？彼徒泛讲而无实历者何以异此？

或者曰："即如是，乃无邦国天下之责者，终不可习而能之乎？"浚川子曰：不然。君子不有身与家乎？学能修其道于身，通其治于家，于是乎举而措之，身即人也，家即国也，挈小而施之大，动无不准矣。何也？理可以会通，事可以类推，智可以旁解，此穷神知化之妙用也。彼徒务虚寂、事讲说，而不能习与性成者，夫安能与于斯？

黄子志于圣贤经世之学者，余来南都，每得闻其议论，接其行事，窃见其心之广大，有天地变化、草木蕃育之象；知之精至，有日月有明、容光必照之体，盖非世儒空寂寡实之学可以乱其凝定之性者。则夫余之所不以为然者，先生亦不以之诲人矣。乃述此，请揭之院壁，以为蒙引，使后生来学脱其禅定支离之习，乃自石龙书院始。

先天图辩

或问先天图,曰:方士托《易》为之,如《参同契》援《易》作书云尔,于《易》何所发明哉?文王周公孔子卦爻象象有是义乎?

"然则阴阳消长非与?"曰:"此《易》中一义尔,谓《易》止此,得乎?《剥复》二卦类之,然亦以二义明事理,其消长又在所略也,图可以概之哉?"

曰:"《大传》有云:'《易》逆数也',图以此准。"曰:"嗟乎!为此说者,枉仲尼之论,以傅会于图尔,今为解之:'数往者顺',谓数已往之事则顺序。'知来者逆',谓知未来之事则迎逆。'是故《易》逆数也',谓《易》乃卜筮以前民用者,非逆数而何哉?若如此解,与图何所关涉邪?故曰枉仲尼之论以傅会于图尔。"

"然则图非伏羲所作耶?"曰:"此岂可以欺人乎哉?羲皇至尧舜三代几万年矣,而图之说不见于经;春秋至汉唐几千年矣,而图之说不见于传,何至陈抟而始传之?谓羲皇卦图鲜有传授,而沦落于方伎之家,是何言之易耶?窃以神仙之伎起于近代,春秋以前尚未有此,不知图在当时又藏于何所？不过欲以图傅会于《易》，故为是无所凭据之说，俾后人信之尔。大识贞观之君子决知其不然。"

曰："《说卦》'天地定位'章非伏羲所定乎？'帝出乎震'章非文王所定乎？"曰："子以为何所依据而知之？上下经文未丧也，曾何言及图及分羲文耶？岂非为蛇添足乎？盖仲尼随事理以发明八卦之蕴如此，何主于羲，何主于文哉？以岁时物理生成之序衍卦义也，则曰'出震''齐巽''见离''役坤''说兑''战乾''劳坎''成艮'；以法象对待而发明卦之义理性情也，则曰'天地''山泽''雷风''水火'，此气化物理之必然者。若曰天泽、地水、坎风、山火，此成何理耶？且'神妙万物'章先以雷、风、火、泽、水、坎为次，复以'水火相逮，雷风不相悖，山泽通气'而言，以为羲，又涉乎文；以为文，复涉于羲，岂非自相杂乱矛盾乎？至此，则先天后天之说不通矣。故注云'此章所推卦位之说，多未详其义'，亦自不能为辞也。嗟乎！无中生有，得其一曲而失其五六，岂非强于傅会之过哉？若曰仲尼随事理以发明八卦之蕴，岂不洁净？岂不贯通？而何务以异端浅见挨排之说以乱圣经耶？论涉赘疣，《易》因晦蚀，吾为仲尼嗟嗟！"

性　辩

"性之体，何如？"王子曰："灵而觉，性之始也；能而成，性之终也，皆人心主之。形诸所见，根诸所不可见者，合内外而一之道也。""气质之性、本然之性，何不同若是乎？"曰："此儒者之大惑也，吾恶能辩之？虽然，尝试论之矣：人有生，斯有性可言；无生则性灭矣，恶乎取而言之？故离气言性，则性无处所，与虚同归；离性论气，则气非生动，与死同涂，是性之与气可以相有而不可相离之道也。是故天下之性莫不于气焉载之。今夫性之尽善者莫有过于圣人也。然则圣人之性，非此心虚灵所具而为七情所自发耶？使果此心虚灵所具而为七情所自发，则圣人之性亦不离乎气而已。性至圣人而极，圣人之性既不出乎气质，况余人乎？所谓超然形气之外复有所谓本然之性者，支离虚无之见与佛氏均也，可乎哉？"

"敢问何谓人性皆善？"曰："善固性也，恶亦人心所出，非有二本。善者足以治世，恶者足以乱。圣人惧世纪弛而民循其恶也，乃取其性之足以治世者而定之曰仁义中正而立教焉，使天下后世由是而行，则为善；畔于此，则为恶。出乎心而发乎情，其道一而已矣。"

曰："人之为恶者，气禀之偏为之，非本性也。"曰："气之驳浊固有之，教与法行，亦可以善，非定论也。世有聪明和粹而为不道者多矣。"曰："此物欲蔽之尔。"曰："请言其蔽。"曰："人心之欲夺乎道心之天也。"曰："既谓之心，则非自外得者也。以为由外而有之，内外心迹判矣，而可乎？夫善亦有所蔽者矣。且夫君臣之义，兄弟之仁，非人性之自然乎？臣弑君，弟杀兄，非恶乎？汤、武之于桀、纣，周公之于管、蔡，皆犯仁义而为之。逆汤、武、周公之心，岂乎，怛乎，所终不忍以安者不能无也，而圣人终不以畔于仁义非之，何耶？惧夫世之徇私心而害治矣。是故以义制情，以道裁性，而求通于治焉，汤、武、周公仁义自然之性亦不得以自遂矣。岂惟是哉？见孺子入井必有怵惕之心，此何心耶？"曰："仁心之自然也。"曰："己之子与邻人之子入井，怵惕将孰切？"曰："切子。""救将孰急？"曰："急子。"曰："不亦忘邻人之子耶？"曰："父子之爱天性，而邻人缓也。""由是言之，孺子怵惕之仁亦蔽于父子之爱矣，而人不以为恶，何哉？以所蔽者圣人治世之道，而不得以恶言之矣，较其蔽则一而已。夫缘教以守道，缘法以从善，而人心之欲不行者，亦皆可以蔽论矣。故曰：仁义中正，圣人定之以立教持世，而人生善恶之性由之以准也。"

五行配四时辩

仓颉造书，隶首造数，容成造历，大挠作甲子，相成之道也。故书以辩物，数以衍历，历以纪时，甲子名数，无有穷已。然亦偶尔定之，非出考稽，即以当年为甲子岁，仲冬为甲子月，冬至为甲子日，夜半为甲子时尔。由是以往，岁月日时、十百千万积而不紊，此甲子本义也。配以五行，乃后人傅会之。今之言甲乙者，必曰实有木气主之，此非也。偶尔立义，岂天道之本然？若诚有之，初转之日乃其本始，天之开运尚未有地，安能有人？孰为传之？孰为记之？是初始之日不可稽矣。偶然之论，谓可以定造化耶？或曰以今之历推而知之，亦非也。天开地辟，茫然无数，纵能推之，归止于何所耶？况历元之度、牛斗之变，岁差远矣。后世之历，各自为据，以求合时尔。古历之法随世亡矣，安能算而合之？况文字未兴，天运无稽，又安能推之？

今之言五行者，必曰四时各主之，亦非也。春止为木，则水火土金之气孰绝灭之乎？秋止为金，则水火土木之气孰留停之乎？土惟旺于四季，则余月之气孰把持而不使之运乎？又安有今日为木，明日为火，又明日为土、为金、为木乎？秦、汉以来，鄙儒牵合傅会之论类如此。是故五运、六壬、财官、星数、太乙、皇极之术兴，而世乃大惑矣。

夫人上智者寡，中材者多，孰能究其不然？况穷通富贵寿夭之说，又能以中鄙俗之心，无怪乎日滋而不可除也。故曰：智者造迷，愚者造信，诡者成术，鄙者成俗，圣人纯正之道荒矣。

数　辩

君子以数知天地之始终，世以为然，吾以为罔焉。天地开辟，人物禅化，久矣而不可追稽也，何所逆据而知之？文字作而数有纪，凡历律之为数，死门涂耳，非如揲蓍无定，因变以为数也者。是故历律之数据其迹，而后施算者迹焉。无之，数将安施耶？

是故迹者实之谓也，算者法之谓也。必有日月合璧，五星连珠，会于子辰，而后可以定夜半之冬至焉。必以喉音为宫，管虚为声，而后可以定九寸之黄钟焉。故合璧连珠，交会于子；音会于喉，声合于管，律历之实也。夜半冬至，九寸黄钟，律历之法也。是故迹也者，定也，数之可据也。无迹则无常，无常则无着，数乌得而施之？又乌得而知之？所谓"巧历莫知雨之滴"者类是已。

以为据干支上推于甲子耶？大挠偶以名之，偶以定之，便于纪时耳，非必有所依据也。借曰有依据焉，必日月初转之日而后为甲子可也。天之开，尚未有地矣，安能有人？尚未有人矣，孰从而传以记之？书契之前之日固不可得而知矣。以为本之十二辰之常而知之耶？天地之运，如环无端，运周一元，砲之转独不再始乎？日周十二时，天之运独不再子乎？一元之上，安知其不有一元耶？何所据而知尧舜为会之午、今为未耶？又何据而知一元即灭没也哉？

推是心也，索隐芒昧，欺迷后学，与夫谈天之衍漫言六合之外者，何以异？是故愚者信之而行怪者嗜焉，芜芜然日乱乎圣道也。传曰"知而为之，是不仁也；不知而为之，是不智也"，其斯人之谓与！

玄浑考

"浑天之说何如？"曰："合四围上下周天之度，而浑沦以论之也。""其状何如？"曰："天体正圆，半在地上，半在地下，北极为枢，自东旋西也。""其体何如？"曰："天之形远不可测，观经星不动，乃知有体耳。""先儒以为积气何也？"曰："气虚而浮，浮则变动无常，观三垣、十二舍、河汉之象终古不移，非有体质，安能如是？郄萌记曰'天确然在上，有常安之形'是也，予亦以为然。""何以运而不息？"曰："动以气机，势之不容自已也。""邵子天地自相依附之说非乎？"曰："硙之转于水，机在外也；匏之浮于水，空在内也，观此则天之所依可知。瓶倒于水而不沉，瓮浮于水而不坠，内虚鼓之也，观此则地所附可知。故曰天动于气机，地浮于窈虚。"

"诸书言六合道理之数然乎？"曰："土圭表景之法近之，盖有所传据者也。古者土圭测日，必置五表：地中置中表，立八尺之木，以夏至之日测之，其景北一尺五寸，与土圭相等，谓之地中；千里而南置南表，表北得景一尺四寸，其地于日为近南而多暑；千里而北置北表，表北得景一尺六寸，其地于日为近北而多寒；千里而东置东表，昼漏未半，日景已夕，其地于日为近东而多风；千里而西置西表，昼漏已半，日未中央，其地于日为近西而多阴。中表为四方之则，四表明中表之正。由是天地之内，四旁上下之道理，四时风雨之和戾，可得而推矣。"

或曰："地距千里，恐寒暑未必遽尔顿异。"曰："独不见河朔相去江南特千余里尔，河朔之冬草木黄落，而江南草卉凌冬犹青。况千里而南，岂不愈热？千里而北，岂不愈寒？当日南无景之区，而其暑岂不愈炽；阴山瀚海之涯，而其寒岂不愈冽哉？由是观之，愈西愈阴，愈东愈风，其理亦可推矣，安谓其不然乎？""六合道里之数信乎？"曰："自土圭之法测之则然。天地之广远，孰得而量之？其法，每地千里，景差一寸。阳城之景一尺五寸，中也。南至日南，表下无景，是日南去阳城一万五千里矣。立八十为实表之长数也，旁立十五为法土圭之长数也，以勾股算之，得八万一千三百九十四里有奇，此天顶至地之数也。倍之得十六万二千七百八十八里有奇，即天径之数也。以周径之法乘之，得五十一万三千六百八十七里有奇，即周天之数也。观天周径之数，则地四方相距之数可推矣。土圭之法，周公以来相传如此。诸书论地，远至百万，大章竖亥所步，多至亿万，皆过日月之表，荒忽怪诞，不可据信也。"

或曰："北极，天顶也。中国在北极之南，非天顶也。"曰："是则然也。周人以日至之度算天，故不得不如是。北极之上杳无所凭，乌得据而施算？""地有升降，日有修短，其说然乎？"曰："此不达天体高下、黄道南北而为是说也。何以言之？经星井鬼近极，斗牛远极，此南北两端，日黄道必经之处。日躔井鬼之次，当天极高之体，且于人近，见日之度常多，故昼暑长；日躔斗牛之次，当天最低之体，且于人远，见日之度常少，故昼暑短。地在天内，浮于水上，冬夏之平，犹一日也。儒者不达乎此，遂以日之修短以地之升降隐蔽而然，误矣。《正蒙》曰：'阳日上，地日降而下者，虚也；阳日降，地日进而上者，盈也，此一岁寒暑之候也。'自今观之，二气之通塞，皆日之进退主之。日，大火也，故近极而暑，远极而寒。寒则地气闭塞而不达，暑则地气畅达而发育，此一岁寒暑之所由也。若如《正蒙》所言，不惟寒暑不由于日，而日之修短亦不由于天体之高下，皆地之升降主之矣，可乎？"

"地有四游之说，何如？"曰："此缘地有升降相因而误者也。何以言之？既曰日之修短由于地之升降矣，而日之行道又有南北之殊，不以地有四游形之，则与地有升降为日之修短未免相碍。故以立夏为南游，近日也；立冬为北游，远日也。今迹其说论之，其曰'春游过东三万里，夏游过南三万里'，周公测日，自阳城至日南一万五千里，而日在表下无景；况三万里，其星辰河汉之位次，宁不有大变移者乎？而北极、北斗、天汉之位次，其高下东西未尝有一度之爽，所谓四游三万里之说岂不谬乎？鲍氏无以辩此，遂谓地与星辰俱有四游升降。嗟乎！傅会之甚，乃至于北！且夫天不见其体，以星汉为体，今曰星辰与地皆四游升降，是地在天内初未尝动，与夫东游过天三万里之说岂不相背？虽曰傅会以成昔人之论，而实不自觉其非矣。"

"然则自汉以前以《周髀》论天何如？"曰："《周髀》之法，谓天如覆盖，以斗极为盖枢，今之中国在枢之南。天体中高，四旁低下，日月旁行绕之，其光有限。日近则明而为昼，日远则暗而为夜，恒在天上，未尝入地，但以人远不见，如入地耳。盖器测景而造，用之日久，不同于祖，术数虽在，多有违失，故史官不用，遂失其传，其理实与浑天无异。《南史》曰'浑天覆观，以《灵宪》为文；盖天仰观，以《周髀》为法，覆仰虽殊，大归一致'是也。惜乎今不见其术也。"

风 水

"葬有风水之说，何如？"曰："邪术惑世以愚民也，古之大儒已历诋其谬矣。"曰："今之学士大夫尚崇信而不为之变，何也？"曰："兹习染之深乎！或贪鄙之心固于求利而为之也。夫上世之人，其亲死，则举而委之于壑。他日过之，狐狸食之，其颡有泚，乃归，反虆梩而掩之，盖未知藏其体之为善也。圣人缘此，遂易之以薪，而葬之中野。又不忍其土亲肤也，后世圣人复以瓦棺堲周葬焉。又恐其体魄之不固也，后世圣人复易之以棺椁。是葬之为道也，历世相承以渐而后尽善如此，曾何有于择地？又何论夫风水环聚、山川形胜之利也哉？盖人子于亲之生也，必欲得居室卧具之美以乐其生；又其殁也，亦欲得善地以藏其体魄，此孝子仁人事死如事生之意也。今乃缘之以窥利，不孝之事莫大于此！故今之择地者，取其方向之宜、土脉之厚、生物之茂，足矣。所谓风水龙虎之妄说，讵可信而惑之乎？"

曰："程子去五患之论，何如？"曰："此亦未易悬断者也。何也？使葬在山谷之地，其不为道路、城郭、沟池、耕犁所及或有之，而不为贵势所夺，亦未易保。使其在平原大陆之野，遇其市朝更易，陵谷变迁，非道路则城郭，非沟池则垅亩，他人不俟于夺而据之矣。而所谓五患者，又焉能保哉？君子之葬其亲也，亦本诸礼，尽其心力而为之；诸非其力之可及、智之可周者，付之天而已矣！"

答孟望之论慎言 八首（选七首）

灾变警戒人主

上古圣人敬天畏天，以人生自天地之气，安得不敬而畏之，尊本原始之道也。然天命幽微，罔可察识，故论天人之际，浑不以迫，正不以诬，观于仲尼之言可测矣。

秦汉以还，董仲舒、刘向之徒论启谬枉，而郎𫖮、李寻、京房之徒继倡大诬，延至南宋儒者极矣。谈天之惑，岂止说梦？道习如此，正宜稍加匡救，以抑其说，使不至诬世，斯圣贤拯时扶正之学也。故仆拳拳持辩，请教朋辈，复古圣人论天之道，浑大正直，不必琐屑分构，务求人主行政之非为宜。何以言之？且如日月薄食，星纬彗孛，历家可以逆而推之。《天文志》云：岁星辰见东方，行急则不见，迟则变为妖星，为欃枪，为孛彗。既可以推而知之，是天道一定之度当然，谓应人主之行政，岂不诬乎？此则其说不可通也。

至于物怪灾异之来，尤为诬天之甚。物理感怪气而化，阴阳值沴气而变，自适然尔。必曰人君失政，天降水旱以灾害示之，嗟乎！何其不智之言如是耶！上帝无意惠民则已矣，使有意焉，天之威灵无往而不得行，何不殛其躬自作孽之人与其诱引之徒，以绝其恶政之所自？何反出此水旱虫蝗之灾，使百谷不成，民食用绝，流离转徙以死，岂非天欲用警人君，先自杀其民耶？天之拙果如是耶？不待智者决知其不然矣。而儒者之论往往昧之，甘心厚诬，假此以为警戒人主之具。夫君有僻政，足以危殆社稷，直言极谏，冀其听而改之，岂不至诚，岂不明信？顾乃假此不可知者以伸己志，与佛氏之愚人何异乎？

差有持天人之真、事理之正者，即以"天变不足畏"之罪加之，是何愚狠奸欺、诬天枉人之如是耶！今仆所著，大较以敬天畏天为主本，以修德行政为实事，其琐屑纷构，如巫史所陈、《天文志》所载，必欲一洗而空之，以归于真诚正直之域，使圣君贤相、达人正士见而思之，未有不以为然者，而迂谬浅俗之人，恐亦未免骇其守常之见，逆其先入之心，而以为异说矣。

地是天内凝结之物

先儒谓太虚之气，轻清上浮者为天，重浊下隤者为地，似是一时并出，仆乃著此以明其不然。盖天自是一物，包罗乎地。地是天内结聚者，且浮在水上。观掘一二十丈，其下皆为水泥，又四海环于外方，故知地是水火凝结、物化糟粕而然。山是古地结聚，观山上石子结为大石可知；土是新沙流演，观两山之间，但有广平之土，必有大川流于其中可知。

因思得有天即有水火，水火二者，元气之先化故也。有水则必下沉，水结而土生焉。有土则木生，有石则金生，其次序之实理如此。五行家谓金能生水，殊非化理本真之序。今曰天必生地而后生物，不应先后悬绝如此。仆又思地上之物与水中之物相等，无地之先，水亦自能生物矣，何俟于地？故知水亦地道，不相悬绝。

寒暑由日进退

先儒谓阴阳二气自能消长、自能寒暑，此万古糊涂之论，原未尝仰观俯察以运人心之灵，用体天地之化也。后之学者随声附和，以为定论，此为定论，此正可以太息者。

故仆平生见其日近极而暑，日远极而寒，故著为说曰：四时寒暑，其机由日之进退，气不得而专焉，意虽圣人复起不得而易。何也？日，大火也，真阳之精也。人于木火，近之则热，况近真阳之火，有不热者乎？热则地脉开矣，生物畅矣，水泉达矣，雨泽行矣，津液通矣。孰谓非日之力乎？故日近而暑，日远而寒，理不过此。谓阴阳自能寒暑，何不脱另自为运行？何日近而暑，日远而寒，如影之随形、响之应声，不相戾耶？仆亦不须他证。《书》曰："日月之行，则有冬夏。"以日月之行而得冬夏，则寒暑由日之运行致之矣，而又何疑乎？今谓日亦气之所为，仆恐日之精烈光明，非冲虚暗澹之气可得而同其功也。

春雪亦是六出

先儒谓雪花六出，应阴数也，不知孰使应之？亦雪自应之，有所雕镂者乎？此论涉有作用，非出自然。故仆著其所以，皆由势所必至，数出天成；黜彼"应"字，乃合至道。今曰春雪五出，此亦稗说琐语，乌足凭信？仆北方人也，每遇春雪，以袖承观，并皆六出。云五出者，久矣附之妄谈矣。

圣贤之学一道

先儒谓圣人气象难学,必学贤者,庶易造进,庶不躐等。此自宋儒接引中人以下,故设此论。仆观名理,殊为不然。自洒扫应对以至均平天下,自格物致知以至精义入神,只是一理,有始终之序,无圣贤之分。始而学贤,终而学圣,是二道矣,是两截矣。若然,则所谓无所择于地而安者,必待学至圣人而后能,则后之儒者皆当舍置。如其不然,则成童以上,即当以是为法矣,何躐等之足云?大抵人生才质,中下者多,故学道造诣,上达者少。教人者往往俯就以诱引之,其法遂拘浅,而望圣人如登天矣。揆之殊非通议,由之实敝圣途。

集义明道并行

君子平生惟义是集,则于天下之事固无不敢为者矣。然亦有慑于祸患,惜其生命,而自私之心胜于义者。此在古今之人颇多,岂可谓集义之人便能一一敢为?此仆所以著其不明诸道而为鄙吝之心所夺也。扬子云平生守义,不汲汲于富贵,不戚戚于贫贱,不修廉隅以徼名;家无儋石之储,晏如也,非其义虽富贵不事也;是以二十年执戟不迁,谓曾行一不善乎?直以慑于祸患而鄙吝自全之心胜,故俯首于莽贤之间,而终不能死义,岂非道理犹欠明快而蚀其平生所守之义乎?先儒云扬子云"明哲煌煌",彼何曾见得?正谓此也。

主静当察于事会

动静交相养,至道也。今之学者笃守主静之说,通不用察于事会,偏矣。故仆以动而求灵为言,实以救其偏之弊也,非谓主静为枯寂无觉者耳。

答顾华玉杂论 五首（选三首）

祥异非必君政所致

和气致祥，乖气致异，物理感召，亦不尽然。尧仁如天，洪水降灾；孙皓昏暴，瑞应式多，谓尧乖皓和，可乎？尝谓君仁臣忠，父慈子孝，虽山崩川竭，虹贯星孛，不足以累其清平之治；君骄臣谄，政僻刑淫，小人进而贤哲抑，虽凤仪麟游，景星庆云，不足以救其危亡之祸。何也？天道远而难知，祥异有无不足凭也；人事近而易见，治乱之形由政致也。圣人之赞化育，裁成辅相，乃其实事。谓能感格天地，亦神道设教之义乎！

阴阳非自能寒暑

日躔有远近，故气变有寒暑，如影随形，不能相离，此万古不易之论。执事云："元气发舒禽聚，自能寒暑，不藉于日。"仆累日构思，不得所由之故。望以发舒禽聚，离日独运之象，明以示我。有何机缄？有何朕兆？何以寒不遽寒，以渐而寒；暑不遽暑，以渐而暑？二气既殊施用，何以卒来相代？其往者将归何所？其来也从何而至？极有南北，原无东西，今云东西二极，不知日道何以进退？

《易》之八卦，伏羲杂取两间阴阳法象之大者以发挥《易》理耳，与六十四卦所取大同，非合并以论造化之义也。后之儒者不精致思，遂援《易》以解释造化，复作图以论消长。不知气在两间，非日近不热，非日远不寒，非日气所及不热，非日气不能及不寒。秦汉儒者尚能达此，而宋儒乃独昧之。后之学者固执先入，不敢异议，致使造化实理隐而不伸，惜哉！

金木非造化之本

五行生克出自异端邪术，古今大惑莫甚于此。夫金乃水土与火三精凝结，化理最后。水则阴精所化，万物为质之本。五行家曰金生水，自今观之，厥类悬绝不侔，厥理颠倒失次，安有生水之理？夫木以火为气，以水为滋，以土为宅，此天然至道。五行家曰水生木，无土将附木于何所？水多火灭土绝，木且死矣，夫安能生？今谓水中生萍，恐非大观之论。

夫水火元气之先化，水火具而后土生，有土则万物生而大化备矣。金木者，与人物同涂也。谓五行、六府急于民生之用可也，与水火并立而为生人物之本源，此则邪术小道之傅会也。

仆尝谓天地之间无非气之所成。故人有人之气，物有物之气，则人有人之种，物有物之种。如五金有五金之种，草木有草木之种，各各具足，不相凌犯，不相假借。谓金木之气生人，然则谓人物之气能生金木，何不可之有？且夫木，津液，血类也；燧火，气类也；皮之柔，肉类也；心之坚，骨类也；开花结实，精类也。谓人之气生木，不亦可乎？学者眩于前言，而不大观通照，误矣。

夫五行、六府，古昔先王取以论政，不过重民用耳。逮夫末世，圣王不作，正道湮窒，处士横议，怪诞纷起，始有以五行傅会于脏腑者矣，始有傅会于四时者矣，始有傅会于星纬地理者矣；下至于唐，始傅会于生命之术矣；再及于宋，则傅会于阴阳造化矣。邪论纷纭，以渐而极。不知天地大化惟阴与阳，水火与土，化之大用，金木二气与人并生，缘假五行立论，遂并以附人耳。是论也，始而出自匪儒，继而惑于愚民，久而遂为定论。后世虽有名儒贤士，执夫古昔之旧，亦从而信之矣。此非圣君贤相继天立极者特起于上，拒邪禁诬，复正道于太古之纯，恐亦未能辞而辟之，以垂信于后世也。

答天问 九十五首

序

　　楚屈原有《天问》一篇，汉刘向、扬雄、班固，晋王逸，宋朱子皆有注释，但其言多天地、日月、星辰、山川之秘化，及夫羲黄尧舜三王之遗迹，且诬谬奇诡，神怪之说参半。以故诸儒虽援引传记以解其文，而发问之意尚蒙蔀而未彰。唐柳氏子厚虽有《天对》，然多依文凭故为辞，而正诸经要之道者无几。后生来学无由取裁，附诬传奇，踵谬袭怪，邈哉其尚蔽于圣途也！余读其书病之，暇日取所问者，每一事相属作一首，共得九十五首，每首以数语答之。务取于符道，故其论多刺；止求于意达，故其文不工。天地造化之秘，阐而大明；圣人贤士之心，皭而不污，则于三间之间，未必无指迷辩惑之助也。嘉靖八年九月朔日，浚川王廷相子衡序。

曰①：遂古之初，孰传道之？上下未形，何由考之？冥昭瞢暗，谁能极之？冯翼惟象，何以识之？明明暗暗，惟时何为？②

太古鸿蒙，道化未形，元气浑涵，茫昧无朕。不可以象求，故曰太虚；不知其所始，故曰太极。惟兹一气，与虚同宅，是故无传无考，莫极莫识。大圣举真，存而不论；小儒崇诞，哓哓造迷。

阴阳三合，何本何化？

三灵既合，一性乃成。气为物始，厥维本根；形有有无，俟机而化。

圜则九重，孰营度之？惟兹何功？孰初作之？

元气始化，辟此寥廓；积阳九重，厥论荒凿。既无功只，亦非营只。不我以信，请问太始。

斡维焉系？天极焉加？

水之硙，运以枢；天体环转，乘气之机。太虚茫茫无涯，夫安系安加？

---
① "曰"上原有"尔"字，系误自王逸注阑入本文，今删去。
② 各条下原有小注，兹未录。

八柱何当，东南何亏？

地窍于山川，故以虚而乘水。倒瓶于水，浮而不沉，似之。谓八柱莫之，涉乎谬幽。地如覆盂，昆仑中高，四旁皆下；中国当其东南，故西北高，水皆注之。谓地缺东南，类乎偏见。

九天之际，安放安属？隅隈多有，谁知其数？

或曰无穷，既有形度，安无穷尽？或曰有穷，天际之外，当是何物？或曰天外有天，彼天之外，又何底止？夫人在天内，耳目所加，心思所及，裁量知识，亦止天内。覆帱之表，茫苏限隔，一言何施？何也？神识之所不能及也。是故古之圣人，置而不论。哓哓私拟，庞及外际，非欺谩之儒，则怪诞之夫。

天何所沓？十二焉分？

一期一舍，岁星所次，计厥周天，岁历十二。日躔所加，月移一宫，历月十二，天度一终。是天与岁合，黄赤相因，故三百六十，分十二辰。

日月安属？列星安陈？

天阳昭明，神精所聚；日月星辰，以气而附。七政莹莹，自为运行；经星确然，天体乃成。是谓神化，是谓天纪。彼属彼陈，安知所以？

出自汤谷，次于蒙汜，自明及晦，所行几里？

　　浑器圆测，《周髀》盖天，术不同祖，厥理亦玄。日光有限，弗及为暗。暗则为夜，明则为旦。夏至夜中。北天如晓；以为入地，恐非至道。出非由旸，入非沦汜；巨亿巨万，《淮南》计里，荒谬欺迷，与竖亥同轨。

　　夜光何德，列则又育？厥利维何，而顾菟在腹？

　　月光藉日，相向常满，人不当中，时有弗见。远日渐光，近日渐魄，视有向背，遂成盈缺。太阴元精，安有宫阁？孰云腹菟，而杵臼以药？

　　女岐无合，焉取九子？

　　鬼怪合女，亦能生子。

　　伯强何处？惠气安在？

　　厉则疫气淫，和则惠气袭，既无定时，亦无定处。

　　何阖而晦？何开而明？角宿未旦，曜灵安藏？

　　日远而晦，日近而明。夜常在天，夫焉藏匿？

不任汨鸿，师何以尚之？佥答何忧，何不课而行之？

佷才自用，众蒙举之；虚心任贤，尧何逆之？晋之深源，宋之德远，才不副望，千祀一揆。

鸱龟曳衔，鲧何听焉？顺欲成功，帝何刑焉？永遏在羽山，夫何三年不施？

谬听败绩，违众致刑。遏羽三年，尧仁在宥；舜摄励政，凶人乃殛。

伯禹腹鲧，夫何以变化？纂就前绪，遂成考功。何续初继业，而厥谋不同？

鲧也伯禹，尧舜朱均，圣愚各禀，安系世类？车覆于前，益鉴来辙。况兹圣谋，顺水之性，九皆功成，足盖先愆。

洪泉极深，何以寘之？

疏源导委，泛滥自息。水行地中，厥土乃夷。谓填而平，匪哲之思。

地方九则，何以坟之？

土色有五：白黑青赤黄；土质有五：壤坟泥墌垆。辩其坟者，别其田之等差；别其田者，定其税之所宜。圣人仁察，以均天下如此。

应龙何画？河海何历？

禹平水土，圣智所加，诞者托龙，以神其事。九河既疏，万流归海，功收简要，何烦遍历？

鲧何所营？禹何所成？

怀山襄陵，鲧当其难，况方命堙遏乎？事蛊改图，禹乘其易，况顺下疏导乎？

康回冯怒，地何故以东南倾？

昆仑地顶，四旁皆下，水各顺方，潴为海壑。中夏之区，厥维东南，万川来汇，势如倾仄。坤体高卑，元化自然，触山而倾，事涉诞妄。

九州何错？川谷何洿？

疆域则因山川限隔，民事则以风土异宜。九州区别，兹惟大义；高陵深谷，地道本体。流水冲激，川谷日下，石亦崩裂，况尔疏壤？

东流不溢，孰知其故？

四海会通，地浮于上，水虽日注，安得而盈？泉源激于嵌空，云雾化于氤氲，东流无穷，激化亦无穷。水之虚实有无，有越乎乘化聚散二端而已矣。东流不溢，厥故惟此。御寇归墟，《鸿烈》沃焦，拟论穿凿，匪贞观所取。

东西南北，其修孰多？南北顺椭，其衍几何？

天地四极，冥茫无据，其长其衍，孰能校之？臬表土圭，遗法俱在，数虽可推，孰为验之？

昆仑玄圃，其尻安在？增城九重，其高几里？

昆仑地极，居惟中央。增城峨峨，孰越西域而为之度量？

四方之门，其谁从焉？西北辟启，何气通焉？

玄浑爰转，厥门何辟？荒忽之上，谁哉出入？元气絪缊，何区不融？何西北启门，而鸿蒙始通？

日安不到，烛龙何照？羲和之未扬，若华何光？

夜而日晦，烛龙施光；羲和未生，若华呈照。斯皆怪辟，有说无实，经士笃学，置诸纬论。

何所冬暖？何所夏寒？

炎州海滋,冬亦挥篝;阴山瀚海,夏有凝冰,其南北之大分乎!洼下春先,无风冬暖,虽北亦然;高峻雪积,雨夏寒生,虽南无间,其不可以大分拘者乎!谓寒暖恒有定方,即非大观精鉴。

焉有石林?何兽能言?焉有虬龙,负熊以游?

石笋森岑,西方之阴。猩猩能言,不离于禽。虬龙负熊而游,如龟蛇之相求。

雄虺九首,倏忽焉在。

鸟有九头,虺有九首,怪厉所种,气化之缪。恍惚靡常,胡足诘究?

何所不死?长人何守?

有生有死,有形有则,气虽乖异,讵应悬绝?食木饮水,或可引年,三丈九亩,其说未然。

靡萍九衢,枲华安居?

九岐之萍,赤华之枲,物理纤微,何烦弘纪?

灵蛇吞象,厥大何如?

海鳅吞舟，何止厥象？厥立出阜，灵蛇焉彷？

黑水玄趾，三危安在？

黑水幽湿，梁雍之鄙，玄趾北临，三危南峙。稽于图经，邈哉遐裔。

延年不死，寿何所止？

葆和研虚，古称能寿；聘铿神德，亦随物化。羽人翩翩，游神罔象，畴能躬睹？徒尔寓言。

鲮鱼何所？魃堆焉处？

鲮鱼肖人，魃雀类鸡，无裨我学，何烦我知？矧非所谈，荒忽宵僻而靡稽？

羿焉彃日？乌羽焉解？

彼苍之高，羿力安能底？羽自天解，飘飘安所止？天人迥绝，童蒙孰信此？

禹之力献功，降省不土四方，焉得彼涂山女，而通之于台桑？闵妃匹合，厥身是继，胡维嗜欲不同味，而快朝饱？

足跛手胼，勤事于国也；涂山娶妇，宗嗣之亟也。八载省土，三过其门，启子呱呱，弗暇以闻，兹禹之所存乎！孰谓不殊于众，而蔽于嗜欲之昏？

启代益作后，卒然离蠥，何启惟忧，而能拘是达？皆归射鞠，而无害厥躬？

禹堙洪鸿，地平天成，九土仰其功。启贤承父，民复戴之，矧忧勤而能抚？讴歌之归，惟帝之绥，夫何害之罹？

何后益作革，而禹播降？

益掌山泽，故功在作革；禹平水土，故功及播降。

启棘宾商，《九辩·九歌》？

禹歌《九功》，启作《九辩》，乐袭先王，曰惟共贯。启窃其音，帝以赍嫔，荒忽谬幽，非圣之云。

何勤子屠母，而死分竟坠？

生而剥母，何异枭獍？柳曰淫言，予曰诬圣！

帝降夷羿，革孽夏民，胡羿射夫河伯，而妻彼雒嫔？

羿篡后相，臣妾夏民，曰帝命之，是乱天道而禧凶。河伯洛妃，神乃假设，曰羿犯之，是对痴人而说梦。

冯珧利决，封狶是射，何献蒸肉之膏，而后帝不若？

羿恃善射，淫于原兽，暴物积厥愆。帝实厌之，又何歆于膏膻？

浞娶纯狐，眩妻爰谋，何羿之射革，而交吞揆之？

逆尔君，尔臣效尤，天道好还，征于家众。尔仇拔山之力，歔哉灭，夫何有于射革？

阻穷西征，岩何越焉？化为黄熊，巫何活焉？

鲧实殛死刑乃毒，孝子兹孙痛莫赎，堕岩化熊掩其辱。

咸播秬黍，莆雚是营，何由并投，而鲧疾修盈？

地利足以养生，禹之功告成；百谷无由以兴，鲧之罪及盈。

白蜺婴茀，胡为此堂？安得夫良药，不能固藏？天式从横，阳离爰死，大鸟何鸣，夫焉丧厥体？

王子乔蜕形草服殊可愕，崔文子引戈击蜺堕其药。既阳离而丧生，何鸟飞而复鸣？据其辞，神以幻，稽厥实，（以）怪以诞，嗟嗟！恶乎以辩？

萍号起雨，何以兴之？

山川出云，以阴以雨，一气蒸郁，何屏翳是主？化机之神，匪形匪人，风伯、霜娥、雷公、电母，嚣嚣夫焉取？

撰体协胁，鹿何膺之？

异哉神鹿，八足两首，谓帝撰之，岂世之有？曶兮漠兮，何足深究？

鳌戴山抃，何以安之？释舟陵行，何以迁之？

巨鳌戴抃，大人负趋，谈天雕龙，非实有之。

惟浇在户，何求于嫂？何少康逐犬，而颠陨厥首？女岐缝裳，而馆同爰止，何颠易厥首，而亲以逢殆？

英英夏后，力复禹绩，假事于田，谋彼谗逆。惟浇与嫂，同室聚麀（麃），乘夜袭之，并戮奚疑？

汤谋易旅，何以厚之？

桀暴其民，如置水火；众归汤仁，如子怀母。谓厚以致其从，岂圣人之忠？

覆舟斟寻，何道取之？

斟为相依，如人乘舟；浇灭二斟，何异舟覆？康以一旅，布德兆谋，遂灭三孽，光复旧物。

桀伐蒙山，何所得焉？妹嬉何肆？汤何殛焉？

嗜妹丽，昏政刑，桀也安甾而利危；战鸣条，放南巢，汤也顺人而应天。

舜闵在家，父何以鳏？尧不姚告，二女何亲？

瞽叟不慈，子乃无室；帝尧不告，女乃有家。

厥萌在初，何所意焉？璜台十成，谁所极焉？

贤士烛微知几，能睹于未形；昏主穷奢极欲，不悟于将倾。

登立为帝，孰道尚之？女娲有体，孰制匠之？

式图作卦，人文以开，诏民吉凶，道修神圣，洪荒之民，孰不尚之？继羲而皇，厥号以女。人首蛇身，补天炼石，所传怪剧，反以启疑。

舜服厥弟，终然为害。何肆犬体，而厥身不危败？

罹弟之害，爱终弗变，天性也，求以格奸不足言；屡婴大患，厥身弗危，天命也，周于智防不足言。

吴获迄古，南岳是止，孰期去斯，得两男子？

仁以顺亲，智以自择，荆蛮并游，阴以逊国。周得一昌，吴获二贤，天命不违，人伦亦全。

缘鹄饰玉，后帝是飨。何承谋夏桀，终以灭丧？帝乃降观，下逢伊挚，何条放致罚，而黎伏大悦？

割烹诬圣，鄙士造言，伟哉先觉，厥猷仁义。桀焰之虐，是维天丧；汤风载嘘，颠陨乃苏。巢湖既置，如痾斯脱，胡不作怿，以享绥平？

简狄在台誉何宜？玄鸟致贻女何喜？

帝狄在台，鴥安遗卵？秽非羞，讵宜食？胞肠异所，脈（娠）奚居？

该秉季德，厥父是臧，胡终弊于有扈，牧夫牛羊？

帝纪肃肃，逆辜焉不问？嗣后荡业，来裔安卒振？

  千协时舞，何以怀之？

两阶舞，苗乃格，匪干戚，实帝德。

  平胁曼肤，何以肥之？

辛荡而昏，昏则不忧，不忧则气畅，气畅则味入，味入则腴而泽。

  有扈牧竖，云何而逢？击床先出，其命何从？

有扈怙强，蔑侮王灵，后启誓师，大正典刑。卧榻之击，其说不经。

  恒秉季德，何得夫朴牛？何往营班禄，不但还来？

朴牛一禽，厥瑞奚在？出辄惠民，兹瑞之大。

  昏微循迹，有狄不宁，何繁鸟萃棘，负子肆情？

幽暗之垌，乱以狄之行，贞女岂宁？墓门萧萧，阒无过诏，不畏于人，独不愧于棘之鸮。

眩弟并淫，危害厥兄，何变化以作诈，后嗣而逢长？

象遇孝友之兄，故封庳而衍后；脱遇唐之太宗，久矣蹀巢刺之血矣！然则象顾不亦幸乎哉？

成汤东巡，有莘爰极，乞彼小臣，而吉妃是得？水滨之木，得彼小子，夫何恶之，媵有莘之妇？

尹耕于野，汤躬三聘，爰立作辅，以恢商运。尧舜君民，惟圣之任，哓口污蔑，负鼎而媵。母既溺死，儿焉得生为？母化空桑，又焉得儿啼？世逖事讹，成此诡辞，不有孟氏，兹冤孰祛？

汤出重泉，夫何罪尤？不胜心伐帝，夫谁使挑之？

君臣之义无所逃，命也；吊伐之师时可加，天也。夏桀灭德，敷虐万方，民怨神厌，汤乃肆伐，谓兹得已乎？曰拘重泉，夫何罪尤，是不安于无所逃之义；谓先挑之，厥伐乃作，亦非出于不胜众之心。使非仲尼顺天之赞，《伷诰》口实不惭，则汤之心几乎不白！

会晁争盟，何践吾期？苍鸟群飞，谁使萃之？倒击纣躬，叔旦不嘉，何亲揆发足，周之命以咨嗟？授殷天下，其位安施？反成乃亡，其罪伊何？争遣伐器，何以行之？并驱击翼，何以将之？

慢天虐民，纣之罪；诸侯会伐，鹰之萃；争攻并击，民之溃。悬以大白,义之累;公旦不悦,圣之愧。

　　昭后成游,南土爰底,厥利惟何,逢彼白雉?

弃此周京,游彼汉湄,胶舟之厄,周德之衰!

　　穆王巧梅,夫何为周流?环理天下,夫何索求?

八骏猊猊,周游九丘,民亦瘁止,为诸侯忧。昆仑奚觞?镐京孰宅?《祈招·祈招》,悠哉奚以索?

　　妖夫曳炫,何号于市?周幽谁诛,焉得夫褒姒?

淫蛊谗谄,艳妇长舌,甘言是惑,云胡靡忒?冢君既倾,庶邦乃离,实彼厉阶,匪天降兹。檿龟之变,檿弧之谣,驾言于妖,以征厉繇。

　　天命反侧,何罚何佑?齐桓九会,卒然身杀。

《书》曰"作善降之百祥,作不善降之百殃",可征天道之无私;《诗》曰"靡不有初,鲜克有终",可吊桓公之不纯。

　　彼王纣之躬,孰使乱惑?何恶辅弼,谗谀是服?比干何逆,而抑沉之?雷开何顺,而封之金?何圣人之一德,卒其异方,梅伯受醢,箕子佯狂?

近谀说色,忠良之贼。箕佯奴以自靖,开媚颜而取宠。以服事殷,圣臣之德之纯;醢梅剖干,酷哉纣之不仁!

稷维元子,帝何笃之?投之于冰上,鸟何燠之?何冯弓挟矢,殊能将之?既惊帝切激,何逢长之?

后稷启周,天命载畀,厥嗣崇祖,述兹灵异。鸟燠羊腓,事颇害义,二《雅》圣谟,百代之视。龙据鹿交,鄙风大炽!

伯昌号衰,秉鞭作牧,何令彻彼岐社,命有殷之国?

文守州牧号乃微,武克商辛庶邦归。

迁藏就岐何能依?

智以图存,避戎迁岐;仁以获众,从如归市。

殷有惑妇何所讥?

哲妇媚主鬼与狸,谁其谏者视太师。

受赐兹醢,西伯上告,何亲就上帝罚,殷之命以不救?

逆人道,婴天刑,前徒倒戈,亳社倾。躬作孽,不可活,天听盖高,诉焉达?

师望在肆昌何志?鼓刀扬声后何喜?

非文,则八十之叟终死于屠渔;非望,则后车之载卒无所一施。要之,君臣相遇,有天授焉耳。使志不相契,而徒委质,虽朝堂之上,有胡越之隔矣。嗟乎!岂不难哉!岂不难哉!

武王杀殷何所悒?载尸集战何所急?

事有几会,缓而失期,谓智者乎?民苦倒悬,坐视不救,谓仁者乎?载主而行,冒雨而阵,武王之心,可以识矣。

伯林雉经,维其何故?何感天抑坠,夫谁畏惧?

人伦之变,父子兄弟尤为难处。以伤天性之仁,非君臣朋友可以义决也。使非脱弃于世利之外、明察乎祸福之机者处之,全而无伤鲜矣。故宜臼之恭而愚,不及泰伯之让而智。

皇天集命,惟何戒之?受礼天下,又使至代之?

皇天无亲,惟德是辅;惟不敬厥德,乃早坠厥命。天人之际,相与如此。

初汤臣挚,后兹承辅,何卒官汤,尊食宗绪?

三聘之勤,阿衡乃尊;升陑尸其功,乃衍厥宗。

勋阖梦生,少离散亡,何壮武厉,能流厥严?

光出寿梦,少罹逋散,材武结客,篡主威国,克功克济,乌足训于世?

彭铿斟雉,帝何飨?受寿永多,夫何久长?

尧寿天禀飨奚延?言出怪诞世胡传?

中央共牧何后怒?蜂蚁微命力何固?

并宅中土,以牧烝黎,何以忿争,兴戎相角?蜂蚁之微,尚知固力,以奉其君;况兹庶民,安不守死,以卫其元首?

荆女采薇鹿何祐?北至回水萃何喜?

昌家自天,何预得鹿而然?

兄有噬犬弟何欲?易之百两卒无禄。

同胞之爱，一犬何惜？易犬见逐，卒为穷旅。贪者非夫，逐者戕义。

　　薄暮雷电归何忧？厥严不奉帝何求？伏匿穴处爰何云？荆勋作师夫何长先？悟过改更，我又何言？

　　日已薄暮，雷电交作，行者归处，又何忧乎？雷电弗惧，则天威不行，虽有号令，帝将何求乎？岩穴伏匿，贤哲遁而国事非矣，当复何言乎？虽欲以功振众，而君子寡矣，谁将为首领乎？信谗远贤，厥过误国，若能改悔，我将敬之，又何多言乎？

　　吴光争国，久余是胜，何环闾穿社，以及丘陵？是淫是荡，爰生子文？

　　吴楚构兵，吴久胜我矣。何天为更生子文之贤，终以御吴而重楚？

　　吾告堵敖以不长，何试上自予，忠名弥彰？

　　直谏自许，虽非可长，秉义输忠，厥名弥彰。

内台集

答何柏斋造化论 十四首

"易有太极,是生两仪。"两仪者阴阳也,太极者阴阳合一而未分者也;阴有阳无,阴形阳神,固皆在其中矣。故分为两仪,则亦不过分其本有者。若谓太虚清通之气为太极,则不知地水之阴自何而来也。

柏斋谓神为阳,形为阴,又谓阳无形,阴有形矣;今却云分为两仪,亦不过分其本有者。既称无形,将何以分?止分阴形,是无阳矣,谓分两仪,岂不自相矛盾?使愚终年思之而不得其说。望将阴阳有无分离之实,再为教之!柏斋又谓"以太虚清通之气为太极,不知地水之阴自何而来",嗟乎!此柏斋以气为独阳之误也。不思元气之中万有俱备,以其气本言之,有蒸有湿。蒸者能运动,为阳为火;湿者常润静,为阴为水。无湿则蒸靡附,无蒸则湿不化。始虽清微,郁则妙合而凝,神乃生焉,故曰"阴阳不测之谓神"。是气者形之种,而形者气之化,一虚一实,皆气也。神者,形气之妙用,性之不得已者也。三者,一贯之道也。今执事以神为阳，以形为阴，此出自释氏仙佛之论，误矣。夫神必藉形气而有者，无形气则神灭矣；纵有之，亦乘夫未散之气而显者，如火光之必附于物而后见，无物则火尚何在乎？仲尼之门，论阴阳必以气，论神必不离阴阳。执事以神为阳，以形为阴，愚以为异端之见矣。

  道体兼有无，阴为形，阳为神，神无而形有，其本体盖未尝相混也。释老谓自无而有，诚非矣。浚川此论出于横渠，要其归则与老氏无而生有者无异也。释氏则实以有无并论，与老氏不同，此不可不知也。所未精者，论真性与运动之风为二及以风火为形耳。《阴阳管见》中略具此意，有志于道者详之可也。浚川所见出于横渠，其文亦相似。

  柏斋言道体兼有无，亦自神无、形有来，此不须再辩。愚谓道体本有、本实，以元气而言也。元气之上无物，故曰太极，言推究于至极不可得而知，故论道体必以元气为始。故曰有虚即有气，虚不离气，气不离虚，无所始无所终之妙也。气为造化之宗枢，安得不谓之有？执事曰：释老谓自无而有，诚非矣；又谓余论出于横渠，要其归则与老氏合。横渠之论与愚见同否，且未暇辩；但老氏之所谓虚，其旨本虚无也，非愚以元气为道之本体者，此不可以同论也。望再思之！

  日，阳精，盖火之精也。星虽火余，然亦有其体矣。阴止受火光以为光者，如水与水精之类也，犹月之小者也。风雷虽皆属阳，然风属天之阳，雷属火之阳，亦不可混。至于云，则属阴水，今独不可谓之阳也。

阴阳即元气，其体之始，本自相浑，不可离析，故所生化之物，有阴有阳，亦不能相离；但气有偏盛，遂为物主矣。星陨皆火，能焚物，故谓星为阳余。柏斋谓云为独阴矣，愚则谓阴乘阳耳。其有象可见者，阴也；自地如缕而出，能运动飞扬者，乃阳也。谓水为纯阴矣，愚则谓阴挟阳耳。其有质而就下者，阴也，其得日光而散为气者，则阳也，但阴盛于阳，故属阴类矣。

天阳为气，地阴为形，男女牡牝皆阴阳之合也，特以气类分属阴阳耳。少男有阳而无阴，少女有阴而无阳也。寒暑昼夜，《管见》有论。至于呼吸，则阳气之行不能直遂，盖为阴所滞而相战耳，此屈伸之道也。凡属气者皆阳，凡属形者皆阴，此数语甚真；然谓之气，则犹有象，不如以"神"字易之，盖神即气之灵，尤妙也。

愚尝验经星河汉位次景象，终古不移，谓天有定体，气则虚浮，虚浮则动荡，动荡则有错乱，安能终古如是？自来儒者谓天为轻清之气，恐未然。且天包地外，果尔，轻清之气何以乘载地水？气必上浮，安能左右旋转？汉郗萌曰"天体确然在上"，此真至论，智者可以思矣。柏斋惑于释氏地水火风之说，遂谓风为天类，以附成天地水火之论，其实不然。先儒谓风为天体旋转荡激而然，亦或可通。今云风即天类，误矣。男女牝牡专以体质言，气为阳而形为阴，男女牝牡皆然也，即愚所谓阴阳有偏盛，即盛者恒主之也。柏斋谓男女牝牡皆阴阳相合，是也；又谓少男有阳而无阴，少女有阴而无阳，岂不自相背驰？寒暑昼夜以气言，盖谓屈伸往来之异，非专阴专阳之说，愚于董子阳月阴月辩之详矣。呼吸者，气机之不容已者，呼则气出，出则中虚，虚则受气，故气入；吸则气入，入则中满，满则溢气，故气出。此乃天然之妙，非人力可以强而为之者。柏斋谓阳为阴滞而相战，恐无是景象，当再体验之，何如？柏斋又谓愚之所言"凡属气者皆阳，凡属形者皆阴"以下数语甚真，此愚推究阴阳之极言之，虽葱苍之象亦阴，飞动之象亦阳，盖谓二气相待而有，离其一不得者。况神者生之灵，皆气所固有者也，无气则神何从而生？柏斋欲以"神"字代气，恐非精当之见。

> 土即地也，四时无不在，故配四季；水温为火热之渐，金凉为水寒之渐，故配四时，特生之序不然耳。五行家之说自是一端，不必与之辩也。火旺于夏，水旺于冬，亦是正理。今人但知水流而不息，遂谓河冻川冰为水之休囚，而不知冰冻为水之本体，流动为天火之化也，误矣。

柏斋曰："土即地，四时无不在。"愚谓金木水火，无气则已，有则四时日日皆在，何止四季之月？今土配四季，金木水火配四时，其余无配时月五行之气，不知各相退避乎？即为消灭乎？突然而来，抑候次于何所乎？此假象配合，穿凿无理，甚较然者。世儒惑于邪妄而不能辩，岂不可哀！柏斋又曰："五行家之说自是一端，不必与辩。"愚谓学孔子者当推明其道，以息邪说，庶天下后世崇正论，行正道，而不致陷于异端可也。何可谓自是一端，不必与辩？然则造化真实之理、圣人雅正之道因而蒙蔽晦蚀，是谁之咎？其谓水旺于冬，犹为痼疾。夫夏秋之时，肤寸云霭，大雨时行，万流涌溢，百川灌河，海潮为之啸逆，不于此时而论水旺，乃于水泉闭涸之时而强配以为旺，岂不大谬？又谓"今人但知水流而不息，遂谓河冻川冰为水之休因，而不知冰冻为水之本体，流动为天火之化"，嗟乎！此尤不通之说。夫水之始化也，冰乎？水乎？使始于冰，虽谓冰为水之本体，固无不可矣。然果始于冰乎？水乎？此有识者之所能辩也。夫水之始气化也，阳火在内，故有气能动。冰雪者，雨水之变，非始化之体也，安可谓之本？裂肤堕指而江海不冰，谓流动为天火之化，得乎哉？

人之神与造化之神一也，故能相动，师巫之类不可谓无。浚川旧论天地无知，鬼神无灵，无师巫之术，今天地鬼神之说变矣，而师巫犹谓之无，如旧也，何哉？此三事一理也，特未思耳。神能御气，气能御形，造化人物无异，但有大小之分耳。造化神气大，故所能为者亦大；人物神气小，故所能为者亦小，其机则无异也。州县小吏亦能窃人主之权以行事，此师巫之比也，行祷则求于造化之神也。设位请客，客有至不至；设主求神，神有应不应。然客有形，人见之；神无形，人不能见也。以目不能见，遂谓之无，浅矣！此木主土偶之比也。蒸水为云，洒水为雨，摇扇起风，放炮起雷，皆人之所为也，皆人之所共知也。此虽形用，主之者亦神气也，师巫则专用神气而不假于形者也，通此则邪术之有无可知矣。浚川论人道甚好，特天道未透耳。盖其自处太高，谓人皆不及己，故谓己见不可易耳。吾幼时所见与浚川大同，后乃知其非；吾料浚川亦当有时而自知其非也。

《慎言》此条乃为师巫能致风云雷雨而言，故曰雨旸风霆，天地之德化，而师巫之鬼不能致耳，或能致者，偶遇之也。至于邪术，亦未尝谓世间无此，但有之者亦是得人物之实气而成，非虚无杳冥无所凭藉而能之也。如采生折割，如涤目幻视等类，与师巫之虚无杳冥能致风雨不同，皆藉人物之实气。柏斋又谓"造化之神气大，故所能为者亦大；人物神气小，故所能为者亦小，其机则无异也"，愚则谓，天所能为者人不能为，人所能为者天亦不能为之。师巫若能呼风唤雨，何不如世俗所谓吹气成云，嚏唾成雨，握手成雷，拂袖成风，顷刻之间灵异交至，又何必筑坛敕将，祭祷旬朔，以待其自来，岂非诳惑耶？俗士乃为信之，悲哉！柏斋又谓"州县小吏亦能窃人主之权"，以为师巫能窃天神之权，愚以为过矣。小吏、人主皆人也，所窃皆人事也，故可能；师巫人也，风雨天也，天之神化，师巫安能之？投铁于渊，龙起而雨，此乃正术，亦非冥祈，不可同也。又谓"设主请客，有至不至，如师巫求神，有应不应"，此皆为师巫出脱之计。请客不至，或有他故，求神不应，神亦有他故邪？此可以发笑。又谓"蒸水为云，洒水为雨，摇扇起风，放炮起雷，为人神气所为"，不知此等云雨风雷，真邪？假邪？若非天道之真，不过物象之似耳，与师巫以人求天，有何相类？且师巫专用神气，而不假之以形，不知是何神灵听师巫之所使，抑师巫之精神邪？此类说梦，愚不得而知之。其谓愚"论人道甚好，特天道未透，盖自处太高，谓人皆不及己，故执己见不可易"，又谓"向时所见与浚川大同，后乃知其非，吾料浚川亦当有时自知其非"，此数言教愚多矣。但谓"自处太高，谓人不及己"，此则失愚之心也。夫得其实理，则信；不得其理，此心捍格不契，何以相信？使刍荛之言会于愚心，即跃然领受，况大贤乎？谓人不及己，执所见而不易，此以人为高下而不据理之是非者之为也。愚岂如是？望体恕，幸甚！柏斋又云"神能御气，气能御形"，似神自外来，不从形气而有，遂谓天地太虚之中无非鬼神，能听人役使，亦能为人祸福。愚则谓神必待形气而有，如母能生子，子能为母主耳。至于天地之间，二气交感，百灵杂出，风霆流行，山川冥漠，气之变化，何物不有？欲离气而为神，恐不可得。纵如神仙尸解，亦人之神乘气而去矣，安能脱然神自神而气自气乎？由是言之，两间鬼神百灵显著，但恐不能为人役使，亦不能为人祸福耳。亦有类之者：人死而气未散，乃凭物以祟人；及夫罔两、罔象、山魈、水鬾之怪，来游人间，皆非所谓神也。此终古不易之论，望智者再思之，何如？

读祸福祭祀之论，意犹谓鬼神无知觉作为，此大惑也。人，血肉之躯耳，其有知觉作为，谁主之哉？盖人心之神也。人心之神何从而来哉？盖得于造化之神也。故人有知觉作为，鬼神亦有知觉作为。谓鬼神无知觉作为异于人者，梏于耳目闻见之验，而不通之以理，儒之浅者也。程张不免有此失。先圣论鬼神者多矣，乃一切不信而信浅儒之说，何也？岂非梏于耳目闻见之迹，而不能通之以理者乎？

《易》曰："积善之家，必有余庆；积不善之家，必有余殃。"语曰："祸福无门，惟人所召。"故知人之为善为恶，乃得福得祸之本，其不顺应者，幸不幸耳。故取程子答唐棣之论，乃为训世之正。今柏斋以祸福必由于鬼神主之，则夫善者乃得祸，不善者乃得福，鬼神亦谬恶不仁矣，有是乎？且夫天地之间，何虚非气？何气不化？何化非神？安可谓无灵？又安可谓无知？但亦窅冥恍惚，非必在在可求，人人得而摄之。何也？人物巨细亦伙矣，摄人必摄物，强食弱，智戕愚，众暴寡，物残人，人杀物，皆非天道之当、性命之正。世之人物相戕相杀，无处无之，而鬼神之力不能报其冤，是鬼神亦昧劣而不义矣，何足以为灵异？故愚直以仲尼"敬鬼神而远之",以为至论,而祭祀之道以为设教,非谓其无知无觉而不神也。大抵造化鬼神之迹,皆性之不得已而然者,非出于有意也,非以之为人也,其本体自如是耳。于此而不知,皆浅儒诬妄,惑于世俗之见而不能达乎至理者矣,此又何足与辩!

先圣作《易》,见造化之妙有有形、无形之两体,故画奇耦以象之,谓之两仪。见无形之气又有火之可见者,有形之形又有水之可化为气者,故于奇之上又分奇耦,耦之上亦分奇耦,谓之四象。是画《易》之次第即造化之实也,乃谓其局而谬,误矣!

"《易》有太极,是生两仪,两仪生四象,四象生八卦",此圣人推论画《易》之原,非论天地造化本然之妙用也。函谷当时往往准《易》以论造化,愚尝辞而病之。柏斋前谓太极为阴阳未分,两仪为阴阳已分,似也;今于生四象,又谓圣人"见无形之气又有火之可见,有形之形又有水之可化为气者,故于奇之上又分奇耦,耦之上亦分奇耦,谓之四象",嗟乎!此论为蛇添足,又岂自然而然之道哉?先儒谓四象为阴阳刚柔,四少乃本《易》中之所有者,后人犹议其无据,今乃突然以形气水火名之,于《易》戾矣。形气,《易》卦未尝具论;水火,卦有《坎离》,此而名之,岂不相犯!求诸要归,大抵柏斋欲以《易》卦之象附会于造化,故不觉其牵合穿凿至此耳。嗟乎!《易》自邵朱以来,如先天、后天、河图、五行,任意附入者已多,及求诸六十四卦,何曾具此!后学自少至老读其遗文,迷而不省,又为衍其余说,日胶月固而不可解,使四圣之《易》杂以异端之说,悲哉!

天地未生，盖混沌未分之时也，所谓太极也。天神地形，虽曰未分，实则并存而未尝缺一也。太虚之气，天也，神也，以形论之则无也；地则形也，非太虚之气也，以形论之则有也。分为天地与未分之时无异也。谓儒之道无"无"无"空"者，非也。神与形合则物生，所谓"精气为物"也；神去形离则物死，所谓"游魂为变"也。神存人心，性是也，无形也；形在人，血肉是也，无知也。方其生也，形神混合，未易辨也；及其死也，神则去矣，去者固无形也；形虽尚在，固已无知而不神矣。此理之易见者也，乃谓儒道无"无"无"空"，何也？此说出于横渠，不足为据，盖横渠见道亦未真也。老氏谓"万物生于有，有生于无"，误矣，横渠力辨其失，及自为说，则谓"太虚无形，气之本体，其聚其散，变化之客形耳"。客形有也，生于无形，此与老氏"有生于无"者何异？是无异同浴而讥裸裎也。释氏犹知形神有无之分，过于横渠，特未精耳。

太虚、太极、阴阳有无之义，已具于前，不复再论，但源头所见各异，故其说遂不相入耳。愚以元气未分之时，形、气、神冲然皆具，且以天有定体，安得不谓之有，不谓之实？柏斋以天为神为风，皆不可见，安得不谓之无，不谓之空？今以其实言之，天果有体邪？果止于清气邪？远不可见，故无所取证耳。若论天地水火本然之体皆自太虚种子而出，道体岂不实乎？岂不有乎？柏斋谓儒道有"无"有"空"，不过以天为神，遂因而误之如此。且夫天包地外，二气洞彻，万有莫不藉之以生，藉之以神，藉之以性；及其形坏气散，而神性乃灭，岂非生于本有乎？柏斋以愚之论出于横渠，与老氏"万物生于有、有生于无"不异，不惟不知愚，及

（即）老氏亦不知矣。老氏谓"万物生于有"，谓形气相禅者；"有生于无"，谓形气之始本无也。愚则以为万有皆具于元气之始，故曰儒之道本实本有，无"无"也，无"空"也。柏斋乃取释氏犹知形神有无之分，愚以为此柏斋酷嗜仙佛，受病之源矣。

五行生成之数诚妄矣，有水火而后有土之说则亦未也。天地水火造化本体，皆非有所待而后生也。木金则生于水火土相交之后，《正蒙》一段论此甚好，但中间各有天机存焉，天神无形，人不能见，故论者皆遗之，此可笑也。浚川所见高过于函谷，函谷所见多无一定，细观之自见，今不暇与辩也。嘉靖甲午十月晦日书于柏斋私居。

柏斋谓"天地水火造化本体皆非有所待而后生"，愚则以为四者皆自元气变化出来，未尝无所待者也。天者，气化之总物，包罗万有而神者也。天体成，则气化属之天矣。故日月之精交相变化而水火生矣，观夫燧取火于日，方诸取水于月，可测矣。土者水之浮滓，得火而结凝者，观海中浮沫久而为石，可测矣。金石草木，水火土之化也，虽有精粗先后之殊，皆出自元气之种。谓地与天与水火一时并生，均为造化本体，愚切以为非然矣。

老氏谓有生于无，周子谓无极而太极，太极生二、五、横渠谓太虚无形生天地糟粕，所见大略相同。但老氏周子犹谓神生形，无生有，横渠则谓虚与形止由气之聚散，无神形有无之分，又不同也。予窃谓论道体者《易》象为至，老子周子次之，横渠为下,盖以其不知神形之分也。

神形之分,魂升而魄降也,古今儒者孰不知之?今谓老氏周子知之,横渠不知,岂不冤哉!大抵老氏周子不以气为主,诚以为无矣,与柏斋以神为无同义,与横渠"气之为物,散入无形,适得吾体",大相悬绝。夫同道相贤,殊轨异趋,柏斋又安能以横渠为然?嗟乎!以造化本体为"空"为"无",此古今之大迷!虽后儒扶正濂溪无极之旨,曰无声无臭实造化之枢纽、品汇之根柢,亦不明言何物主之,岂非谈虚说空乎?但形神之分,能知阴阳果不相离,则升而上者气之精也,降而下者气之迹也。精则为神,为生,为明灵;迹则为形,为死,为糟粕。神之气终散归于太虚,不灭息也;形之气亦化归于太虚,为腐臭也。则造化本体安得不谓之有?安得不谓之实?老释之所谓有"无"有"空"者,可以不攻而自破。世儒谓理能生气者,可以三思而自得矣。望柏斋以意逆志,除去葛藤旧见,当自契合。

地上虚空处皆天,天气可谓聚矣,是岂有形而可见乎?天变为风,风之猛者排山倒海,气之聚益显矣,谓之离明得施,有形可见,得乎?故曰阳为神,无聚散之迹,终不可见,而张子之论未至也。予初著《管见》,多引而不发,盖望同志深思而自得之也。忽而不察者皆是,复引而伸之,然不能尽言也;其余则尚有望于世之君子焉。甲午冬至前三日书。

地上虚空,谓之皆气则可,谓之皆天则不可。天自有体,观星象河汉确然不移,可以测知。且天运于外,无一息停,虚空之气未尝随转,谓地上皆天，恐非至论矣。风之猛者排山倒海，谓气之动则可，谓气之聚则不可。夫气之动，由力排之也；力之排，由激致之也；激之所自，天机运之也，此可以论风矣。谓天运成风则可，谓天即风则不可。气虽无形可见，却是实有之物，口可以吸而入，手可以摇而得，非虚寂空冥无所索取者。世儒类以气体为无，厥睹误矣。愚谓学者必识气本，然后可以论造化；不然，头脑既差，难与辩其余矣。

　　阴阳不测之谓神，地有何不测而谓之神邪？若谓地之灵变，此自天之藏于地者耳，非地之本体也。

　　柏斋曰："阴阳不测之谓神，地有何不测而谓之神？"愚则以为后坤发育，群品载生，山川蕴灵，雷雨交作，谓地不神，恐不可得。又曰："地有灵变，此天藏于地者，非地本体。"若然，则地特一大死物矣，可乎？愚则以为万物各有禀受，各正性命，其气虽出于天，其神则为己有。地有地之神，人有人之神，物有物之神。谓地不神，则人物之气亦天之气，谓人物不能自神，可乎？此当再论。

　　张子谓"太虚无形，气之本体，其聚其散，变化之客形。"形生于无形，此与老子有生于无之说何异？其实造化之妙，有者始终有，无者始终无，不可混也。呜呼！世儒惑于耳目之习熟久矣，又何可以独得之意强之哉？后世有扬子者，自相信矣。

　　愚尝谓天地、水火、万物皆从元气而化，盖由元气本体具有此种，故能化出天地、水火、万物。如气中有蒸而能动者，即阳，即火；有湿而能静者,即阴,即水,道体安得不谓之有?且非湿则蒸无附,非蒸则湿不化,二者相须而有,欲离之不可得者;但变化所得有偏盛,而盛者尝主之,其实阴阳未尝相离也。其在万物之生,亦未尝有阴而无阳,有阳而无阴也,观水火阴阳未尝相离可知矣。故愚谓天地、水火、万物皆生于有,无"无"也,无"空"也。其无而空者,即横渠之所谓客形耳,非元气本体之妙也。今柏斋谓神为无,形为有,且云有者始终有,无者始终无,所见从头差异如此,安得强而同之?柏斋又云后世有扬子云,自能相信;愚亦以为俟诸后圣,必能辩之。

送刘伯山之广灵令序

门人任丘刘永阜伯山者,得广灵令而有忧色。浚川子曰:"何为忧者?"伯山曰:"吾学先生之道,得其一隅而不达其二,执其所素立而不能参诸时变,恐不调于政而宜民,吾是以忧。"浚川子曰:"牧民有道,亦在得乎民之心而已。民以财利为心,故不欲多费;民以安居为心,故常欲祛暴;民以乐生为心,故不欲烦扰。使伯山之为广灵也,以俭自持,而无艺科罚之不作,则民之业利;以严为治,而暴横强梁灭其迹,则民之良者安;以简静御事,而里胥吏卒不扰于下,则民之生乐。民乐利以安,则生遂矣,乌有不得其心者哉?"

伯山曰:"吾闻之,广灵边圉,民寡而瘠,与内地殊。一有不得已之政,则怨兴而不肖之心应之,将奈何?"浚川子曰:"不然。地有不同,而民之心则无不同者。我以民为赤子,则民以我为父母。此余之已效于郡邑者,而又何疑?昔有山行者,失路而坠于虎穴,卧虎子侧,自分为虎食矣;及虎至,见其俯伏不动,探视其子安而无恐,知非害其子者,乃负其人出穴。夫虎至恶者,以无害子之故,而犹欲生其人;况民我同类,使我之政诚无害其民焉,而民又忍有不肖之心以及我者哉?故曰民无刁良,惟政翕张,伯山其图之!"

送半洲蔡先生巡抚山东序

浚川子曰：今之治乎外者莫重于巡抚矣，兵马之铃摄，钱谷之调度，官吏之督率，地方之安辑，德意之敷宣，生民之休戚，举萃于其身。苟检察不周，则弊滋于隐微；处措失宜，则变生于意外，夫岂不重乎哉？虽然，乃所先务而要急者，亦在去乎害民者而已矣。财者民之心，贪吏则攫而夺之；生者民之命，酷吏则暴而戕之。心伤生促，民乃大苦，岂不丧其乐生之天乎？由是为逆上，为犷悍不率，为横劫之忍，为法理之罔制，为国本之蠹，不谓贪酷之吏致之哉？谚曰"械虎阱狼，乃存尔羊"，今之所以抚民者将不急于是，可乎？

夫务为容悦者，巧于苟秽之掩；信夫虚饰者，慢于实行之核。此明察周谘之政失，而黩货刻刑之迹得以匿而不彰矣，贪酷之吏不亦遂其穿窬之窃乎？不直窃其财，而又窃其名，终也并其美官而窃之，不幸而败露者特十之一耳，然亦盈橐而乐去矣。夫吏据乎势者也，民制于势者也。势之所在，无往不压，虽强梁者不敢于控诉，而况良弱之民乎？斯人也，自其体貌议论观之，出入贤智，孰非君子？而中心之隐微、踪迹之秘密，则不可遽测矣。下焉者不敢于赴诉以直其恶，上焉者又不得易知以行其黜罚，此贪酷者所以纵肆而无忌也。

嗟乎！今之时此风炽矣，放浊苟得，流遹忘返，久之将为国害！使抚民者于明察周诹之政无失焉，则二吏自除，仁惠之泽播及黎元，安于田里，愁叹不作矣。可以无梗化，可以无流遹，可以无盗劫，可以无奸宄，可以尊主，可以敌忾，可以兴礼乐，可以复尧舜之俗。不然，虽劳心庶绩，兢兢有为，其为治也亦末矣，谓知先务乎哉？

迩者山东巡抚员缺，皇上乃简命大理蔡公往莅其政，六科诸君子举同官故事，征余言为公赠。余从法司后，日恒接公，见公容止端凝，闲以礼则；处物诚恕，不矫饰以拂；论事愿愿，不流不阿，咸中时措，已知公为用世之贤矣。乃兹拊循山东，持是而往，足矣，又奚俟于余言！

公名经，字廷彝，半洲其别号云。

栗应宏道甫字说

上党栗生应宏,其友字之曰道甫,将以大儒之造期之也。

浚川子为说其义曰:嗟乎!道非玄远支离者,近在几席而切于日用。君子能察诸人伦,皆当其可;闲诸名教,不爽其则;德性静定,与天为徒;智虑深潜,惟正而动;又能于穷通得丧、死生祸福之际,安于义命而不乱,则人道尽而足以轨物矣,此之谓道本。然亦非徒治己而已,会其时乃以济世。其大者,开物成务,制作礼乐,阐皇王之猷,标民物之准,尧舜其君民,而参赞其化育。其极也,三光完而四时和,风雨调而惠气袭,岳无震石,海不扬波,百川顺流,土不昏垫,华夏宁而九夷八蛮服,四灵至而鸟兽鱼鳖若,此之谓道业。乃其推行之机非定途死局可以率循者,有经权开阖、屈伸消息、远近取舍之宜,惟神于应变者乃能动中厥会而以时出之。故功业所就,由近及远,可大可久,此非肤浅迫切之儒可得而与者。故曰"与天地合其德,日月合其明,四时合其序,鬼神合其吉凶",此之谓道枢。夫本以立其体,业以达于治,枢以剂量于时措,则先王之神化修,六籍之大训显,可以植三才,可以资品汇,而道之实宏且广矣。世儒崇尚虚静，而无明物察伦之学；刻意文词，而后辅世和民之绩，则于仲尼门径荒哉遐矣，谓达诸道，何啻霄壤？

粟生近与余游，见其德性谦冲，文章古雅，世若寡其俦者；苟不达于道，亦汩殁于世儒焉耳矣。于其别也，乃以道之实际告之，且为顾名思义之一助云。

杜研冈集序

浚川子曰：文章衍道之具也，要之，乃圣贤可久之业。文而蔑所关系，徒言也，故有道者耻之。《咸·韶》之歌，《坟·索》之撰，世逖文湮，靡攸稽已；而风、雅、典、谟，幸存轨式，观其拟论中正，义旨疏朗，人纪、天道、性情、政理之外无淫猎焉，越千亿祀仰求圣真，此其衡准乎哉！

临颍研冈杜子集其乙未以前诗文若干卷，乃以序问余。嗟乎！文章之敝也久矣！自魏晋以还，刻意藻饰，敦悦色泽，以故文士更相沿袭，摹纂往辙，遂使平淡凋伤，古雅沦陨，辞虽华绘，而天然之神凿矣。况志不存乎道者其识陋，情不周于物者其论颇，学不经乎世者其旨细；由是而为文，乃于人也不足以训，而况支赘淫巧，以垢蔑乎风雅典谟之正乎？是故知言者病之矣。今观研冈之集，气冲笔健，学博思深，吐语符道德，发虑中经纶，其见愈真，其机愈含，其情愈切，其言愈婉，可以厚人伦，可以植风教，所谓人纪、天道、性情、政理之外无文章者，乃于是乎可睹。且不为凌驾崄怪、援取异端、持辩坚白、渔猎驳杂之谈，真得乎六籍之周行、斯文之会通矣。研冈子乃古之遗雅,非乎?语云:"清庙之瑟,朱弦而疏越,一唱而三叹,有遗音者",言其音致备极而不尽用,若遗之也;又曰:"文章得天地中和之气,则高不入于荒唐,下不梏于凡近",言闳深典雅,泽乎道德之中也。嗟乎!此皆可以赞研冈矣。